权威·前沿·原创

皮书系列为
"十二五""十三五"国家重点图书出版规划项目

智库成果出版与传播平台

陕西房地产蓝皮书
BLUE BOOK OF REAL ESTATE OF SHAANXI

陕西房地产业发展报告（2021）

ANNUAL REPORT ON THE DEVELOPMENT OF SHAANXI'S
REAL ESTATE (2021)

长安大学
陕西省房地产研究会
主　编 / 王圣学
副主编 / 王蔚然　王婉玲　周　华

社会科学文献出版社
SOCIAL SCIENCES ACADEMIC PRESS (CHINA)

图书在版编目(CIP)数据

陕西房地产业发展报告.2021 / 王圣学主编. -- 北京：社会科学文献出版社，2021.8
（陕西房地产蓝皮书）
ISBN 978-7-5201-8452-6

Ⅰ.①陕… Ⅱ.①王… Ⅲ.①房地产业-经济发展-研究报告-陕西-2021 Ⅳ.①F299.274.1

中国版本图书馆CIP数据核字（2021）第099185号

陕西房地产蓝皮书
陕西房地产业发展报告（2021）

主　　编／王圣学
副 主 编／王蔚然　王婉玲　周　华

出 版 人／王利民
责任编辑／王　展

出　　版／社会科学文献出版社·皮书出版分社（010）59367127
　　　　　地址：北京市北三环中路甲29号院华龙大厦　邮编：100029
　　　　　网址：www.ssap.com.cn
发　　行／市场营销中心（010）59367081　59367083
印　　装／天津千鹤文化传播有限公司
规　　格／开　本：787mm×1092mm　1/16
　　　　　印　张：26　字　数：390千字
版　　次／2021年8月第1版　2021年8月第1次印刷
书　　号／ISBN 978-7-5201-8452-6
定　　价／128.00元

本书如有印装质量问题，请与读者服务中心（010-59367028）联系

▲ 版权所有 翻印必究

长安大学中央高校基本科研业务费专项资金资助（项目编码：300102410603）

陕西省哲学社会科学重大理论与现实问题研究项目（立项号：2021ND0780）

陕西房地产蓝皮书编委会

顾问委员会

主　任　李冬玉

委　员　张晓光　杜向民　刘晓君　郭卫东　李忠民
　　　　熊中元　姚宽一　卢　勇　陈晓军　冉红斌
　　　　王　凯　王　刚　徐　楠　李传顺

编委会

主　任　三圣学

委　员　杜智民　何红娟　黄小丹　陈　英　王蔚然
　　　　陈德鑫　向亚丽　毕　超　姜爱花　王婉玲
　　　　赵惠英　唐　侠　余　劲　尚宇梅　刘启波
　　　　党红敏　周　华　高敏芳　三赵民　任维哲
　　　　李　军　邹亦凡　谭静斌　周　旭　鱼晓惠

主　编　王圣学

副主编　王蔚然　王婉玲　周　华

编辑部

主　任　王婉玲

副主任 周　华　王蔚然

成　员 宋洁敏　孟繁琦　贾雁岭　肖　晴　戚　斌
　　　　　任　倩　任　娟　任洪浩　张　驰　张　萍
　　　　　赵　维　雷锦玉　李云璋　赵建军　高　真
　　　　　马瑜婷　苏　敏　金淑娟　郭　辉　梁明俏
　　　　　李思阳　牛彦珺　付智媛　潘育瑾　孙　天
　　　　　张　琳　吴晓雨　王笑涵　郭亚婷　李　妍
　　　　　唐惜之　叶　娇　马治宁

主要编撰者简介

王圣学 陕西省房地产研究会会长,西安天盛城市发展研究院院长,长安大学城市研究所名誉所长、学术委员会主任、教授,兼任西安市决策咨询委员会委员、西安市规划委员会委员、陕南发展研究院学术委员会主任、西安—渭南富阎产业合作园区管委会经济顾问、汉中市绿色循环暨产业经济研究院智库专家等。

长期以来主要从事城市与区域经济学、房地产经济学和城市规划与区域规划方面的研究工作。1979年以来,在《中国社会科学》《人民日报》《经济日报》《人文杂志》等报刊发表有关经济学理论和城市与区域经济学、城市规划、房地产研究等方面学术论文150多篇;出版专著十多部。主持和参与国家级及省级重点课题十多项。获省部级和学会奖十余项,主持科研项目二十余项,主持城市规划项目十余项。

王蔚然 先后就读于西安建筑科技大学、澳大利亚卧龙岗大学,获土木工程和工程管理、项目管理学士、硕士、博士学位,现任西安财经大学管理学院讲师,硕士生导师,陕西省房地产研究会秘书长。主要从事工程项目管理和房地产开发经营管理方面的研究工作。先后发表学术论文十余篇,主持或参与完成科研项目二十余项,出版专著一部。

王婉玲 西安工程大学教授、硕士研究生导师,省级教学团队带头人。陕西省区域经济学会常务理事,陕西省房地产研究会常务理事。长期从事经济学理论的教学与研究工作。先后主持科研项目十余项，发表学术论文五十余篇。

周 华 毕业于西北大学城市与环境学院，人文地理学硕士，现任长安大学城市研究所副所长、建筑学院城乡规划系讲师，主要从事城乡规划、房地产经济学等方面的研究工作。先后发表学术论文十多篇，参与国家级和省级课题十余项，参与城乡规划编制工作多项。

摘　要

《陕西房地产业发展报告（2021）》反映的是2020年陕西房地产业发展的基本情况。

全书分为三大部分，第一部分为总报告，对全省2020年房地产业各个方面作了较为全面的论述，尤其是对商品房市场和保障房市场作了较为详尽的分析并对全省2021年的房地产发展提出了建议。

第二部分为专题篇，从土地政策、财税政策、金融政策、保障房建设等十二个方面对全省的房地产业进行了专题研究并对今后的发展提出了建议。

第三部分为区域篇，分区域对全省包括西安在内的十个省辖市和一个省部共建的杨凌农业高新技术示范区的房地产业发展状况作了较为全面的研究分析。

目 录

Ⅰ 总报告

B.1 2019~2020年陕西省房地产业发展报告 …………… 课题组 / 001

Ⅱ 专题篇

B.2 2019~2020年国家土地政策对陕西房地产业的影响
………………………………… 宋洁敏 向亚丽 孟繁琦 / 020

B.3 2019~2020年房地产金融政策对陕西房地产业的影响
………………………………………………… 毕 超 金淑娟 / 035

B.4 2019~2020年国家财税政策对陕西房地产业的影响
………………………………………………… 贾雁岭 娄爱花 / 052

B.5 2019~2020年陕西省保障性住房建设状况分析
………………………………………………… 王婉玲 唐 侠 / 068

B.6 2020年陕西省住房租赁市场发展报告 ……… 肖 晴 赵惠英 / 080

B.7 2019~2020年陕西省商品住宅价格研究
………………………………………… 唐 侠 王婉玲 戚 斌 / 093

B.8 2019~2020年陕西物业管理发展现状、存在问题及对策
　　…………………………………………… 任　倩　余　劲 / 103

B.9 2019~2020年陕西房地产企业发展现状及趋势研究
　　…………………………………………… 张　茜　尚宇梅 / 116

B.10 陕西省房地产市场不确定性分析
　　………………………………… 党红敏　任洪浩　余　劲 / 131

B.11 陕西绿色建筑及其评价标识发展报告 ……… 任　娟　刘启波 / 152

B.12 陕西省老旧小区改造对区域经济发展的影响研究
　　……………………… 王蔚然　陈德鑫　郭　辉　梁明俏 / 165

B.13 楼宇经济视角下陕西省产业发展报告
　　………………………………… 王蔚然　李思阳　牛彦珺 / 175

Ⅲ 区域篇

B.14 2019~2020年西安市房地产业发展报告 …… 陈　英　张　驰 / 188

B.15 2019~2020年咸阳市房地产业发展报告
　　………………………………… 周　华　付智媛　潘育瑾 / 206

B.16 2019~2020年渭南市房地产业发展报告
　　………………………………… 高敏芳　张　萍　赵　维 / 223

B.17 2019~2020年铜川市房地产业发展报告 ……………… 王赵民 / 242

B.18 2019~2020年宝鸡市房地产业发展报告
　　………………………………… 任维哲　孙　天　张　琳 / 261

B.19 2019~2020年杨凌示范区房地产业发展报告
　　……………………… 党红敏　吴晓雨　雷锦玉　余　劲 / 274

B.20 2019~2020年汉中市房地产业发展报告 ……………… 李　军 / 288

B.21 2019~2020年安康市房地产业发展报告
　　………………………………… 邹亦凡　王笑涵　郭亚婷 / 300

B.22 2019~2020年商洛市房地产业发展报告 ………… 谭静斌 / 321

B.23 2019~2020年延安市房地产业发展报告
………………………………… 李云璋　周　旭　赵建军 / 342

B.24 2019~2020年榆林市房地产业发展报告
……………… 鱼晓惠　李　妍　唐恃之　叶　娇　马治宁 / 359

Abstract ……………………………………………………………… / 380
Contents ……………………………………………………………… / 381

总 报 告

General Report

B.1
2019~2020年陕西省
房地产业发展报告

课题组*

摘　要： 2020年初，由于突如其来的新冠肺炎疫情，我国宏观经济遭受了严重冲击，房地产业也无法幸免。直到复工复产之后，社会经济才逐步恢复。与此同时，陕西省坚持"调控主线"和"房住不炒"原则，因城施策，着力培育健康高效的行业环境。房地产投资、土地购置面积、房地产价格增速逐步放缓，房地产开发企业规模、完成投资、开发总量、销售面积稳步上升。虽然全省大部分市（区）较2019年增速有所下降，但全省房地产业总体仍取得平稳健康发展。省内各区域间市场差异进一步凸显，西安市房地产投资在疫情后快速恢复，

---

* 执笔人：王蔚然，博士，西安财经大学管理学院讲师，主要研究方向为房地产金融和城市开发；马瑜婷，西安财经大学硕士研究生，主要研究方向为房地产金融和城市开发；苏敏，西安财经大学硕士研究生，主要研究方向为房地产金融和城市开发。

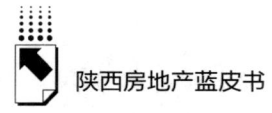

为全省房地产市场的恢复增添了信心。作为全省房地产市场主体的西安区位优势不断凸显,第五航权落地西安,人口集聚效应持续发挥,人民生活水平和人口素质提高,这些因素均在一定程度上为房地产市场保驾护航。建议加快完善长效机制,加强房地产市场的供给侧改革,完善土地供给联动机制,提升住房供给品质,以满足市场需求。

关键词: 陕西 房地产业 土地政策

一 2020年陕西省经济社会发展情况

(一)经济总量和结构

根据陕西省统计局资料,2020年陕西省实现地区生产总值26181.86亿元,比上年增长2.2%。其中,第一产业增加值为2267.54亿元,同比增长3.3%;第二产业增加值为11362.58亿元,同比增长1.4%;第三产业增加值为12551.74亿元,同比增长2.8%。按照2019年末全省常住总人口3876万人来计算,人均GDP约为67500元。其中,西安的全年地区生产总值首次突破了万亿元大关,为10020.39亿元。从产业结构来看,第一产业增加值为312.75亿元,同比增长3.0%;第二产业增加值为3328.27亿元,同比增长7.4%;第三产业增加值为6379.37亿元,同比增长4.2%。

2020年,全省规模以上工业增加值同比增长1.0%,增速较2019年低4.2个百分点,年内累计增速连续8个月正增长。其中,高技术产业增长16.1%,装备制造业增长14.7%,分别高于全省规模以上工业增加值增速15.1个百分点和13.7个百分点。

(二)居民可支配收入

2020年陕西省居民人均可支配收入达到了26226元,同比名义增长

6.3%，扣除价格因素之后，同比实际增长为3.7%，增速高于全国平均水平。2020年，陕西居民收入水平在全国31个省份中位列第19，位次与上年持平，人均可支配收入增速高于全国平均增速1.6个百分点。按常住地分，城镇居民人均可支配收入为37868元，在全国31个省份中居第17位，较上年前进了2位；农村居民人均可支配收入为13316元，在全国31个省份中居第27位，位次与上年持平。除此之外，2020年陕西农村居民人均可支配收入增速高于城镇人均可支配收入增速3.1个百分点，城乡收入比为2.84∶1，此比值较2019年缩小了0.09，陕西省农村得到进一步发展，城乡收入差距逐步缩小。

（三）财政状况

2020年，陕西省地方财政收入达2257.23亿元，较2019年下降1.3%，主要是受新冠肺炎疫情、减税降费和经济下行等因素影响，降幅自6月份以来已持续收窄。其中，各项税收累计为1752.14亿元，同比下降5.1%，占地方财政收入的77.6%，占比较2019年回落3.1个百分点；非税收入为505.09亿元，同比增长14.3%。2020年全省财政支出为5933.78亿元，同比增长3.8%。其中，为了大力支持脱贫攻坚事业，投入专项扶贫资金104.9亿元。

（四）金融和消费

2020年末，陕西全省金融机构人民币各项存款余额为49090.26亿元，同比增长11%，增速同比增加2个百分点，余额较年初新增了4864.89亿元，创历史新高。其中，新增住户存款3079.79亿元，占比最大，为新增存款的63.3%。金融机构人民币各项贷款余额38905.47亿元，同比增长14.1%，增速同比提高了2.3个百分点，较年初新增4792.28亿元。其中，新增企（事）业单位贷款2990.50亿元，占比最大，为全部新增贷款的62.4%。

2020年，陕西省实现社会消费品零售总额9605.92亿元，同比下降

5.9%，降幅较前三季度收窄3.4个百分点。其中，限额以上单位消费品零售额为4675.07亿元，同比下降了5.1%。新兴消费模式增势强劲，2020年全年限额以上单位通过公共网络实现商品销售705.13亿元，同比增长29.6%，占限额以上消费品零售额的15.1%，其占比较2019年提高了4.3个百分点。

二 2020年陕西省房地产市场总体运行特征

2020年，陕西房地产市场受疫情和宏观调控以及相关政策的多重影响，在短时间动荡之后逐步趋于平稳。总体而言，房地产开发企业规模、完成投资额、销售面积依然呈增长趋势。2020年1~12月，全省房地产开发企业完成投资额4404.39亿元，同比增长12.8%；全省商品房销售面积为4452.07万平方米，同比增长1.2%；全省商品房待售面积592.81万平方米，同比下降8.8%，比2019年末减少了57.47万平方米。

（一）调控政策逐步收紧

受疫情冲击，2020年第一季度陕西省房地产市场落入"冰点"。随着国内疫情逐步得到控制、复工复产工作的推行，全省房地产市场也开始逐步恢复活力。按照"房子是用来住的、不是用来炒的"方针，房地产政策层面呈现"前松后紧"的态势。2020年1月底，省住建厅发布通知称要做好疫情防控工作，要求延迟复工、加强在建工地监测，新冠肺炎疫情对陕西省房地产市场的影响开始初步显现。2020年3月27日，全省住建系统发布全面推进复工复产的工作方案，要求在3月底前全省项目开复工率达到90%以上，复工复产工作开始全面推进。进入下半年，疫情对房地产市场的冲击逐渐消散，房地产市场开始逐步复苏。2020年下半年中央出台"三道红线"，进一步控制房地产企业融资规模，全省房地产监管部门也随之对重点房地产企业进行布控。2020年11月30日，西安市住建局联合住房公积金、金融、资源规划等部门发布通知，明确提出"提高第二套住房首付比例"、"加强预售资金监管"等措施,这也是全省房地产市场收紧的一个缩影。

(二)房地产开发投资稳步回升

2020年,陕西省房地产开发累计完成投资额为4404.39亿元,同比增长12.8%,增速较2019年相比,提高了2.4个百分点,比全国增速高5.8个百分点。

从全年投资增长情况来看,2020年1~2月房地产企业因疫情停工停产,房地产开发投资增速断崖式下降,在2020年3月复工复产之后,又继续回升。总体呈现先下降、后平稳上升的态势,增速高于全国。

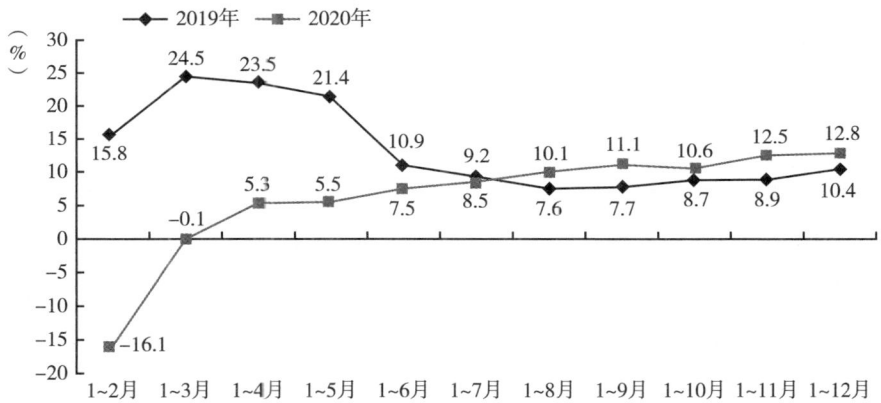

图1 2019年与2020年陕西省房地产开发投资增速对比

资料来源:陕西省统计局。若无特殊说明,本文图表资料均来源于此,不再一一注明。

从开发完成投资情况来看,陕西全省仅西安市、铜川市和商洛市的房地产开发投资增速较2019年呈上升趋势,上升增幅最大的铜川市提高了15.4个百分点,剩余8个市(区)较2019年均出现增幅回落趋势(见表1)。其中,杨凌示范区回落幅度最大,下降了87.9个百分点。从房地产投资完成额占比来看,省会城市西安占比最大,为59.6%,比重虽然比前几年下降了约10个百分点,但西安的房地产业规模仍然稳居陕西省第一这一态势并没有改变。2020 年，西安市房地产开发投资额为 2624.48 亿元，同比增长 6.5%，比 2019 年上升 8.6 个百分点。但 2020 年陕西省大部分市（区）开发投资情况相较 2019 年呈回落趋势，综合来看，2020 年陕西省房地产开发投资完成情况依然保持稳步上升的态势。

表 1　2020 年陕西省各地市房地产开发投资完成情况

地区	投资完成额 总量（亿元）	投资完成额 增速（%）	占全省比重（%）	与上年增速比较（个百分点）
全省	4404.39	12.8	—	2.4
西安市	2624.48	6.5	59.6	8.6
铜川市	33.87	16.5	0.8	15.4
宝鸡市	342.47	25.7	7.8	-9.3
咸阳市	259.06	38.6	5.9	-19.0
渭南市	397.22	39.4	9.0	-45.4
延安市	156.83	0.4	3.6	-18.7
汉中市	190.15	23.4	4.3	-9.6
榆林市	137.38	13.5	3.1	-17.2
安康市	175.08	7.6	4.0	-17.7
商洛市	36.75	34.2	0.8	11.1
杨凌示范区	51.10	16.4	1.2	-87.9

（三）土地购置面积降幅收窄

因 2020 年 1~2 月房地产业受疫情影响而停工，土地购置费大幅下降。随着 2020 年 3 月开始全面复工复产，陕西省土地购置面积降幅明显收窄，土地购置速度开始加快。2020 年陕西省土地购置面积为 413.77 万平方米，同比下降 14.7%，降幅比 2019 年收窄 24.3 个百分点。土地成交价款为 204.89 亿元，同比增长 30.5%，增幅比 2019 年扩张了 64.4 个百分点。省会西安 2020 年土地购置面积为 109.04 万平方米，同比增长 91.3%，增幅较 2019 年扩张 166.8 个百分点，土地购置面积增长迅速；2020 年全年土地成交价款为 115.98 亿元，同比增长 180.1%，增幅比 2019 年扩张 248.6 个百分点，土地成交价格上涨。

（四）商品房销售情况逐渐好转

2020 年 11 月，陕西省商品房销售情况开始好转，扭转几个月来的颓势，实现由负到正的转变，2020 年全年实现恢复性增长。陕西省 2020 年全年商品房销售面积为 4452.07 万平方米，同比增长 1.2%（见图 2），增速较 2019 年回落 5.7 个百分点。其中，住宅销售面积 3902.4 万平方米，增长 2.2%，增速比 2019 年回落 5.5 个百分点。从 2020 年全年销售情况来看，期房明显比现房更受青睐。2020 年全省现房销售面积 396.57 万平方米，同比下降 8.7%，占商品房销售面积的 8.9%；期房销售面积 4055.5 万平方米，增长 2.2%，占商品房销售面积的 91.1%。商品房销售额 4375.33 亿元，增长 10.5%，增速较 2019 年回落 5.7 个百分点。其中，住宅销售额 3755.77 亿元，增长 11.8%，增速较 2019 年回落 7.8 个百分点。

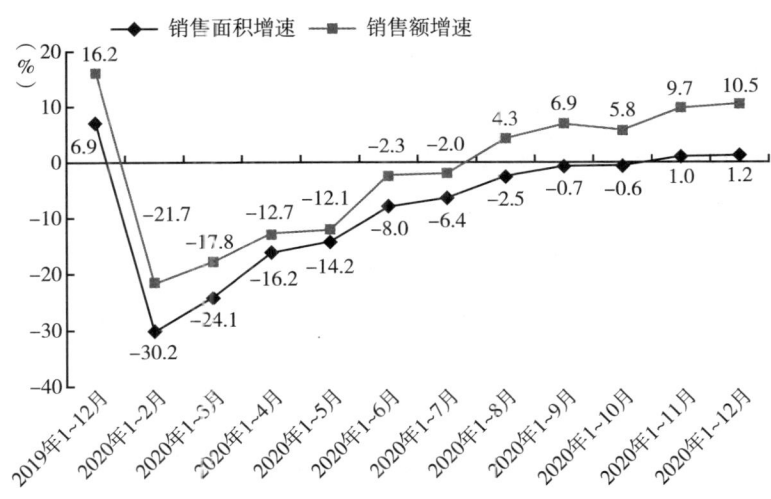

图 2　2020 年陕西省商品房销售面积和销售额增速对比

2020 年陕西省商品房销售仍以住宅商品房为主，住宅商品房销售面积为 3902.4 万平方米，在商品房销售面积中的占比为 87.7%，同比增长

2.2%。其次是办公楼,销售面积为200.33万平方米,占商品房销售面积的4.5%,同比增长8.5%。商业营业用房和其他用房销售面积分别同比下降了14.6%和10%。商业营业用房销售面积为166.58万平方米,占商品房销售面积的3.7%;其他用房销售面积则为182.76万平方米,占商品房销售面积的4.1%(见表2)。总体而言,目前仍是住宅商品房占绝对主导地位,办公楼销售面积较2019年有一定的增长。

表2 2020年陕西省商品房销售面积(按用途分)

单位:万平方米,%

	面积	占比	同比增长
全省商品房销售总面积	4452.07	100	1.2
住宅商品房	3902.4	87.7	2.2
办公楼	200.33	4.5	8.5
商业营业用房	166.58	3.7	-14.6
其他用房	182.76	4.1	-10

从住宅结构来看,90~144(含)平方米的中等户型仍是销售主力军,销售面积为2974.06万平方米,占商品住宅的比重为76.2%,同比增长6.9%。面积在144平方米以上的大户型住宅销售面积为701.82万平方米,占商品住宅的比重为18.0%,同比增长4.7%。而90(含)平方米以下的小户型住宅销售面积为226.52万平方米,占商品住宅的比重为5.8%,同比下降了38.0%,降幅较2019年扩大了8.5个百分点(见表3)。

表3 2020年陕西省住宅商品房销售情况

单位:万平方米,%

住宅面积类型	销售面积(万平方米)	占商品住宅的比重(%)	同比增长(%)
90(含)平方米以下	226.52	5.8	-38.0
90~144(含)平方米	2974.06	76.2	6.9
144平方米以上	701.82	18.0	4.7

按地域来看，全省仅宝鸡市的销售面积增速较上年呈增长态势，其余几市（区）较2019年均有不同程度的回落，其中，杨凌示范区回落幅度最大（见表4）。

表4　2020年陕西省各市区商品房销售面积

地区	销售面积 总量(万平方米)	销售面积 增速(%)	占全省商品房销售面积比重(%)	与上年增速比较（个百分点）
全省	4452.07	1.2	—	-5.7
西安市	2559.75	-3.0	57.5	-0.2
铜川市	53.49	5.2	1.4	-5.2
宝鸡市	288.95	10.6	6.5	6.8
咸阳市	229.77	14.3	5.2	-18.9
渭南市	412.95	24.8	9.3	-6.0
延安市	141.78	2.6	3.2	-46.4
汉中市	248.29	-0.6	5.6	-21.6
榆林市	245.83	31.7	5.5	-43.4
安康市	162.96	-10.8	3.7	-30.7
商洛市	48.69	-32.6	1.1	-28.8
杨凌示范区	49.57	-37.6	1.1	-66.5

（五）商品房待售面积减少

2020年陕西省房屋竣工面积为1745.62万平方米，同比下降2%，降幅较上年同期扩大了18.9个百分点。截至2020年12月下旬，陕西省商品房待售面积为592.81万平方米，比2019年末减少了57.47万平方米（见图3），同比下降8.8%，降幅比2020年上半年扩大7.4个百分点。由此看来，2020年陕西省虽然房屋竣工面积增速有所下降，但是待售面积在逐渐减少，商品房存量不断消化。

（六）保障性住房建设取得成效

陕西省住建厅资料显示，2020年计划棚改项目新开工1.68万套。截至2020年6月底，陕西省棚户区改造项目新开工1.0585万套，占年度计划的

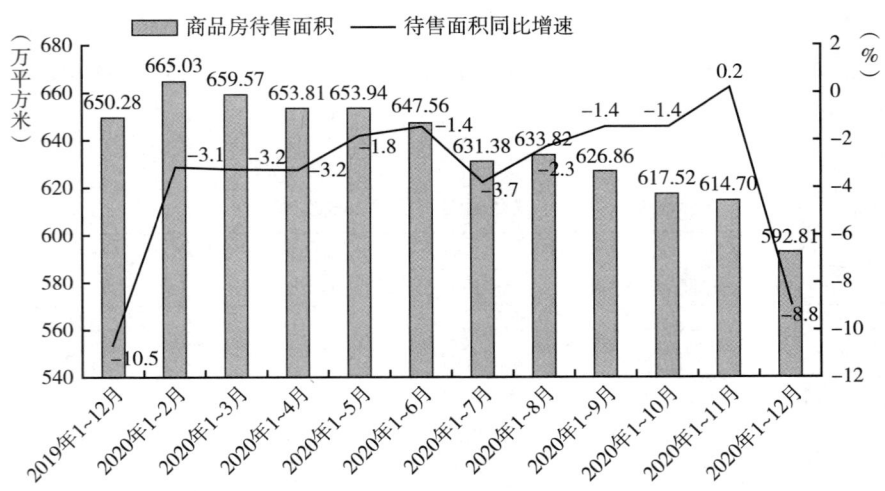

图 3　2019 年底至 2020 年陕西省商品房待售面积走势

70.57%；棚改项目基本建成 0.6463 万套，占年度计划的 85.01%；发放租赁补贴 3.0229 万户，占目标任务的 76.97%，建设的总体进展较上年同期有所加快。同时，保障性安居工程完成投资 63.68 亿元。陕西省遵照"一城一案"的方针，针对各市（区）不同情况，分别研究布局棚户区改造方案。2020 年，陕西省争取到的专项债为 296 亿元，同时，省发改委、省财政厅下达 9.9 亿元棚改基础配套资金，为棚改续建项目提供资金支持。

2020 年，省会城市西安住房保障工作目标为建设和筹集保障性住房 2 万套，其中，公租房 1 万套、共有产权房 1 万套；新增分配保障性住房 5000 套；新增租金补贴家庭 1500 户。截至 2020 年 10 月底，西安市共落实保障房 20786 套，其中，公租房 10132 套、共有产权住房 10654 套，已超额完成年度建设任务。此外，西安市新增分配保障房 6623 套，完成年度任务的 132%，保障性住房建设成效明显。

（七）住房租赁体制机制不断完善

为缓解住房压力，2020 年 11 月，西安市发布《西安市住房租赁试点工作实施方案》，提出 2020~2022 年西安将新增高品质租赁住房不低于 12 万套（间）等细则；新建、改建租赁住房不低于6万套（间），盘活存量住房不低于6万套（间）；培育住房租赁企业总数不少于30家，其中房源在1000套（间）或面积达到3万平方米以上的专业化、规模化租赁企业不少于20家；完善住房租赁市场监管机制，确保新成立的住房租赁企业信息报备率达100%；至2022年底，新增租赁住房房源和住房租赁合同网签备案率基本达到100%。此举不仅是为了完善对政策性租赁住房市场的建设管理，为建设供给主体多元、经营服务规范、租赁关系稳定的住房租赁市场体系添砖加瓦，也是为了平衡住房租赁市场的供需结构，分流一部分购房人群，为住房困难群体、新市民、外来务工人员等解决基本居住问题，以促进楼市健康长效发展。

（八）物业管理服务持续升级

2019～2020年，物业管理行业法律法规得到了进一步完善。《陕西省物业服务管理条例（修订草案修改稿）》指出，要推动成立物业管理委员会，物业行业管理标准逐渐明确。基础物业服务和增值物业服务保持规模增长，过去以基础物业服务为主的行业格局也在发生改变，增值物业服务开始抬头。

持续至今的疫情防控工作对物业服务提出了更高要求，从需求端推动传统物业进行服务升级，物业管理水平和管理质量不断提高。人工智能、物联网和大数据等工具的应用为物业管理行业的降本增效提供了可能，传统物业管理行业以人力为主的劳动密集型行业特征在逐渐模糊，发展智慧型物业成为新趋势。

（九）二手房市场价格平稳

根据国家统计局公布的2020年12月70个大中城市二手住宅销售价格指数，西安二手房价格当月环比上涨0.2%，西安二手房市场价格基本保持平稳。西安二手房挂牌量增长迅速，在售量约为上年同期的150%，二手房还有较多存量。随着西安"楼市新政"的落实，首付比例提高，二手房销

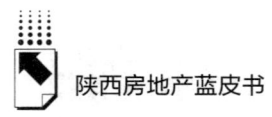

售特别是大中户型二手房的出售难度加大,买家付款压力提升,二手房成交量将受到一定制约。

三 当前陕西省房地产市场热点问题分析

(一)疫情对陕西省房地产市场影响

1. 短期影响

(1)市场供应下降,项目进度受到影响。2020年1月底至3月上旬,受疫情快速蔓延的影响,销售部关停,陕西省城市住宅销售市场基本处于"停滞"状态。3月中旬以后,陕西省房地产市场逐步恢复运行,开始回暖。西安市住建局数据表明,西安市第一季度新批准商品住宅预售面积258.84万平方米,比上年同期下降19.7%。土地购置受疫情影响则更为严重,2020年前两个月陕西省土地购置面积仅为0.07万平方米,下降99.4%。众多项目无法快速开工,已开工项目也受到影响被迫中断。

(2)成交量下降,回款困难。疫情对成交量的影响则更为直接。居家隔离期间,看房购房人数明显下降,直接影响了成交量。2020年第一季度,新建商品住宅累计网签销售面积为181.59万平方米,较2019年第四季度下降43.9%;二手房累计网签交易面积为64.28万平方米,较2019年第四季度下降52.7%。但客观来说,疫情对于住宅购买需求的影响,并不全是负面的。刚需者的购房需求不会改变,只是推迟成交时间,甚至需求会因此增加。

(3)销售方式更新,"线上售房"初现。随着陕西全省线下售楼处被叫停,线下看房业务受阻,多家开发商为此推出线上售房业务。58同城、安居客等网站的相关数据显示,2020年1月VR看房访问量环比上升超过五成,受疫情影响居家隔离的购房者和潜在购房者成为线上售房的第一批"体验者"。线上售房数据最为突出的企业,甚至还推出了一系列优惠激励政策并提供"无理由退房"服务,吸引业界众多关注。

线上售房即使并不能完全替代线下看房,无法呈现住宅周边的交通、环境等区位因素，依然是疫情下房地产行业从业者努力破局求发展的缩影。

（4）运营思路转变，社区服务趋向智能化。在新冠肺炎疫情影响下，居民普遍开始重视物业运营和社区管理服务质量。这也促使社区管理向专业化、精细化、智能化发展。疫情使得不少企业加大对社区运营的投资，结合针对疫情的管理手段和社区生活服务，业务和设备都将进行更新。从前依赖人工进行的线下物业服务，如今已经向线上转移和靠拢，不仅可以减少与人的接触，符合疫情防控规范，也可以减少运营成本中的人力部分，提高效率。除此之外，完善社区服务管理体系、构建完整的社区生态体系，也成为社区服务管理工作的重要组成部分。

2. 中长期影响

（1）对住房需求的影响。长时间居家隔离使得居民对居住的体验感受更深，催生出整个市场对更品质、更数字化、更智能化、更高效物业管理服务住宅的迫切需求。品质改善、配套升级成为潜在购房者新时期的新需求。

（2）对房地产金融的影响。2019年房地产贷款、债券、信托融资全面收紧，房地产融资中的乱象得到了改善。受当前疫情影响，稳健的货币政策可能会适度宽松，房地产企业融资压力会适度缓解。财政政策逆周期调控力度会加大，房地产契税补贴、人才购房补助等政策可能出台。限购限价可能会在部分地区适度松绑。但总体来讲，"房住不炒"和长效机制仍是主基调，房地产领域不会有较大的刺激政策出台。从中长期发展来看，稳预期、防风险、降杠杆，加强房地产融资与信贷管理，仍是当前及未来较长时期内房地产政策的大趋势。

（二）老旧小区改造对陕西省房地产业发展的影响

2020年5月，李克强总理在政府工作报告中提到当年新开工改造城镇老旧小区3.9万个。加快城镇老旧小区改造，是坚持实施扩大内需战略、构建新发展格局的重要路径，满足了人民群众美好生活需要，推动了惠民生扩内需，推进了城市更新。陕西省历年来都在实施老旧小区更新改造项目，这次更是迅即响应政府工作报告，明确城镇老旧小区改造任务，重点改造

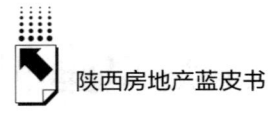

2000年底前建成的老旧小区。

理论上分析，老旧小区改造具有稳投资、促消费的时代机遇，具有改善小区经济价值均衡性的卓越条件，具有提升产业带动发展的优良潜能。本文基于陕西省11个市（区）的面板数据，考察老旧小区改造政策对陕西省房地产和经济增长的效应，通过控制人均固定资产、基础设施水平、政府一般预算支出和产业结构等变量检验政策实施的作用效果。研究发现，老旧小区改造能通过增加固定资产投资、调整政府支出结构和调整产业结构这些举措来促进区域经济增长。因此，建议增加固定资产投资，加大基础设施投资力度，调整产业结构。同时，政府部门应适度提高财政支出占比，加快推动城市老旧小区改造项目，促进区域经济长效健康发展。

（三）楼宇经济对陕西省产业发展影响

楼宇经济以集约化的特征出现，以一种推动经济增长的全新产业模式快速发展，而楼宇作为招商引资的物理载体，对陕西省建设国家级创新省份有着不可忽视的作用。

首先，西安作为国家中心城市，在国家经济结构和战略布局中具有重要作用，对其建设势必要冲破传统思维定式，利用区域资源和特色创造优势，推进陕西省产业集群的发展。楼宇经济发挥其能动作用，以产业链和物流链为纽带，建设国际性综合交通枢纽，不断提高城市的科技创新能力，大力发展城市经济和辐射带动功能，促进周围区域型城市的产业发展和集聚，形成陕西省整体均衡发展的良性格局。

其次，"产业的发展必须要有容器，而楼宇发挥了这一功能"。随着城市商业中心的形成、城市空间的拓展和功能区的集聚，楼宇经济也在城市中心进一步集聚，在这一过程中，作为立起来的产业园区，不同楼宇的产业定位影响着楼宇的产业招商。尤其是在中央提出要加快新型基础设施建设进度之后，楼宇承载的产业逐渐向金融业和新基建行业倾斜。产业结构的调整是陕西省顺应国家发展战略做出的改变，是一条更高质量、更有效率的发展之路。

最后，重庆、合肥等城市的招商之路值得西安借鉴，应从中分析出若干影响楼宇经济产业招商的因素。陕西省要立足现有产业基础，根据市场定位和客户需求，发挥本省人才、位置和产业优势，重点关注金融行业、科技互联网行业和房地产及建筑业，积极发展战略性新兴产业，这对陕西省而言，是产业发展见效最快、边际效用最高的方式。

四 2020年陕西省房地产市场的主要特征

（一）西安对陕西省房地产市场影响较大

陕西省房地产市场结构较为单一，以西安市为主。2019年，受金融政策和土地供应紧缩的影响，西安房地产市场各项指标占比有所下降。从总量来看，2019年西安市房地产开发投资和商品房销售面积占全省比重分别为63.1%和60.0%，而这两个占比在2020年分别下降到了59.6%和57.5%，即使这样，由于西安城市体量大，也难以改变西安在陕西省一家独大的局面。

（二）商品住房土地供给平稳增加

陕西省自然资源厅公布的全省国土资源主要统计监测指标显示，2020年，全省建设用地供应总面积为15436.09万平方米，而2019年为16249.62万平方米，减少了813.53万平方米。其中，普通商品住房建设用地供应面积为2518.42万平方米，同比上涨了23.3%。2020年普通商品住房建设用地供应面积占建设用地供应总面积的比重约为16.3%，与2019年的12.3%相比，增加了4个百分点。总体来说，2020年陕西省普通商品住房的土地供给平稳增加，供需不平衡的局面得到改善。

（三）房地产政策进一步缩紧，西安房地产需求外溢

2020年8月，中央出台"三道红线"政策，进一步控制房地产企业融资规模，陕西省房地产监管部门也随之对重点房地产企业进行布控。2020

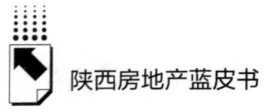

年11月30日，西安市住建局联合公积金、金融、资源规划等部门发布通知，明确提出"提高第二套住房首付比例""加强预售资金监管"等措施，加大了限购力度，导致需求外溢严重。

2020年，全省商品房销售面积增速最快的就是榆林、渭南、咸阳和宝鸡四市（31.7%、24.8%、14.3%、10.6%），西安销售面积增长率则下降为-3.0%，表明了房地产需求在省内的流动走向；全省房地产投资上涨最快的城市是渭南、咸阳、商洛和宝鸡四市（39.4%、38.6%、34.2%、25.7%），房地产市场开发投资流向这几个城市，西安房地产投资增长率仅为6.5%。供给和需求的减少，使西安开发投资和销售规模占全省的比重下降。2020年陕西省本土民营房企销售业绩亮眼，最高的企业年销售额为131亿元，其策略就是避开竞争激烈的头部地区，在三、四线城市以及经济强县（市）重点发力，由此可见，房地产需求外溢严重。

（四）中等户型住房需求进一步扩大，小户型销量持续下降

2020年陕西省销售面积为90~144（含）平方米的中等户型住宅销量增幅最大（增长6.9%），其次就是144平方米以上的大户型住宅（增长4.7%），而90（含）平方米及以下的小户型住宅降幅最大（下降38%），较2019年回落8.5个百分点。随着陕西省城市化进程的加快、城市落户门槛的降低，全省的住房需求不仅包括引进人才的高端需求，更有普通居民的刚性需求。小户型销售量的持续下降，很可能会导致后续开工量不足，从而扩大住房的结构性矛盾，影响市场稳定性。

五 2021年陕西省房地产市场展望

（一）从国家层面看

根据2020年全年的房地产行业表现来分析，2021年国家在房地产领域的宏观政策仍将以保证市场平稳为主要目标。2020年下半年，新冠肺炎疫

情对诸多国家产生的影响仍未消散，世界经济增长态势已然放缓。除此之外，我国所面临的国际宏观经济环境依旧是需要考量的因素之一。在这种国际国内环境的综合影响下，房地产市场的金融监管将继续保持较为紧张的态势，过去"高杠杆、高负债"的开发模式逐渐退出市场，以防范、降低房地产金融风险。房地产市场与国民经济的关系将更加平衡，住房市场的供求关系得到改善，房地产市场逐渐回归理性，整体供求节奏放缓。现阶段，住房矛盾已完成从总量短缺阶段到结构性供给不足阶段的过渡，未来房地产市场将从增量发展阶段过渡到以提升城市品质为主的存量发展阶段，以满足群众对居住环境更高品质的需求。

"房住不炒"的基本理念决定了调控政策在短期内不会放松，部分投资者可能会向商办市场倾斜。在土地竞拍中，保障住房、教育配套、装配式建筑、商办物业自持运营等多样条件的附加，进一步增加了拿地难度和拿地成本。因此，虽然当前商品房的价格总体较为稳定，但不排除在政策压力下，部分房企销售会呈现出以价换量的趋势。

（二）从全省层面看

尽管受到新冠肺炎疫情、房地产市场宏观调控政策、国家金融政策的多重影响，随着西安国家中心城市建设的逐步开展，西安作为丝路起点在"一带一路"倡议中的地位日渐凸显，加上"第五航权"的落地，以及"十四运"的到来，2021年陕西省房地产业的持续稳健发展依然被看好。全省城镇化水平和全省经济总量将进一步提高，这也在一定程度上为房地产行业发展提供了利好的环境。随着居民收入水平的提高，以及疫情影响下人民对于住房品质的需求进一步提升，质量因素将越来越多地影响房地产市场。改善型需求加大，进一步对高端领域的房屋价格、配套物业、品质等因素产生推动作用，促进产品供给质量的提升。房地产的平均价格将不再会大幅增长，"平稳"将成为房地产市场的关键词。

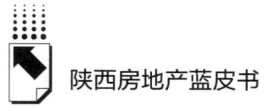

（三）从市（区）层面看

预计2021年，在因城施策的地产调控背景下，陕西省内各市（区）间的市场差异性将进一步凸显。西安市作为陕西省房地产市场的主要战场，城市发展已从单一的大规模增量建设发展阶段过渡到存量提质改造和增量结构调整并重的阶段，但仍将延续"稳"这一核心目标。房地产行业的融资限制仍将保持严苛状态，住房购买与投资将向理性靠拢，主要指标运行压力不减。土地供应价格上涨从供应端对房地产推出最终产品价格并保持价格平稳形成巨大压力。宝鸡市自2020年以来，房地产投资项目出现了施工、销售、竣工面积增速放缓，竣工周期延长，房地产资金趋紧等情况，预计2021年房价将基本保持平稳，改善户型需求进一步释放，住房供给量和商品房销售量小幅上涨。咸阳市土地供应量减少，加之毗邻西安，房价上涨空间较大。渭南市房地产价格受改善型住房需求扩张和竣工与新开工面积减少的综合影响，预计持续增长。铜川市开发投资与新开工面积在2020年均呈现增长态势，显示出房地产行业拉动经济增长和就业的优势作用。延安市城市新区建设进程加快，固定资产投资与房地产开发投资均处于稳定增长状态，但受新冠肺炎疫情影响，2020年销售数据有所回落，预计2021年需求将进一步释放，房地产价格稳中有升。榆林市房地产的供给、需求基本保持平稳，但作为"十四五"时期陕西的重点建设城市和国家的重要能源基地，其房地产价格预计会有所上涨。安康市房地产行业受中心城区与局部区域的共同作用，总体价格预计基本保持稳定。汉中市基本刚需与改善型住房需求可能进一步明晰。商洛市预计房地产价格不会受到调控政策太大影响，可能持续上涨。杨凌示范区由于规模小、人口少、市场有限，房地产有望保持先前发展和调控成果，趋于平稳。

参考文献

国家统计局：《2020年12月份70个大中城市二手住宅销售价格指数》，http：//

www. stats. gov. cn/tjsj/zxfb/202101/t20210115_ 1812368. html。

麻红萍：《新冠肺炎疫情对房地产行业影响及对策研究》，《湖北经济学院学报》（人文社会科学版）2020年第5期。

陕西省统计局：《2020年1~11月核心指标》，http：//tjj. shaanxi. gov. cn/tjsj/jdsj/qs_ 440/。

陕西省统计局：《2020年全省房地产开发销售恢复性增长》，http：//tjj. shaanxi. gov. cn/tjsj/tjxx/qs/202102/t20210208_ 2152742. html。

陕西省住房和城乡建设厅：《关于印发〈全省住建系统稳就业助力复工复产工作实施方案〉的通知》，http：//js. shaanxi. gov. cn/zcfagui/2020/3/109820. shtml？t＝2031。

陕西省住房和城乡建设厅：《关于印发新型冠状病毒感染肺炎疫情防控工作指引的通知》，http：//js. shaanxi. gov. cn/zcfagui/2020/1/109445. shtml？t＝2031。

陕西省住房和城乡建设厅：《牢记殷殷嘱托　落实五项要求　奋力谱写新时代陕西住建事业追赶超越新篇章——在2021年全省住房城乡建设工作会议上的讲话》，http：//js. shaanxi. gov. cn/zixun/2021/2/111993. shtml？t＝2006。

陕西省自然资源厅：《2020年1~12月份全省国土资源主要统计监测指标》，http：//zrzyt. shaanxi. gov. cn/info/4039/47632. htm。

上海克而瑞信息技术有限公司西安机构：《2020年陕西重点城市房地产市场研究报告》。

王圣学主编《陕西房地产蓝皮书：陕西房地产业发展报告（2020）》，社会科学文献出版社，2020。

王业强、董昕、张智主编《房地产蓝皮书：中国房地产发展报告No. 17（2020）》，社会科学文献出版社，2020。

西安市统计局：《1~10月西安市固定资产投资稳中向好、逐步加快》，http：//tjj. xa. gov. cn/tjsj/tjxx/5fd6c6c5f8fd1c5966529c3f. html。

专题篇
Special Topic

B.2
2019～2020年国家土地政策对陕西房地产业的影响

宋洁敏　向亚丽　孟繁琦*

摘　要： 2019～2020年我国土地政策延续耕地保护的主线，坚决遏制耕地"非农化"，防止耕地"非粮化"，强调土地节约集约利用，继续参与房地产市场调控，遏制房价。但从实际效果来看，土地政策对房价的遏制作用不明显。控制房价上涨需要多方面的努力，建议合理控制土地供应量，调整土地供应结构，强化土地管理的监控职能，加大政策执行力度，降低地价与房价。

关键词： 土地政策　房地产市场　宏观调控　陕西省

---

* 宋洁敏，陕西金成大地空间科技工程有限公司，从事土地规划相关业务；向亚丽，汇金科技控股集团有限公司，从事土地规划相关业务；孟繁琦，陕西金成大地空间科技工程有限公司，从事土地规划相关业务。

2019~2020年国家土地政策对陕西房地产业的影响

一 2019~2020年土地政策概述

（一）2019年土地政策概述

2019年国家土地相关行政主管部门相继出台了一系列重要的土地调控政策，旨在建立城乡统一的建设用地市场，促进土地要素流通，加强住房保障，从而强化土地政策在房地产宏观调控中的地位和作用，具体主要表现在以下几个方面。

1. 建立城乡统一的建设用地市场

2月19日，中央一号文件《关于坚持农业农村优先发展做好"三农"工作的若干意见》提出，全面推开农村土地征收制度改革和农村集体经营性建设用地入市改革，加快建立城乡统一的建设用地市场。

2. 建立健全城乡融合发展体制机制和政策体系

5月5日，国务院印发《关于建立健全城乡融合发展体制机制和政策体系的意见》，提出要坚决破除妨碍城乡要素自由流动和平等交换的体制机制壁垒，促进各类要素更多向乡村流动，在乡村形成人才、土地、资金、产业、信息汇聚的良性循环，为乡村振兴注入新动能；建立健全有利于城乡基本公共服务普惠共享的体制机制，建立健全有利于城乡基础设施一体化发展的体制机制。

3. 促进土地要素流通，提高节约集约用地水平

7月19日，国务院办公厅发布《关于完善建设用地使用权转让、出租、抵押二级市场的指导意见》，要求进一步健全服务和监管体系，提高节约集约用地水平，为完善社会主义市场经济体制、推动经济高质量发展提供用地保障。意见提出了完善土地二级市场的主要任务：完善转让规则，促进要素流通；完善出租管理，提高服务水平；完善抵押机制，保障合法权益；创新运行模式，规范市场秩序。形成一、二级市场协调发展、规范有序、资源利用集约高效的现代土地市场体系。

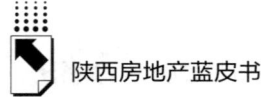

4.《中华人民共和国土地管理法》修订,促进集体建设用地入市流转

8月26日,第十三届全国人大常委会第十二次会议通过关于修改《中华人民共和国土地管理法》(以下简称"《土地管理法》")、《中华人民共和国城市房地产管理法》(以下简称"《城市房地产管理法》")的决定。新修改的《土地管理法》取消了多年来集体建设用地不能直接入市流转的二元体制,为城乡一体化发展扫除了制度性障碍。12月23日修改后的《土地管理法》,删去了现行《土地管理法》中关于从事非农业建设使用土地的,必须使用国有土地或者征为国有的原集体土地的规定;对土地利用总体规划确定为工业、商业等经营性用途,并经依法登记的集体建设用地,允许土地所有权人通过出让、出租等方式交由单位或者个人使用。让集体建设用地进入市场,将对国内的土地市场及住房市场带来前所未有的影响与冲击,特别是为公租房及共有产权住房建设创造了非常好的条件。

5.全面放宽落户条件,加强住房保障

国家发展改革委发布《关于印发〈2019年新型城镇化建设重点任务〉的通知》。通知要求,继续加大户籍制度改革力度,超大特大城市要调整完善积分落户政策;大幅增加落户指标,精简积分项目,确保社保缴纳年限和居住年限分数占主要比例;允许租赁房屋的常住人口在城市以公共户口落户。

8月,住建部网站发布《努力实现全体人民住有所居——我国住房保障成就综述》,指出我国将加快推动住房保障立法工作,从国家层面明确住房保障顶层设计和基本制度框架。夯实各级政府住房保障工作责任,同时为规范保障房准入使用和退出提供法律依据。对于人口净流入较多,住房保障需求较大的大中城市,要督促加大公租房保障力度,因地制宜发展共有产权住房,加快解决城镇中低收入居民和符合条件新市民的住房困难问题。

(二)2020年土地政策概述

2020年继续坚持"房住不炒""因城施策"的政策主基调,落实城市主体责任,实现稳地价、稳房价、稳预期的长期调控目标;加大城镇老旧小区改造力度、完善长租房政策,保障居民住房。

1. 落实最严格的耕地保护制度,防止建设用地城市边缘扩大化

9月15日,国务院办公厅发布《关于坚决制止耕地"非农化"行为的通知》,提出耕地是粮食生产的重要基础,解决好14亿人口的吃饭问题,必须守住耕地这个根基,落实好最严格的耕地保护制度,坚决制止各类耕地"非农化"行为,坚决守住耕地红线。

11月17日,国务院办公厅印发《关于防止耕地"非粮化"稳定粮食生产的意见》,强调要充分认识防止耕地"非粮化"稳定粮食生产的重要性紧迫性。坚持科学合理利用耕地资源,将有限的耕地资源优先用于粮食生产。防止城镇国土空间规划的开发边界线进一步无序扩大,严禁占用优质耕地开发建设,特别是搞建筑密度小的房地产开发。

2. 坚持"房住不炒",不将房地产作为短期刺激经济的手段

2月21日,央行召开2020年金融市场工作会议,要求保持房地产金融政策的连续性、一致性和稳定性,继续因城施策落实好房地产长效管理机制,促进市场平稳运行。

4月17日的中央政治局会议、5月22日的政府工作报告均提出,要继续坚持"房子是用来住的、不是用来炒的"定位,因城施策,促进房地产市场平稳健康发展。

7月24日,房地产工作座谈会进一步明确提出要坚持从全局出发,牢牢坚持"房子是用来住的、不是用来炒的"定位。坚持不将房地产作为短期刺激经济的手段,坚持稳地价、稳房价、稳预期,因城施策、一城一策,从各地实际出发,采取差异化调控措施,及时科学精准调控,确保房地产市场平稳健康发展。

3. 加大城镇老旧小区改造力度,提高城市土地节约集约利用水平

4月14日召开的国务院常务会议指出,推进城镇老旧小区改造,是改善居民居住条件、扩大内需的重要举措。各地要统筹负责,按照居民意愿,重点改造完善小区配套和市政基础设施,提升社区养老、托育、医疗等公共服务水平,建立政府与居民、社会力量合理共担改造资金的机制。

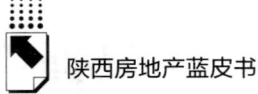

10月29日,发改委等14个部门联合发布《近期扩内需促消费的工作方案》,提到要加大对城镇老旧小区改造的支持力度。在坚持"房子是用来住的,不是用来炒的"定位基础上,加快落实支持城镇老旧小区居民提取住房公积金,用于加装电梯等自住住房改造个人支付部分的政策。鼓励各地对城镇老旧小区有条件的楼栋加装电梯。对老旧小区的改造,提高了旧小区的入住率和需求量,提高了城市土地的利用率。

4. 加快完善长租房政策,规范长租房市场,促使土地供应结构发生变化

12月16~18日中央经济工作会议指出,住房问题关系民生福祉,要解决好大城市住房突出问题:坚持"房子是用来住的、不是用来炒的"定位,因地制宜、多措并举,促进房地产市场平稳健康发展;高度重视保障性租赁住房建设,加快完善长租房政策,逐步使租购住房在享受公共服务上具有同等权利,规范发展长租房市场;土地供应要向租赁住房建设倾斜,单列租赁住房用地计划;降低租赁住房税费负担,对租金水平进行合理调控。

综观2019~2020年国家出台的各项政策,都没有刻意提到房价问题,一以贯之强调的是,要坚持"房子是用来住的、不是用来炒的"定位,因城施策,促进房地产市场平稳健康发展。但2019年与2020年调控侧重点有所不同,2019年的重点在于加强城市低收入人群的住房保障工作,而2020年的重点放在了大城市住房突出问题和租赁住房上,强调要建立房地产长效机制,必须补上长租房这块短板。

二 土地政策对陕西省房地产业的影响

土地政策对房地产业的影响主要是通过土地政策对土地供应量的影响来传导实现的。土地供应量决定房地产开发企业可开发的土地量,影响房地产企业的投资规模,从而影响房地产市场的供给,最终影响房地产价格。

本文以2019年10月至2020年12月陕西省"十市一区"住宅用地的挂牌与成交数据来分析土地政策对土地供应和需求的影响。

（一）挂牌情况分析

从表1和图1中可以看出，2019年（10～12月）陕西省推出的住宅用地共163宗，土地总面积为509.58万平方米。从各区域供应面积来看，咸阳市供应量最大，为201.62万平方米，占2019年（10～12月）陕西省总供应量的39.57%；其次是渭南市和安康市，供应量分别为95.55万平方米、89.69万平米，占比分别为18.75%、17.60；西安市2019年（10～12月）土地供应量为0。从供应宗数来看，2019年（10～12月）咸阳市供应最多，为41宗；渭南市和商洛市次之，均为28宗；紧接着为榆林市，为16宗；西安市最少，未供应土地，这是由于西安市前三季度存量用地较大，政府第四季度严守土地供应端口。

表1 2019～2020年陕西省各区域住宅用地挂牌情况

单位：万平方米，宗

区域	2019年(10～12月)		2020年(1～12月)	
	面积	宗数	面积	宗数
陕西省	509.58	163	1952.89	589
西安市	0.00	0	178.85	39
铜川市	10.84	4	99.72	17
宝鸡市	47.71	13	218.67	69
咸阳市	201.62	41	558.54	126
渭南市	95.55	28	405.84	109
延安市	5.97	5	78.64	22
汉中市	14.14	11	133.22	65
榆林市	26.29	16	114.25	49
安康市	89.69	13	116.27	63
商洛市	7.89	28	42.22	29
杨凌示范区	9.83	4	6.67	1

资料来源：中国土地市场网，http://www.landchina.com。如无特殊说明，本文资料均来源于此，不再赘述。

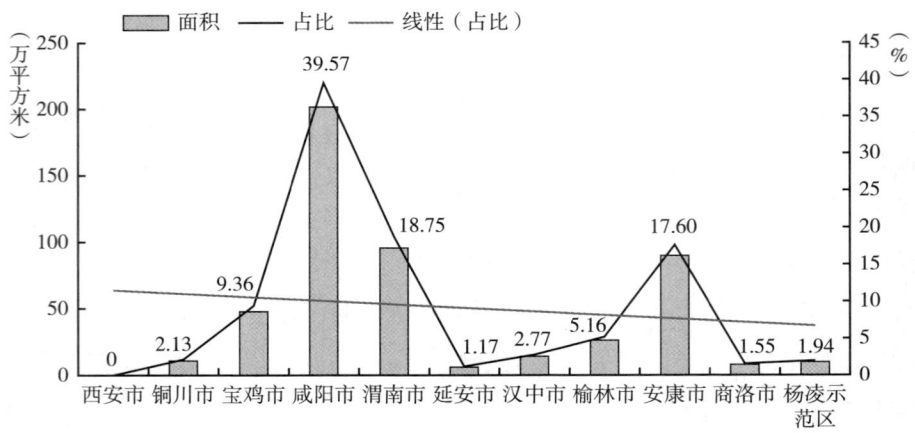

图 1　2019 年 10～12 月陕西省各区域住宅用地供应量占比

从表1和图2中可以看出，2020年（1～12月）陕西省推出的住宅用地共589宗，土地总面积为1952.89万平方米。从各区域供应面积来看，咸阳市供应量最大，为558.54万平方米，占2020年（1～12月）陕西省总供应量的28.60%；其次是渭南市，供应量为405.84万平方米，占比为20.78%；延安市和商洛市供应量较少，分别为78.64万平方米和42.22万平方米，占比为4.03%和2.16%；杨凌示范区供应量最少，为6.67万平方米，占2020年（1～12月）陕西省总供应量的0.34%。从供应宗数来看，2020年（1～12月）咸阳市供应最多，为126宗；渭南市次之，为109宗；紧接着为宝鸡市、汉中市和安康市，分别供应了69宗、65宗和63宗；杨凌示范区最少，只供应了1宗地。

从表2中可以看出，2020年第四季度陕西省住宅用地挂牌总面积为662.01万平方米，比2019年同期土地挂牌面积增加了152.43万平方米。从各区域来看，铜川市、咸阳市、安康市和杨凌示范区2020年第四季度土地供应面积较2019年同期有所减少，其中，安康市变化幅度最大，减少了34.73万平方米；铜川市变化幅度最小，减少了6.30万平方米。其余地区2020年第四季度土地供应面积均高于2019年同期土地供应面积，其中，西安市变化幅度最大，2020年第四季度土地供应面积较2019年同期土地供应面积增加了63.75万平方米。

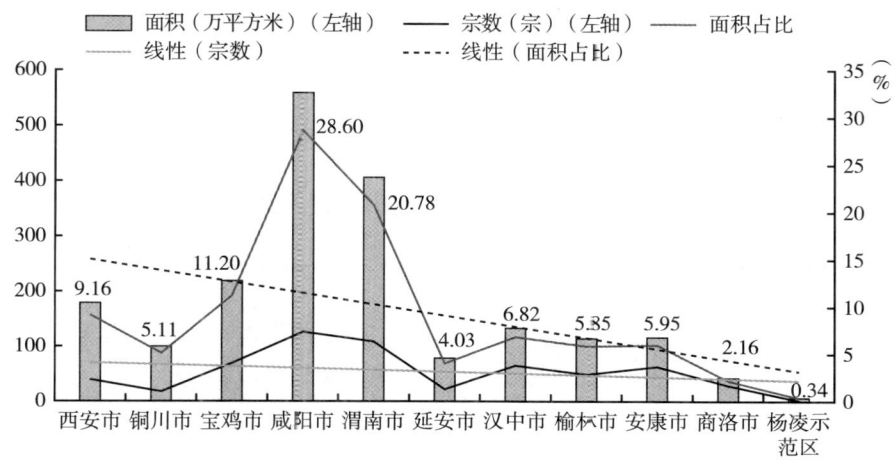

图 2 2020 年陕西省各区域住宅用地供应量占比

表 2 2019 年第四季度至 2020 年第四季度陕西省各区域同期住宅用地挂牌面积

单位：万平方米

区域	陕西省	西安市	铜川市	宝鸡市	咸阳市	渭南市
2019（10~12月）	509.58	0.00	10.84	47.71	201.62	95.55
2020（10~12月）	662.01	63.75	4.54	55.28	191.52	130.56
变化幅度	152.43	63.75	-6.30	7.57	-10.10	35.01
区域	延安市	汉中市	榆林市	安康市	商洛市	杨凌示范区
2019（10~12月）	5.97	14.14	26.29	89.69	7.89	9.88
2020（10~12月）	56.01	53.47	36.19	54.96	15.73	0.00
变化幅度	50.04	39.33	9.90	-34.73	7.84	-9.88

（二）成交情况分析

从成交情况来看（如表3和图3所示），2019年（10~12月）陕西省共成交328宗地，总面积889.70万平方米。从各区域成交面积来看，咸阳市成交面积最大，为210.44万平方米，占2019年（10~12月）陕西省总成交面积的23.65%；其次是西安市和渭南市，成交面积分别为158.85万平方米和152.83万平方米，占比分别为17.85%和17.18%；杨凌示范区成交面积最少，为9.88万平方米，占比1.11%。从成交宗数来看，2019年（10～12月）渭南市成交最多，为49宗；其次为咸阳市和安康市，成交宗数分别为44宗和42宗；铜川市成交了7宗地；杨凌示范区最少，只成交4宗。

表3 2019～2020年陕西省各区域住宅用地成交情况

单位：万平方米，宗

区域	2019年（10～12月）		2020年（1～12月）	
	面积	宗数	面积	宗数
陕西省	889.70	328	3155.67	1230
西安市	158.85	33	729.36	145
铜川市	21.44	7	102.48	19
宝鸡市	72.15	24	245.97	77
咸阳市	210.44	44	637.72	164
渭南市	152.83	49	596.73	187
延安市	15.53	19	122.26	48
汉中市	42.60	36	180.79	142
榆林市	77.71	34	170.31	141
商洛市	16.24	36	91.26	60
安康市	112.03	42	216.74	241
杨凌示范区	9.88	4	62.05	6

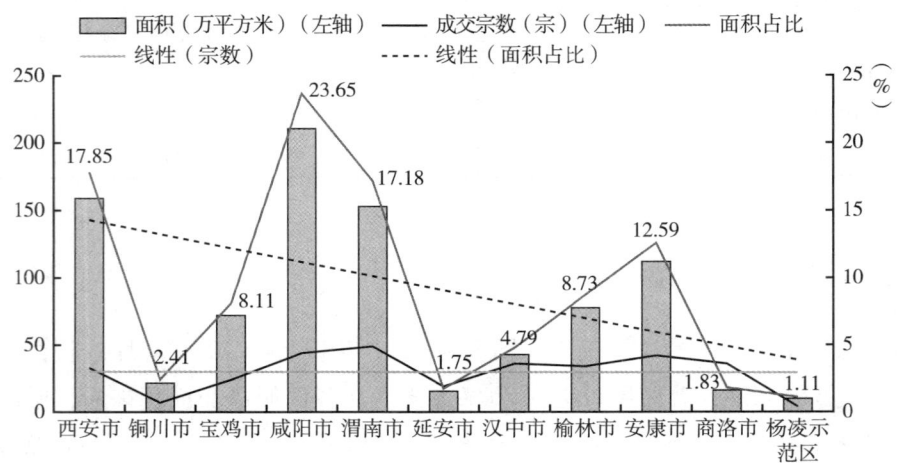

图3 2019年（10～12月）陕西省各区域住宅用地成交情况

从表3和图4中可以看出，2020年（1~12月）陕西省共成交1230宗地，总面积3155.67万平方米。从各区域成交面积来看，西安市成交面积最大，为729.36万平方米，占2020年陕西省总成交面积的23.11%；其次是咸阳市和渭南市，成交面积分别为637.72万平方米和596.73万平方米，分别占比20.21%和18.91%；杨凌示范区成交面积最少，为62.05万平方米，占比1.97%。从成交宗数来看，2020年（1~12月）安康市成交最多，为241宗；渭南市和咸阳市次之，分别为187宗和164宗；杨凌示范区最少，只成交了6宗地。

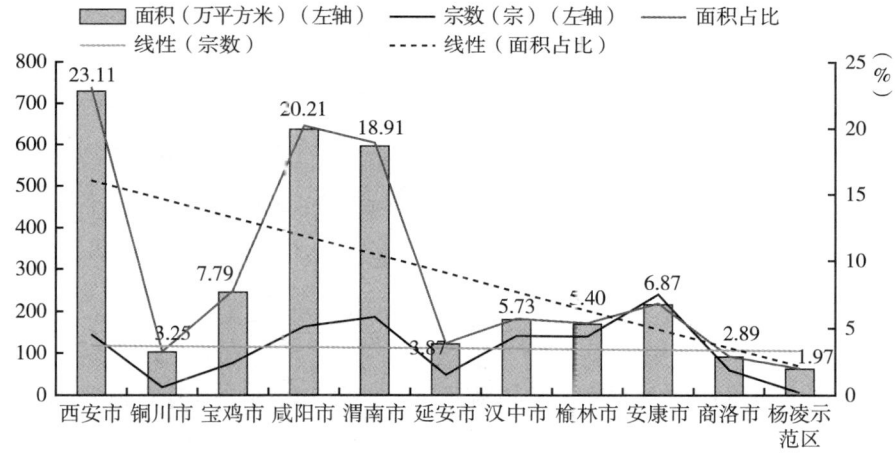

图4 2020年陕西省各区域住宅用地成交情况

对比2020年第四季度与2019年第四季度的成交数据（如表4所示），我们可以看到，陕西省2020年第四季度土地成交总面积较2019年同期成交面积增加了232.52万平方米。值得注意的是，铜川市、榆林市、安康市和杨凌示范区2020年第四季度土地成交总面积较2019年同期成交面积分别减少了16.90万平方米、21.54万平方米、11.31万平方米和9.88万平方米。除此外，其余各市土地成交面积均比2019年同期成交面积有所增加，但增加幅度有所不同，其中，西安市增加幅度最大，为114.73万平方米；宝鸡市增加幅度最小，为9.94万平米。

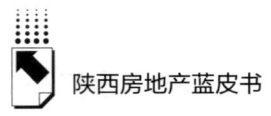

表4　2019年第四季度至2020年第四季度陕西省各区域同期住宅用地成交面积

单位：万平方米

区域	陕西省	西安市	铜川市	宝鸡市	咸阳市	渭南市
2019（10～12月）	889.70	158.85	21.44	72.15	210.44	152.83
2020（10～12月）	1122.22	273.58	4.54	82.09	240.09	199.80
变化幅度	232.52	114.73	-16.90	9.94	29.65	46.97
区域	延安市	汉中市	榆林市	安康市	商洛市	杨凌示范区
2019（10～12月）	15.53	42.6	77.71	112.03	16.24	9.88
2020（10～12月）	73.79	60.38	56.17	100.72	31.06	0.00
变化幅度	58.26	17.78	-21.54	-11.31	14.82	-9.88

根据以上数据分析，土地政策在房地产市场上发挥了一定的作用。城乡统一的建设用地市场逐步完善，促进了土地要素流通，使得住房用地得到进一步保障，且在新冠肺炎疫情得到有效控制、融资环境相对宽松的背景下，优质土地的供应进一步加快，土地市场热度攀升，从而使2020年土地供应及成交规模均高于2019年。

（三）地价水平分析

房地产市场的健康发展关系到国计民生，自2016年12月召开的中央经济工作会议首次提出"房住不炒"概念后，这一政策一直是房地产调控领域的指导方针，并在此后一段时间内长期坚持。"房住不炒"是基本方针，稳地价、稳房价、稳预期是工作方法，其中稳地价又是稳房价、稳预期的基础。

以西安市住宅用地成交情况来说，2019年西安市住宅用地共成交99宗，成交面积527.51万平方米；2020年西安住宅用地共成交145宗，成交面积729.36万平方米，故2020年西安市住宅用地土地市场较2019年更加活跃。且随着土地市场热度攀升，房企拿地相对激进，净土资源和优质地块被各大开发商青睐，高溢价成交屡见不鲜。下面以2019年10月至2020年12月西安市楼面地价每平方米上万元的地块为例做简单分析（见表5）。

表5 2019年10月至2020年12月西安市楼面地价每平方米万元以上地块分布

单位：元/米²

序号	地块位置	拿地企业	成交时间	楼面地价	所属区域
1	高新区规划六路与规划十六路西北角	西部机场	2019年12月26日	10453	高新CID
2	云水一路与天谷二路十字东南角	中国铁建	2020年1月8日	10729	软件新城
3	天谷二路以南、云水四路以东、云水三路以西、天谷三路以北	隆基泰和	2020年4月15日	13469	软件新城
4	天谷二路以南、云水三路以东、云水二路以西、天谷三路以北	高科房产	2020年4月23日	15415	
5	高新区西太路以东、纬二十六路以南	新希望	2020年5月8日	12640	
6	高新区经二十二路以东、经二十路以西、纬三十二路以北	紫藏地产	2020年6月30日	12803	
7	高新区经二十二路以东、规划十六路以南、纬三十二路以北、规划六路以西	阳光城	2020年7月7日	13000	
8	高新区规划十路以东、纬二十六路以北、纬二十四路以南	重庆华宇		12514	
9	高新区规划十二路以西、纬二十六路以北、西太路以东、纬二十四路以南	招商	2020年9月28日	12605	高新CID
10	高新区纬三十四路以北、经二十二路以西、纬三十二路以南、经二十六路以东	碧桂园		10042	
11	高新区纬二十六路以北、西太路以西、纬二十四路以南			15125	
12	高新区韦斗路以南、规划九路以西、规划十五路以北	中天控股	2020年10月10日	147374	
13	高新区秦岭东五路以南、草堂九路以东	紫藏地产	2020年11月6日	14692	
14	航天航新路以东、航腾路以南、航飞路以北、规划路以西	招商	2020年6月10日	13860	
15	航天南路以南、规划三路以东、少陵路以北	蓝光	2020年10月11日	11994	航天基地
16	航天航新路以东、航腾路以南、望月路以西、航飞路以北	融创	2020年9月11日	11789	
17	凤城三路以南、西安鸿华房地产公司以北	重庆华宇	2020年6月5日	10942	经开
18	曲江翠华路以东、陕西地震局以南	西安兰科	2020年6月18日	14063	曲江
19	沣西新城规刻路以东、西成快速干道铺道以南、规划路以西、龙台观路以北	港中旅	2020年8月25日	10127	沣西新城
20	浐灞生态区启源一路以南、广运潭大道以西	招商	2020年9月23日	12504	未央湖

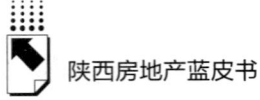

从表5可以看出，西安市楼面地价每平方米上万元的地块共有20宗，其中软件新城3宗、高新CID板块10宗、航天基地3宗，曲江、未央湖、经开、沣西新城各1宗。从各区域分布来看，西安每平方米万元楼面地价地块主要集中在高新CID和软件新城板块，同时还覆盖了航天基地、经开、沣西新城等板块。也就是说，随着城市区域的不断发展和土地存储的日渐趋少，西安的土地成本也越来越高，高地价由城市中心向四周外溢。

三 结论与对策

（一）结论

2019~2020年国家出台的一系列土地政策，主要体现在节约集约利用土地、促进土地要素流通、深化土地供给侧结构性改革、持续参与调控房地产市场、控制房价、保障民生等方面。但从实际效果来看，对房价没有起到足够的遏制作用，地价与房价仍在持续上涨。

遏制房价上涨需要多方面努力。从土地方面来看，对土地控制越严格，房地产开发的成本就越高，这样不利于房价的下降，故而国家通过加大保障性住房用地与租赁住房用地的供应来克服这一弊端。尤其是从加大公租房保障力度、发展共有产权住房以及高度重视保障性租赁住房建设、逐步使租购住房在享受公共服务上具有同等权利、规范发展长租房市场等方面来优化房地产住房结构，以期达到调控商品房销售市场、稳定商品房销售价格的目的。

（二）对策

1. 合理控制土地供应量，加大土地供应结构的调控力度

土地政策的落脚点要从重视土地供给量转变为同时关注土地供给量和供给结构。土地供应量政策的制定和实施应当按照"管住总量、严控增量、盘活存量、集约高效"的原则，控制新增建设用地，充分利用闲置土地，提高土地利用效率。土地供应结构的调控是指土地供应向保障性住房用地与租赁住房用地倾斜，加大公租房保障力度，完善长租房政策，补齐房地产市场中保障性租赁房建设的短板，更为有效地建立房地产长效机制。

2. 强化土地管理的监控职能

土地管理监控职能的弱化严重地阻碍了城市土地市场和房地产市场的健康有序发展。因此，要强化土地管理的监控职能，加强对土地使用状况和土地价格的全程监控与跟踪管理。同时，与房地产管理部门密切配合，实行地价与房价的链接管理，杜绝房地产市场不合理定价行为，并严格执行房地产金融监管要求，防止资金违规流入房地产市场，抑制居民杠杆率过快增长，推动房地产市场健康稳定发展。

3. 加大政策执行力度，降低地价与房价

控制房价的前提条件就是要使房屋成本降低，最终要降低房地产企业拿地成本，但是一直上涨的土地价格使得降低房价变得很难。当然影响房价的因素很多，但是作为房地产成本的第一要素，土地成本居高不下，那么房价的降低就不可能。近年来尽管出台了一系列政策调控房价，但我们看到，实际效果不尽如人意，地价与房价一直在上涨，说明政策的执行力度还是不够。因此，要加大政策执行力度，实实在在地把地价和房价降下来，让政策落到实处，让百姓享受到好的政策带来的实惠。

四 2021年土地政策预测

第一，我国是一个人口大国，土地资源并不丰富，因此促进土地要素流通、盘活存量土地、强调节约集约利用土地是我国土地利用与管理的永恒主题。

第二，确保国家粮食安全为"三农"工作的首要任务，而耕地是粮食生产的重要基础，因此落实好最严格的耕地保护制度，坚决遏制耕地"非农化"、防止耕地"非粮化"、规范耕地占补平衡，坚决守住耕地红线仍是2021年国家土地政策调控的主要任务。

第三，房地产开发离不开土地，缓解住房供需矛盾，保障民生发展是房地产市场亟待完成的重点任务。2020年中央经济工作会议提出，要高度重视保障性租赁住房建设，加快完善长租房政策；持续坚持"房子是用来住的、不是用来炒的"定位，因城施策，促进房地产市场平稳健康发展。基于此背景，预计"房住不炒，稳地价、稳房价、稳预期"的长效管理调控机制仍是2021年政策调控的主导方向。除此之外，2021年国家土地政策将会在完善长租房政策、规范长租房市场、加速保障性租赁住房建设等方面进一步发力，比如土地供应向保障性租赁住房倾斜，租购住房在享受公共服务上具有同等权利，利用集体建设用地和企事业单位自有闲置土地建设租赁住房，降低租赁住房税费负担等。

参考文献

龙光明：《宏观政策对房地产价格影响的机理研究》，《海峡科技与产业》2020年第33期。

王圣学主编《陕西房地产蓝皮书：陕西房地产业发展报告（2019）》，社会科学文献出版社，2019。

王圣学主编《陕西房地产蓝皮书：陕西房地产业发展报告（2020）》，社会科学文献出版社，2020。

张婧婷：《我国房地产去库存的形势及政策分析》，《住宅与房地产》2020年第33期。

庄园：《政府宏观调控政策对房地产市场的影响》，《智慧中国》2020年第96期。

B.3
2019~2020年房地产金融政策对陕西房地产业的影响

毕 超　金淑娟*

摘　要： 尽管受到新冠肺炎疫情冲击，2020年陕西房地产金融政策总体仍坚持"房住不炒"政策基调，上半年以稳为主，下半年稳中向紧。在此政策形势下，陕西房地产开发投资得到持续较快恢复，今年商品房交易与土地交易呈现出"量稳价升"特征。但是陕西房地产金融政策方面仍面临三大问题：一是审慎管理制度长效机制有待完善，二是政策连续性、一致性和稳定性有待加强，三是住房租赁市场金融支持政策体系有待完善。为此，建议陕西省应当探索建立房地产金融审慎管理制度配套支持政策体系，确保地方房地产金融政策的连续性、一致性和稳定性，积极探索建立健全陕西住房租赁市场金融支持政策体系。

关键词： 房地产　金融政策　审慎管理制度　住房租赁市场

房地产金融是在房地产开发、流通和消费过程中，通过货币流通和信用渠道所进行的融资、投资及相关金融服务的一系列金融活动的总称。其基本任务是运用多种金融方式和金融工具筹集和融通资金，支持房地产开发、流

---

* 毕超，陕西师范大学国际商学院副教授，主要研究方向为房地产投融资、可持续增长；金淑娟，陕西师范大学国际商学院在读硕士生，主要研究方向为房地产管理、企业管理。

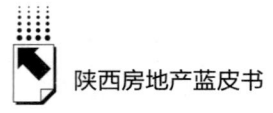

通和消费，促进房地产再生产过程中的资金良性循环，保障房地产再生产过程的顺利进行。本文将从房地产金融政策视角出发，在系统梳理2020年陕西房地产金融发展情况的基础上，剖析房地产金融政策变化对陕西房地产业的影响，以及探索如何通过完善房地产金融政策体系，推动陕西房地产业健康持续发展。

一 陕西省房地产金融政策形势分析

（一）全国房地产金融政策形势

从2017年末至2019年末，我国房地产宏观政策经历了从踩刹车"控制宏观杠杆率"、"坚决遏制房价上涨"到降速稳定"房住不炒"、因城施策的过程，基本实现了降风险、稳房价、稳预期的政策效果。2020年，在疫情防控的大背景下，房地产金融政策仍体现了"房住不炒"的战略定力，全年房地产金融政策仍以稳房价、稳地价、稳预期为目标，落实城市主体责任和房地产长效管理机制，确保了房地产金融政策的连续性、一致性和稳定性。

1. 上半年房地产金融政策以稳为主

2020年上半年，中央政策层面继续坚持"房住不炒"的定位，落实城市主体责任，落实稳地价、稳房价、稳预期目标。2月21日，央行召开2020年金融市场工作会议，部署2020年6项重点工作。就房地产业而言，就是保持房地产金融政策的连续性、一致性和稳定性，继续因城施策落实好房地产长效管理机制，促进市场平稳运行。

在疫情冲击下，诸多城市从供需两端助力房地产市场复苏，受到房地产金融政策的及时纠正。地方宽松政策主要涉及放宽预售标准、适度放松限价、人才新政变相松绑限购、购房及契税补贴、公积金政策调整等，明显与中央"房住不炒"，坚决遏制房地产泡沫化、金融化趋势，避免资金跑偏与空转的主基调相违背。4月中旬，中共中央政治局召开会议，会议强调要坚持"房子是用来住的、不是用来炒的"定位,促进房地产市场平稳运行。相对以往中央政治局会议对房地产调控的提法,本次会议进一步强调了在当前受疫情影响的经济环境下,调控基调依旧不变,部分明显影响市场预期的政策仍将保持稳定,从而促进房地产平稳发展。4月中下旬,国务院新闻办就2020年第一季度银行业保险业运行情况举行发布会,银保监会强调贷款者一定要按照申请贷款时的用途真实使用资金,通过房地产抵押申请的贷款,包括经营和按揭贷款必须真实遵循申请时的资金用途,银行一定要监控资金流向。对于违规把贷款流入房地产市场的行为要坚决予以纠正。6月23日,中国银保监会开展银行业保险业市场乱象整治"回头看"工作,明确将"房住不炒"政策落实情况纳入其中。

2. 下半年房地产金融政策稳中有控

2020年下半年,房地产金融政策转向防风险,房地产企业融资环境全面受控,"三道红线"标准更前所未有地将调控政策深入微观层面——因企施策。

8月21日,住房和城乡建设部、中国人民银行召开重点房地产企业座谈会,形成了重点房企资金监测和融资管理规则,被称为"三道红线"。根据对三个财务指标的触线情况,将房企分为红、橙、黄、绿四档,并对每档房企有息债务增长做出不同程度的限制。将"三道红线"落实到对微观企业的管控,有利于有针对性地拆解当前房地产行业负债高杠杆、整体有息负债压力巨大而可能引起的系统性金融风险,对个别超大型"高杠杆率"房企发出明确的约束负债的信号。

11月3日,银保监会下发《关于开展新一轮房地产信托业务专项排查的通知》,要求继续严控房地产信托规模,按照"实质重于形式"的原则强化房地产信托穿透监管,严禁通过各类形式变相突破监管要求,严禁为资金违规流入房地产市场提供通道,切实加强房地产信托风险防控工作。

12月31日,中国人民银行、中国银行保险监督管理委员会发布《关于建立银行业金融机构房地产贷款集中度管理制度的通知》,建立了银行业金融机构房地产贷款集中度管理制度,分档设立银行的房地产贷款余额占比和

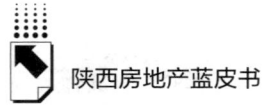

个人按揭贷款余额占比两个上限。房地产贷款集中度管理制度有利于降低金融体系房地产贷款敞口过度集中的风险，提高金融体系应对房地产市场波动的韧性和稳健性；能够校正商业银行预期，促使其调整中长期经营策略，调整信贷结构。公开透明的制度也有利于实现规则引导，促进商业银行形成自我约束的内在机制；有助于推动房地产市场回归理性，落实"房住不炒"，促进金融、房地产形成良性循环。

总体而言，2020年是"房地产金融审慎管理"元年，房企"三道红线"出台后传统债券融资明显缩量，但股权融资和ABS则逆势而上，不同类型融资渠道差距较大，房地产贷款增速8年来首次低于各项贷款增速，新增房地产贷款占各项贷款比重从2016年的44.80%下降到2019年的28.00%。特别是重点房企资金监测和融资管理规则的建立，以及房地产贷款集中度管理制度的形成，无疑将进一步有效遏制房地产金融化、泡沫化发展，有利于市场主体形成稳定的政策预期，有利于房地产市场平稳健康可持续发展。

（二）陕西省房地产金融政策形势

2020年，由于新冠肺炎疫情的巨大冲击，陕西省在经济社会发展过程中所面对的国内外风险挑战更加复杂多变，但全省上下始终坚持以习近平新时代中国特色社会主义思想为指导，坚持稳中求进工作总基调，坚持新发展理念，坚持以供给侧结构性改革为主线，紧扣"追赶超越"定位和"五个扎实"要求，积极响应中央"房子是用来住的、不是用来炒的"号召，结合陕西省自身发展特点，出台了一系列房地产业发展和监管相关政策，为实现稳地价、稳房价、稳预期目标做出合理规划，在加强房地产金融审慎监管的同时，严厉打击破坏房地产市场平稳健康发展的各种违法违规行为，从而实现规范房地产市场秩序、促进房地产市场平稳健康发展的目标。

1. 上半年房地产金融政策以稳为主

与全国的房地产金融政策形势一致，陕西省2020年上半年房地产金融政策总体也是以稳为主。2月15日,陕西省住建厅发布《坚决打赢新冠肺炎疫情防控阻击战稳企业稳民生稳发展二十二条措施》,在房地产金融政策方面,提出从信贷支持、融资政策倾斜、适当减免税费或酌情调整缴纳期限等方面给予支持,保持陕西省房地产市场平稳发展。在此政策指导下,陕西省各地市出台了具体的房地产金融政策举措,主要致力于应对疫情带来的不利影响,防范化解房地产市场风险。其中,西安市出台了分期缴纳土地出让价款、允许变更出让价款缴纳期限、容缺办理相关手续、缴纳50.00%的土地出让价款、可预售等一系列政策,帮助房地产业快速走出疫情影响,实现房地产托底经济作用,助力全省经济高质量发展。宝鸡市发布《宝鸡市住建行业坚决打赢新冠肺炎疫情防控阻击战稳企业稳民生稳发展若干措施》,措施共计15条,包括土地出让金保证金缴纳比例下调、土地出让金分期支付、信贷支持、调整公积金贷款额度等。

2. 下半年房地产金融政策稳中向紧

在陕西省以及各地市的房地产金融政策支持下,全省房地产行业上半年保持了稳定发展的态势,实现了既定政策目标和房地产调控目标。但总体而言,房地产政策的精准性有所欠缺,在此背景下,陕西省及有关地市对房地产金融政策进行了及时调整。

一方面,省级层面进一步强调房地产金融政策连续性、稳定性基调不变。9月21日,省主建厅召开全省房地产工作座谈会,再次提出"房住不炒",坚持不将房地产作为短期刺激经济的手段,保持调控政策连续性、稳定性。要求切实发挥好房地产市场调控小组作用,提高工作的主动性,及时采取针对性措施,确保实现稳地价、稳房价、稳预期目标。要求地方政府重视房地产市场监测分析,及时发现新情况、新问题,进一步完善和落实调控措施,切实履行好房地产调控主体责任,确保房地产市场平稳健康发展。同时,要加快推进房屋网签备案系统全国联网,建立以房屋网签备案数据为基础的房地产市场监测体系,为房地产市场调控提供数据支撑和决策依据。

另一方面,城市房地产金融政策不断调整,以弥补精准度把握不足的缺陷。咸阳市于 8 月发布了《房地产市场调控"一城一策"工作实施方案》，政策明确限制了房价年度涨跌幅度，从供地、价格备案、预售审批等多方面，精准调控楼市。尽管该政策被誉为三、四线楼市调控范本，然而由于政策尺度把握仍然有所欠缺，最终在 8 月 20 日被撤除。前述宝鸡市发布的房地产金融政策也在发布后，由于调控力度把握不足，对市场刺激过大，于一天后即被撤销。西安市住房和城乡建设局、西安市金融工作局、西安住房公积金管理中心、西安市自然资源和规划局 12 月 1 日凌晨联名发布《关于进一步加强房地产市场调控的通知》，调整了购买第二套住房的商业贷款首付比例，具体从加强资金监管、加强预售管理、实施差别化个人按揭信贷和加强统筹调控管理四个方面，进一步调整完善了西安市房地产金融调控政策。

二 房地产金融政策调控下陕西房地产业发展受到的影响

（一）陕西房地产开发投资增速持续较快恢复

1. 陕西房地产开发投资较全国得到更快恢复

2020 年初，由于新冠肺炎疫情的冲击，陕西省房地产开发投资出现了负增长情况，1~2 月同比增长 -16.10%，为全年最低点；1~3 月虽有很大上升，但仍为负值；1~4 月全省房地产开发完成投资 821.02 亿元，同比增长 5.30%，增速比一季度提高 5.40 个百分点，比全国平均增速高 8.60 个百分点。4 月下旬以来，陕西省在疫情得到有效控制后，全力推动房地产企业复工复产，房地产开发投资进一步回升，结束下降趋势开始增长。图 1 为 2019~2020 年（1~11 月）全国和陕西省房地产开发投资增长情况。

整体来看，2020 年 1~11 月，陕西省房地产开发企业完成投资 3972.83 亿元，同比增长 12.5%，增速比 1~10 月提高 1.90 个百分点，比全国平均增速高 5.7 个百分点。房地产开发投资增速在 1~10 月出现一季度以来首次

2019~2020年房地产金融政策对陕西房地产业的影响

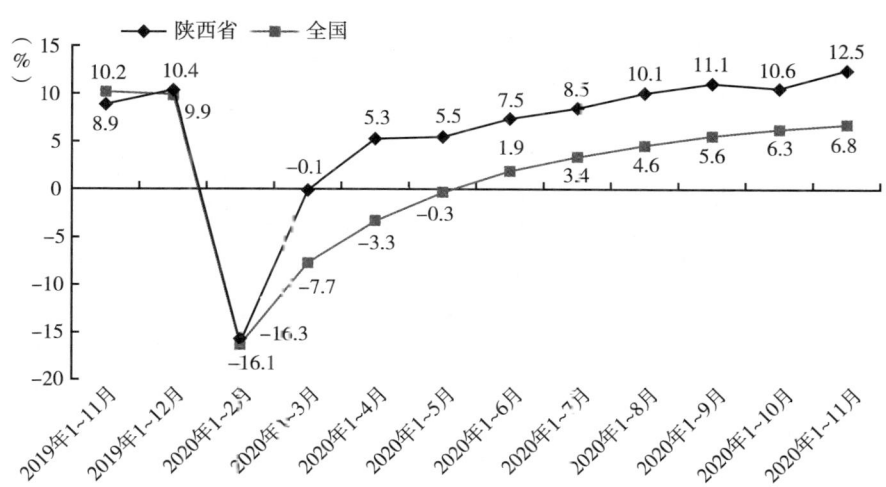

图1 2019~2020年（1~11月）全国和陕西省房地产开发投资增长情况

资料来源：陕西省统计局。若无特殊说明，本文图表资料均来源于此，不再赘述。

回落后，11月又继续回升势头，成为2020年下半年以来的高点。

2.自筹与其他资金是陕西房地产开发投资主要支撑

从到位资金来源角度来看，2020年1~11月，除定金及预收款增速减缓外，国内贷款、自筹资金、个人按揭和其他到位资金增速均有所加快，拉动全省房地产开发企业实际到位资金增长加快。图2是全省房地产开发投资实际到位资金和个人按揭贷款增长情况。

但从全年资金到位来源角度来看，1~11月房地产开发企业到位资金为4763.91亿元，同比增长5.30%，比1~10月提高1.30个百分点（见图2）。从资金构成来看，国内贷款为302.14亿元，同比下降13.70%，占到位资金的6.30%；自筹资金为2357.13亿元，增长12.60%，占到位资金的49.50%；定金及预收款为1333.49亿元，同比增长2.00%，占到位资金的28.00%；个人按揭贷款为506.93亿元，同比增长10.60%，占到位资金的10.60%；其他到位资金为264.22亿元，同比增长11.90%，占到位资金的5.60%（见表1）。

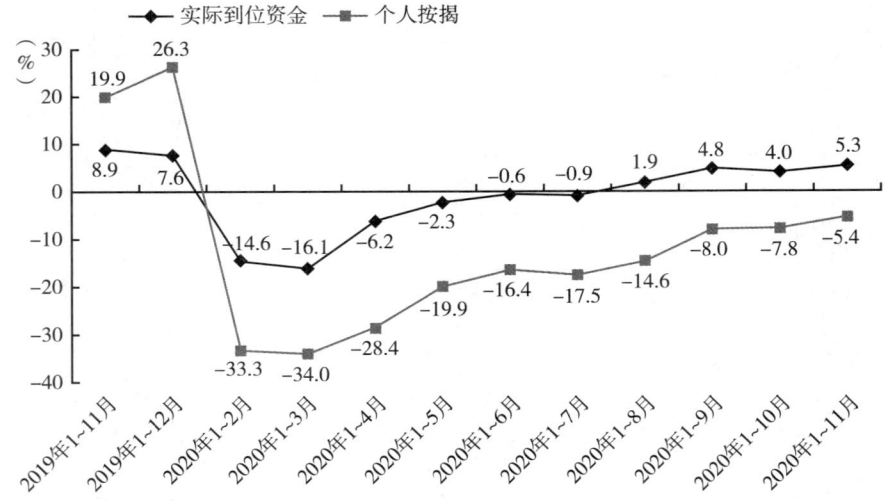

图 2　2019 年～2020 年（1～11 月）陕西房地产开发投资实际到位
资金和个人按揭贷款增长情况

表 1　2019 年和 2020 年（1～11 月）陕西房地产开发投资资金来源情况

单位：亿元，%

资金来源	2020 年（1～11 月）		2019 年		增速
	总额	占比	总额	占比	
国内贷款	302.14	6.30	350.10	7.90	-13.70
自筹资金	2357.13	49.50	2093.37	47.10	12.60
定金及预收款	1333.49	28.00	1307.34	29.40	2.00
个人按揭贷款	506.93	10.60	458.35	10.30	10.60
其他资金	264.22	5.60	236.12	5.30	11.90
总计	4763.91	100	4445.28	100	

从表 1 数据可以发现，与 2019 年相比，在房地产金融政策调控下，陕西房地产开发投资资金来源中，国内贷款、定金及预收款受到显著影响，二者占比分别下降了 1.60 个百分点和 1.40 个百分点。在绝对额方面，国内贷款减少了 47.96 亿元，定金及预收款微增了 26.15 亿元，而自筹资金增加了 263.76 亿元，增幅最大，占比增加了 2.40 个百分点。

2019~2020年房地产金融政策对陕西房地产业的影响

3. 非省会城市房地产开发投资增速相对更快

从省内各城市间的差异来看,在房地产开发投资总量方面,西安市前11个月完成投资2373.52亿元,占全省比重高达59.7%。其次占比较高的分别为渭南市、宝鸡市和咸阳市,占比分别为8.7%、7.5%和6.0%。从增速来看,西安市房地产开发投资完成额增速仅为7.0%,较全省平均增速低5.5个百分点。除西安市、延安市和安康市之外的8个城市和地区的增速均高于全省平均增速。其中渭南市、咸阳市、商洛市和汉中市增速相对较高,分别为42.5%、36.9%、30.7%和24.8%。具体情况如表2所示。

表2 2020年(1~11月)陕西省各地市房地产开发投资完成情况

地区	投资完成额		与1~10月增速比较（个百分点）	占全省比重（%）
	总量(亿元)	增速(%)		
全省	3972.83	12.5	1.9	
西安市	2373.52	7.0	3.5	59.7
铜川市	31.88	18.9	5.4	0.8
宝鸡市	296.29	17.2	0.2	7.5
咸阳市	239.40	36.9	6.1	6.0
渭南市	346.35	42.5	-18.4	8.7
延安市	147.00	-2.6	3.9	3.7
汉中市	167.92	24.8	2.1	4.2
榆林市	127.92	13.7	-8.7	3.2
安康市	161.78	8.0	4.3	4.1
商洛市	32.88	30.7	-0.2	0.8
杨凌示范区	47.89	12.1	-4.5	1.2

(二)陕西商品房销售呈现"量稳价升"特征

1. 商品房销售面积与上年同期基本持平

从商品房销售面积来看,随着疫情影响的逐渐减缓,全省商品房销售面积不断增加。2020年1月突如其来的新冠肺炎疫情使得商品房销售面积增速低至-30.20%,与此同时导致销售额增速低至-21.70%,陕西省房地产业发展处于极其低迷期,但是在随后的发展过程中,陕西省始终坚持中央"房住不炒"的总方针,稳房价、稳地价、稳预期,实施积极的财政政策和稳健的货币政策,2020年1~11月,陕西省商品房销售面积为3849.48万平方米,同比增长1.0%,增速比上半年提高9.0个百分点,但比2019年降低8.7个百分点,比全国平均增速低0.3个百分点。全年销量与2019年基本持平,主要原因是受可供出售的现房存量减少影响,现房销售面积下降幅度较大。2019~2020年(1~11月)陕西省商品房销售面积和销售额增长情况具体如图3所示。

2. 商品房销售价格总体仍呈上升态势

2020年1~11月全省商品房销售额为3766.87亿元,增长9.7%,比上半年提高12.0个百分点,虽然比2019年回落10.3个百分点,但全年仍呈现出上涨态势(见图3)。其中,住宅销售额3235.82亿元,增长10.7%。就2020年上半年而言,全省商品房销售价格平均增幅为6.0%,就前11个月而言,剔除销售量1.0%的增长之后,全年商品房销售价格同比增长8.7%,全年商品房销售价格总体仍呈现上涨态势。

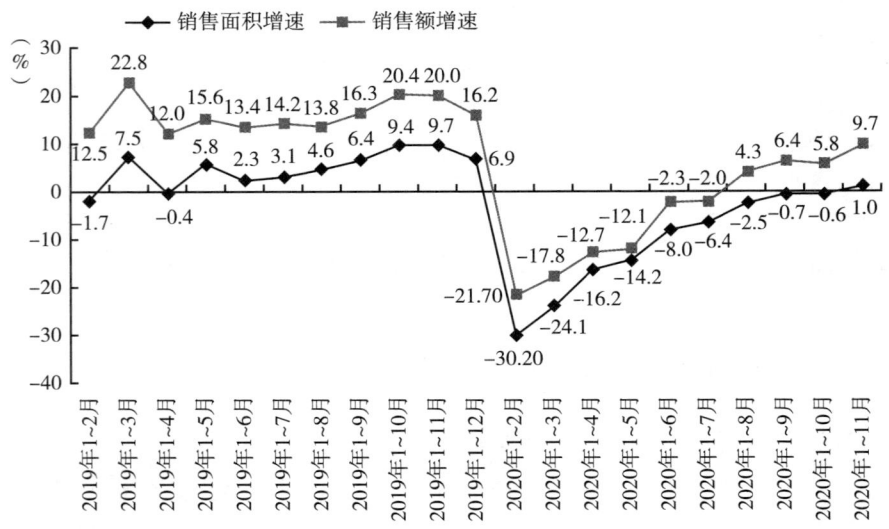

图3 2019~2020年(1~11月)陕西省商品房销售面积和销售额增长情况

3. 省内各城市间商品房销售增幅分化明显

在商品房销售面积方面，分区域来看，西安、安康、商洛和杨凌全年前11个月商品房销售面积均较上年同期减少，减少幅度分别为3.5%、14.0%、37.3%和39.5%，其余城市销售面积则处于增长态势（见表3）。与2019年的增幅相比，除宝鸡市的销售面积增速比2019年有所提高外，其余市区的销售面积增速比2019年均有所回落，其中延安市、榆林市、安康市、商洛市增速下降均在30.0个百分点以上。

表3 2020年1~11月陕西省各地市商品房销售情况

单位：万平方米，%

城市	销售面积	增幅	占全省比重
西安市	2175.04	-3.5	56.5
铜川市	53.91	6.1	1.4
宝鸡市	261.96	16.4	6.8
咸阳市	204.35	11.3	5.3
渭南市	358.14	24.2	9.3
延安市	133.35	9.7	3.5
汉中市	219.91	0.9	5.7
榆林市	211.97	30.0	5.5
安康市	144.31	-14.0	3.7
商洛市	41.91	-37.3	1.1
杨凌示范区	44.62	-39.5	1.2
全省总计	3849.48	1.0	100.0

在房价方面，根据国家统计局发布的70个大中城市房价数据，西安市2020年全年新建住宅销售价格较2019年上涨了6.9%。西安市新建商品住宅销售价格指数总体处于上涨状态，但上涨态势分为两个阶段，在8月之前，涨幅总体上升，之后3个月涨幅快速回落，至11月环比涨幅降至2.0%，但是12月环比涨幅再次上扬至5.0%。具体如图4所示。

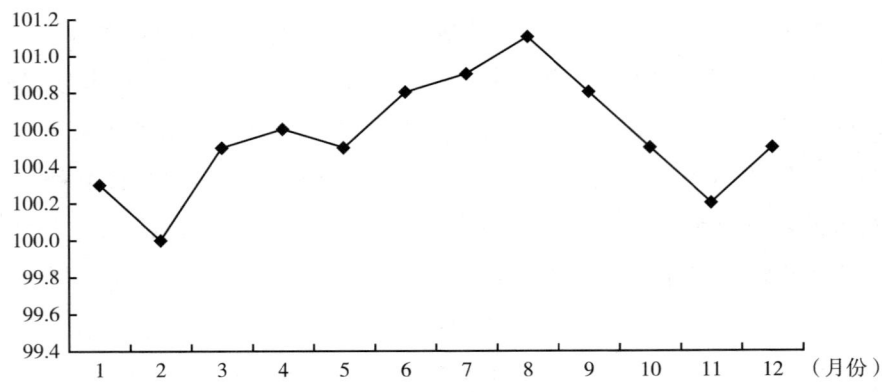

图4 2020年西安市新建商品住宅销售价格指数（上月＝100）

资料来源：国家统计局。

（三）全省房地产开发企业土地购置呈现"量稳价升"态势

总体而言，2020年前11个月全省房地产开发企业土地购置面积为370.59万平方米，同比下降1.7%，土地购置面积与上年同期基本持平。此外，从变动趋势来看，降幅比1~10月收窄18.7个百分点，前11个月土地购置面积降幅明显收窄。但是在土地价格方面，1~11月土地成交价款为169.39亿元，一方面同比增长39.5%，呈现大幅上涨态势；另一方面，土地成交价款比1~10月提高14.0%，从变动趋势来看，土地价格也呈现上涨态势。

尤其是西安市土地购置速度明显加快，前11个月西安市土地购置面积为87.03万平方米，同比增长84.5%，该增幅比1~10月提高31.9个百分点。在土地价格方面，土地成交价款为90.15亿元，同比增速更是达到186.1%，比1~10月提高48.7个百分点。此外，西安市土地购置面积占全省土地购置面积比重为23.5%，比上年同期提高11.0个百分点，是导致全省土地价格大幅上涨的主要原因。

三 陕西房地产金融政策面临的问题及原因分析

（一）房地产金融审慎管理制度的长效机制有待进一步加强

2020年成为中国"房地产金融审慎管理"元年，这对中国房地产制度建设具有里程碑意义。针对房地产信贷集中度上限与个人按揭信贷集中度上限的"两道红线"和房地产企业资金监测和融资管理规则"三道红线"一起，组成了中国房地产金融审慎管理的主要工具，主要针对首付比调整、房地产贷款比例限制、房企融资规模限制等，重点在于稳定信贷增长、调节杠杆率。

虽然房地产金融审慎管理制度的制定和实施主要由国家有关管理部门负责，但是仍需要各省区市有关管理部门的进一步贯彻落实，而政策核心则在于认真贯彻落实十九届五中全会、中央经济工作会议部署，坚持"房住不炒"的战略定位。2020年以来，陕西省房地产金融有关管理部门尽管通过会议、文件等形式，积极贯彻落实国家房地产金融审慎管理制度，但是从执行效果来看，陕西房地产市场的住宅价格、土地出让价格仍处于上升通道，尽管涨幅受到一定控制，但稳地价、稳房价、稳预期政策目标的实现受到一定影响，其深层原因在于，无论是省级还是市级层面，在贯彻国家房地产金融审慎管理制度方面的长效机制尚未完全建立。

（二）房地产金融政策的连续性、一致性和稳定性仍显不足

尽管省级层面，有关部门先后通过政策文件、会议传达等形式，反复强调房地产金融政策要确保连续性、一致性和稳定性，坚持"房住不炒"的定位，不通过刺激房地产市场的方式保障宏观经济的稳定增长。但是2020年以来，陕西房地产金融政策领域，相继出现了宝鸡市房地产金融政策"一日游"和咸阳市房地产金融政策"半月游"的现象，此外，西安市于2020年12月1日发布楼市新政，让持续上涨的西安房地产市场遭遇了急刹

车。省级和市级房地产金融政策未能完全实现房地产市场"三稳"目标，特别是西安等重点城市的房地产金融政策的连续性、一致性和稳定性仍有待进一步增强。

（三）住房租赁市场金融支持政策体系亟待完善

租住并举作为我国房地产市场的重要战略方向，未来无疑需要持续加强贯彻落实，而住房租赁市场的建设发展，无论是在供给端还是需求端，同样离不开大量的资金支持，对此应积极建立健全住房租赁市场的金融支持政策体系。但是陕西房地产市场领域尚未出台相关金融支持政策，仅有西安市有关部门出台了《西安市规范住房租赁市场管理办法》，明确提出建立住房租赁资金监管制度，要求住房租赁企业将租金押金纳入监管账户。政策目的在于加强住房租赁市场管理，在一定程度上把住租赁企业的"经济命脉"，但是尚缺乏从金融支持角度推动住房租赁市场健康持续发展的政策体系。

四 完善房地产金融政策促进陕西房地产业健康发展的建议

展望2021年乃至"十四五"期间，"房住不炒"、租购并举、因城施策，仍将是中国房地产市场发展的主基调。从房地产金融功能角度来看，核心是在为房地产业发展提供资金支持的同时，避免系统性金融风险的集聚和发生。针对陕西房地产金融发展中面临的问题，建议着重从以下三方面着手，进一步建立健全有关房地产金融政策体系，因地制宜促进陕西房地产市场健康平稳发展。

（一）探索建立房地产金融审慎管理制度配套支持政策体系

建立房地产金融审慎管理制度的核心目标是，稳定房地产信贷增长、调节房地产企业和居民杠杆率，切实防范系统性金融风险的集聚和发生。然而在"三道红线"影响下，不同房企信用风险持续分化，尤其是那些"三道红线"均超标被划分至红档的高杠杆房企,在政策收紧的预期下融资难度加大,信用风险上升。同时,有限的信贷资源向财务稳健的龙头房企倾斜,销售降速、去化不佳的中小房企信用风险也会加大。另外,融资收紧约束房企高杠杆拿地,不同房企投资力度与拿地能力分化。

在上述背景下,为确保房地产金融审慎管理制度目标的实现,一是建议地方政府有关管理部门切实关注该制度的贯彻执行对本地房地产市场的影响,提前做好有关配套政策预案,切实防范房地产金融风险的集聚乃至爆发,推动本地房地产市场健康发展;二是建议地方有关管理部门因城施策,省内房地产热点城市重点关注房地产金融风险集聚问题,严控信贷资金违规流入房地产开发与消费市场,非热点城市则应继续发挥好金融对房地产开发消费的支持作用;三是建议地方有关管理部门对于房地产开发企业、购房需求者实施分类管理,一方面严控高风险房企的金融风险集聚问题和投机性购房需求的形成,另一方面,也应加大对优质高效房地产开发企业、合理的购房需求者的金融支持。

(二)确保地方房地产金融政策的连续性、一致性和稳定性

展望2021年,"房住不炒"的总基调仍保持不变,全国房价整体涨幅仍将呈缓慢下行趋势,因城施策框架下各城市房价涨幅差异相较2020年或将有所收窄。尽管疫情等因素对宏观经济及房地产业产生了较大影响,但各级政府管理部门仍应坚持房地产金融政策的连续性、一致性和稳定性。

建议从以下几方面着手。一是继续弱化房地产金融属性,引导房地产去金融化。综合运用首付比例管理政策、按揭贷款利率政策、信贷投放管理政策等,切实严防信贷资金违规流入房地产市场,建立严控投机性商品房需求入市的长效机制。二是推动房企去杠杆、降负债。出台政策指导房企主动有计划、分步骤、多管齐下主动降负债、去杠杆、优结构,稳步下调整体信贷成本,着重加强资金管理,持续提升抗风险能力和经营韧性。三是引导和鼓励合理的住房消费,回归住房的民生属性。坚决不把房地产作为短期刺激经济的手段,合理增加商品房供给,加大城镇老旧小区、棚户区改造力度,丰

富包括集体土地建设的租赁住房、市场化的长租房以及政府的公租房在内的租赁住房，进一步强化住房的居住功能，弱化住房的投资属性，加快住房属性向消费和民生保障转变的脚步。

（三）积极探索建立陕西住房租赁市场金融支持政策体系

住房租赁机构化、专业化运营是未来的发展趋势，但该行业的健康可持续发展面临着融资、合规性两大问题。为支持该行业适应利润率微薄的现状，以及愈加严格的监管政策，建议地方有关管理部门从以下几方面着手，充分发挥金融对住房租赁市场的政策支持作用。

一是建议探索住房公积金支持方式。对住房公积金提取管理的有关规定进行修订，明确租房提取规则，实行差异化提取政策，在保障缴存职工提取和贷款资金的前提下，向符合条件的租赁住房项目提供贷款；二是建议地方金融管理部门指导辖内金融机构通过商业可持续方式，加大对住房租赁市场发展的支持力度，加快推进符合REITs规则的住房租赁项目落地；三是建议地方有关管理部门积极探索金融支持模式和手段，综合运用担保补贴、贷款贴息、保费补贴等方式，支持各类准金融机构和金融机构向住房租赁机构和租房需求方提供金融支持。

参考文献

《2020年11月中国房地产政策跟踪报告》，https：//fdc.fang.com/wenku/650146.html。

《房地产金融宏观审慎管理需构建完善的政策体系》，https：//hz.house.ifeng.com/news/2021_01_10-53713206_0.shtml。

冯俊：《论房地产高质量发展》，《中国房地产》2019年第20期。

《今年1至11月陕西商品房销售面积增速首次转为正增长》，http：//sx.sina.com.cn/news/b/2020-12-28/detail-iiznezxs9341150.shtml。

《陕西省房地产投资结束今年以来下降趋势》，http：//www.sn.xinhuanet.com/2020-06/12/c_1126105702.htm。

陕西省统计局、国家统计局陕西调查队：《陕西统计年鉴2020》，中国统计出版社，2020。

唐艳、陈江华、朱德开：《滁州市房地产市场热度变化及高质量发展路径研究》，《合肥学院学报》（综合版）2020年第3期。

西安市人民政府：《关于进一步加强房地产市场调控的通知》，http：//www.xa.gov.cn/xw/rdgz/zf/5fc5a128f8fd1c59664e920c.html。

《央行2020年工作会议：加快补齐房地产金融等宏观审慎政策框架》，http：//house.china.com.cn/newscenter/view/1622814.htm。

章乔晖、丁力：《大湾区背景下，房地产如何实现高质量发展？》，《房地产导刊》2019年第4期。

B.4
2019~2020年国家财税政策对陕西房地产业的影响

贾雁岭 娄爱花*

摘　要： 2020年受新冠肺炎疫情影响，陕西省经济和财税收入增速均出现一定程度的下滑，房屋施工面积和商品房销售面积的增速也放缓，住宅价格上升的势头有所减缓。为应对疫情冲击，促进陕西省房地产市场健康平稳发展，应不断完善房地产财税政策，如优化房地产税收制度，稳步推进保有环节房地产税的立法工作，增加财政住房保障支出，建立多层次的住房供给制度，同时应促进数字经济的发展，实现数字经济与房地产业的有效融合。

关键词： 房地产业　税收政策　财政政策　陕西经济

一　陕西省财政税收发展情况

（一）陕西省经济财税总体增长情况

2020年是陕西省"十三五"规划的收官之年，2016~2020年，陕西省坚定不移地推动高质量发展，经济、财政和税收收入均保持较快增长，年均增速分别为7.98%、2.18%和7.02%。但各年度增长的波动性较大，呈现

---

* 贾雁岭，经济学博士，云南师范大学经济与管理学院讲师，主要研究方向为税收理论与政策；娄爱花，经济学硕士，西安财经大学经济学院财税系教授，主要研究方向为财税理论与政策。

2019~2020年国家财税政策对陕西房地产业的影响

先上升后下降的趋势。由表1可见，2017年和2018年，在各项稳增长政策的有力推动下，陕西省经济、财政收入和税收收入恢复较快增长。但2019年增速均出现较快下降，其中财政税收收入增速放缓和贯彻实施的大规模减税降费政策有关。

2020年，受新冠肺炎疫情的冲击，陕西省经济增速出现较大幅度的下降，仅为1.51%，同时财税收入出现负增长，分别为-1.34%和-5.09%（见表1），这既和经济增速放缓有关，也和国家出台的支持疫情防控和促进经济社会发展的税费优惠政策有关。为应对疫情对经济的冲击，陕西省出台了一系列促进经济发展和支持中小微企业的政策举措，顶格落实减税降费政策，如陕西省在中央的授权范围内按50%幅度顶格减征增值税小规模纳税人的房产税、城镇土地使用税、印花税、耕地占用税等。为解决企业困难，帮助企业渡过难关，对2020年第一季度因受疫情影响停产、停业累计30天以上（含30天）的纳税人，若缴纳城镇土地使用税、房产税确有困难，财税部门给予减免；增值税小规模纳税人按1%征收率征收增值税；暂缓小型微利企业缴纳2020年的企业所得税。2020年陕西省为市场主体减免税费650亿元以上，推动了全省经济的恢复增长①。

表1 2016~2020年陕西省经济和财税收入情况

单位：亿元，%

年份	地区生产总值		财政收入		税收收入	
	金额	增长率	金额	增长率	金额	增长率
2016	19045.75	7.5	1833.99	-10.97	1204.39	-6.66
2017	21473.45	7.8	2006.694	9.42	1485.583	23.35
2018	23941.88	8.1	2243.14	11.78	1774.29	19.43
2019	25793.17	6.0	2287.73	1.99	1845.97	4.04
2020	26181.86	2.2	2257.23	-1.34	1752.14	-5.09
平均	—	7.98	—	2.18	—	7.02

资料来源：《陕西统计年鉴》（2020年）和《2020年陕西省国民经济运行情况》。

---

① 陕西省人民政府：《2021年陕西省政府工作报告》，http://www.shaanxi.gov.cn/zfxxgk/zcjd/tjszfwj/202101/t20210127_2150952_wap.html。

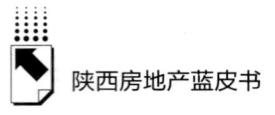

（二）陕西省房地产业相关税收收入状况

现行税制中与房地产业相关的税种包括耕地占用税、城镇土地使用税、增值税、城市维护建设税、教育费附加、企业所得税、个人所得税、土地增值税、契税、印花税和房产税。受获取数据的限制，分析中很难将与房地产业相关的增值税、城市维护建设税、教育费附加、企业所得税、个人所得税、印花税区分出来。因此，本文所谈房地产业相关税收包括耕地占用税、城镇土地使用税、土地增值税、契税、房产税等5个税种。

1. 陕西省房地产业相关税收总体情况

2016~2020年，陕西省房地产业相关税收增长率波动较大，占税收总额的比重较为稳定，对税收总额的贡献率①呈缩减趋势。如表2所示，2016年出现负增长后，2017年恢复正增长并保持较快速度，2019年受大规模减税降费政策影响，陕西省房地产业相关税收增速放缓为6.62%，但高于税收总额的增速。2020年受新冠肺炎疫情的影响，陕西省房地产税收总额出现负增长，为-5.42%。房地产业相关税收占税收总额的比重较为稳定。房地产税对税收总额增长的贡献率呈缩减趋势，2016年总税收的增加额约一半来自房地产业相关税收，而2017年这一占比下降为13.86%，2018年上升为21.85%，2019年为28.85%，2020年下降为19.27%。

表2　2016~2020年陕西省房地产业相关税收总体情况

单位：亿元，%

项目	2016年	2017年	2018年	2019年	2020年	平均
房地产业相关税收总额	210.98	249.96	313.04	333.76	315.65	284.68
房地产业相关税收增长率	-15.90	18.48	25.24	6.62	-5.42	5.80
税收总额	1204.39	1485.58	1774.29	1846.11	1752.14	1612.50
房地产业相关税收比重	17.52	16.83	17.64	18.08	18.02	17.62
房地产业相关税收贡献率	46.42	13.86	21.85	28.85	19.27	26.05

资料来源：《陕西统计年鉴》（2020年）和《2020年1~12月份陕西省财政预算收支情况》。

---

① 房产税业相关税收增加额除以税收收入增加额。

2019~2020年国家财税政策对陕西房地产业的影响

2. 陕西省房地产业相关税收结构分析

陕西省房地产业相关税收呈现重流转、轻持有的特征。如表3所示，2016~2020年，持有环节的房产税和城镇土地使用税占房地产业相关税收的比重较低，平均为32.09%，且呈下降趋势，由2016年的33.43%下降到2020年的29.17%。流转环节的耕地占用税、土地增值税和契税占比较高，平均为67.91%，且呈上升趋势，由2016年的66.57%上升到2020年的70.83%。持有环节的房地产业相关税收较低，难以起到抑制人们对住房投机性需求的作用，而流转环节较高的税收也在一定程度上推动了房价不断上升。

表3 2016~2020年陕西省房地产业相关税收比重的变化

单位：%

项目	2016年	2017年	2018年	2019年	2020年	平均
房产税	20.31	17.89	19.03	19.58	14.41	18.27
城镇土地使用税	13.12	14.69	13.03	14.11	14.76	13.82
持有环节合计	33.43	32.58	32.06	33.69	29.17	32.09
土地增值税	16.54	17.93	28.05	23.96	22.42	21.81
耕地占用税	25.95	20.46	10.92	13.39	12.44	16.65
契税	24.08	29.03	28.96	28.96	35.97	29.44
流转环节合计	66.57	67.42	67.94	66.31	70.83	67.91

资料来源：《陕西统计年鉴》（2020年）和《2020年1~12月份陕西省财政预算收支情况》。

3. 陕西省房地产业相关税收分税种分析

2016~2020年，房地产业各相关税种的变化如表4所示。第一，房产税税收波动性较大，2018年出现较高增长，增长率为33.21%，2020年由于实施减免税政策，出现较大的负增长，为-30.87%，其变化额占房地产相关税收变化额的112.17%，是导致当年房地产业相关税收下降的主要因素。第二，城镇土地使用税税收增长的波动性较小，2016年虽出现负增长，但下降的幅度较小，其对房地产相关税收总额变化的贡献率较小，平均仅为8.81%。第三，土地增值税和契税税收呈现较大幅度的波动，特别是2016年出现较大的负增长，但之后由于房地产交易的活跃，恢复了较快的增长，2018年土地增值税和契税增速分别为95.96%和24.96%，2018年土地增值税的快速增长也和西安清收以前年度欠缴的税收有关。2019年受经济下行压力影响，特别是商品房销售面积和住房价格均维持在较为平稳的状态，土地增值税和契税税收的增长率均出现较大幅度的下降。这种下降的趋势因2020年疫情的影响而得到持续，土地增值税下降12.09%。第四，耕地占用税呈总体下降趋势，2016~2020年平均年增长率为-8.68%，除2019年实现正增长之外，其他年份都是负增长。耕地占用税和房地产开发建设相关，其出现较大幅度的降低和上升，反映出土地供给面积的变化。

表4 2016~2020年陕西省房地产业相关税收分税种变化情况

单位：%

	房地产业相关税收	2016年	2017年	2018年	2019年	2020年	平均
增长率	房产税	3.01	4.39	33.21	10.46	-30.87	4.04
	城镇土地使用税	-2.29	32.59	11.10	10.62	3.25	11.05
	土地增值税	-14.61	28.45	95.96	-8.34	-12.09	17.87
	耕地占用税	-23.48	-6.58	-33.15	31.62	-12.79	-8.86
	契税	-25.86	42.81	24.96	7.31	16.68	13.18
贡献率	房产税	-3.13	4.82	23.54	30.13	112.17	33.49
	城镇土地使用税	1.63	23.15	6.46	20.94	-8.10	8.81
	土地增值税	14.97	25.46	68.17	-35.40	53.75	25.41
	耕地占用税	42.12	-9.24	-26.88	52.27	31.81	18.03
	契税	44.42	55.80	28.71	32.06	-89.63	14.26

资料来源：《陕西统计年鉴》（2020年）和《2020年1~12月份陕西省财政预算收支情况》。

二 陕西省房地产业发展状况

（一）房地产投资规模保持较快增长

2016~2020年，陕西省房地产投资保持较快增长趋势，房地产投资占全社会固定资产投资的比重逐步上升。如表5所示，房地产投资平均增速为12.06%，占全社会固定资产投资的比重平均为13.96%。2016年房地产投资增长较为缓慢，增速为9.72%，投资额占全社会固定资产投资的比重较低，为13.14%，两者均低于平均水平。2017年、2018年，全社会固定资产投资和房地产投资均表现出较快增长，房地产投资额占全社会固定资产投资的比重有所上升。2019年、2020年，在全社会固定资产投资增速放缓的情况下，房地产投资仍保持较快增速，同比增长10.44%和12.83%，远高于同期全社会固定资产投资增速，房地产投资占全社会固定资产投资的比重上升到14.48%和15.70%。

表5 2016～2020年陕西省房地产投资变化情况

单位：亿元，%

年份	全社会固定资产投资		房地产投资		
	金额	增长率	金额	增长率	比重*
2016	20825.25	3.21	2736.75	9.72	13.14
2017	23819.38	14.38	3101.97	13.35	13.02
2018	26296.60	10.40	3534.67	13.90	13.44
2019	26954.01	2.50	3903.65	10.44	14.48
2020	28059.12	4.10	4404.39	12.83	15.70
平均	—	6.92	—	12.06	13.96

注：*房地产投资占全社会固定资产投资的比重。
资料来源：2016～2019年《陕西省国民经济和社会发展统计公报》和《2020年陕西省国民经济运行情况》。

（二）房地产施工和销售面积平稳增长

2016～2020年，房地产施工面积、商品房销售面积保持平稳增长，商品房待售面积不断减少。如表6所示，第一，房地产施工面积增长率呈现下降趋势，但受前两年项目集中开工的影响，2019年出现较快增长，但2020年受疫情影响增长率仅为2.30%。房地产施工面积增长率由2016年的7.45%上升到2019年的12.63%，2020年回落到2.30%，平均增长率为

6.51%。第二，商品房销售面积增速波动性较大，2016年在"去库存"政策的推动下，商品房销售面积实现较快增长，2017年达到最高值，为19.24%，2018年和2019年维持在较为平稳的状态，增速分别为5.86%和6.86%，2020年回落到1.16%，平均增长率为8.53%。第三，商品房待售面积增长率呈下降趋势，由2016年的29.72%下降到2017年的4.98%，2018年开始负增长，但受竣工速度加快的影响，下降幅度不断收窄，2020年为-8.84%，平均增长率为-1.42%。

表6 2016~2020年陕西省房地产施工和销售情况

单位：万平方米，%

年份	房地产施工面积		商品房销售面积		商品房待售面积	
	数量	增长率	数量	增长率	数量	增长率
2016	22297.53	7.45	3262.70	9.53	892.39	29.72
2017	23630.10	5.98	3890.40	19.24	936.86	4.98
2018	24618.05	4.18	4118.56	5.86	726.95	-22.41
2019	27728.39	12.63	4401.06	6.86	650.28	-10.55
2020	28366.14	2.30	4452.07	1.16	592.81	-8.84
平均	—	6.51	—	8.53	—	-1.42

资料来源：2016~2019年《陕西省国民经济和社会发展统计公报》和《2020年陕西省国民经济运行情况》。

（三）住宅价格上涨的趋势有所放缓

由于需求仍较旺，陕西省房地产去库存政策的有效实施，在化解房地产积压的同时，也造成房价快速上升，住宅价格上涨在西安表现得尤为明显。但受政府对房地产业宏观调控政策的影响，随着住房施工面积不断增加以及经济下行压力的增大，住宅价格上涨速度有所放缓。国家统计局公布的2020年12月70个大中城市新建商品住宅销售价格指数显示，西安市新建商品住宅销售价格较上月上升0.5%，较上年同期上升6.9%，低于上海易居房地产研究院发布的2020年全国100个城市新建商品住宅成交均价平均

10.8%的上涨率，住宅价格较2015年上升了81.2%[①]，但上升的幅度有所缩减。

（四）商品房和保障房的土地供应面积差别较大

2016~2020年陕西省普通商品住房、保障房和总住宅土地供应面积波动性较大，平均增长率差异较大。如表7所示，总住宅土地供应面积由2016年的1786.42公顷增加到2018年的3069.73公顷，2019年同比减少20.96%，2020年增加21.77%，平均增长率为13.03%。由于普通商品住房土地供应面积占总住宅土地供应面积的比重较高，也呈现相同的变化趋势。经济适用住房、廉租住房、棚户区改造、公共租赁房、限价商品房等保障房土地供应面积的波动性也较大，平均增长率较低。2016年、2017年持续下降，特别是2017年下降的幅度较大，增长率为-42.98%，而2018年出现大幅度的上升，增长率为80.75%，2019年下降36.16%，2020年保持正增长，增长率为13.48%，平均增长率仅为1.1%，远低于普通商品住房土地供应面积的增长率。由于增长率较低，保障房土地供应面积占总住宅土地供应面积的比重下降，由2016年的32.69%下降到2020年的14.76%，平均比重为20.28%，远低于商品房土地供应面积的平均比重（79.72%）。

表7 2016~2020年陕西省各类住宅用地供给情况

单位：公顷，%

年份	普通商品住房		保障房		住宅用地合计		商品房比重	保障房比重
	面积	增长率	面积	增长率	面积	增长率		
2016	1202.52	-5.81	583.90	-9.56	1786.42	-7.07	67.31	32.69
2017	1463.70	21.72	332.93	-42.98	1796.63	0.57	81.47	18.53
2018	2467.97	68.61	601.76	80.75	3069.73	70.86	80.40	19.60
2019	2042.09	-17.26	384.19	-36.16	2426.28	-20.96	84.17	15.83
2020	2518.42	23.33	435.96	13.48	2954.38	21.77	85.24	14.76
平均	—	18.12	—	1.11	—	13.03	79.72	20.28

资料来源：2016~2018年《陕西省国土资源综合统计报告》和《2019、2020年1~12月份陕西省国土资源主要统计监测指标》。

---

① 国家统计局：《2020年12月份70个大中城市商品住宅销售价格变动情况》，http://www.stats.gov.cn/tjsj/zxfb/202101/t20210115_1812368.html。

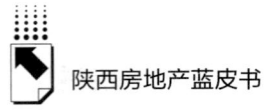

三 房地产业财税政策存在的问题

(一) 房地产业税收政策存在的问题

1. 税制结构不合理,财产税比重较低

目前,我国建立了以流转税、所得税为主,资源税、财产税和行为税为辅的双主体税制结构,这种税制结构聚财功能强,有利于筹集财政收入,但对收入分配和经济运行的调节作用有限。2020年全国增值税和消费税等流转税占税收总额的比重为44.6%,企业所得税、个人所得税占税收总额的比重为31.1%,其中个人所得税的比重为7.5%,流转和所得两类税收占税收总额的比重高达75.7%,而具有财产税性质的房产税只占税收总额的1.84%[①]。由于消费税属于中央税,陕西省地方税收以增值税、企业所得税和个人所得税为主,其他税种为辅。2020年陕西省地方税收中增值税、企业所得税和个人所得税占税收总额的比重为57.41%,而具有财产税性质的房产税占税收总额的比重仅为2.6%[②]。房产税占税收总额的比重均远低于OECD成员国平均比重的3.3%,较低的财产税比重对人们购房行为的调节作用有限,也不利于贫富差距的调节。

2. 房地产业相关税种布局重流转环节而轻保有环节

我国现行房地产业相关税收制度设置的税种较多,在开发和流转环节征收的税种包括增值税、城市维护建设税、教育费附加、企业所得税、个人所得税、耕地占用税、土地增值税、契税、印花税等;在持有环节征收的税种仅有城镇土地使用税和房产税。2020年陕西省城镇土地使用税和房产税的税收收入为92.08亿元,占房地产相关税收的比重仅为29.17%,远低于流

[①] 根据财政部发布的《2020年财政收支情况》计算而得,http://gks.mof.gov.cn/tongjishuju/202101/t20210128_3650522.htm。

[②] 根据陕西省财政厅发布的《2020年1~12月份陕西省财政预算收支情况》计算而得,http://czt.shaanxi.gov.cn/info/1469/35167.htm。

转环节的占比（70.83%）。这主要是因为目前我国在持有环节仅对经营性房产征收房产税和城镇土地使用税，而对个人所持有的非营业用房产免征。持有环节的税收负担较轻，流转环节的税负较重，难以通过增加房地产的持有成本起到抑制房地产投机行为的作用，也不利于住房价格的稳定。

3. 房地产税收征管存在的问题

我国房地产业一直存在财产不明晰、税源不清、房地产评估价格体系不完善和房地产争议救济法律缺失等问题。第一，我国房地产市场的管理不够规范和成熟，税务部门、房地产管理部门、国土管理部门之间的配合不够协调，彼此之间不能充分交流和共享信息，导致房地产登记覆盖率较低，登记的房地产数量远低于实际应缴税数量，使税务部门难以进行有效的税源管理。第二，一般对房地产税税基的评估采取市场价值评估方法，即以一笔公平交易中自愿买方和自愿卖方之间达成的价格作为参照，但由于我国房地产市场还不够成熟，房地产估价制度不完善，缺乏连续性和稳定性，房地产估价相当困难，给房地产税收的征管造成很大的障碍。第三，房地产税直接牵涉个人的利益，公众对其计算和缴纳极为敏感，容易产生税收纠纷，而我国缺少一部专门针对房地产相关事务争议救济的法律，需要相关部门加快研究制定，以利于房地产税收的顺利征收。

（二）房地产业财政政策存在的问题

1. 分税制财政管理体制改革不彻底影响地方财力

1994年我国实施了分税制财政管理体制改革，实现了提高"两个比重"的目标，即财政收入占GDP的比重和中央财政收入占全国财政收入的比重提高。同时中央政府和地方政府根据事权划分财权，形成了财权不断向中央政府集中、事权及支出责任向地方政府下放的局面，而未构建起完整的地方税体系。经过一系列的制度改革，中央财政收入占整个财政收入的比重重新回到主导的地位，达到75%~80%，而地方税种虽然多，但地方政府税收收入较少，造成地方财政收入不足、地方政府收入直线下降。2002年实行的所得税收入分享体制改革进一步使财力上移，地方政府取得财力的能力进一步弱化,2016年实施的"营改增"改革更使地方政府缺失了主体税种。此外,我国虽建立了比较规范的中央和省级政府之间的财政管理制度,但省以下分税制财政体制仍存在不规范和不完善的问题,市县财政收支矛盾的问题较为突出。

2. 土地财政的可持续性问题

分税制财政体制改革虽减少了地方政府的税收收入,但地方政府仍承担着较多公共服务产品供给的责任。在短期经济增长无法提供充足的税源,而中央转移支付又难以满足的情况下,非税收入便成为地方财政的重要来源,而出售土地使用权便成为最有效、最便捷的手段,地方财政收入中来源于土地出让的收入达到相当高的比例。此外地方政府也可以通过与房地产业相关的营业税、土地增值税等获得较高的税收收入。土地财政成为地方政府重要的财政来源渠道,充实了地方财政收入,对促进地方城市发展和公共服务建设起到了重要的作用,但随着房地产市场的不断完善,也出现了对"土地财政"不可持续的担忧,特别是其可能引发的地方政府金融风险和政府性债务问题。以西安市为例,财政支出对土地财政的依赖较大,土地财政收入增长的波动性也较大。2018年西安市土地出让金收入为671.9亿元,同比增长92.5%,占当年财政支出的比重为58%[①];2019年西安市土地出让金收入为693.5亿元,增速放缓,为3.21%,占当年财政支出的比重为57%[②];2020年西安市土地出让金收入高速增长为1058亿元,增长52.56%。

3. 保障性住房建设问题

自房地产市场化改革以来,通过市场方式由房地产商提供的商品房越来越多,但价格也不断升高,特别是近几年上升的幅度较大,中低收入家庭难以承担,而政府提供保障房的土地供应面积和投资额又相对较低。2012年以来陕西省保障房的土地供应比例持续降低,直到2018年比重才有所上升,

---

① 西安市财政局:《西安市人民政府关于2018年决算草案和2019年上半年预算执行情况的报告》,http://www.xa.gov.cn/gk/czzj/szfczjs/5d81da4065cbd86dc0e5fbb9.html。

② 西安市财政局:《西安市2019年决算草案和2020年上半年预算执行情况的报告》,http://xaczj.xa.gov.cn/zwgk/czyjs/5f574357f99d6503002054f3.html。

但仅为 19.60%①，2020 年比重下降为 14.76%②。此外，财政住房保障支出的比重也在不断下降，2019 年陕西省住房保障支出约为 168.63 亿元，占财政总支出 5718.52 亿元的 2.95%，与 2018 年 3.5%的比重相比略有下降③。而新加坡的保障房建设也强调政府的主导作用，85%的公民住进了政府组屋，其中，93%的居民拥有组屋的产权，7%的低收入家庭向政府廉价租赁组屋；剩下 15%的高收入家庭住的是从市场上购买的高档商品房④。

四 完善财税政策促进房地产业健康发展

（一）完善房地产业税收政策的思路

1. 逐步建立以房地产税为主的地方税制结构

现行地方税制以增值税、企业所得税和个人所得税为主，其他税为辅，应逐步通过税制改革建立以房地产税为主，其他税为辅的地方税制结构。房地产税具有不易转嫁、不易隐匿的特点，最符合受益原则，在西方国家被称为良税，其还具有调节力度强的特点，是西方国家市县级地方政府的主体税种。2011 年在上海和重庆的房产税试点改革也为对个人持有的住房征收房产税积累了丰富的经验。从长远角度考虑应逐步建立以房地产税为主的地方税制结构，这不仅有利于完善地方税制保障地方财政收入，也有利于促进我国提高直接税比重，优化税制结构。

2. 建立分环节的房地产税制体系，稳步推进保有环节房地产税的立法工作

基于目前重流转、轻持有的房地产税制弊端，应不断优化房地产税制体系，

---

① 陕西省自然资源厅：《陕西省国土资源综合统计报告 2018》，http：//zrzyt.shaanxi.gov.cn/info/4040/42311.htm。
② 陕西省自然资源厅：《2020 年 1～12 月份全省国土资源主要统计监测指标》，http：//zrzyt.shaanxi.gov.cn/info/1196/51576.htm。
③ 陕西省统计局：《陕西统计年鉴 2020》，http：//tjj.shaanxi.gov.cn/upload/n2020/indexch.htm。
④ 许安拓：《构建我国住房保障体系：本土实践与国际经验》，《中央财经大学学报》2012 年第 5 期。

在明确房地产税功能的基础上稳步推进房地产税立法工作。第一，改革土地开发环节的税费政策，规范政府收费行为，大力减少开发环节的收费项目。第二，减少房地产流转环节的税收。改革契税制度，实行差别化政策，如对个人购买属于居民基本生活需求的首套普通住宅给予契税免税优惠，对购买改善型住宅给予一定的减税优惠。根据居住时间和住房类型采取差别化的增值税政策，并适时取消土地增值税。第三，降低房屋租赁业税负，对商业性租赁房地产按其评估价格从低征收房产税，以提高住房使用效率。第四，稳步推进保有环节房地产税的立法工作，合并房产税和城镇土地使用税，并对个人持有的住房在减免税面积、税率等方面采取差别化的税收政策。第五，制定适合各省区市实际情况的房地产税制，国务院政府工作报告多次提及要"稳步推进房地产税立法"，由全国人大制定房地产税法，但由于各省区市经济社会发展水平的差异较大，且地方政府拥有房地产方面的信息和资源优势，可考虑由全国人大在征税范围、税率等方面对省级或省级以下立法机构进行授权。

3. 进一步完善房地产税收征管体系

随着信息技术的快速发展，特别是大数据技术的应用日益成熟，应不断完善房地产税征管体系。一是为掌握房地产的税源以便加强房地产业的税收征收管理，应建立房地产业户的实名制度，即建立地籍制度和房籍制度，不论是公房还是私房，一律登记。二是税务部门、房地产管理部门和国土管理部门要建立房地产信息制度，加强对住房的管理。三是建立由社会中介组织负责的房地产评估价格体系。四是简化纳税流程，建立针对自然人的房地产税征管系统，个人通过该系统实现网上申报、网上交税，降低遵从成本。五是在房地产业的税收征管中，如果征纳双方发生争执，虽然有税务行政复议、税务行政诉讼、税务行政赔偿等三方面的法规，但是解决争议比较笼统，最好有一部专门针对房地产评估价格争议救济的法律。

（二）完善房地产业财政政策的思路

1. 进一步完善分税制财政管理体制

逐步完善分税制财政管理体制，实现地方政府财权与事权相匹配，缓解地方政府财政收支压力。一是要进一步完善省以下的分税制财政管理体制，适度地分权、分利、分管，保障省以下各级政府的财政收入，加快推进市、县级财政事权与支出责任划分改革，实现财政收支的均衡。二是营业税改征增值税后，中央和地方的分享比例调整为50%和50%，在一定程度上缓解了地方财政的压力，但随着经济下行压力的加大，考虑地方财政的困境，仍需提高地方分享的比例，或逐步改革消费税制度，将部分消费品消费税的征收环节后移，使消费税成为地方的一个固有财源。三是适度下放税收权力，使地方政府可以根据本地情况进行税收的征管，如陕西省有较为充足的资源，可以赋予较为充分的税收管理权限，使资源税成为地方政府的主要税收来源。

2. 化解土地财政问题

化解地方财政过度依赖土地财政的问题，建立稳定的地方财政收入体系。一是建立完善的地方税制度，实现地方政府由土地财政向税收财政的转变，这样地方财政就有了稳定的税收收入和财政收入，有利于地方经济社会的发展。二是把地方政府的土地出让金由一次交改为一年一交，防止房地产价格过高和土地财政难以为继。三是持续推进土地的市场化改革，充分发挥市场机制在土地要素配置中的作用，削弱地方政府对土地市场的干预，强化其监督管理职能。四是优化地方财政的支出结构，严格按照中央要求压缩一般性支出，提高财政资金的使用效率，减少对土地财政的需求。

3. 加大保障房支出改善住房供给机构

为让中、低层收入者分享改革的成果，我国不断优化财政支出结构，持续增加民生方面的支出，而保障"居者有其屋"是最基本的民生。第一，应不断加大保障房的财政支出力度，提高保障房支出占财政总支出的比重，同时要通过PFP模式充分利用社会资本进行保障房的投资建设，促进住房供给结构的优化。第二，增加保障房的土地供应，提高保障性住房供地占整个住房供地的比重，以改善住房的供给结构，满足中、低收入居民的住房需求。第三，建立健全房地产租赁市场，通过房产税的征收减少空置住房，促进房屋的周转利用，鼓励市场化程度高的专业租赁企业发展和提供服务，优

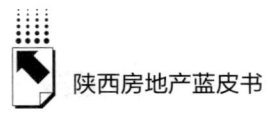

化住房补贴制度。

4. 实现、保障数字经济与房地产业有效融合

在数字经济发展迅猛的当下，实体企业要发展，就必须注重数字经济，重视线上线下的互动，打破以往线上线下分开作战的局面，这一点在疫情期间的房地产行业中表现得尤为明显。实现数字经济与房地产业的有效融合可以有效地降低房地产销售市场的信息不对称，促进房地产行业的发展，同时也有利于促进房地产业相关税收的增加。一方面，房地产商通过数字经济的大数据分析技术，可以分析不同城市人们的生活方式，优化其房屋设计，有利于设计出符合人们需求的住房；同时数字经济的在线销售，可以使购房者较为全面地了解房屋的信息，有效降低住房交易的成本，方便购房者进行选择，实现线上看房和线下买房的有机结合，促进住房的销售。另一方面，数字经济也可以极大地促进租房市场的发展，既可以降低租客寻找房源的成本，也可以使租房企业更加便捷地对房源进行有效管理。

五 对2021年房地产业发展的展望

2016年以来，"房地产去库存"政策的有效实施，极大地化解了房地产市场存在的风险，促进了房地产市场平稳健康发展。2019年陕西省城镇化率为59.43%[1]，低于全国平均水平（60.60%[2]），可见陕西省城镇化率仍有提升的空间。大量人口涌入城镇势必会增加对住房的需求，引起住房价格的上升。为促进房地产市场平稳健康发展，在2021年仍要坚持"房子是用来住的、不是用来炒的"政策定位，保持房地产市场调控政策连续性和稳定性。在财政政策方面，要继续增加住房建设土地的供给，同时加大保障房的建设力度，以满足不同人群的住房需求。在税收政策方面，对商品房销售继续落实差别化的税收政策，降低租赁住房的税负，减轻低收入人群的税收

---

[1] 陕西省统计局：《陕西统计年鉴2020》，http://tjj.shaanxi.gov.cn/upload/n2020/indexch.htm。
[2] 国家统计局：《中国统计年鉴2020》，http://www.stats.gov.cn/tjsj/ndsj/2020/indexch.htm。

负担，适时推进房产税的试点改革，以缓解住房空置率的问题，增加二手房的供应；促进数字经济的发展，实现数字经济与房地产业的有效融合。

通过对房地产财税政策的优化，建立完善的地方财产税制和税收管理体制，使地方财政有稳定的财源，理顺、规范财税分配关系，陕西省房地产业一定会健康平稳地发展，陕西省税收收入和财政收入也会有大幅度的增长，这势必会为陕西省经济腾飞奠定坚实的基础。

参考文献

陈平、李建英、庄海玲：《房地产税改革对地方财政收入的影响预测——基于广州市数据的模拟测算》，《税务研究》2018年第9期。

崔志坤、吴迪、刘冰：《关于推进房地产税改革的思考》，《税务研究》2020年第5期。

董蕾、张蕊：《新时代我国地方税体系构建研究》，《经济研究参考》2018年第67期。

胡翔：《功能主义视阈下房地产税立法的模式选择》，《税务研究》2020年第3期。

刘柏惠、寇恩惠：《房地产税的共识、争论与启示——基于理论和实践的综合分析》，《财政研究》2020年第3期。

刘斌、孙九伦、姚瑶：《推进城镇化、降低房价与房地产去库存——对我国35个大中城市的经验分析》，《西部论坛》2017年第3期。

杨志勇：《稳步推进房地产税立法的主要争议及对策思路》，《税务研究》2019年第8期。

周建军、任娟娟、鞠方：《房产税能否抑制实体经济"脱实向虚"——来自上海和重庆的经验分析》，《财经科学》2021年第2期。

B.5
2019~2020年陕西省保障性住房建设状况分析

王婉玲 唐侠*

摘　要： 保障性安居工程建设既是重大民生工程又是重大发展工程。2019~2020年陕西省以公租房、政策性租赁住房和共有产权住房为主体，结合推进城镇棚户区改造和老旧小区改造，有效解决中低收入家庭及新市民的住房贵、住房难问题。棚改房、租赁补贴、政府补贴旧房改造和保障性住房工程投资等均超额完成年度建设目标任务。但是住房保障领域仍然存在诸多问题和挑战，迫切需要加快推动住房保障立法，完善住房保障政策体系，加强和规范保障性住房后续管理。

关键词： 公租房　共有产权住房　棚户区改造房　老旧小区改造

　　保障性住房既是政府为解决城镇中低收入家庭、新就业职工、外来务工人员住房问题实施的一项重大民生工程，又是我国经济进入新常态及疫情影响下加快经济内循环的重大发展工程。2019~2020年面对疫情影响和国内外风险挑战的复杂局面，陕西省坚持"房住不炒"定位，以公租房、政策性租赁住房和共有产权住房为主体，结合推进城镇棚户区改造和老旧小区改造，构建住房保障体系基本框架，重点突破住房租赁市场发展瓶颈，完善住

---

* 王婉玲，西安工程大学教授，主要研究方向为房地产经济；唐侠，西安工程大学副教授，主要研究方向为收入分配理论。

2019~2020年陕西省保障性住房建设状况分析

房租赁市场发展体制机制。保障性住房建设在为住房困难群体提供安居保障、刺激消费、调控楼市和带动房地产业稳定发展等方面发挥了重要作用。

一 保障性住房建设情况

2019~2020年陕西省以健全和完善住房保障体系为引领,以公共租赁住房保障、棚户区住房改造为重点,研究分析住房保障需求,因城施策,形成"一城一案",圆满完成年度各项目标任务,有力推动了城镇保障性安居工程持续健康发展,有效满足了保障对象的住房需求,增强了人民群众获得感、幸福感。

2019年陕西省棚户区改造新开工10.77万套,居全国第10位;基本建成7.97万套,居全国第2位;城镇住房保障家庭租赁补贴发放5.89万户,居全国第10位;保障性安居工程完成投资408.40亿元;城镇老旧小区改造全面启动,下达中央城镇老旧小区改造补助资金23.71亿元;政府购买公租房运营管理服务试点扎实推进,"和谐社区·幸福家园"创建得到住建部充分肯定。

为促进保障性住房供给侧结构性改革进一步深化,2019年7月1日起,西安市全面停止经济适用住房、限价商品房购房资格审核的申请受理,将经济适用住房、限价商品住房整合为共有产权住房,不再新立项经济适用住房、限价商品住房,已经立项的经济适用房、限价商品住房项目按原建设计划实施并按相关规定定向已取得资格的保障人群进行销售。

2020年既是全面建成小康社会决胜之年、"十三五"规划收官之年,也是新冠肺炎疫情肆虐、经济深受重创之年。受疫情影响,2020年1~5月全省保障性安居工程开工率较低,进入6月之后,疫情防控进入常态化,施工进度加快,完成全年目标。2020年陕西省计划棚户区改造新开工1.68万套,基本建成0.7602万套,发放城镇住房保障家庭租赁补贴3.9273万户。截至2020年10月底,全省棚户区改造新开工1.68万套,完成年度开工计划。棚改基本建成1.2279万套,发放租赁补贴3.9876万户,均已经超额完成年度计划。2020年全省保障性安居工程完成投资258.13亿元，城镇老旧小区和配套基础设施改造惠及41.24万户。

二 住房保障政策及建设状况分析

（一）城镇住房保障体系进一步完善

2019~2020年，陕西省坚持"房子是用来住的、不是用来炒的"定位，住房保障工作按照"量力而行、尽力而为、因城施策、调整方式、按需保障"的原则，积极推进"多主体供给，多渠道保障"的制度，坚持和完善现有的住房保障政策体系。各地以解决中低收入群体、新市民住房困难为出发点，以居住困难为准入标准，以政府为主提供基本保障，搭建了以公租房、保障性租赁住房和共有产权房为主，结合棚改安置住房和老旧小区改造住房，租购并举、租售改补多种方式并存的住房保障结构，城镇住房保障体系进一步完善。其中，公租房重点保障城镇户籍中低收入住房困难家庭，保障方式以租房补贴为主、实物配租为辅，只租不售；保障性租赁住房重点解决新毕业大学生、新就业职工、新市民、各类人才等阶段性住房困难群体需求；共有产权住房主要满足首套刚需城市户籍中等及中等偏下收入住房困难家庭需求。此外，稳步推进棚改安置住房建设，探索推进老旧小区改造。西安、宝鸡等11个市（区）明确将外来务工人员和新就业职工全部纳入保障范围，实现了从城镇户籍低收入住房困难家庭到符合一定条件的新就业大学生、外来务工常住人口、环卫工人、公交司机、外卖小哥等新市民群体住房保障全覆盖。保障性住房及保障性安居工程让更多人分享了城镇化的红利，增强了他们的幸福感和归属感，保基本、分层次、广覆盖的基本住房保障政策体系基本形成。

（二）住房保障重点从售转租

随着我国住房保障问题的突出矛盾转化为大城市新市民的住房问题，提供更多的让新市民可以负担的住房成为住房保障工作的重心。2015年底，中央经济工作会议首次提出"租购并举"住房制度发展思路，政策重点从产权型住房建设转向租赁型住房的配套供应。2016年国务院办公厅印发《关于加快培育和发展住房租赁市场的若干意见》（国办发〔2016〕39号），培育和发展住房租赁市场成为各地政府工作的重要内容。2017年党的十九大提出"加快建立多主体供给、多渠道保障、租购并举的住房制度，让全体人民'住有所居'"，将房地产政策目标框架转向了民生，也为保障性住房事业的发展指明了方向。2017年住房和城乡建设部等九部委下发《关于在人口净流入的大中城市加快发展住房租赁市场的通知》（建房〔2017〕153号），要求多渠道增加新建租赁住房供应，优先面向公租房保障对象和新市民供应。

2019年1月住房和城乡建设部办公厅、财政部办公厅下发《关于中央财政支持住房租赁市场发展试点有关工作安排的通知》（建办房函〔2019〕483号），以满足新市民住房需求为出发点，以重点解决住房租赁市场发展瓶颈问题为导向，在北京、上海、南京等16个城市进行2019年中央财政支持的住房租赁市场发展试点，中央财政给予奖补资金支持，保障性租赁住房探索进入快车道。

2020年11月发布的《中共中央关于制定国民经济和社会发展第十四个五年规划和二〇三五年远景目标的建议》除继续强调"房住不炒"之外，特别强调"有效增加保障性住房供给，完善土地出让收入分配机制，探索支持利用集体建设用地按照规划建设租赁住房，完善长租房政策，扩大保障性租赁住房供给"，这意味着保障性租赁住房在住房供给中的比例将进一步增加，保障性住房制度将进一步完善。

2020年12月18日召开的中央经济工作会议，把"解决好大城市住房突出问题"列为重点工作，提出扩大保障性租赁住房供给，做好公租房保障，在人口净流入的大城市重点发展政策性租赁住房，加快完善长租房政策，逐步使租购住房在享受公共服务上具有同等权利。同时，提出土地供应要向租赁住房建设倾斜，单列租赁住房用地计划，降低租赁住房税费负担，

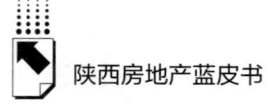

对租金水平进行合理调控。其后召开的全国住房和城乡建设工作会议，明确2021年的重点工作之一是大力发展租赁住房，其中包括公租房和政策性租赁住房，住房保障重点从售转租，保障性租赁住房支持政策从财政补助、土地优先供应、信贷扶持、税费减免等方面逐步完善。

根据国家部委的顶层设计，2019~2020年陕西省立足"房住不炒、租购并举"定位，因城施策，积极开展保障性租赁住房试点工作，政策性租赁住房和公共租赁住房协同推进，通过新建改建与盘活相结合的方式，切实解决新毕业大学生、新就业员工、城市基本服务人员和各类人才的居住问题。2020年11月，作为陕西省人口净流入的大城市，西安市人民政府办公厅下发《西安市住房租赁试点工作实施方案》，明确要求西安市结合住房需求实际，加快推进政策性租赁住房建设管理与市场化租赁住房运行管理协调发展，从保障性租赁住房的保障范围、土地供应、资金筹集、建设模式、租金调节、运营管理等方面，加快制度建设，扩大小户型、低租金的保障性租赁住房供给，完善长租房政策，探索支持利用集体建设用地按照规划建设租赁住房，为全面推进保障性租赁住房建设先行先试。为加快空置公租房统筹利用，提高政府投资公租房使用效率，化解公租房建设分配中存在的突出问题，铜川市人民政府办公室下发了《铜川市公租房盘活工作方案》，提出用一年时间，完成全市6978套已建成并达到入住条件的空置公租房的分配利用盘活目标，充分发挥公租房的社会保障效益。

（三）规范发展保障性租赁住房

2019年，为了进一步规范公租房发展，住房和城乡建设部等四部委共同印发《关于进一步规范发展公租房的意见》，明确两种保障模式的使用原则：对低保、低收入住房困难家庭和分散供养特困人员，可以实物配租为主、租赁补贴为辅；对中等偏下收入住房困难家庭，可以租赁补贴为主、实物配租为辅。实物保障与租赁补贴并举的保障制度，有力地扩大了公租房的保障范围。不仅城镇低保、低收入住房困难家庭受益，中等偏下收入家庭住房条件也得到有效改善。

2019~2020年陕西省保障性住房建设状况分析

2019~2020年，陕西省政府妥善解决住房体系失衡问题，实施分类精准保障，对环卫、公交等行业困难群体和重点产业困难职工实施精准保障，提高公租房保障效益；积极拓宽租赁补贴范围，完善租赁补贴发放政策，对新市民通过租赁补贴给予保障；重视人才房建设，以保障性租赁住房为主，满足各类人才特别是引进人才和新毕业大学生多样化住房需求，从制度层面完善人才安居保障制度，建立长效机制。

采取新建、购买、改建、盘活等多种形式，多渠道筹措保障性租赁住房房源，扩大保障性租赁住房供给；探索集体土地建设保障性租赁住房的新路径，按照谁投资、谁拥有的原则，鼓励地方和企业利用存量闲置土地和闲置房屋，发展政策性租赁住房；鼓励大专院校、科研院所、园区企业等单位利用自有土地建设保障性租赁住房，将长期闲置商业用房、工业厂房改建为保障性租赁住房。

提升公租房后续管理水平。在住房保障体系中，公租房对实现"住有所居"发挥了积极作用，但公租房运营管理的痛点也由来已久。针对市、区、物业等各级保障性住房管理单位的管理手段、管理办法不统一，区域不集中、监管部门人力有限、监管成本高，管理工具多样化、监管数据复杂、转租转借、空置、拖欠租金、逾期不退等问题，通过保障性住房智能化管理系统建设，提高保障性住房管理水平，解决保障性住房监管难、转租与转借监控难、房租追缴难等难题。积极探索公租房运营管理新模式，对逾期未竣工的公租房项目实行分配清零行动。西安等7个市县扩大开展政府购买公租房运营管理服务试点。

（四）老旧小区改造纳入保障性安居工程

改革开放以来，中国的住房政策经历了由"国家保障"向"市场建设"、由"市场供应"到"社会保障"、由强调"新建"到"新建改造结合"不断完善的发展过程，保障性住房制度随着住房制度的演进逐步推进。

顺应群众改善居住条件的迫切愿望，2019年4月15日，住房和城乡建设部会同国家发展改革委、财政部印发了《关于做好2019年老旧小区改造工作的通知》（建办城函〔2019〕243号），明确自2019年起将城镇老旧小区改造纳入保障性安居工程。2019年6月19日，国务院常务会议部署推进城镇老旧小区改造，将老旧小区改造工作提升到新的高度，城镇老旧小区改造成为全国层面全面推进的重点工作。8月，财政部、住建部印发了《中央财政城镇保障性安居工程专项资金管理办法》（财综〔2019〕31号），中央给予城镇老旧小区改造资金支持，全面推进城镇老旧小区改造。2020年7月国务院办公厅印发了《关于全面推进城镇老旧小区改造工作的指导意见》（国办发〔2020〕23号），提出2020年新开工改造城镇老旧小区3.9万个，涉及居民近700万户；到2022年，基本形成城镇老旧小区改造制度框架、政策体系和工作机制；到"十四五"时期末，结合各地实际，力争基本完成2000年底前建成的需改造城镇老旧小区的改造任务。在资金方面，2019年和2020年中央财政分别安排了300亿元和303亿元资金，支持地方老旧小区改造。

城镇老旧小区改造既是重大的民生工程，能够满足人民群众美好生活需要，又是重大的发展工程，能够应对当前经济下滑压力，带动投资和消费。城镇老旧小区是指城镇建成年代较早、失养失修失管、市政配套设施不完善、社会服务设施不健全、居民改造意愿强烈的住宅小区。老旧小区具有老人多、租户多，区位较好但老旧衰败、土地价值和物业价值不匹配，社会治理上多为失管、弃管小区等三大特点。新冠肺炎疫情的暴发暴露出老旧小区疫情防控的短板，老旧小区改造工作引起省政府高度重视。

2019年10月12日，陕西省住建厅与省发展改革委、省财政厅联合出台《关于推进全省城镇老旧小区改造工作的实施意见》，提出自2019年起，陕西省逐步实施老旧小区改造工作，将全省各城市、县城（城关镇）建成区范围内2000年以前建成、具有合法产权、配套设施不全、环境脏乱差的住宅小区以及与老旧小区直接相关的城市基础设施纳入改造范围。据统计，全省2000年以前建成的城镇老旧小区共计9351个，涉及119.59万户居民。其中2019年纳入中央补助支持的城镇老旧小区共计1225个，涉及14.68万户居民。2020年全省城镇老旧小区和配套基础设施改造惠及41.24万户。

城镇老旧小区改造使老旧小区居民的居住条件和生活品质得到提升,人民群众的获得感、幸福感和安全感得到显著增强。

(五)防范化解棚改债务风险

从2018年开始,国家棚改策略改变,对库存比较少、房价上涨压力比较大的城市调整优惠政策,要求各地因地制宜调整货币化安置政策。2018~2020年针对住房库存减少,棚户区改造遗留问题多、推进难度大、改造成本高等实际困难,陕西省棚改适度"收紧",棚改目标下调。陕西省棚户区改造新开工住房从2018年的20.28万套、2019年10.77万套降到2020年的1.68万套。"大规模棚改"趋于停止,防范化解棚改债务风险成为当务之急。陕西省政府要求各市(区)完善棚改贷款监测与预警体系,切实防范化解债务风险,落实好陕西省棚户区改造贷款资金管理的有关要求,加快腾空地块出让,积极筹措资金,加强与金融机构协调,配合做好贷款到期后偿还工作,确保还本付息各环节有序运行,确保棚改政府债务得到有效控制,确保各级政府的良好信用得到维护。对新开工棚改项目,研究出台金融支持政策,评估论证财政承受能力,严格审核市、县财力评估报告,要求各地积极拓宽融资渠道,加快推动项目建设,实行清单式管理,对债务风险情况持续监测,针对已经取得贷款的项目,要加快项目进度,加快资金使用。

三 保障性住房建设存在的问题与政策建议

(一)存在问题

人们日益增长的美好生活需要与不平衡不充分发展之间的矛盾,在房地产领域中尤为突出。从"忧居"到"有居"再到"优居",住房保障事业不断改革创新,取得了明显成效。但是,我国住房保障立法尚不健全,住房保障政策体系有待完善,后续管理不到位、进入退出机制不健全,保障性住房市场区域供需不平衡、保障不充分、结构不合理等新情况、新问题还没有完全解决，住房保障工作依然需要应对一些挑战。

1. 基本住房保障立法有待完善

随着保障性住房建设和管理工作的不断深入，一些深层次问题逐渐显现，需要通过立法加以解决，建立起长效工作机制。在顶层设计上，住房保障领域现行的上位法律法规主要围绕经济适用住房、限价房、廉租住房等制定，与新型保障性住房制度建设的要求存在差距，也不适应保障性住房全生命周期运作中的部分环节。在后期管理上，此前出台的部门规章文件效力层次较低，产权单位等主体对于相关违法违规行为的约束效力和查处权限有限；同时，保障性住房因其相对低廉的价格成为部分人的投资对象，产生保障性住房隐性出租、虚报冒领、转租转借或空置问题，意味着政府在解决中低收入居民住房问题方面存在"政策失灵"的可能性，制约了保障性住房的公正合法、可持续运行。此外，在基本住房保障领域逐步明确的发展思路，以及在实践探索中形成的分配精准化、管理规范化、运作平台化等有益经验，需要以立法的形式予以固定。上述问题要得以改进，迫切需要出台基本住房保障领域法规，并做好与《中华人民共和国民法典》等上位法的有效衔接，推动基本住房权利法定化，实现"住有所居"民生目标。

2. 保障性租赁住房政策有待完善

培育租赁住房市场，既是妥善解决住房体系失衡的现实要求，也是满足人民美好生活需要的重要民生工程。我国住房租赁需求旺盛，但租赁住房领域起步较晚，仍缺乏标准的行业规范和监管制度。自2015年底，中央经济工作会议首次提出"租购并举"，2017年党的十九大提出"加快建立多主体供给、多渠道保障、租购并举的住房制度，让全体人民'住有所居'"。5年多来，各地政府从完善市场规范、保障主体权益、增加用地供应、对租赁企业进行扶持等多方面大力推动租赁住房市场发展。"租购并举"格局逐渐形成并取得显著成效，但在发展中凸显出一些不容忽视的现实问题，如何使租购住房在享受公共服务上具有同等权利，让"租"成为老百姓认同的与"购"一样的"合理选择"，成为住房市场平稳健康发展的重要一环。

3. 保障性住房的分配和管理有待进一步加强

随着大量保障性住房进入分配和使用阶段，分配好、管理好保障性住房成为关系到保障房事业能否可持续发展的核心问题。在保障性住房准入、退出、分配、监管政策方面，以监管政策为例，建立有效的违规行为约束和处罚机制，如将保障对象违规使用行为纳入征信系统等，有助于提升住房保障公共政策实施效力。保障性住房申请审核过程中，政府部门对分配、审核尚不能进行有效调控，导致公共租赁住房存在转租转借的现象，给了一些投机者或商人从中牟利的机会。在共有产权住房上，政府对申请家庭的真实财产收入没有较为合理地进行核实，导致出现提前转移家庭财产现象，疑似侵占保障性住房资源。在保障性住房资源极为有限的情况下，这种侵占对于中低收入群体社会行为的稳定性有着不良影响。进一步优化住房保障覆盖面，完善申请分配、进入退出机制，适时适度调整保障性住房准入标准和保障水平，完善保障住房政策机制，加大公共租赁住房精准保障力度，加强保障住房建设管理。

（二）政策建议

1. 加快城镇基本住房保障立法

住房保障立法是住房社会保障可持续发展的制度保障，加快基本住房保障地方立法，是完善租购并举的新型住房制度、推动解决各类保障群体住房问题的内在要求。虽然2011年陕西省政府审议通过《陕西省保障性住房管理办法（试行）》，对保障性住房的规划、建设、分配、退出、运营和监督等进行规范管理，详细规定了保障性住房类型、保障性住房供应对象、保障方式、准入使用和退出标准等，但这些规定均与快速变化的住房保障实际脱节，迫切需要加快修订住房保障立法，明确各实施主体的法定责任，强化全生命周期管理，固化相关的支持政策和创新模式，尽快补齐政策和管理短板，提高公共资源供给质量和利用效率，推动住房保障工作长期可持续发展。总之，无论是从推动居住基本权利法定化、加快建立新型住房制度的要求出发，还是从推进治理体系和治理能力现代化以及规范解决住房保障现实

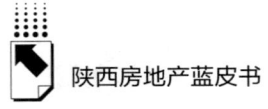

难题的要求出发,加快城镇基本住房保障立法很有必要性。

2. 补齐保障性租赁住房短板

政府提供公共租赁住房是基本住房保障的主要方式,长期以来,"租"始终是我国住房市场的短板。与许多发达国家居民早就将租房视为"合理的选择"不同,租房对绝大多数中国人而言,依然是"过渡性选择"或者"不得已的选择"。当前,租购补改并举的住房保障供应体系已初步建立,但"租"的方面仍面临供应不充分、服务和管理不健全等问题。加大小户型、低租金的保障性租赁住房供给力度,探索支持利用集体建设用地按照规划建设租赁住房,积极落实中央提出的逐步使租购住房在享受公共服务上具有同等权利的要求,加快补齐租赁住房短板,使租赁成为基本住房的普遍观念和现实选择,是解决好新市民、青年特别是从事基本公共服务的人员等住房困难群体的住房问题的有效举措。

3. 加强和规范保障性住房后续管理

体现公开公平公正的原则,是住房保障和人才安居工作的生命线。建设、分配之后,如何完善运营管理是保障性住房面临的长期课题。随着越来越多公租房建成和交付使用,管理人员不足、管理不规范等问题开始凸显。管理不到位会造成公租房被侵占、挪用和破坏,造成公租房资产流失、价值贬损。在优化保障性住房分配管理体系的过程中,政府部门首先要完善申请分配机制。健全诚信申报和信息公示制度,完善准入和退出机制,对申请人的真实收入、财产进行有效界定,合理划定户籍家庭租购安居型商品房收入财产限额。在这方面可以借助互联网的信息汇聚及分析的能力帮助审查人员准确甄别申请人的保障性住房申请资格。建立保障对象经济状况认定核对机制,加强核查机构工作力量,增加财政投入,充分运用大数据、云计算等先进技术提高核查效率和精准度;严肃查处骗租骗购、转租转售、重复享受住房保障等违法违规行为,并将违法违规信息纳入全国信用信息共享平台,让失信人处处受限。

"住有所居"是民生问题的重中之重,关系着千家万户的居住条件,关系着整个社会的和谐稳定。住房保障政策应更精准聚焦住房困难群体,在此基础上因地制宜地探索适合城市特点的城镇住房保障体系,确保保障性安居工程建设可持续发展。

四 展望

党的十九届五中全会明确提出,有效增加保障性住房供给,完善土地出让收入分配机制,探索支持利用集体建设用地按照规划建设租赁住房,完善长租房政策,扩大保障性租赁住房供给。2020年底召开的中央经济工作会议再次强调,要高度重视保障性租赁住房建设,加快完善长租房政策,逐步使租购住房在享受公共服务上具有同等权利,规范发展长租房市场。这意味着2021年国家政策将会在持续做好公租房运营管理的基础上,重点发展政策性租赁住房,保障性租赁住房的建设与供应将增加,与此相关的基础性制度和支持政策将进一步完善,如用地向保障性租赁住房倾斜、租购住房在享受公共服务上具有同等权利、利用集体建设用地和企事业单位自有闲置土地建设租赁住房、降低租赁住房税费负担等,保障性租赁住房的发展模式将不断优化。

参考文献

王圣学主编《陕西房地产蓝皮书:陕西房地产业发展报告(2014)》,经济科学出版社,2014。

王圣学主编《陕西房地产蓝皮书:陕西房地产业发展报告(2020)》,社会科学文献出版社,2020。

B.6
2020年陕西省住房租赁市场发展报告

肖晴 赵惠英*

摘　要： 本报告在梳理住房租赁市场规制的基础上分析发现，全国主要城市租金收益率不断下降，租金收入比却居高不下。陕西省各主要城市住房租赁市场发展差异较大。西安市住房租赁价格偏高、租金收益率比较低，对租赁市场的供求会产生不利影响，必须统筹规划城市发展战略、加强租赁市场监管、做好政策性租赁住房建设，以创造良好的市场环境。

关键词： 西安市　政策性租赁住房　租金收益率　租金收入比

一　政府关于完善住房租赁市场的政策措施

2020年各级政府将"住房租赁"置于更重要的位置，继续推动完善住房租赁市场，保障、完善租赁市场秩序。通过政策的实施多维度保护租赁双方权益，政策延续性不断加强，在资金支持、制度探索、法律保障等方面得以体现。

（一）高度重视租赁住房市场发展

2020年12月16～18日，中央经济工作会议在北京举行，会议提出，

---

* 肖晴，西安财经大学在读硕士，主要研究方向为产业经济；赵惠英，西安财经大学副教授，主要研究方向为产业经济。

在坚持"房子是用来住的、不是用来炒的"定位基础上，要高度重视保障性租赁住房建设。发展租赁住房方面的提法更加细化：加快完善长租房政策，逐步使租购住房在享受公共服务上具有同等权利，规范发展长租房市场；土地供应要向租赁住房建设倾斜，单列租赁住房用地计划，探索利用集体建设用地和企事业单位自有闲置土地建设租赁住房，国有和民营企业都要发挥功能作用；要降低租赁住房税费负担，整顿租赁市场秩序，规范市场行为，对租金水平进行合理调控。

2020年以来，全国已有北京、上海、杭州等28个城市出台了租赁住房相关新规新政。具体来说，北京、上海、沈阳、太原、杭州等地纷纷提高了公积金租房提取限额，多措并举减轻房租压力；广州、郑州、合肥等地对租赁住房项目进行奖补，"真金白银"地支持住房租赁市场。与此同时，杭州、南京、昆明、三亚等城市以租房补贴吸引人才，以此在"抢人大战"中夺得先机；石家庄从金融、税收、住房公积金等5个方面明确了一系列支持住房租赁市场发展的政策；济南市多渠道增加租赁土地供应，落实租购同权；苏州推出新政，可租房落户。

（二）完善租赁住房建设规划

2020年9月24日，全国政协在北京召开"建立'租购并举'制度，加快住房租赁市场健康发展"网络议政远程协商会。会议强调，要贯彻落实中央关于促进房地产市场平稳健康发展的指示精神，推动建立多主体供给、多渠道保障、"租购并举"的住房制度，大力培育和发展住房租赁市场，努力实现城镇居民"住有所居"的目标，把"房子是用来住的、不是用来炒的"定位落到实处。同时指出，要根据城市人口结构、市场需求的变化，适时调整完善住房建设规划，增加市场有效供给，支持利用存量土地、低效用地、农村集体建设用地等建设租赁住房，培育多元化供给主体，发展机构化、规模化住房租赁企业；加大财税金融扶持力度，降低住房租赁综合税负水平；加快出台住房租赁条例，加强对住房租赁企业、中介机构信息发布、资金使用等全流程监管，坚持因地因城施策。

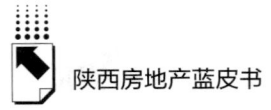

（三）重点发展政策性租赁住房

在展开试点的基础上，2019年12月住建部工作会议明确2020年工作重点之一是发展政策性租赁住房，探索政策性租赁住房的规范标准和运行机制。2020年7月24日，住建部对中央财政支持住房租赁市场发展试点城市进行公示，按照竞争性评审得分，排名靠前的天津、石家庄、太原、沈阳、宁波、青岛、南宁和西安等8个城市入围。加上2019年已经确定的北京、长春、上海、南京、杭州、合肥、福州、厦门、济南、郑州、武汉、长沙、广州、深圳、重庆、成都等16个城市，意味着该试点工作的覆盖范围将扩大至24个城市。此24个城市试点示范期均为3年，中央财政支持直辖市每年10亿元、省会城市和计划单列市每年8亿元、地级城市每年6亿元。资金主要用于多渠道筹集租赁住房房源、建设住房租赁信息服务与监管平台等与住房租赁市场发展相关的支出。

在政策引导下，各地制定租赁住房建设目标，多渠道筹措租赁房源。在土地使用上，上海、南京、杭州均推出租赁地块及土地自持比例，广州、深圳采取"竞自持"政策，北京大力发展集体土地租赁住房。同时，北京、上海、广州、深圳、武汉、合肥、佛山等城市都出台了"商改租""工改租"的政策，在解决存量资产的同时，降低租赁房源获取成本。在资金筹措方面，5月9日，中国建设银行与广州、杭州、济南、郑州、福州、苏州6个城市签订《发展政策性租赁住房战略合作协议》，预计在未来3年内，提供不少于1900亿元的贷款，合计筹集约80万套（间）政策性租赁住房，解决上百万名新市民的安居问题。6月12日，沈阳、南京、合肥、青岛、长沙5个城市政府在北京与中国建设银行签署《发展政策性租赁住房战略合作协议》，按照合作协议，未来3年，建设银行将向5个城市提供不少于1100亿元贷款，支持筹集政策性租赁住房超40万套（间）。

2020年12月21日，全国住房和城乡建设工作会议继续强调发展政策性租赁住房，首次明确提出建立以保障性租赁住房和共有产权住房为主体的住房保障体系，并且要求在人口净流入的大城市重点发展政策性租赁住房。

对大城市租赁群体给予了特别关注,明确了租赁对缓解住房供需矛盾尤其是大城市住房供需矛盾的重要性。加快补齐租赁住房短板,解决好新市民、青年人特别是从事基本公共服务人员等住房困难群体的住房问题。未来住房租赁将在增加租赁房源供给、租赁权益的保障及扩大,规范及支持租赁企业的发展等方面持续发力。

(四)规范发展长租房市场

2019年12月25日,住房和城乡建设部、国家发展改革委、公安部、市场监管总局、银保监会、国家网信办等6个部门印发《关于整顿规范住房租赁市场秩序的意见》。为2020年住房租赁市场有序发展奠定了基调。

2020年9月7日,住建部发布通知,就《住房租赁条例(征求意见稿)》(以下简称"《条例》")向社会公开征求意见。《条例》包括总则、出租与承租、租赁企业、经纪活动、扶持措施、服务与监督、法律责任和附则等8章,共66条。《条例》从租赁出租和承租、租赁企业和经纪活动监管等方面,对租赁市场的主体行为进行了规范和约束,以有效规范市场秩序,推动租赁市场监管制度化。《条例》还明确必须建立住房租赁机构登记制度,提高准入门槛,明确了市场主体机构及从业人员行为的"红线"。2020年底住建工作会议同时指出,规范发展住房租赁市场,加快培育专业化、规模化住房租赁企业,建立健全住房租赁管理服务平台。整顿租赁市场秩序,规范市场行为。

各个主要城市政府也围绕租赁权益保障、市场监管、租赁供应以及金融税收等多个方面发布了住房租赁相关政策,以加强住房租赁金融业务监管,特别是对采用"高进低出""长收短付"经营模式的住房租赁企业的监管。具体来说,上海、广州、重庆、杭州、深圳、武汉、西安、成都、济南、合肥、海口等多个城市纷纷发布住房租赁市场风险提示,建议消费者谨慎选择住房租赁企业、认真确认租金价格、使用合同示范文本,谨防财产受损;济南在租赁供给、监管和权益保障等多方面均有相关政策推出,力度较大;重庆要求在租金监管方面,承租人向住房租赁企业支付租金周期超过3个月的，住房租赁企业收到的租金和以房屋租赁贷款方式获得的资金均应接受监管；深圳、武汉两地明确，住房租赁企业不得恶意提高或降低租赁价格、侵害房屋权利人和承租人的长期合法权益；西安则将对住房租赁企业进行信用分级，同时规定对通过虚假出租、虚假网签备案等骗取奖补资金及以明显高于市场价抢占租赁房源，并造成不良社会影响的租赁企业，信用分直接扣减为零，并列入"黑名单"。

二　陕西省住房租赁市场分析

（一）租赁市场监管政策密集出台

2020年4月3日，西安市住建局发布了《西安市关于规范住房租赁市场管理的实施意见（征求意见稿）》，广泛征求社会各界的意见和建议。2020年9月14日，西安市人民政府办公厅印发《西安市规范住房租赁市场管理办法》，内容主要包括住房租赁行为规范（出租房屋的规范标准、租赁合同、租赁双方的权利义务等）、住房租赁市场主体规范（从事住房租赁活动的房地产经纪机构、住房租赁企业的登记备案、信息发布、资金管理、信用评级、从业人员资质等），自2020年10月9日起施行。

2020年8月21日，西安市住房和城乡建设局发布《西安市住房租赁资金监督管理实施意见（试行）》，规定从10月1日起，收储西安国有土地上的存量住房并明确通过西安市住房租赁交易服务平台进行租赁交易的住房租赁交易企业，其租赁交易资金将接受监管。住房租赁行业管理部门将对"托管式"租赁企业的监管专用账户日常收支情况进行监督。

2020年11月13日，西安市人民政府办公厅发布《西安市住房租赁试点工作实施方案》，提出2020~2022年住房租赁市场管理目标：完善住房租赁体制机制、增加租赁住房市场供应量、培育规模化规范化市场供应主体、搭建住房租赁服务平台、稳定住房租金水平、加强住房租赁市场监管、大力促进住房租赁合同网签备案等，并提出多渠道增加租赁房源、培育专业化规模化住房租赁企业、建立健全住房租赁交易服务平台、鼓励住房租赁消费（公积金、租购同权）、加大住房租赁政策扶持力度、加强住房租赁市场监管等具体措施。

2020年11月13日，西安市住建局、市网信办等6个部门印发《推动我市住房租赁网签备案和资金监管相关工作的通知》，全面规范和加强住房租赁网签备案工作，提升住房租赁市场服务管理水平，防范住房租赁企业经营风险，保障住房租赁交易资金安全，维护房屋所有权人、承租人的合法权益，逐步构建以住房租赁合同网签备案与资金监管制度为基础的住房租赁交易管理体系。

2020年11月24日，西安市住建局发布《西安市住房租赁企业信用信息管理办法》（征求意见稿，期限为2020年11月24日至2020年12月23日），对西安市的住房租赁企业进行信用分级，并根据信用等级进行奖励和惩戒。该管理办法规定，住房租赁企业信用信息基础分值50分。信用信息评价得分＝基本信息分＋良好信用信息分－不良信用信息分。信用分值和信用等级随着企业信用积分变化情况在住房租赁交易服务平台动态更新，供社会公众查询。

（二）主要城市住房租赁市场差异显著

1. 房屋租价水平有明显区分度

陕西各主要城市住房租赁价格区分度比较清晰，且与其经济发展水平、居民收入状况存在一定的正相关关系。西安住房租价7月、8月两个月达到30元/米²，其余月份接近这个数值，但是年末两个月均价低于年初的租价水平。榆林、延安住房租价为20~25元/（月·米²），安康、宝鸡、咸阳、渭南为15~20元/（月·米²），汉中、铜川、商洛为10~15元/（月·米²）（见图1）。

2. 房屋售租比差异较大

这里任意选取4月、9月、12月3个月份，经分析发现，房屋售租比西安、咸阳稳居前列，而且两者之间差距较大；商洛、汉中紧随其后，售租比

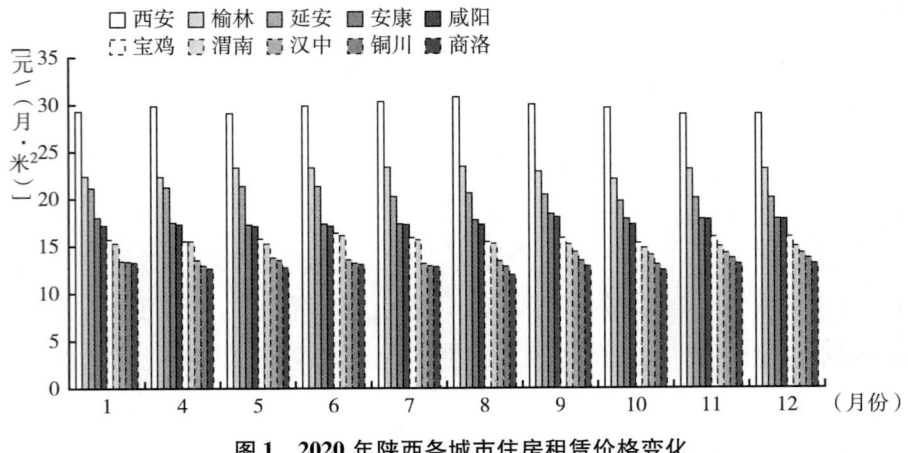

图1 2020年陕西各城市住房租赁价格变化

水平比肩咸阳。宝鸡、渭南、安康、榆林、铜川5个城市的租售比保持在30以下，延安的售租比是全省最低的（见表1）。

表1 2020年陕西省各主要城市售租比排名

城市	4月	9月	12月
西 安	42	42	48
咸 阳	38	38	38
商 洛	36	34	35
汉 中	34	36	34
渭 南	29	27	28
安 康	28	27	26
宝 鸡	27	29	29
榆 林	27	28	29
铜 川	27	27	31
延 安	23	23	25

3. 各个城市租价变化特点各异

在选取分析的10个月里，西安市在1月、2月两个月及传统的"毕业季"6~8月租赁住房价格指数均为正值，9~12月连续为负值。这种变动规律与往年类似。但是值得深思的是，在2月疫情较为严峻的时候，环比指数达到20.70%，平均单价更是达到35.35元/（月·米²），成为最高值；铜川也有7个月这一指数为负值；宝鸡、咸阳、安康、渭南有6个月份住房租赁价格环比指数为负值；榆林、延安为5负7正的格局；汉中市住房租赁价格环比指数，除过4月、12月为负值，其余各时段均呈现上升状态，而商洛市有9个月份环比指数都出现了下降，10月更是比上个月下降了13.55%（见表2）。

表2　2020年陕西各城市住房租赁价格环比指数变化

单位：%

城市	1月	2月	3月	4月	5月	6月	7月	8月	9月	10月	11月	12月
西安	6.18	20.70	-13.30	-2.67	-2.63	2.65	1.50	1.69	-2.75	-1.18	-2.34	-4.60
榆林	0.47	2.97	2.93	-6.05	4.41	-0.19	0.22	0.31	-2.26	-3.60	4.62	-1.66
延安	3.45	-4.28	2.82	2.00	0.50	-0.11	-5.24	1.92	-1.01	-3.26	1.59	0.41
安康	-0.31	-6.85	8.51	-3.88	-0.14	0.34	0.20	2.24	3.54	-2.87	-0.05	4.79
咸阳	-0.83	-5.68	7.04	-0.35	-2.23	0.15	0.75	-0.02	4.65	-4.41	2.95	0.24
宝鸡	-1.69	3.80	-0.47	-4.33	1.51	7.08	-2.72	-1.50	2.69	-3.53	3.96	0.09
渭南	0.84	1.53	1.25	-1.31	-1.69	2.15	-2.57	-4.04	-0.42	-2.79	1.13	0.60
汉中	0.47	4.02	1.61	-4.63	9.05	6.60	0.65	1.83	20.44	4.18	1.47	-3.12
铜川	8.44	7.19	-0.01	-11.50	-0.01	-4.30	-2.14	-0.14	0.37	1.19	9.87	-3.50
商洛	-1.13	-1.79	-1.50	2.55	-1.50	-3.17	-5.47	-7.50	0.34	-13.55	0.67	-0.84

4. 小结

综合以上分析可以看出，西安市城市首位度高、经济较为发达，对要素吸引力较强，人口集聚度比较高，因而无论是房屋租价还是售租比明显高于其他城市，租赁价格变化与人口流动规律呈现明显的相关性。榆林、延安两市有能源产业支撑、收入水平较高，租金高于其他城市，但是又不是理想的地产投资地，因而售租比低于其他城市。汉中、商洛因交通通达性好，人口流出大于流入，租金水平处于低位；受气候等自然条件的推动，房价和关中类似城市相差不大，因而售租比较高。安康市地处陕、川、鄂三省交界，是周边区县较为理想的就业安居地，因而单位面积租价等指数的表现与宝鸡、渭南类似。

（三）西安市住房租赁市场分析

1. 住房租赁市场整体情况较好

国际上公认合理的售租比一般为 16.6~25。全国 300 多个城市的售租比大多超过这一国际标准，最高的深圳高达 90 多年。在排名前 10 的城市中，天津、唐山等城市榜上有名，都超过了 60（见表 3）。

表 3　2020 年 12 月全国城市住房售租比前 10 位

	深圳	厦门	三亚	东莞	广州	青岛	唐山	上海	重庆	天津
排名	91	87	70	66	65	64	62	62	62	62

对 2020 年售租比进行分析发现，西安市 2020 年前 8 个月稳定在 42。从 9 月开始，由于房屋租价出现下降，而房价依然稳步攀升，这一指标 12 月上升到 48。即使如此，与全国其他同等水平的城市相比较仍然比较低。

2. 住房租赁价格同比持续上升

2020 年，西安市 12 月住房租赁价格同比下降 - 0.09%，其余月份均为正值，单位面积平均租赁价格上升明显，2 月同比增速甚至高达 20.56%（见图 2）。这种情形，某种程度上与西安近些年城市美誉度提升、对人才吸引力增强有关。

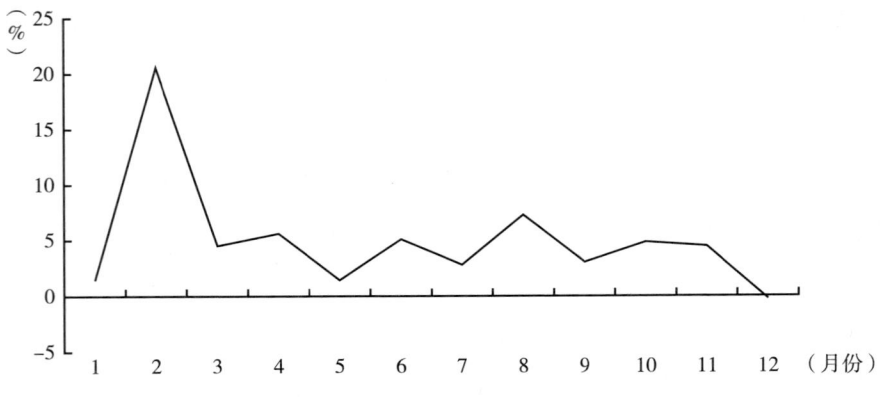

图 2　2020 年西安市住房租赁价格同比变化

3. 住房租赁价格水平较高

在全国副省级城中，西安全年房屋平均租价也是稳居前10名，2月达到35.35元/（月·米^2），一度排名第5。即使在传统的淡季，租赁价格有所下降的10～12月3个月里，依然榜上有名（见表4）。

表4　2020年11月全国10个副省级城市房屋租赁价格排名

排名	城市名称	平均单价[元/(月·米^2)]	同比(%)	环比(%)
1	深圳	79.16	-3.27	-2.34
2	杭州	52.29	-5.53	-1.76
3	广州	50.94	0.21	-2.90
4	厦门	47.81	-0.07	6.21
5	南京	45.49	-0.26	1.08
6	宁波	34.55	1.14	-0.20
7	成都	33.56	1.49	6.77
8	武汉	32.6	-3.59	4.55
9	大连	32.13	0.06	-6.58
10	西安	28.88	-2.34	4.43

4. 住房收益率水平较低

西安市住房收益率比较低。2019年第四季度为2.2%，低于2.4%的二线城市平均水平，在全国50个典型城市中排第27位；2020年前三季度与二线城市平均水平（2.3%）相当，排在第25位前后；第四季度为2.1%，低于平均水平，排名也降到第30位。

5. 小结

2020年，西安市住房租赁价格在同比上升的情况下，住房收益率却表现出相反方向的变化，其根本原因在于房价的持续上涨。较低的住房收益率使得家庭租赁房源缺乏进入市场、提供供给的动力，在城市化加速的背景下，又有可能进一步推高租价。高房价及相对其他城市而言较高的租价，不利于人才的驻留与引入。

三 问题与展望

（一）高起点统筹谋划

"住"作为人最基本需求之一，在生活水平不断提升的条件下越来越多地被关注。安居才能乐业，因而，应该把解决居住问题放在区域经济发展的视角下，综合考量城市发展战略、产业特征、人口数量及结构变化等因素，进行统筹谋划。西安城市定位为"国际化大都市""国家中心城市"等，这些都需要经济发展做支撑。因而，只有有效发展住房租赁市场，解决新市民居住问题，才能使城市人口增长、产业发展相互促进。

同时，各项公共服务政策要围绕有利于城市发展这个轴心并能相互兼容。"租购不同权"是影响租赁市场发展的首要障碍。现有户籍制度与社会福利及社会保障挂钩，而落户政策又与房屋挂钩。一直以来，在执行过程中以房屋所有权为原则，这也就意味着租房获得的社会福利水平较低，必然会影响城市租赁市场的发展。"租购同权"的核心就是租赁权与产权的平等性，让租房者享有和买房者一样的基本公共服务权利。因此，西安应该尽快出台相应的政策规范，加快租赁市场赋权细则的落地，逐步使租购住房在享受公共服务上具有同等权利。

此外，还要从社会、经济等层面引导住房消费方式。国家明确经济发展不再过度倚重房地产，发展长租房市场应成为化解大城市住房问题的主要方向。而消费者观念的改变同样重要。中国家庭自有住房的拥有率极高，将买卖住房作为资产投资，已经没有太多的市场空间。而作为消费市场的主力，90后、00后在消费观念上更超前，也更容易接受"长租房"这一理念。因而，必须通过多种形式引导社会消费意识，改变传统的财富观。正确认识房屋的投资功能，使房屋回归其原本的属性。

（二）加强住房租赁市场监管

租赁市场秩序整顿道阻且长。随着人口加速从农村和非都市圈向都市圈、城市群转移，大城市住房供需矛盾和住房问题愈加突出。新市民特别是青年人收入相对较低，既买不起房，又租不好房。2020年住房租赁市场出现"爆雷"现象，原因是部分长租公寓扩张太快，互联网经营模式与实体租赁经营相冲突，疫情后出租率下降、租金下跌。长租公寓出现的不健康和不理性的市场行为，对于租客和房东也形成了极大的经济压力，也给刚有起色的行业发展带来困扰。

因此，对于以市场供给为主的租赁住房，有效的行业监管显得尤为重要。首先，从立法层面，对租赁市场的各类监管盲区加以补漏。其次，对长租公寓这类新型的中介模式，要及时加以跟进调研，针对各类不规范现象尽快制定相应监管举措。西安市应该在2020年出台的监管条款的基础上，以住建部发布的《住房租赁条例（征求意见稿）》为指导，加快制定有针对性的监管规范，真正做到因城施策。同时，建立和完善租赁管理服务平台，提高租赁备案登记率，为监管夯实基础。

（三）做好政策性租赁住房建设

在住房租赁市场还处于"薄市场"、各种问题较为突出的背景下，特别是在供给与需求矛盾一时难以化解的情形下，从2019年起管理部门就将租赁住房分成了市场化租赁和政策性租赁两个领域，提出建立以保障性租赁住房和共有产权住房为主体的住房保障体系，并明确大城市要重点发展政策性租赁住房。政策性租赁住房由政府给予土地出让、规划调整、公共配套、税收减免等方面的政策支持，企业和其他机构投资建设，同时以新建配建租赁住房、改建存量住房为供应方式，以房地产投资信托基金、企业债券、不动产证券化产品等金融产品为建设运营重要资金来源，面向城镇无房常住人口供应，主要是非户籍常住人口和新落户新就业大学生等新市民群体。

政策性租赁住房的责任更多在于政府，尤其是地方政府。西安城市管理部门应该抓好作为试点城市的政策机遇，让有限的资源发挥最大的价值，探索规范标准和制度规则，特别是租赁土地供应制度、投融资制度、运营管理制度等,降低运营成本,提高供需匹配度,推动这一市场的运行机制尽快建立并加以完善。

参考文献

贝壳研究院:《全国重点40城租金监测报告(2020年年报)》,http://www.fangchan.com/data/135/2021-01-05/6752120488606372508.html。

毕舸:《租赁住房建设还需做好服务和监管》,《中国经营报》2020年12月28日,第E04版。

池宇杭:《南京青年人才租赁住房满意度及其影响因素研究》,《上海房地》2021年第1期。

李宇嘉:《住房保障供给与"租购并举"的发展之路》,《中国房地产》2021年第4期。

梁志高:《"租售并举"的关键》,《中国质量万里行》2020年第12期。

曲涛:《12月中国城市住房租赁价格指数报告发布:杭州、重庆涨幅领跑》,http://www.fangchan.com/news/1/2020-01-09/6620859143035359826.html。

易宪容:《发展长租房市场,实现居住正义》,《环球时报》2020年12月24日,第15版。

B.7 2019~2020年陕西省商品住宅价格研究

唐侠 王婉玲 戚斌*

摘　要： 2019~2020年，陕西省商品住宅价格总体变化趋势呈现出稳中有升的态势，主要原因在于宏观经济政策的调控、经济增长、人口增加、居民可支配收入和城镇化率的提高。为促进陕西省房地产市场健康发展，建议建立监测预警和评价考核机制，完善舆情监测和舆论引导机制，完善市场监管机制。

关键词： 商品住宅价格　房地产政策　市场监管

一　2019~2020年陕西省商品住宅价格走势分析

2019年10月至2020年12月，陕西省新建商品住宅销售价格总体呈现平稳上升的态势。二手住宅销售价格总体呈现平稳中有波动的态势。西安市房地产业在陕西省房地产业中占比高达70%以上，是陕西省房地产业最为重要的组成部分。西安市房地产市场的情况，影响和左右着陕西省房地产市场。加之受数据资料限制，本文主要以西安市为例进行分析。

---

* 唐侠，西安工程大学管理学院副教授，主要研究方向为收入分配理论；王婉玲，西安工程大学马克思主义学院教授，主要研究方向为房地产经济；戚斌，西安工程大学管理学院副教授，主要研究方向为国际金融。

（一）新建商品住宅价格

如图 1 所示，2019 年 10 月至 2020 年 12 月，西安市新建商品住宅销售价格指数（同比）总体呈现稳中上升的态势，但上升的速度趋于下降。其中上升速度较快的月份为 2019 年的 10 月、11 月和 12 月 3 个月，这 3 个月的价格指数分别达到 115.6、114.7 和 114.2，2020 年虽然受到了疫情的影响，但全年的价格指数仍然呈现上升的趋势，其中最低的月份 12 月也达到了 106.9。定基指数则平稳上升且上升速度趋于提高。其中增长速度较快的是 2020 年的 10 月、11 月和 12 月 3 个月，价格指数分别是 180.1、180.4 和 181.2。而 2019 年 10 月为最低，也达到了 167.4 的水平。

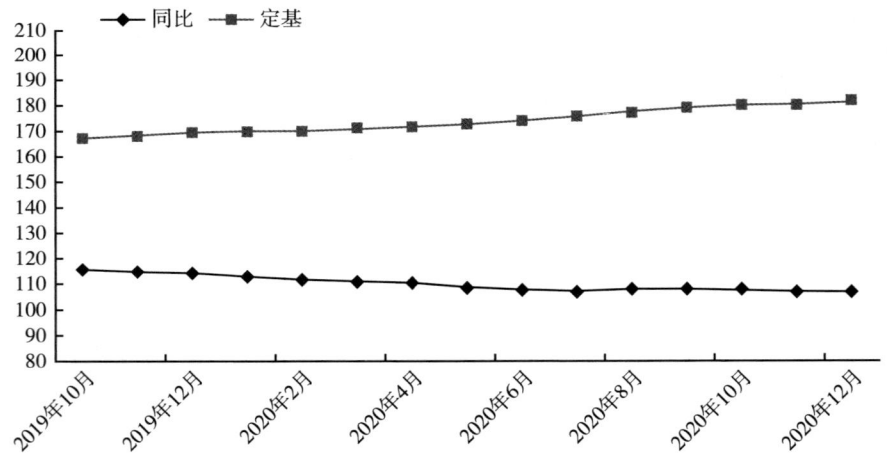

图 1　西安市新建商品住宅销售价格指数

说明：同比是以上年同月价格为 100，定基是以 2015 年价格为 100。
资料来源：国家统计局官网。如无特殊说明，图表来源均如此，不再赘述。

（二）二手住宅价格

如图 2 所示，2019 年 10 月至 2020 年 12 月，西安市二手住宅价格指数（同比）总体呈现出稳定中有波动的态势，其中上升速度最快的是 2020 年

12月，价格指数为102.4。2020年2月至2020年6月，则出现了价格指数持续下降的现象。特别是2020年5月、6月两个月，价格指数达到最低，均为97.7。定基指数的变化趋势与同比指数的变化趋势大体一致。

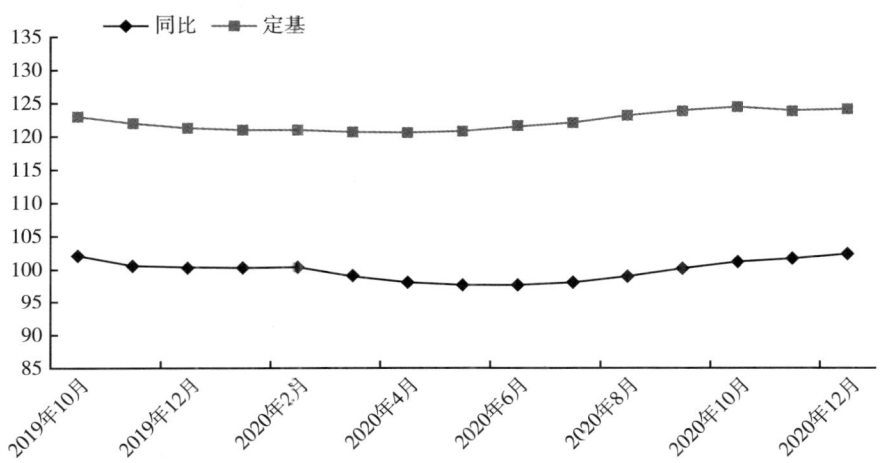

图2　西安市二手住宅销售价格指数

（三）新建商品住宅销售价格分类指数（同比）

图3所示为西安市新建商品住宅销售价格分类指数。2019年10月至2020年12月，三种户型的价格指数总体呈下降趋势。其中，90~144（含）平方米户型单调递减，从2019年10月的115.9一路下滑到2020年12月的106.1。90（含）平方米以下户型和144平方米以上户型价格指数波动较大，2020年7月是个低谷，两种户型价格指数分别为109.9和104.6，2020年9月出现一个小高峰后增速趋缓。三种户型中90（含）平方米以下户型是增长最快的户型，其他两种户型的增速则趋于一致。

（四）二手住宅销售价格分类指数（同比）

图4所示为西安市二手住宅销售价格分类指数（同比）。2019年10月至2020年12月，三种户型的价格指数均出现较大波动，呈现先降后升的态

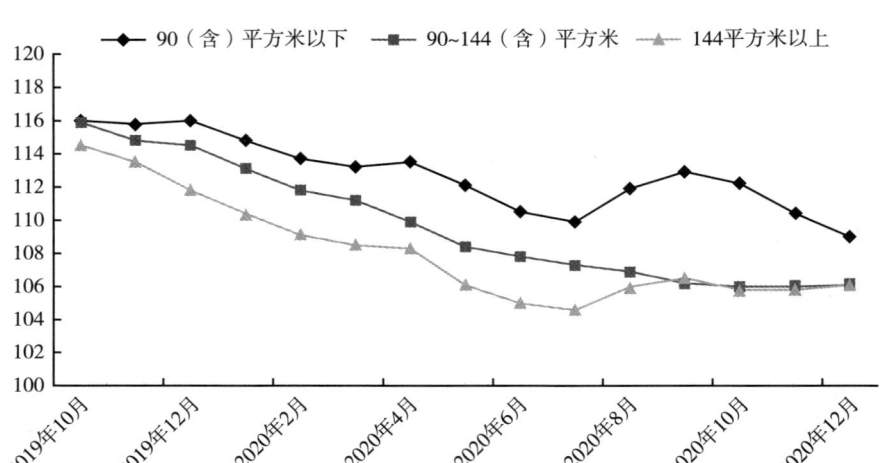

图 3　西安市新建商品住宅销售价格分类指数（同比）

势，2020年5月、6月达到低谷，三种户型的价格指数均在100以下，其中最低的是90~144（含）平方米的户型，其价格指数只有96.1，随后三种户型的价格指数开始攀升，特别是90~144（含）平方米的户型，上升速度最快，2020年的最后两个月超过了其他两种户型，价格指数分别为102.8和103.4。

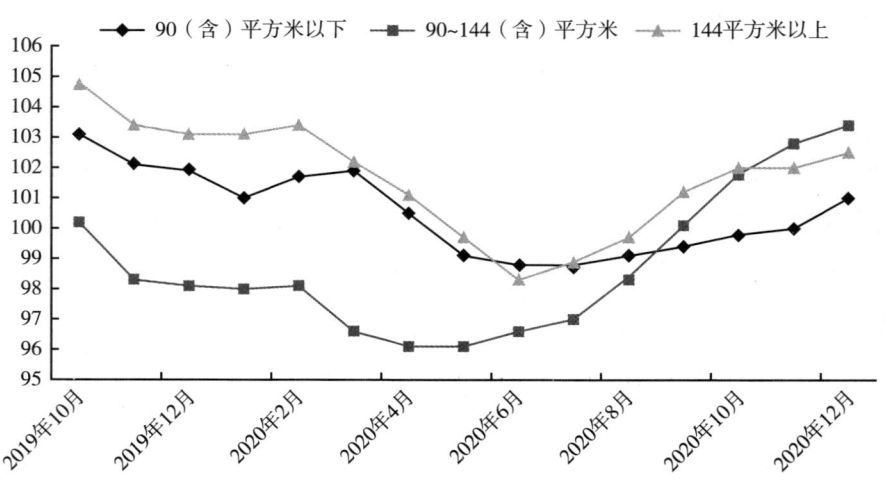

图 4　西安市二手住宅销售价格分类指数（同比）

二 2019~2020年陕西省商品住宅价格走势成因分析

2019~2020年陕西省商品住宅价格的总体趋势为稳中有升,其成因主要包括以下几个方面。

(一)"前松后紧"的调控政策

2020年,突如其来的新冠肺炎疫情对世界经济政治形势产生了极大的影响,房地产市场也未能幸免。特别是2020年上半年,由于疫情严重,线下交易被叫停,市场下行压力巨大。基于此,多个城市积极出台相关政策,减轻房企的资金压力,包括调整土地出让门槛、延长土地出让金缴纳时限、放宽预售条件等。

2020年2月12日,西安市自然资源和规划局发布《西安市人民政府关于有效应对疫情促进经济平稳发展若干措施》(以下简称"《若干措施》")。《若干措施》提到疫情防控期间,新出让土地原则上可按起始价的20%确定竞买保证金,出让合同签订后一个月内缴纳土地出让价款的50%,用地单位出具承诺书后,余款可按合同约定分期缴纳,缴款期限最长不超过一年。《若干措施》中总计有10项措施,包括支持疫情防控项目建设先行用地、调整公开出让土地的时间节点、允许分期缴纳土地出让价款、允许变更出让价款缴纳期限、顺延土地评估和规划条件有效期,等等。西安此项政策的出台,有效缓解了房企拿地的资金压力,同时提高了房企拿地的积极性。与此同时,房企也开始采用首付分期、特价房、无理由退房等营销方式。较为宽松的调控政策使得陕西省商品住宅价格在特殊时期仍保持上升的趋势。

2020年下半年,疫情得到有效的控制,市场恢复正常,多地房地产市场出现了过热的迹象。为防止房价过快上涨,楼市调控趋严。2020年7月24日和8月26日,住建部的两次房地产座谈会给多地敲响警钟,多地调控政策开始收紧。西安也出台了"11·30政策",提高二套房购买首付比例。下半年,收紧的调控政策使陕西省商品住宅价格仍能保持大体稳定。

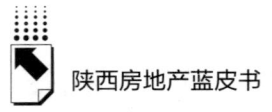

（二）经济快速增长为房地产行业注入活力

近年来，西安市经济快速增长，其增长速度超过全国平均经济增长速度。经济的快速增长为西安市的房地产行业注入了活力。2004年，西安经济总量迈上千亿元台阶，2014年突破5000亿元，"十三五"时期连续跨越5个千亿元台阶，取得了不凡的成就。特别是2020年，西安地区生产总值达到10020.39亿元，历史上首次突破万亿元。按可比价格计算，比上年增长5.2%。这也意味着西安成为西北地区首个进入国家"万亿俱乐部"的城市，标志着西安综合实力、生产能力迈上了新台阶。

如表1所示，2015~2019年西安市生产总值、人均生产总值均保持快速增长的态势。

表1 2015~2019年西安市地区生产总值

年份	生产总值（亿元）	生产总值指数（上年=100）	人均生产总值（元）	人均生产总值指数（上年=100）
2015	5932.86	108.9	68457	108.1
2016	6396.36	107.8	72944	106.6
2017	7418.04	116.0	77803	106.7
2018	8499.41	114.6	86638	111.4
2019	9321.19	109.7	92256	106.5

资料来源：《西安统计年鉴2020》。

（三）居民收入提高刺激房地产市场的需求

居民收入是影响房屋需求的一个重要因素。如表2所示，近年来，西安市居民人均可支配收入快速增长，增强了居民的购房能力，刺激了房地产市场的需求，抬高了房价。

（四）西安市人口数量增加

居民数量与人口流动对房地产市场需求有显著影响。随着国家中心城市、

表 2　西安居民人均可支配收入

年份	全市居民人均可支配收入（元）	全市居民人均可支配收入指数（上年=100）	城镇居民人均可支配收入（元）	城镇居民人均可支配收入指数（上年=100）	农村居民人均可支配收入（元）	农村居民人均可支配收入指数（上年=100）
2016	30032.5	107.9	35630	107.4	15191	108.3
2017	32597.4	108.5	35837	100.6	12190	80.2
2018	31406.7	96.3	38729	108.1	13286	109.0
2019	34064.3	108.5	41850	108.2	14588	109.8

资料来源：《西安统计年鉴》，2016~2020。

国际化大都市等规划的实施，以及"史上最宽松"户籍新政、百万大学生留西安等各种利好政策的推进，西安市吸纳了更多更优质的人口资源，创造出西安市人口新的增长极。

如表3所示，近年来西安市区人口数不断上升，特别是2018年、2019年两年更是以两位数的速度增长，仅2018年、2019年，西安市净流入人口就高达93.11万人。

表 3　2016~2019年西安市人口

年份	市区人口（万人）	市区人口指数（上年=100）	迁入人口（万人）	迁出人口（万人）
2016	629.24	106.9	6.21	4.68
2017	649.08	103.2	25.22	4.94
2018	725.58	111.8	76.53	8.02
2019	821.31	113.2	30.81	6.21

资料来源：《西安统计年鉴2020》。

（五）西安市城镇化速度加快

城镇化是工业化发展、非农产业在城镇集聚、农村人口向城镇集中的自然历史过程，是人类社会发展的客观趋势，是国家现代化的重要标志。城镇人口比例的提高，意味着这部分人口必须拥有或租赁住房，从而增加了对房地产市场的需求，抬高了房价。如表4所示，近年来西安市常住人口城镇化率不断上升，2019年已达到74.61%。

表4 2016～2019年西安市常住人口城镇化率

单位：万人，%

年份	城镇人口	常住人口城镇化率
2016	552.21	72.79
2017	567.26	73.42
2018	639.62	74.01
2019	668.57	74.61

资料来源：《西安统计年鉴2020》。

三 陕西省商品住宅价格变化趋势分析与对策建议

（一）陕西省商品住宅价格变化趋势

预计2021年陕西省商品住宅价格变化总体趋势是稳中有升。

1. 平稳的原因：政策保证房价的稳定

中央各项会议精神均表明，"房住不炒"定位要长期坚持，长期的含义是指"房住不炒"定位将不受市场周期的影响，无论市场好与坏，后续都会管控。不把房地产作为短期刺激经济的手段，继续稳妥实施房地产市场平稳健康发展长效机制方案，着力建立和完善房地产调控的体制机制。平稳房地产市场，稳地价、稳房价、稳预期的目标是长期目标。

2020年8月20日，住房和城乡建设部、中国人民银行在北京召开重点房地产企业座谈会，明确了重点房地产企业资金监测和融资管理规则，也就是所谓的"三道红线"，即：一是房企剔除预收款后的资产负债率不得大于70%；二是房企的净负债率不得大于100%；三是房企的"现金短债比"小于1。此外，拿地销售比是否过高、经营性现金流情况两个方面也将作为监管机构考察的重要指标。此项决定于2021年1月1日起在全行业全面推行。

2020年12月31日，中国人民银行、中国银行保险监督管理委员会发布了《关于建立银行业金融机构房地产贷款集中度管理制度的通知》，为房贷设置了"两道红线"。第一道红线是房地产贷款占比，大型银行不得超过40%，中型银行不得超过27.5%，小型银行不得超过22.5%，县域农合机构不得超过17.2%，村镇银行不得超过12.5%；第二道红线是个人住房贷款占比，大型银行不得超过32.5%，中型银行不得超过20%，小型银行不得超过17.5%，县域农合机构不得超过12.5%，村镇银行不得超过7.5%。这针对房贷的"两道红线"，加上上述针对房企的"三道红线"，"五道红线"共同构筑了中国楼市调控的信贷防火墙。相信这道防火墙对稳定房地产市场会起到显著作用。

2. 上升的原因

（1）国家中心城市的确立

2021年1月15日，《关中平原城市群发展规划》获国务院正式批复同意，西安是继北京、天津、上海、广州、重庆、成都、武汉、郑州之后，获批建设的第9个国家中心城市。作为国家中心城市、"一带一路"的核心城市、西北的龙头城市，西安必将发挥出巨大的能量，吸引更多的人员迁入，西安市房地产市场的需求仍将增加。

（2）巨大的发展空间

与其他8个国家中心城市相比，西安市在生产总值、人口规模及人均可支配收入方面仍存在不小的差距，但同时也说明其发展空间广阔。近几年西安市加快了发展速度，努力缩小差距，取得了可喜的成绩。西安市的快速发展为房地产市场注入了活力，提高了对房地产的需求。

（3）疫情的影响

2020年新冠肺炎疫情对经济的严重影响使得各国普遍采取宽松的宏观经济政策，中国央行增加货币供给，预期通胀率上升。为应对通胀下的货币贬值，人们更愿意持有实物资产，于是买房成为不少人的选择从而刺激了房地产市场，抬高了房价。

综上所述，2021年陕西省房价变化的总体趋势将是稳中有升。

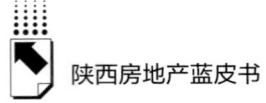

（二）对策建议

对于2021年住房和城乡建设工作，中央提出紧扣"三个新"，切实做到"三个着力"：紧扣进入新发展阶段，着力推动"十四五"时期住房和城乡建设事业实现新的更大发展；紧扣贯彻新发展理念，着力推进住房和城乡建设发展方式转变；紧扣构建新发展格局，着力发挥住房和城乡建设撬动内需的重要支点作用。

为了保持陕西省房地产市场健康稳定发展，陕西省政府应围绕中央经济工作会议的部署，坚决将其落到实处。牢牢坚持"房子是用来住的、不是用来炒的"定位，不把房地产作为短期刺激经济的手段，时刻绷紧房地产市场调控这根弦，全面落实房地产长效机制，强化城市主体责任，因地制宜、多策并举，促进房地产市场平稳健康发展。对此，应重点做好以下几点。

一是建立监测预警和评价考核机制，常态化开展月度监测、季度评价、年度考核，落实城市主体责任，确保市场稳定；

二是完善舆情监测和舆论引导机制，客观解读房地产市场形势和调控政策；

三是完善市场监管机制，开展整治房地产市场秩序专项行动，维护群众合法权益。

参考文献

西安市统计局：《西安统计年鉴》，2016~2020。

B.8
2019~2020年陕西物业管理发展现状、存在问题及对策

任倩 余劲*

摘　要： 陕西省物业管理行业相关法律法规于2019~2020年得到了进一步健全和完善。然而，物业管理水平参差不齐、市场秩序有待规范等问题依然存在。本报告针对上述问题进行深入剖析，并探讨促使物业管理行业健康发展的对策，得出如下结论：陕西省物业管理行业应融入基层社会治理体系，加大监管力度；提升物业服务水平，提高服务质量；寻找行业新的增长点，推动发展数字化物业服务；继续健全法律法规，强化物业服务监督。未来，陕西省物业存量及新增市场将不断增加，非住宅物业潜力较大，物业将由传统物业管理向智慧化物业管理转型。

关键词： 物业管理　智慧服务　物业纠纷

一　陕西省物业管理发展概况

随着经济稳中有升、人民生活水平逐步提高，物业管理行业得到持续发展。目前，我国物业管理行业市场规模接近7000亿元，物业管理服务包括

---

* 任倩，博士，陕西科技大学讲师，主要研究方向为房地产经济；余劲，西北农林科技大学教授，主要研究方向为公共管理。

基础服务以及增值服务，以基础服务为主。基础服务中，住宅及非住宅业态占比基本持平。增值服务中，社区增值服务及非业主增值服务的占比相当。

2020年初，新冠肺炎疫情暴发，为了落实习近平总书记在统筹推进新冠肺炎疫情防控和经济社会发展工作部署会议上的讲话精神和国务院关于企事业单位复工复产、疫情防控工作的要求，陕西省委、省政府就切实做好疫情防控和恢复生产生活正常秩序工作采取了大量措施。物业管理行业兼具房地产行业以及服务行业属性，作为最贴近人民生活及需求的行业之一，陕西省物业管理行业经受住严格的考验。疫情中，不少物业管理企业调动线上线下各类资源，积极作为，为公共卫生事业做出贡献，并换来了社会各界对物业管理企业的普遍认同。

此外，住房和城乡建设部等10个部门联合印发了《关于加强和改进住宅物业管理工作的通知》。该通知从融入基层社会治理体系、健全业主委员会治理结构、提升物业管理服务水平、推动发展生活服务业、规范维修资金使用和管理、强化物业服务监督管理6个方面对提升住宅物业管理水平和效能提出要求。在新形势下，加快发展物业管理服务行业是满足人民群众不断增长的美好居住生活需要的重要举措，亦彰显了国家及地方政府进一步完善物业管理工作法律法规的决心。

二 陕西省物业管理发展特征

（一）物业管理服务规模保持增长的同时，行业内结构略有调整

陕西省物业管理服务行业目前以基础服务为主，包括住宅业态及非住宅业态两个方面。近年来，陕西省物业管理行业呈现快速发展趋势，全省共有物业企业5000余家。物业管理服务企业目前为增量和存量共同运营。陕西省近年来经济的持续发展不但产生了大量的房地产存量市场，也带来了蓬勃发展的增量市场。增量市场容易受到商业房地产周期的影响：地产蓬勃发展时期，增量市场规模迅速扩张，并在后期逐渐转入存量市场进行运营。物业

管理公司在房地产市场的管理项目具有高续约率和高缴费率的特点，这使得其现金流较为稳定，并且不受经济周期影响，针对房地产市场的收益风险大大降低。

物业管理服务行业收入一般包括基础物业服务收入以及增值服务收入。中国指数研究院统计数据显示，近年来百强物业基础服务收入占比虽然呈现逐年下降的趋势，但对总营业收入的贡献率仍维持在80%左右。相较于基础物业服务，增值服务的盈利能力更强，并且贡献率逐年递增，成为物业管理服务企业逐渐重视的新型利润增长点。

基础物业服务模式内容包括提供清洁、绿化、安保和设备维护等标准化服务，依照管理面积向业主收取物业管理费，作为企业运营的基本收入。企业扣除相关销售及服务成本，剩余费用为毛利润。针对住宅业态及非住宅业态，其收入规模有所不同。截至目前，陕西省商品房市场依然以住宅项目为主，住宅物业的稳定性使得物业服务管理行业将其视为企业发展的基础，但单位面积物业管理费收入较低，低于非住宅物业。房地产企业常选用其关联的物业公司接管，即使后期业主有更换物业公司的需求，更换难度也较大，这导致住宅物业市场化程度低，也使物业费的收缴率低，存量项目难以提价。非住宅业态主要包括商业物业、写字楼物业、学校物业、医院物业及公众场馆物业等。非住宅物业费用一般高于住宅物业费用，非住宅物业服务市场化程度高、物业费收缴率高，且价格变更容易，整体盈利能力可观，因此越发受到物业管理企业重视，成为其积极拓展的方向。

除了基础物业服务，物业管理企业收入还涵盖了社区增值服务。增值服务由社区增值服务及非业主增值服务构成。中国物业管理协会提供的资料显示，百强物业企业的非增值服务与社区增值服务基本各占一半。非业主增值服务主要针对房地产开发，因此受房地产开发、销售及交付的影响较大，与商业地产周期联系紧密。社区增值服务涵盖住宅社区资源以及业主生活服务的相关业务，包括空间运营、房屋经纪等服务，具有业务场景丰富、种类多元及独立于房地产周期的特性，亦是物业服务管理行业的利润增长点，近年来引起了物业管理服务公司的重视。除此之外，各物业管理企业还包括部分创新型服务。以"三供一业"改造项目为例，陕西建工第十一建设集团有限公司、陕西省西安市华衡集团等物业管理企业依据自身优势，响应陕西省政府呼吁，纷纷开展创新服务，对工程质量、安全进行交底，从贡献性思维出发，保质保量完成维修改造。

（二）新冠肺炎疫情背景下，物业管理行业发挥了重要作用

2020年初，新冠肺炎疫情考验着全国各行各业的运转及发展，同样对物业管理服务行业造成了一定影响，并对物业企业提出了更高的要求，促使其得到更长远和完善的发展。此次疫情是突然暴发的公共卫生事件，复工复产期间，不少陕西省物业管理企业调动线上及线下力量，面对肆虐的疫情不退缩，积极作为，换来社会各界的普遍认同。与此同时，物业管理行业的网格化管理、智慧社区建设以及社区的线上服务发挥了功不可没的作用，科技尤其是数字化技术的运用为物业服务企业疫情期间积极调配资源提供了有力支持。

为进一步做好物业管理区域内企事业单位复工复产期间的新冠肺炎疫情防控工作，推动企事业单位稳步有序复工复产，陕西省住建厅组织专家编制了《陕西省物业管理区域复产复工期间新冠肺炎疫情防控工作导则（试行）》（以下简称"《导则》"），并就相关工作进行安排。《导则》指出，各级住房和城乡建设部门应按照防疫主管部门的要求，积极指导物业服务企业做好办公楼、写字楼等物业管理区域复产复工期间新冠肺炎疫情防控工作，及时了解物业企业遇到的困难和问题，积极协调解决。

《导则》要求物业服务企业应在当地政府的统一领导下科学防治、精准施策，做好新冠肺炎疫情防控工作，积极做好人员、车辆进出的管理。特别是对返岗复工人员进出物业服务区的管理，应及时按照属地政府的要求，不得随意自行提高条件，无故阻止。物业服务企业应积极为复工复产企事业单位的疫情防控工作提供服务，促进生产办公正常运行，进一步加强疫情防控工作中对自身安全的保障。物业服务企业应做好客服、设施设备维护保养、绿化保洁、秩序维护等日常服务工作，保证疫情防控人员、

物资、经费能够满足相关部门疫情防控工作的需要；做好员工个人健康管理，实行健康状况报告，做好员工的个人防护工作；保持疫情防控信息沟通机制有效；加强工作区域人员和车辆进出登记管理工作，设专人对物业管理区域的进出口进行管理，人员进出均应佩戴口罩，注意空调和通风设备的使用与消毒。

新冠肺炎疫情防控过程中，针对陕西省住建厅对复工复产期间物业管理工作的要求，陕西省物业服务管理企业冲在疫情防控的第一线，其职责包括每日对公共区域进行病毒消杀、电话排查居民出行、对区内进出小区人员进行体温检测、排查不应到访的访客、线上及线下调配居民的生活基本用品、公告栏内张贴有关疫情的防护工作通知，切实成为预防病毒肆虐的一线服务行业。除了住宅物业服务行业人员外，非住宅物业服务行业人员也起到了举足轻重的作用，针对写字楼、公共建筑等通风系统和区域病毒消杀、进出口人员登记等工作，物业管理服务人员均认真履行了相关职责。

（三）物业管理行业法律法规进一步完善

2019~2020年，物业管理行业法律法规得到了进一步完善。2020年9月27日，陕西省第十三届人大常委会第二十二次会议听取和审议了《陕西省物业服务管理条例（修订草案修改稿）》，该修订草案修改稿新增了"物业管理委员会"制度，推动成立物业管理委员会，同时对高空抛物、堵塞消防通道等行为作出了处罚规定。高空抛物未造成损害后果的处500元以上5000元以下罚款；造成损害后果的，依法承担民事责任；构成犯罪的，依法追究刑事责任。对物业服务区域内以下行为明令禁止：未经有利害关系的业主一致同意，擅自将住宅改变为经营性用房；侵占绿地，毁坏花草树木；任意倾倒垃圾、堆放杂物、高空抛物；饲养动物，干扰他人正常生活；产生超过规定标准的噪声等。对于任意倾倒垃圾、堆放杂物，占用、堵塞、封闭消防通道、疏散通道，或者损坏消防设施等行为，应急管理部门责令其按期改正，逾期拒不改正的，强制执行，所需费用由违法行为人承担，并对单位处5000元以上50000元以下罚款，对个人处500元罚款；占用、堵塞、封闭其他共有部分的，由城市管理综合执法部门给予警告并责令限期改正的，逾期拒不改正的，对单位处2000元以上20000元以下罚款，对个人处200元以上500元以下罚款。物业代收水电费不得向业主收取手续费。

为了规范物业服务收费行为，保护业主合法权益，促进社会和谐稳定发展，根据《中华人民共和国价格法》《陕西省物业管理条例》《西安市物业管理条例》《陕西省物业服务收费管理办法》等法律法规，西安市发改委牵头在前期调研和成本调查等工作的基础上拟定了《西安市物业服务收费管理办法（征求意见稿）》（含物业服务收费标准，见表1），多次召开专题会、论证会征求意见，并召开有人大代表、政协委员、专家学者、消费者、物业企业等参加的座谈会，听取了社会有关方面的意见和建议。政府出台的一系列有关物业费定价、行业定位等的政策意味着政府支持物业企业发展，并将进一步引导物业管理行业市场化。

表1　西安市物业服务收费指导标准

单位：元/米^2

收费标准	一级	二级	三级	等外
高层	2.2	1.9	1.6	1.4
多层	0.85	0.75	0.7	0.65

资料来源：搜狐网，https://www.sohu.com/a/431459186_99902056。

此外，住房和城乡建设部等10个部门联合印发了《关于加强和改进住宅物业管理工作的通知》，从融入基层社会治理体系、健全业主委员会治理结构、提升物业管理服务水平、推动发展生活服务业、规范维修资金使用和管理、强化物业服务监督管理等6个方面对提升住宅物业管理水平和效能提出要求。

新形势下，加快发展物业服务业，推动物业服务向高品质和多样化升级，是满足人民群众不断增长的美好居住生活需要的重要举措。居民住宅区是居民生活的主要空间，亦是基层社会治理的重要内容，因此，住宅物业管理与群众生活品质息息相关，与城市安全运行联系紧密。社会的和谐稳定离不开物业管理服务企业。

（四）物业管理行业进一步进行资源整合

近年来，物业管理服务行业门槛逐年降低，物业管理企业竞争加剧，也促进了优质物业企业的发展。陕西省物业管理不属于轻资产运营行业，而属于劳动密集型行业，企业日常运营及市场拓展不依附于大量资本，人力成本占企业成本的比重较大。陕西省物业管理服务行业人力成本逐年上升。为了节约成本、提升工作效率，物业企业常常采取基础业务外包方式，向外释放企业部分压力。各类物业管理服务企业面临外部经济运行的压力，采取并购或联盟的形式推动企业快速发展。大量资金支持带来了规范化运营，也使得专业服务质量不断优化，行业资源进一步整合，产业结构明显提升。

三 物业管理行业存在的问题

（一）党对物业管理的领导需进一步加强

物业管理服务行业作为与人民生活息息相关的行业，长期以来却未成为各级党组织议事工作重点。当前，物业管理与基层社会治理融合不足，物业服务质量有待提高。物业管理和社会治理的区别对待使得政府相关职能部门缺位，部分小区内的违法违规行为不能得到及时查处，"执法不进小区"问题严重，亟须治理。住宅物业管理中，基层党组织缺乏对其政治引领以及统筹协调，物业管理体制机制需要进一步健全。

党组织及政府职能部门应不断加强和改进住宅物业管理。落实组织领导，优化机构设置，配齐专业人员，加强舆论宣传，针对物业管理服务的各项问题，制定配套政策措施，以确保各项任务落到实处，提升住宅物业管理水平，及时完善住宅物业管理有关制度，保障物业管理服务行业健康发展。

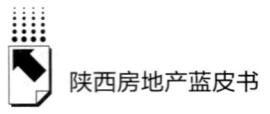

（二）物业纠纷时有发生，相关法律法规不够完善

尽管陕西省物业管理行业经过多年发展，已经建立起相对完整的法律机制和框架，但针对具体问题的解决方案并不清晰明确，现实问题无法得到妥善解决。以渭南市朝阳小区为例，小区进行"三供一业"改造后，由外部物业公司接手，居民按规定缴纳物业费。11月15日为国家规定的供暖日，关中降温明显，然而小区迟迟没有供暖。供电方面，尽管物业费已交，物业公司却拖欠渭南供电公司电费300多万元。此外，物业对小区供水改造未经过住户同意便私自动工，导致小区经常性停水停电，严重影响居民生活。针对此类矛盾，居民不断投诉，造成物业纠纷。

老旧小区改造是陕西省各地面临的共同问题。以前建成的老旧小区普遍没有物业管理，失养失修失管，使用过程中的保养程度比较差，市政基础配套设施不完善，社会服务不健全，这些都带来了居民生活的不便。相关物业公司接管后，与居民在某些问题和费用方面无法达成一致，物业服务管理质价不符，也造成了大量纠纷。

物业纠纷的涌现以及无法妥善解决意味着陕西省物业管理法律法规的不完善，以及相关职能部门的缺位，未来应尽快明确物业管理规范、堵塞管理漏洞，减少物业纠纷。

（三）业主委员会治理结构不合理，作用有限

依据《陕西省物业管理条例（修订草案）》，物业管理委员会是业主大会、业主委员会成立之前的过渡性临时机构，由街道办事处或者乡（镇）人民政府、社区党组织负责组建。物业管理委员会组织业主共同决定物业服务区域内的事项，代行本条例规定的业主委员会的职责，推动符合条件的物业服务区域成立业主大会、选举产生业主委员会。物业管理委员会由街道办事处或者乡（镇）人民政府代表、居民委员会或者村民委员会代表、社区党组织代表和业主代表等7人以上单数人员组成，其中业主代表不少于物业管理委员会委员人数的1/2。物业管理委员会主任由居民委员会或村民委员

会代表担任，副主任由业主代表推选。物业管理委员会的任期一般不超过两年。期满仍未成立业主大会并选举业主委员会的，由街道办事处或者乡（镇）人民政府重新组建物业管理委员会。

陕西省第十三届人大常委会第十四次会议对《陕西省物业管理条例（修订草案）》进行了初审。针对物业管理条例修订问题，常委会设计调查问卷进行相关调研，通过网络、小区发放等形式向社会公开征集意见。根据全省问卷调查数据，75%的小区没有成立业主大会或者业主委员会。由此导致业主对物业服务管理活动的决定权不能真正得以落实，物业服务合同双方平等地位难以保证。据此，依照《中华人民共和国民法典》有关规定及中央关于加强和改进社区治理有关文件精神，参考其他省份的相关做法，并结合陕西省实际，《陕西省物业管理条例（修订草案修改稿）》构建了"物业管理委员会"制度。然而，目前基层党组织和街道社区对业主委员会的组织、指导和监督作用未得到充分发挥，业主委员会决策难、执行难，业主自治的作用难以实现。

（四）物业管理服务质量需提升

长期以来，物业管理服务质量问题是居民及政府关注的重点。物业管理企业准入门槛降低导致从业人员素质参差不齐、企业管理手段及质量缺乏参考标准。橡树街区案例很说明问题。2019年12月13日，媒体报道西安高新区橡树街区生活垃圾投放宣传引导不到位、监督管理不到位，存在垃圾混合投放的问题。经查橡树街区生活垃圾管理人为西安紫昕物业管理有限公司橡树分公司，执法人员依据《西安市生活垃圾分类管理办法》第四十九条，对该物业公司处以1000元罚款。2019年11月18日，违法当事人履行行政处罚决定并缴纳罚款。

物业服务企业资质取消后，陕西省各地普遍反映缺乏监管抓手，亟待建立以信用为核心的物业服务事中事后的监管机制。物业服务监管机制不健全也导致了物业管理服务质量不高的问题。此外，老旧小区基础条件差，实施物业管理难度大，维修资金使用难问题较为突出，信息化管理水平较低，物业管理服务需要完善及改进。

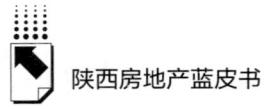

四 促进物业管理行业健康发展的对策

(一)融入基层社会治理体系,加大监管力度

陕西省住房和城乡建设厅提出当前工作的重点包括推动业主委员会、物业服务企业成立党组织,建立党建引领下的社区居民委员会、业主委员会、物业服务企业协调运行机制,强化街道对小区物业管理活动的属地管理责任,落实政府职能部门、社区、专营单位对小区事务的管理责任,探索建立政府向物业服务企业购买公共服务的机制,化解物业管理矛盾纠纷。

健全业主委员会治理结构。加强对业主委员会人选把关,鼓励"两代表一委员"参选业主委员会成员。扩大业主委员会决策事项范围,加强业主委员会监督,加大业主委员会决策事项公开力度,并且建立业主委员会纠错和退出机制。此外,结合工程建设项目审批制度改革和扫黑除恶专项斗争,大力整治招投标领域乱象,创造良好营商环境。针对物业管理方面群众投诉集中的问题对症施策,推进物业管理职能下沉,理顺市和区主管部门、街道办、社区之间的管理职责,用好物业服务企业信用评价手段,形成工作合力,努力构建共建共治共享的社区治理体系。

(二)提升物业服务水平,提高物业服务质量

陕西省物业管理行业每年提供了大量的新增就业岗位,对做好"六稳"工作、落实"六保"任务意义重大。住宅物业相关的管理促进了居民家庭财产的保值增值,维护了住宅小区安定和谐,并在社区疫情防控中发挥了重要作用。当前,物业管理行业到了再审视及再定位的发展阶段,加强和改进住宅物业管理工作,是推动物业管理高质量发展的基础和前提。

落实物业服务企业服务质量主体责任,通过健全服务质量保障体系、打造优秀项目、开展规模化经营等方式,提升物业服务质量。完善物业服务价

格形成机制。推动物业服务人员职业技能等级认定工作，组织开展"最美物业人"宣传选树活动。优化维修资金使用流程，提高维修资金使用效率。完善维修资金信息披露制度，方便业主查询，接受社会监督。此外，扩大物业管理覆盖范围，明确街道对无物业管理小区的服务责任，使得老旧小区得到及时维护。

（三）寻找行业新的增长点，推动发展数字化物业服务

随着科学技术的快速发展及不断普及，物业管理行业未来的发展趋势在于不断向智慧物业转型。互联网、人工智能、物联网及大数据等技术的运用将不断提升物业管理服务行业的效率。在采用新型科学技术的同时，采集物业管理信息和生活服务数据，并确保数据不泄露、不滥用。提升设施设备智能化管理水平，促进线上线下服务融合发展。鼓励物业服务企业开展养老、托幼、家政等延伸服务，"物业服务+生活服务"模式是未来物业管理服务行业发展的重点。此外，陕西省将开展"红色物业"提上日程，指导老旧小区引入物业管理，积极推进5G通信建设等工作，促进物业管理水平提升。目前，头部物业企业布局智慧物业的举措主要集中在软件方面，如优化内部管理系统（财务分析系统）、社区终端管理系统（门禁系统、停车系统等）以及整合社区资源的App。

（四）继续健全法律法规，强化物业服务监督

信用是经济社会正常运转和发展的重要基础。市场主体在遵守法律、履行合同、信守承诺等方面的表现，都可以作为市场主体的信用记录，物业服务市场主体的信用记录贯穿于物业服务的全过程。建立物业管理行业信用管理制度，不仅是行业健康发展的要求，也是更好发挥物业服务作用、提高居民生活品质的要求。

在"放管服"改革和加快推进社会诚信体系建设的大背景下，近年来，陕西省在信用管理制度建设、信用信息采集、信用评价方法等方面进行了各具特色的探索，取得了积极成效。尽快建立物业服务信用评价制

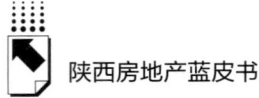

度、制定统一的信用评价标准、建设全国信用信息管理平台是未来工作的重点。

根据合同履行、投诉处理、日常检查和街道意见等情况，采集相关信用信息，实施信用综合评价，依法依规公开企业信用记录和评价结果。依据物业企业信用状况，由城市住房和城乡建设部门授予信用星级标识，实行信用分级分类监管，强化信用信息在物业管理招标投标、业主大会选聘物业服务企业、政府采购等方面的应用。住房和城乡建设部门应在征求街道意见的基础上，建立物业服务企业红黑名单制度，推动形成优胜劣汰的市场环境。将严重违法违规且情节恶劣的物业服务企业和直接责任人员，依法清出市场。

五　陕西省物业管理发展前景展望

陕西省物业管理服务行业经过多年的发展，已经形成较规范的物业管理模式。未来，商品房及住宅竣工面积将不断增加，势必将转为物业管理企业新增的管理面积，存量市场和新增市场相互叠加也使得物业管理行业越发重要。此外，老旧小区改造将为物业管理行业带来新的规模增长，提高物业管理覆盖率是陕西省物业管理市场面临的长期及重要内容。

对于非住宅物业而言，由于其收费率较住宅行业要高、发展潜力大，是物业管理企业拓展业务及增加利润的重点服务内容和发展方向。市政、医院及学校等政府或公共部门的运营管理随着机关及企事业单位后勤服务社会化改革和公共服务领域鼓励社会资本参与投资运营等一系列政策的推出，将提升物业管理公司对非住宅业态的渗透率。

此外，随着科技的不断发展，"互联网＋物业"将成为物业管理企业发挥资本、互联网及物业管理优势，整合线上线下资源的产业融合新业态。在未来，物业管理服务行业将实现传统物业管理服务向智慧型物业管理服务的转型。

参考文献

陕西省住房和城乡建设厅：《全国住房和城乡建设工作会议召开》，http：//js.shaanxi.gov.cn/jincui/2020/12/111608.shtml。

陕西省住房和城乡建设厅 《陕西省物业管理区域复产复工期间新冠肺炎疫情防控工作导则（试行）》，http：//st.shaanxi.gov.cn/zt/zyqpfxc/flfgxcyjd/16258.htm。

B.9
2019~2020年陕西房地产企业发展现状及趋势研究

张茜 尚宇梅*

摘　要： 2019~2020年陕西省房地产开发企业数量不断增加，企业总资产不断增长，但资产负债率较高；房地产开发企业投资额、销售额持续增长，住宅投资额占比降低，主营业务收入和营业利润较上一年有所回落，西安、榆林、渭南和宝鸡表现突出，区域分化明显。以天地源、紫薇地产、陕建地产等为代表的本土房企逆势回升，在陕西房地产市场占一席之地。但"三道红线""房地产贷款集中度管理"使得陕西房企融资风险加大，购地难度提升，后续发展面临挑战。

关键词： 房地产开发企业　投资规模　区域分化　企业融资

2019~2020年，陕西省房地产开发企业投资增速稳步提高，商品房销售面积持续增加，但区域发展分化较大。2020年上半年，陕西省房地产行业遭遇新冠肺炎疫情短暂停摆，但2020年度陕西省房地产开发投资完成额增幅高于全国平均水平，体现了陕西省房地产行业的韧性。同时，陕西省房

---

* 张茜，西安财经大学管理学院工程管理研究所教师，主要研究方向为房地产开发与经营；尚宇梅，西安财经大学管理学院工程管理专业带头人，陕西省房地产研究会常务理事，陕西省城市经济文化研究会研究员，主要研究方向为房地产开发与经营、工程项目管理。

地产开发企业由于资产负债率较高,2020年底又迎来"三道红线""房地产贷款集中度管理"等加强融资监管的措施,将遇到前所未有的挑战。

一 陕西省房地产开发企业基本情况

(一)陕西省房地产开发企业数量和从业人数

2019年,陕西省房地产开发企业有2640家,同比增长5.3%,其中98.8%为内资投资企业,且大部分为非国有、集体性质;陕西省房地产开发企业从业人数为86269人,同比下降0.5%,如表1所示。

表1 2019年陕西省房地产开发企业数和从业人数

单位:家,人

项目	合计	内资投资				外资投资	
		合计	国有	集体	其他	港澳台	外商
企业数	2640	2608	34	7	2567	18	14
从业人数	86269	85254	2451	151	82652	646	369

资料来源:国家统计局。

(二)陕西省房地产开发企业资产和负债

2019年,陕西省房地产开发企业的总资产为20152.78亿元,同比增长24.9%,增速比2018年回落2.3个百分点;企业平均资产为7.63亿元,同比增长18.7%,增速比2018年上涨0.7个百分点,低于全国房地产开发企业平均资产规模(9.52亿元);企业负债为17413.40亿元,同比增长26.6%,增速比2018年回落1.6个百分点;企业的资产负债率不断攀升,资产负债率高达86.4%,高于全国房地产开发企业平均资产负债率(80.4%)。

如表2所示,分区域来看,2019年西安市房地产开发企业资产占全省的七成以上,而且西安市房地产开发企业的平均资产规模明显高于其他地市，占据绝对的优势。2019年陕西省各市（区）房地产开发企业负债增速均高于资产增速，其中咸阳市和渭南市的资产增速、负债增速都上涨较快。

表2 2019年陕西省各市（区）房地产开发企业资产和负债情况

单位：亿元，%

区域	资产总计	资产增速	企业平均资产	负债合计	负债增速	资产负债率
全 省	20152.78	24.9	7.63	17413.40	26.6	86.4
西安市	14635.85	25.2	13.13	12787.82	25.6	87.4
铜川市	230.45	16.6	2.50	196.55	19.8	85.3
宝鸡市	1102.38	13.9	4.19	873.40	18.1	79.2
咸阳市	554.27	55.6	3.55	481.02	64.7	86.8
渭南市	710.80	37.4	3.17	581.69	40.5	81.8
延安市	764.02	26.5	5.50	647.81	30.9	84.8
汉中市	614.74	25.2	2.51	516.56	33.0	84.0
榆林市	563.57	25.3	2.94	495.25	36.9	87.9
安康市	736.61	19.8	5.05	626.26	21.0	85.0
商洛市	122.53	-1.7	2.72	101.98	1.3	83.2
杨凌示范区	117.55	2.2	5.11	105.06	9.5	89.4

资料来源：陕西省统计局。

二 陕西省房地产开发企业投资完成情况

2019年陕西省房地产开发投资完成额为3903.65亿元，同比增长10.4%，比2018年回落3.5个百分点；2020年陕西省房地产开发投资完成额为4404.39亿元，同比增长12.8%，比2019年上涨2.4个百分点（如图1所示）。受疫情影响，2020年1~2月陕西省房地产开发企业停工，房地产完成投资出现较大幅度下降，企业完成投资同比下降16.1%，增速比2019年回落26.5个百分点，是陕西省30年以来的最低点，其中住宅投资受疫情影响波动更大，增速回落43.4个百分点。3月始，随着疫情防控常态化和复工复产有序推进，房地产开发投资持续回升，在2020年1~10月出现本年以来首次回落，1～11月后又呈回升势头，1～12月增速达到2020年的高点12.8%。

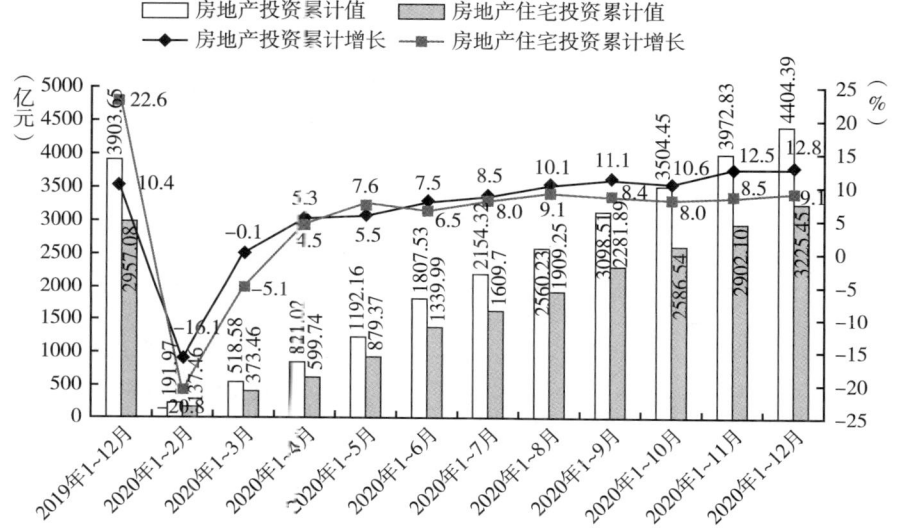

图1　2019～2020年陕西省房地产开发投资累计值和累计增速

资料来源：国家统计局。

从投资用途来看，2019年，住宅投资额为2957.08亿元，同比增长22.6%；办公楼投资额为214.86亿元，同比下降8.4%；商业营业用房投资额为355.41亿元，同比下降23.1%。这3项投资同比增速分别比2018年上涨10.2个百分点、回落5.3个百分点、回落28.3个百分点。住宅投资额提高，而办公楼和商业营业用房投资额下滑，说明住宅市场仍是投资的热点。

按区域来看，如表3所示，2019年西安市房地产投资完成额占全省比重为63.1%，比2018年回落8.1个百分点，西安房地产开发投资完成额减少，导致全省房地产开发投资完成额下降1.5个百分点；其他市均拉动全省完成投资增长，其中渭南拉动幅度最大，拉动增长3.7个百分点，拉动全省完成投资增长较大的还有宝鸡（2个百分点）、咸阳（1.9个百分点），这说明2019年房地产开发企业投资继续向三、四线城市布局，三、四线城市房地产开发投资额增大。2020年，西安市房地产开发投资完成额占全省比重较2019年回落3.5个百分点，但投资完成额增速较2019年上涨8.7个百分点，拉动全省完成房地产投资增长4.1个百分点；2020年渭南投资完成额同比增长最快，拉动全省完成投资增长2.9个百分点，且投资完成额占全省比重继续上涨；铜川市和商洛市较2019年增速提高幅度较大。

表3 陕西省各地市房地产开发投资完成情况

单位：亿元，%

地区	2019年 投资完成额			2020年 投资完成额		
	总量	增速	占全省比重	总量	增速	占全省比重
陕西省	3903.65	10.4	—	4404.39	12.8	—
西安市	2464.78	-2.1	63.1	2624.48	6.6	59.6
铜川市	29.08	1.1	0.7	33.87	16.5	0.8
宝鸡市	272.52	35.0	7.0	342.47	25.7	7.8
咸阳市	186.95	57.6	4.8	259.06	38.6	5.9
渭南市	284.88	84.8	7.3	397.22	39.4	9.0
延安市	156.27	19.1	4.0	156.83	0.4	3.6
汉中市	154.07	33.0	3.9	190.15	23.4	4.3
榆林市	121.08	30.7	3.1	137.38	13.5	3.1
安康市	162.77	25.3	4.2	175.08	7.7	4.0
商洛市	27.38	23.1	0.7	36.75	34.2	0.8
杨凌示范区	43.89	104.3	1.1	51.10	16.4	1.2

资料来源：陕西省统计局。

三 陕西省房地产开发企业经营情况分析

（一）陕西省房地产开发企业销售情况

2019年，陕西省商品房销售面积为4401.06万平方米，同比增长6.9%，增速比2018年提高1.0个百分点；商品房销售额为3960.21亿元，同比增长16.2%，增速比2018年回落11.8个百分点。从具体分类来看，2019年住宅销售面积同比增长7.7%，销售额同比增长19.6%；办公楼销售面积同比下降15.3%，销售额同比下降1.8%；商业营业用房销售面积同比下降15.8%，销售额同比下降12.8%。2019年具体分类的销售面积和销售额与投资额变化情况类似，说明住宅市场仍是销售的热点。

2020年陕西省商品房销售面积为4452.07万平方米，同比增长1.2%，增速比2019年回落5.7个百分点；商品房销售额为4375.33亿元，同比增长10.5%，增速比2019年回落5.7个百分点。2020年全省商品房销售面积和销售额增速的回落，一方面是受疫情的影响，另一方面也反映出各项房地产政策对房地产市场的平稳起到了积极的作用。如图2和图3所示，2020年初，受疫情影响，销售面积和销售额增速大幅下降，其中商品住宅销售面积和销售额增速波动较大，结合投资额增速的变动情况，进一步说明疫情对商品住宅的影响更大。2020年商品房销售面积增速在11月才首次回正，商品房销售额增速在8月回正。2019年和2020年房地产销售额增速的明显下降，说明房地产开发企业投资态度趋于谨慎。

按区域来看，如表4所示，2019年和2020年陕西省商品房销售面积约六成属于西安市，但西安市商品房销售面积占全省的比重下降，2019年销售面积增速较快的城市是榆林和延安，说明一线品牌房企的进入加快了陕北城市住宅销量的增长。2020年全省只有宝鸡市的销售面积增速比2019年有所提高，其余均比2019年有所回落，杨凌示范区的增速最低，回落幅度最大，陕南城市增速均为负值，渭南和榆林增速较高，渭南房地产市场近两年表现较为强劲。2020年受到疫情的影响，以及12月1日西安发布的《关于进一步加强房地产市场调控的通知》规定预售门槛提高、二套房首付提高、预售租金监管等，使项目价格申报备案周期变长，销售节奏受到影响，西安商品房销售面积增速仍为负值。

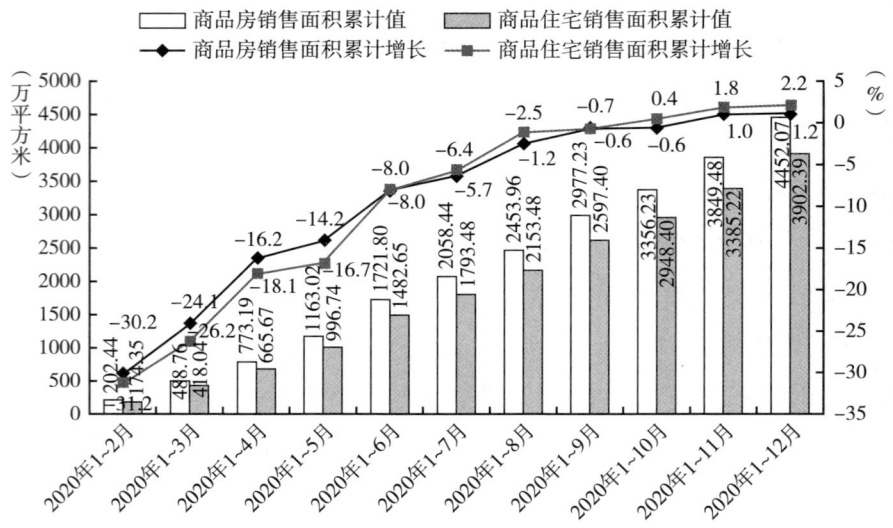

图 2　2020 年陕西省商品房和商品住宅销售面积累计值和累计增速

资料来源：国家统计局。

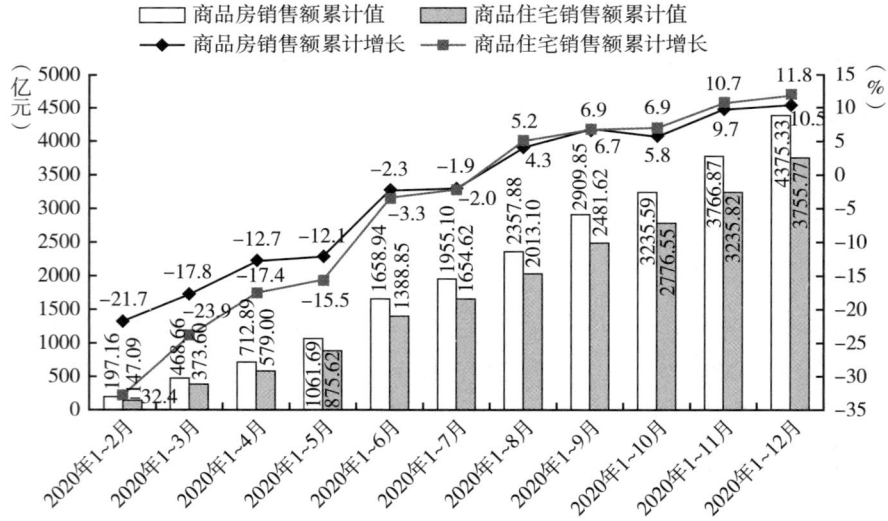

图 3　2020 年陕西省商品房和商品住宅销售额累计值和累计增速

资料来源：国家统计局。

2019~2020年陕西房地产企业发展现状及趋势研究

表4 2019年和2020年陕西省各地市商品房销售情况

单位：万平方米，%

地区	2019年			2020年		
	销售面积			销售面积		
	总量	增速	占全省比重	总量	增速	占全省比重
全省	4401.06	6.9	—	4452.07	1.2	—
西安市	2638.69	-2.8	60.0	2559.79	-3.0	57.5
铜川市	60.33	10.4	1.4	63.49	5.2	1.4
宝鸡市	261.18	3.8	5.9	288.95	10.6	6.5
咸阳市	201.02	33.2	4.6	229.77	14.3	5.2
渭南市	330.79	30.8	7.5	412.95	24.8	9.3
延安市	138.22	49.0	3.1	141.78	2.6	3.2
汉中市	249.74	21.0	5.7	248.29	-0.6	5.6
榆林市	186.64	75.1	4.2	245.83	31.7	5.5
安康市	182.70	19.9	4.2	162.96	-10.8	3.7
商洛市	72.28	-3.8	1.6	43.69	-32.6	1.1
杨凌示范区	79.47	28.9	1.8	49.57	-37.6	1.1

资料来源：陕西省统计局。

如图4所示，2015~2019年，陕西省商品房平均销售价格增速波动变化较大，2017年和2018年增速维持在较高水平，2019年增速有所回落，结合2019年陕西省商品房销售情况，销售面积增速较上年变化不大。而销售额增速的回落，与陕西省商品房平均销售价格增速下降有着直接的联系。

（二）陕西省房地产开发企业主营业务收入

2019年陕西省房地产开发企业主营业务收入为2038.81亿元，同比增长14.4%，增速比2018年提高21.8个百分点。主营业务收入主要来源依然是商品房销售收入1906.89亿元，占比为93.5%，占比较2018年有所下降。2019年营业利润为212.58亿元，主营业务利润率为10.4%，比2018年提高3.7个百分点，为近5年最高值。

如表5所示，分区域来看，2019年房地产开发企业主营业务收入增长最快的是榆林市（93.5%），拉动全省增长2个百分点；西安市拉动全省增长最

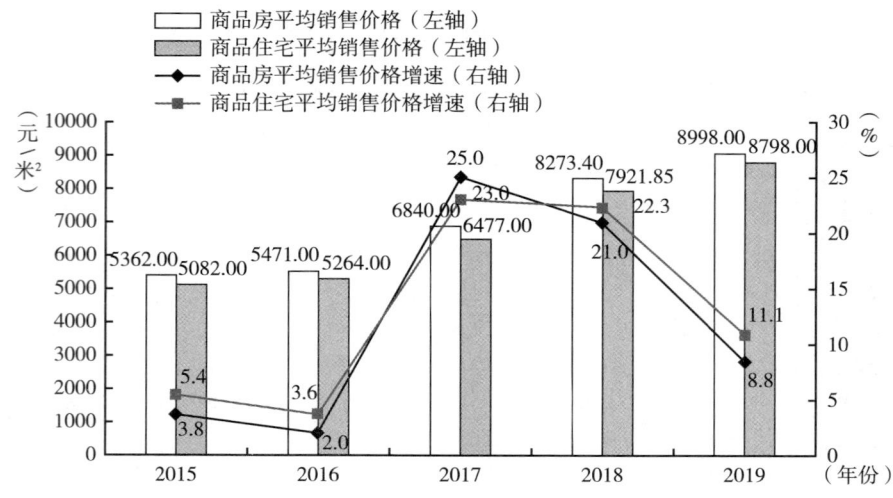

图4 2015～2019年陕西省商品房和商品住宅销售价格和增速

大,为13.5个百分点;延安市增速降幅最大,影响全省主营业务收入降低1.4个百分点。2019年西安市房地产开发企业主营业务收入占到全省的73.6%,占比居第二和第三位的分别是渭南市(4.7%)、宝鸡市(4.4%)。

表5 2019年陕西省各市(区)房地产开发企业主营业务收入情况

单位:亿元,%

地区	总量	增速	占全省比重
全省	2038.81	14.4	—
西安市	1500.67	19.1	73.6
铜川市	10.52	2.9	0.5
宝鸡市	89.73	-2.5	4.4
咸阳市	62.16	-12.6	3.0
渭南市	94.96	16.7	4.7
延安市	29.12	-45.3	1.4
汉中市	71.09	-1.9	3.5
榆林市	72.30	93.5	3.5
安康市	78.14	18.0	3.8
商洛市	12.28	-39.7	0.6
杨凌示范区	17.83	1.1	0.9

资料来源:陕西省统计局。

四 陕西省房地产开发企业面临的形势

（一）本土企业销售逆势回升

前几年在西安房地产开发企业的销售排名中，陕西本土房地产开发企业无一上榜。2019年和2020年，一线品牌房企表现依然强劲，但本土开发企业销售排名有上升趋势，2020年天地源已进入西安销售额TOP 10榜单。中国指数研究院发布的数据显示，2020年陕西本土房地产开发企业在陕销售额过百亿元的是龙记泰信，过50亿元的有天地源、紫薇地产和陕建地产。根据中国指数研究院发布的2020年中国房地产销售额过50亿元的企业排行，龙记泰信销售额为340.4亿元，列全国第91位；天地源销售额为109.9亿元，列全国第163位；紫薇地产销售额为64.5亿元，列全国第186位；陕建地产销售额为63.3亿元，列全国第187位。

陕西本土民营房企龙记泰信，通过绕开竞争激烈的一、二线城市，重点布局三、四线城市以及经济强县（市），在地产行业实现了弯道超车。凭借庞大的土地储备，以及产品力的提升、高周转模式，龙记泰信的销售规模迅速增长。2020年，龙记泰信在陕西的在售项目主要集中在铜川、阎良、蒲城、大荔、富平、韩城等区域，目前项目已经遍布全国，陕西区域占到龙记泰信2020年销售额的38.5%。天地源作为陕西本土唯一的上市房企，2020年在陕西在售的项目较多，而且均是西安市场的热门楼盘，陕西区域占到天地源2020年销售额的77.8%。紫薇地产和陕建地产也表现强劲，所开发的项目受到市场欢迎，如紫薇东进是首个"万人摇"楼盘，紫薇国际生态城则是西安"2万+"项目中卖得最好的楼盘，陕建沣渭壹号院是克而瑞评选出的"2020年度陕西十大高端产品项目"之一。但是随着2019年更多的品牌房企如电建地产、朗诗地产等进入，本土房企生存环境仍然严峻，依然要通过合作和转型的方式谋求发展。

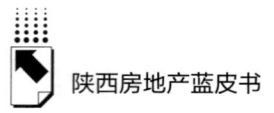

（二）房地产开发企业融资压力有所上升

2019年房地产业的融资政策顶层设计从"去杠杆"变为"稳杠杆"，随着"不再将房地产作为短期刺激经济的手段"政策的提出，房企融资渠道继续收窄，融资成本有所提高。如表6所示，2019年陕西省房地产企业实际到位资金为4911.22亿元，同比增长7.6%，比2018年回落9.8个百分点。从资金构成来看，国内贷款同比下降，但降幅收窄，增速较2018年上涨18.5个百分点；自筹资金、个人按揭贷款、其他资金来源、定金及预收款均同比增长，自筹资金增速较2018年回落26.6个百分点，个人按揭贷款增速较2018年上涨29.7个百分点，其他资金来源增速较2018年上涨45.5个百分点，定金及预收款增速较2018年回落28.6个百分点。主要受自筹资金和定金及预收款增长减缓影响，2019年以来房地产到位资金总体收紧。

2020年，陕西省房地产企业实际到位资金为5254.36亿元，同比增长7.0%，较2019年回落0.6个百分点。从资金构成来看，国内贷款增速下降，较2019年回落10.1个百分点，占比也有所下降；自筹资金增速较2019年上涨9.1个百分点，个人按揭贷款增速较2019年回落35.7个百分点，其他资金来源增速较2019年上涨2.9个百分点，定金及预收款增速较2019年回落0.9个百分点。主要受自筹资金增长拉动，开发企业到位资金压力趋缓。融资渠道的收紧规范，在一定程度上加大了企业债务风险。

表6 房地产开发到位资金情况

单位：亿元，%

项目	2019年			2020年		
	金额	占比	增速	金额	占比	增速
房地产开发企业本年实际到位资金	4911.22		7.6	5254.36		7.0
房地产开发企业国内贷款	372.99	7.6	-3.5	322.37	6.1	-13.6
房地产开发企业自筹资金	2253.89	45.9	5.0	2571.95	48.9	14.1
房地产开发企业个人按揭贷款	613.11	12.5	26.3	555.6	10.6	-9.4
房地产开发企业其他资金来源	228.28	4.6	20.5	281.78	5.4	23.4
房地产开发企业定金及预收款	1442.95	29.4	6.4	1522.65	29.0	5.5

资料来源：陕西省统计局。

（三）房企拿地谨慎，土地拍卖附加成本增多

2019年，陕西省房地产开发企业待开发土地面积为1285.45万平方米，后续土地储备充足，同比增长7.6%，比2018年回落29.1个百分点。陕西省房地产开发企业购置土地面积为485.11万平方米，同比下降39.0%，比2018年回落80.8个百分点。陕西省房地产开发企业土地成交价款为156.98亿元，同比下降33.8%，比2018年回落38.3个百分点。房地产开发企业购置土地面积和土地成交价款增速的大幅回落，说明受制于政策趋严、融资趋紧，房地产开发企业拿地更加谨慎，在拿地的选择上也更加注重土地的质量，不再单纯追求数量的增加。

陕西省房地产开发企业土地购置费用为760.42亿元，同比增长4.1%，相比2018年，土地成交款下降而土地购置费用增长。这与棚改用地成为土地供应大户，棚改项目鼓励货币化安置，安置成本抬高了资金门槛有一定关系，而且企业拿地附加成本增多。以西安市为例，由于西安市设立教育配建目标，部分土地需配建幼儿园、九年一贯制学校；西安市住建局规定，商品房项目必须配建公租房，而且以不低于宗地住宅建筑面积15%或缴纳宗地住宅部分出让金起始价格10%的配建资金进行异地集中配建。这些都会导致土地附加成本上升，使房地产开发企业资金及运营门槛抬高。

（四）线上线下营销相结合，渠道公司占比增多

2020年初，受新冠肺炎疫情影响，线上卖房成为地产营销的另一赛道，线上卖房的方式有直播售房、VR看房等。克而瑞公布的数据显示，全口径销售额榜单TOP 200房企中，有143家房企重启或新推出线上售楼处，107家房企推出集团或区域自有平台线上售楼处。主流房企的线上营销方式主要是多平台线上直播，自建网站网页、小程序、App等，除此之外，第三方平台京东"自营房产"业务、"天猫好房"等也加入了线上卖房。2020年12月，西安、武汉、长沙、重庆、成都等城市的在线微聊热度排名靠前，购房者更愿意通过在线微聊来了解这些城市的房源情况。因此，随着移动互联网

时代的到来，以及VR看房、直播售房等技术应用日趋成熟，线上线下相结合将会成为未来楼市营销的一个常规模式。

随着贝壳等渠道公司的迅速崛起，渠道带客在西安市覆盖超六成在售项目。虽然渠道公司利用互联网的规模效应能够降低交易成本、提高交易效率，但与此同时也要面对平台既当裁判员又当运动员的风险。

五 陕西省房地产开发企业发展趋势分析

（一）改善需求持续增长

如表7所示，2019年和2020年，陕西省90（含）平方米以下住宅销售面积增速大幅下降，占住宅销售面积的比例缩减到10%以下；90~144（含）平方米住宅销售面积增速不断增长，占住宅销售面积的70%以上，为主力面积段；2019年144平方米以上住宅增速涨幅较大，2020年增速涨幅收窄，占住宅销售面积的比例略有提高。2020年商品房销售面积增速下降，2020年各面积段的销售面积增速相比2019年都有所收窄。住宅结构对比情况说明住宅销售以改善大户型为主，开发企业应调整产品面积结构，以适应市场的需求变化。

表7 2019年和2020年陕西省住宅结构对比

单位：万平方米，%

年份	90（含）平方米以下			90~144（含）平方米			144平方米以上		
	销售面积	增速	占比	销售面积	增速	占比	销售面积	增速	占比
2019	365.54	-29.5	9.6	2782.39	11.9	72.9	670.32	24.0	17.6
2020	226.52	-38.0	5.8	2974.06	6.9	76.2	701.82	4.7	18.0

资料来源：陕西省统计局。

（二）建筑规范升级，品质宜居成为开发趋势

住宅建筑规范及标准不断升级，如陕西省对部分出让宗地要求采用装配

式建筑技术进行建设，而且装配率不低于20%，带来了建筑品质及居住体验的不断升级。2020年，房地产行业受到新冠肺炎疫情的影响，又迎来"三道红线"加强版融资监管，房地产开发企业遇到前所未有的挑战。建筑规范的升级、市场竞争的加剧、消费者对住宅产品品质和服务的需求越来越高，倒逼房地产业从粗放式开发走向高品质开发，精细化打造产品品质，满足甚至超越客户的需求，竭力为消费者创造更大的产品价值。房地产产品还应该吸收所在地域的人文因素，比如在西安的产品开发建设中，将西安的历史人文资源、地域文化与建筑文化、社区文化并联融合，建设生活、居住环境、人文关怀相结合的住宅区，开创具有企业自身特色和地域特点的社区模式。

（三）中小房企生存压力加大

在融资收紧的态势下，中小房企的生存压力更大。据中房网统计，以"房地产"为关键词检索，2020年全国共计有408家房企发布了相关破产文书，其中多为小微房企。据不完全统计，2020年以来，包括新华联、泰禾集团、天集集团、福晟集团、三盛宏业等多家房企均不同程度地出现了债券违约情况，部分中大型房企债务违约现象高发。在坚持"房住不炒"的背景下，房地产传统开发模式难以为继，行业"马太效应"更加明显，房企竞争日益激烈，市场资源将更加向龙头企业集中。陕西省房地产企业负债过高，中小房企必须高度重视资金链断裂隐患。

（四）拓宽房地产开发企业融资渠道

行业高杠杆的特点决定了开发企业间竞争很大程度上就是融资能力的比拼。2019年，陕西省房地产开发企业资产负债率高达86.4%，2019~2020年，陕西房地产开发企业本年实际到位资金主要由开发企业国内贷款（占6%~7%）和开发企业自筹资金（占45%~50%）组成，这两项均比2018~2019年度有所降低，开发企业拓展了其他资金来源渠道。

2020年底在西安市房价连涨55个月后，西安市出台"11·30楼市新政"，贯彻"房住不炒"政策，严控二套房，重点控制预售管理、二套首付和资金监管，提升预售证许可条件，导致房源减少，新房市场供不应求。受上海、深圳、广州、杭州等多个热点城市新一轮房地产调控，加强个人住房信贷管理，严查消费贷、经营贷等个人信贷资金违规流入房地产市场的影响，2021年陕西省金融机构在坚持"房住不炒"定位、"房贷红线"约束和金融机构房地产贷款集中度管理制度实施等监管政策趋严背景下，对房地产开发企业贷款将更加审慎，对住房贷款资格审核将更为严格。2021年个人房贷总体趋势也将偏紧，银行房贷将出现放款周期拉长、利率上调的现象，会影响房地产企业到位资金；黄、绿档企业有望获得有限的贷款份额，而红、橙档房地产企业贷款必须创新融资模式，通过股权融资、房地产信托投资基金（REITs）等方式，优化企业的资产负债结构，增强资产流动性，有效防范化解企业债务风险，保证企业的高质量发展。

参考文献

龚伟芳：《2021返乡置业报告》，《西安晚报》2021年1月29日，第4版。
陕西省统计局：《2020年全省房地产开发销售恢复性增长》，http：//tjj. shaanxi. gov. cn/tjsj/tjxx/qs/202102/t20210208_2152742. html。
陕西省统计局：《2019年全省房地产开发销售震荡调整回稳》，http：//tjj. shaanxi. gov. cn/tjsj/tjxx/qs/202003/t20200303_1628874. html。
申雯：《西安市商品住宅品质提升问题研究》，硕士学位论文，西安科技大学，2019。
吴学安：《未雨绸缪应对中小房企破产之忧》，《城市开发》2019年第24期。

B.10
陕西省房地产市场不确定性分析

党红敏　任洪浩　余　劲*

摘　要： 房地产业对经济的发展起着举足轻重的作用,但市场因各种因素导致的不确定性困扰着投资者和消费者。对此,本文从陕西省、各市(区)的各类房地产投资额、销售均价、商品房销售面积出发,以陕西省2009～2019年统计年鉴的数据为基础,以波动离差率为衡量指标对陕西省房地产不确定性进行分析。结果表明,2013～2019年陕西省和西安市房地产市场不确定性较低,说明2017年后的房地产调控政策初见成效,但各地、各年、各类房地产市场不确定性差异较大,房地产经营仍面临一些风险。据此提出两点政策建议:应该以促进供求平衡的房地产政策引导房地产企业的投资预期;针对房地产市场的地区差异性,探索"一城一策"实现途径。

关键词： 房地产市场　不确定性分析　波动离差率

房地产业的平稳健康发展关系着居民的切身利益、区域经济的健康发展和城市发展潜力及竞争力,更关系到国家稳定和整个社会经济的发展。因此,房地产市场一直是政府调控的重点。政府对投资规模、投资方向的控制,对售价的限制,尤其影响房地产市场的成交量,进而对房地产投资者构

---

*　党红敏,博士,西北农林科技大学讲师,主要研究方向为农业经济管理;任洪浩,博士,西北工业大学副教授,主要研究方向为房地产经济、城市经济;余劲,博士,西北农林科技大学教授,主要研究方向为不动产经济学和公共管理学。

成风险。本文从陕西省、各市（区）的各类房地产投资额、商品房销售均价、房屋销售量的不确定性方向展开分析，不但有助于房地产开发公司、金融机构和购房者在未来有效规避风险，实现收益最大化，而且有助于减少地方房地产市场发展的波动性，促进经济平稳健康发展。

一 房地产市场不确定性的计量方法

本文沿用2019~2020年房地产报告中关于房地产不确定性的计算方法，以波动离差率表征房地产市场的不确定性，对2013~2019年陕西省房地产市场的不确定性分地区、分类别从投资、销售量及销售价格角度进行分析评价，并提出对策建议。

波动离差率的计算分为两部分。首先，以四年移动平均增长率表示房地产的变动率，估计房地产投资额、商品房销售面积以及商品房销售均价预期值，其计算方式如下：

$$I_t' = I_{t-1} \times (1 + w_t)$$

其中，I_t'表示第 t 年商品房销售面积、商品房销售均价或房地产投资额的预期值；I_{t-1}表示第 $t-1$ 年商品房销售面积、商品房销售均价或房地产投资额实际值；w_t表示第 t 年预期增长率。

在计算得到预期数值后，以实际值和预期值的差值表示预期之外的波动，并将这一差值定义为波动离差。进而将波动离差除以预期值，计算得出波动离差率，其计算方式如下：

$$R_t = (I_t - I_t')/I_t'$$

二 陕西省房地产投资的不确定性

（一）陕西省2009~2019年房地产投资情况

2009~2019年，陕西省房地产投资呈逐年上升的趋势（见图1），但增长速度在2011~2015年出现波动。2009~2011年，陕西省房地产投资增长较快，年均增长速度大于20%。2012年增长加快，超过30%；2013年之后增速快速回落；2014年降为8%；2015年进一步回落，增速不足3%，为过去10年最低投资增速。自2016年起，房地产投资增速逐年回升。2018年，房地产投资增速达到14%，总投资额为3534.666亿元。2019年，房地产投资增速再次出现下降，下降了4个百分点。

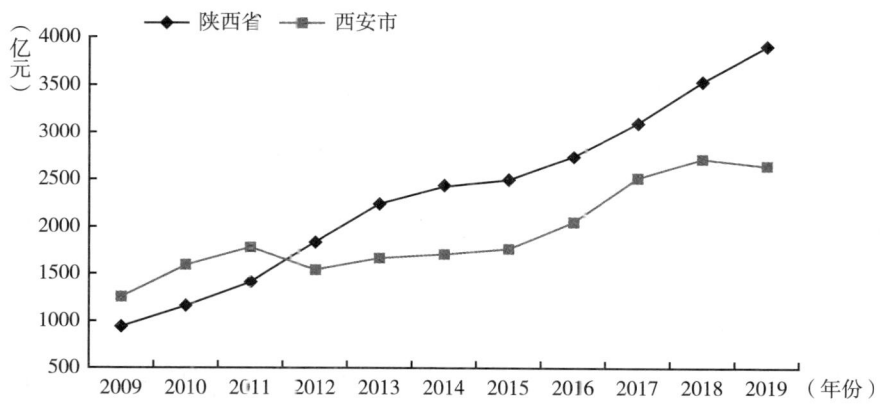

图1　陕西省、西安市2009~2019年房地产投资额

资料来源：《陕西统计年鉴》，2010~2020。如无特殊说明，本文资料均来源于此，不再赘述。

长期来看，西安市房地产投资波动趋势与全省情况差异较大，在2012年出现负增长，为-13%，2013年小幅回升，为8%。2014~2015年，西安市房地产投资增速保持较低水平，连续两年在5%以下。2016年后，西安市房地产投资进入快速增长阶段，2018年到达最高点，为2713.46亿元，2019年再次出现负增长，增长率为-3%。无论西安市各年投资额如何变化，10多年来，西安市房地产投资都稳居全省第一，且各年均占全省房地产投资的60%以上（见图2）。

按地区看（见图3），各地级城市投资从投资量、增长趋势及波动来看都差异较大。2009~2013年，除咸阳外各地投资额绝对值都较低，2013~2017年经历了较大的调整，2017~2019年绝大多数城市投资额都快速增长。

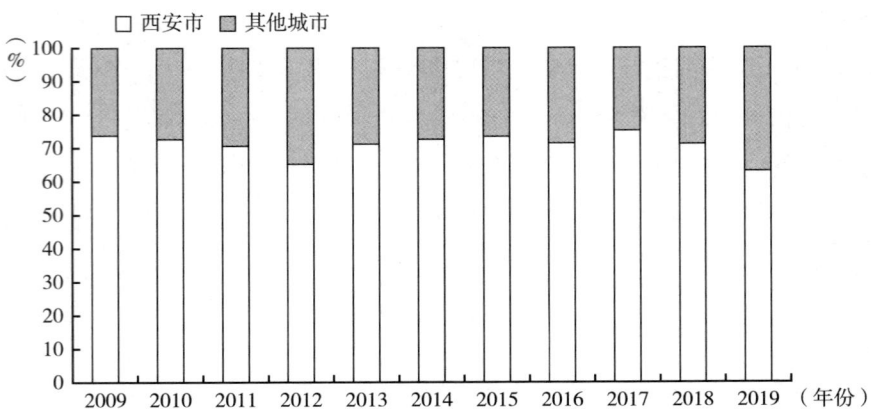

图2 2009~2019年西安及其他城市房地产投资额占陕西省比重

2016年以前，咸阳市的房地产投资在全省地级市中位列第一，之后快速降低，截至2019年仅为第三，当年投资额为186.95亿元。渭南市和宝鸡市在2015年后都迅速增加了房地产投资，连续5年快速发展，甚至超过咸阳市，在各地级市中分列第一、第二。铜川市自2016年起，房地产投资走向异于其他城市，呈下降趋势。商洛市10多年来一直保持低位并缓慢增长。

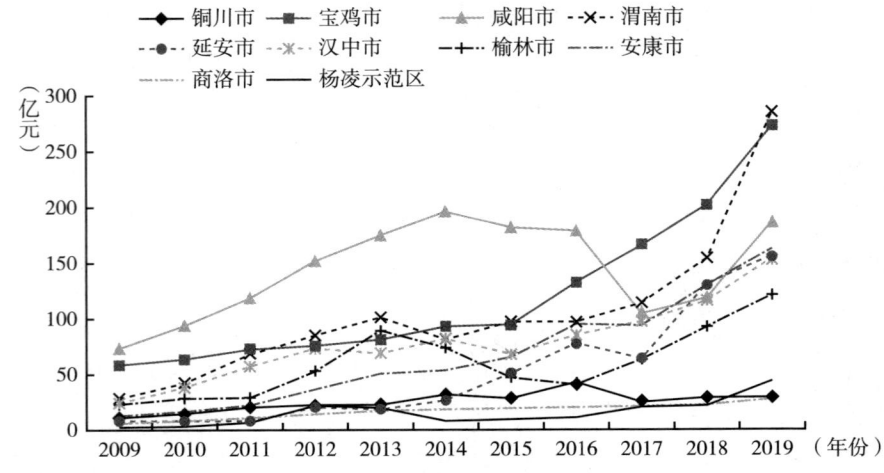

图3 2009~2019年陕西省各地区房地产投资额

按类别来看（见图4），住宅、别墅和高档公寓、办公楼、商业营业用房等几类主要的房地产投资类型里，住宅的各年投资占比均在75%以上，占比最高年份为2009年，约为87%，最低年份为2017年，占比为约76%。2013~2017年，住宅的投资占比逐年下降，2018~2019年又逐渐回升。商业营业用房占比在2017年以前逐渐升高，2018年、2019年两年略有回落仍维持较高水平。别墅和高档公寓、办公楼的投资额占比波动较大，在大多数年份占比较低。办公楼占比在2011年为最大值，约为6%，2017年出现次高值，其他年份占比都在2%以内。别墅和高档公寓占比各年均维持在2%以内。

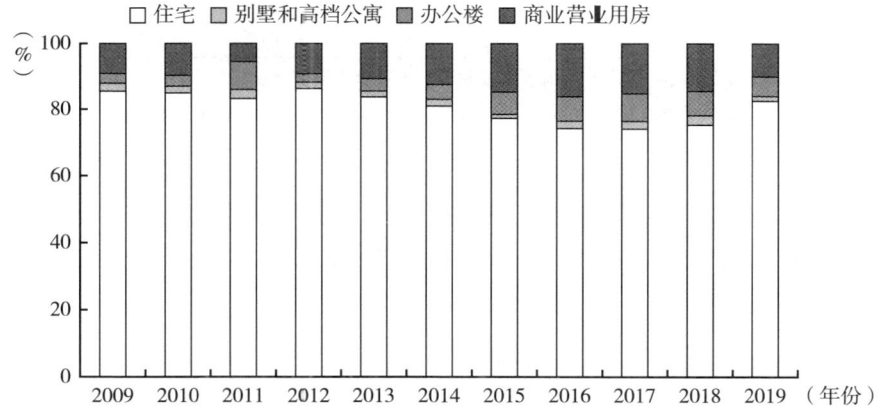

图4　2009~2019年陕西省各市（区）房地产投资额占比

（二）陕西各地房地产投资的不确定性

依据2009~2019年的投资基础数据，运用4年移动平均增长率首先计算出房地产投资的变动率，然后计算出房地产投资额2013~2019年的预期值，再以2013~2019年实际值和预期值的差值计算出波动离差，最后用波动离差除以预期值得到波动离差率，用以表示2013~2019年每年陕西省及各市（区）房地产投资的不确定性（见表1）。

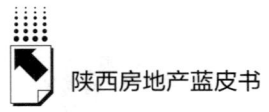

表1 2013～2019年陕西省及各市（区）房地产投资不确定性

地区	2013年	2014年	2015年	2016年	2017年	2018年	2019年
陕西省	-0.02	-0.13	-0.14	-0.01	0.06	0.05	-0.02
西安市	0.01	-0.11	-0.14	-0.05	0.11	-0.02	-0.12
铜川市	-0.22	0.21	-0.24	0.37	-0.54	0.17	-0.07
宝鸡市	-0.02	0.06	-0.06	0.30	0.05	0.00	0.05
咸阳市	-0.10	-0.09	-0.22	-0.08	-0.42	0.36	0.75
渭南市	-0.18	-0.41	0.11	-0.06	0.18	0.21	0.57
延安市	-0.40	-0.02	0.18	0.07	-0.50	0.44	-0.19
汉中市	-0.35	-0.04	-0.27	0.27	0.05	0.10	0.11
榆林市	0.26	-0.45	-0.56	-0.18	1.01	0.44	0.01
安康市	-0.03	-0.27	-0.10	0.19	-0.21	0.13	-0.02
商洛市	-0.10	-0.16	-0.11	0.07	0.00	0.01	0.17
杨凌示范区	-0.60	-0.81	-0.24	0.42	1.01	-0.24	0.50

注：本文所有不确定性值均用文中所述公式计算得出，后文不再赘述。
资料来源：笔者依据2010～2020年《陕西统计年鉴》中房地产投资数据计算得出。

2013～2016年，陕西省房地产投资呈现向下的不确定性（见表1与图5）。其中，2015年不确定性最高（-0.14），2016年不确定最低（-0.01）。2017～2018年陕西省房地产投资呈现向上的不确定性，不确定性分别为0.06和0.05。2019年的房地产投资又呈现向下的不确定性。整体上，陕西省2013～2019年房地产投资不确定性均在0.15以内，该结果表明陕西省房地产投资相对稳定。

分地区来看，西安房地产投资的不确定性在2013～2015年与全省不确定性类似，2016年后呈现差异性的变化。在2016～2019年，西安市的房地产投资不确定性增加，其波动从正向0.05到负向的0.11，表明西安市房地产2017年的实际投资高于预期，而2018年的投资却低于预期，2019年延续了18年的负向的不确定趋势，且不确定性进一步扩大。

宝鸡、咸阳、铜川、渭南、杨凌各地，虽同处关中，差异较大。其中，宝鸡房地产投资的不确定性最低，杨凌示范区最高。咸阳、渭南等地整体上呈现不确定性由负转正的趋势，且不确定性值较大，咸阳2019年投资不确

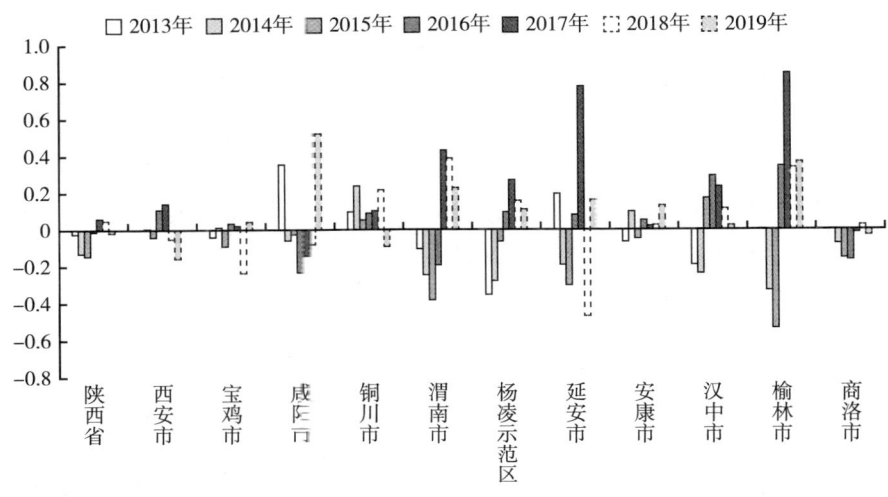

图 5　2013~2019 年陕西省及各地区房地产投资不确定性分布

定性最高达 0.75，渭南最高为 0.57，说明这些地区近年都有超出预期的投资增加。宝鸡除了 2013 年、2015 年投资实际小于预测值外，2014 年及 2016~2019 年的投资不确定性都为正向（或为 0），说明连续多年的投资额都不低于预测值。铜川的房地产投资不确定性的方向隔年变化，且绝对值处于中等水平，说明铜川房地产投资相对稳定。

陕南安康、汉中和商洛三地区中，汉中房地产投资的不确定性最大，2013~2019 年间前三年为负向，后四年为正向且在 0.3 以内分布。安康 2016 年以前呈现负向不确定性，之后出现不确定性正负向交替的情况。商洛以 2017 年为界，之前均呈负向，之后均呈正向，在 2019 年出现了近几年的最大值，达到 0.17。

陕北延安和榆林两市，是所有地区中不确定性相对较高的地区，两地比较而言，榆林的房地产投资不确定性更高，以榆林 2017 年最为显著，高达 1.01。

总的来说，各地房地产投资的不确定性均高于全省水平，商洛、安康、宝鸡的投资不确定性最低的三个地市在多数年份也比全省的不确定性高。说明各地房地产投资较不平稳，但各自的正负向不确定性相互抵消之后在全省数据中未得到表现。

(三)不同类别房地产投资的不确定性

按类别来看(见图6),住宅、别墅和高档公寓、办公楼、商业营业用房等四种主要的房地产投资类型中,别墅和高档公寓的不确定性最高,在2016年的不确定性甚至超过1,在2019年也超过0.5。这说明在房地产发展向好的年份(2016年),别墅和高档公寓的投资容易出现超出预期的大量增长。反之,在房地产发展相对紧缩的年份(2019年),别墅和高档公寓的投资也容易出现超出预期的减少。

办公楼投资的不确定次之。2015年及以前,办公楼的投资还有一些年份(2013年、2015年)呈现正向不确定性,但在2016年以后,办公楼的投资都呈现负向的不确定性,说明2016~2019年连续4年办公楼的实际投资额度都低于预测值。商业营业用房的趋势类似,自2014年起,各年的投资不确定性都呈负向分布。住宅的投资不确定性正负向分布较为均匀,各年均不超过0.2。

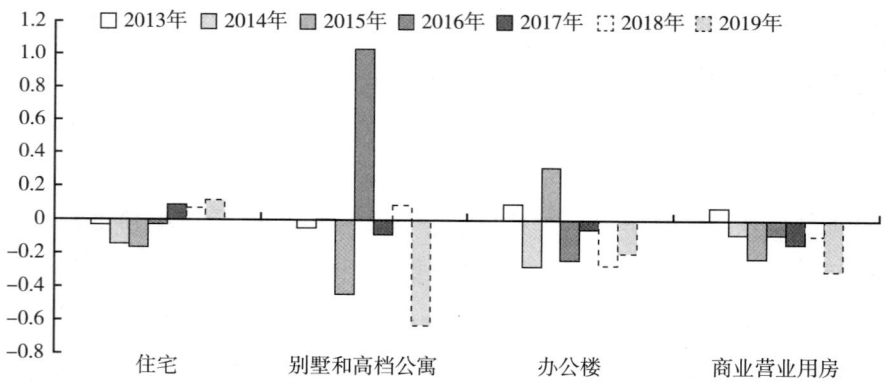

图6 2013~2019年陕西省各类房地产投资不确定性分布

三 陕西省商品房销售价格的不确定性

(一)陕西省各地区商品房销售价格基本情况

2009~2019年,陕西省和西安市商品房销售均价一路上涨,且增长速度基本一致，两者的上涨在 2010~2011 年、2016~2018 年都加速（见图 7）。陕西省第一次快速增长从 2010 年的 3759 元/米² 增至 2011 年的 4949 元/米²，增长 31.7%。西安市商品房均价同期从 4453 元/米² 增至 6138 元/米²，增长 37.8%。第二次快速增长陕西省商品房均价从 2016 年的 5471 元/米² 增至 2018 年的 8373 元/米²，西安商品房市均价从 2016 年的 6579 元/米² 增至 2018 年的 10146 元/米²，每平方米售价突破万元。2019 年，全省房价和西安市房价增速有所放缓，陕西省房价增速减至约 9%，西安市略高为 11%。截至 2019 年底，全省商品房销售均价已涨至 8998 元/米²，西安市房价涨至 11330 元/米²。

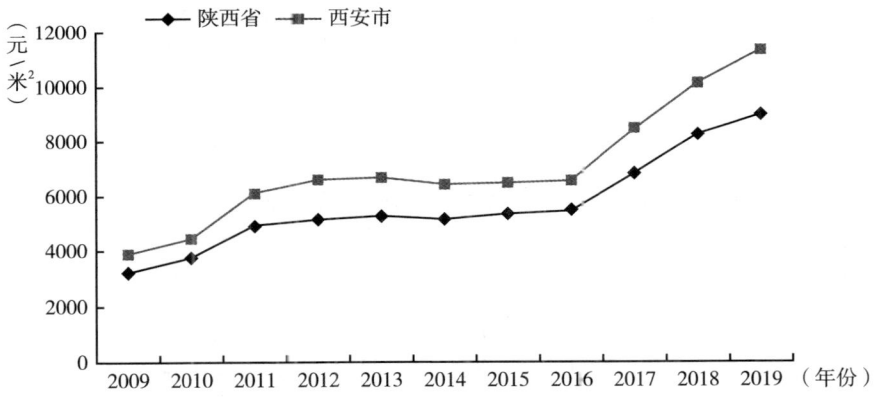

图 7　2009~2019 年陕西省及西安市商品房销售价格

各地级市房价整体也呈上涨趋势，但其中都出现过房价下滑（见图 8）。第一次大范围的房价下降发生在 2012 年，各地均出现不同程度的房价下跌，跌幅最大的是延安市，为 21%。延安、商洛和杨凌示范区等地的下跌持续了两年以上。第二次普遍的房价下降出现在 2016 年，除榆林、铜川、商洛、杨凌示范区、汉中外，其他地方均出现房价下跌，下跌程度整体比 2012 年小。2019 年，各地房价均快速上涨，咸阳市、杨凌示范区涨幅较大，上涨幅度分别为 44%、43%。截至 2019 年，各地级市商品房价格最高的是咸阳市，为 7525 元/米²；榆林次之，为 6648 元/米²；安康、杨凌示范区基本相同，分别为 5512 元/米² 和 5449 元/米²。

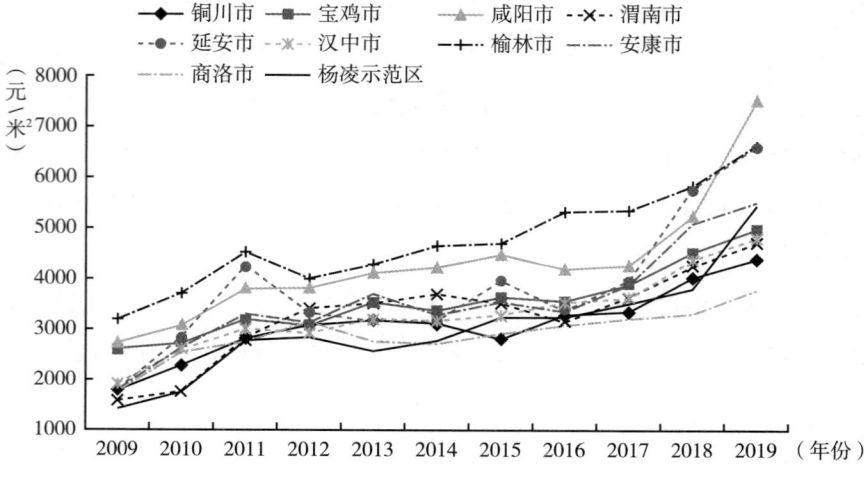

图8 2009~2019年陕西省各地级市商品房销售价格

(二)陕西省及各地区商品房销售价格的不确定性

陕西省房价不确定性整体保持在较低水平,都在0.2以内(见图9)。其中,2014年出现负向不确定性最高值,2017年出现正向不确定最高值,说明这两个年度房价实际增长与预期相差较大。2016年出现不确定性最小值,说明2016年实际增长与预期增长基本一致,且房价实际增加值要略高于预期增加值。出现这种情况主要是由于在2013~2016年连续多年保持较为稳定的增长。

从各年来看(见图10),陕西各地商品房价格不确定性最低的是榆林、汉中和宝鸡,最高的三地分别是延安、杨凌示范区和商洛。2013~2019年,各地房价的正负向不确定性基本平衡分布,无明显规律。以西安市为例,2013~2014年呈现负向不确定性,2016~2018年转为正向,2019年再次转为负向。大多数地级市的负向不确定性都出现在2014年或2015年以前,正向不确定性出现在之后。这说明较早年份房价的实际增长低于预测值,而近几年的实际增长要高于预测值。商品房价格不确定性与投资的不确定性相比,正负向分布更加均衡。

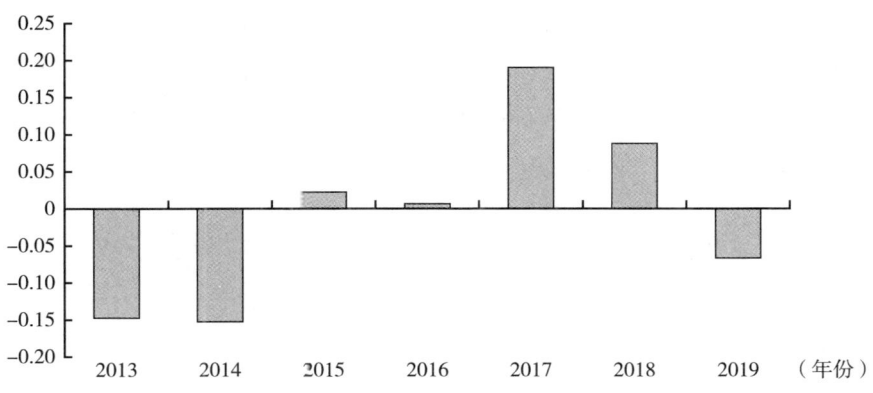

图9 2013~2019年陕西省商品房销售价格不确定性

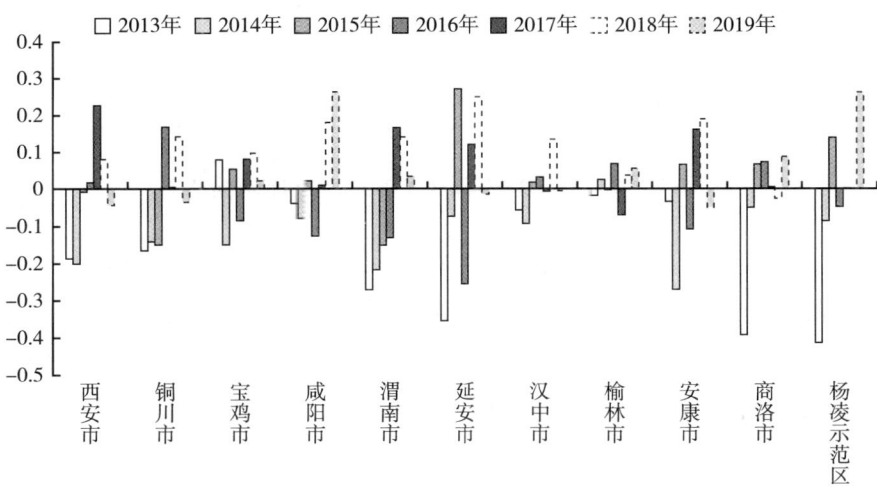

图10 2013~2019年陕西省各市（区）商品房销售价格不确定性

（三）不同类别商品房销售价格的不确定性

2009~2019年，各类商品房销售价格都呈增长趋势（见图11）。住宅平均价格最低，但增长最为平稳。截至2019年，陕西省住宅销售均价达到8798元/米^2。从2019年的销售单价来看，别墅和高档公寓的销售价格最高，2019年达到13188元/米^2，办公楼和商业营业用房的销售价格分别为12175元/米^2

和12117元/米², 与5年前（2014年）相比，增幅仅为32%和12%，远低于住宅的5年增幅为73%。别墅和高档公寓的5年增幅和办公楼持平。

从类别来看不确定性，均价最低的住宅的价格不确定也最低，而均价最高的别墅和高档公寓不确定性也最高，商业营业用房和办公楼居中。

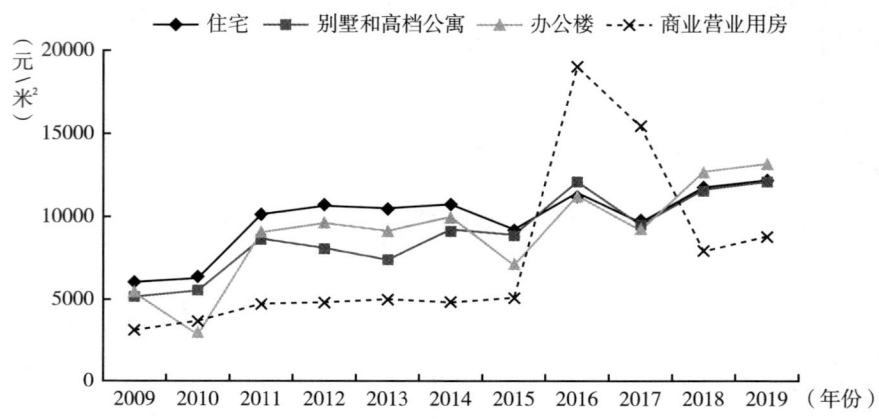

图11　2009~2019年陕西省各类商品房销售价格

从年份来看（见图12），2013~2015年，除住宅外主要类别的商品房销售价格都呈负向不确定性（除2014年的办公楼外），且住宅以外各类各年的最大不确定性都大于0.2，别墅和高档公寓2013~2016年不确定性均大于0.4。2017~2018年，住宅和商业营业用房销售价格都呈正向不确定性，且住宅以外各类各年的最高不确定性都在正向0.2以上，别墅高档住宅最高超出正向0.4。显示出在几种商品房类别中，住宅的价格不确定性最小别墅和高档公寓的价格不确定性最大。

四　陕西省商品房销售面积不确定性

（一）陕西省2009~2019年商品房销售基本情况

从房地产销售面积来看，陕西省和西安市都呈平稳缓慢上涨（见图13）。

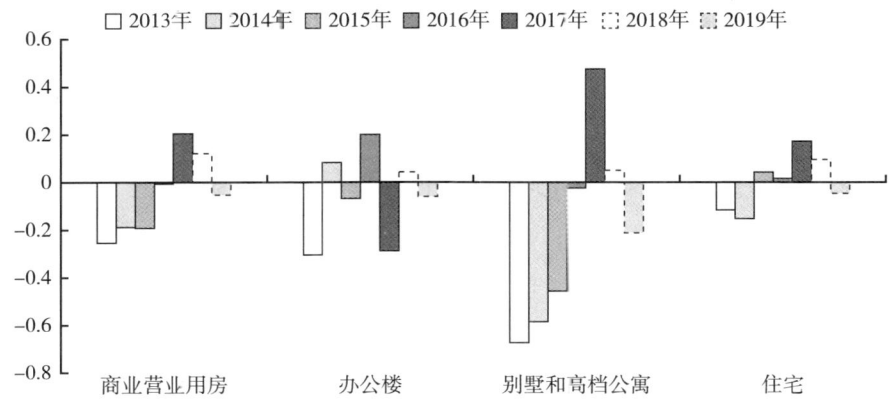

图12　2013～2019年陕西省各类商品房销售价格不确定性

西安市商品房销售面积和全省整体的上涨趋势基本一致，几次拐点出现的年份也大致相同，2019年有一些差别。陕西省近两年的商品房销售面积持续上涨，但西安市这两年商品房的销售面积在2018年出现向下拐点。按地区来看（见图14），虽然各地整体都呈现增长趋势，但在大多数年份，位于关中的渭南、咸阳和宝鸡是房地产销售面积最大的三个地区。从增长的特点来看，宝鸡市平稳上涨有小幅波动，渭南市增长较快但是波动较大，咸阳市发展平稳但也有一定波动。铜川市和杨凌示范区是销售面积最小的两个地区。

其他城市中，2015年前陕北榆林的商品房销售面积大于陕北延安，之后榆林大幅下降，2015～2018年略小于延安，2019年又超过延安的商品房销售面积，居全省各市（区）第5位，位于咸阳、宝鸡、渭南和汉中之后。杨凌示范区由于行政区域的限制，销售面积的绝对数量处于较低水平，但仍略高于铜川市。

（二）陕西省各地区商品房销售面积的不确定性

陕西省商品房销售面积的不确定性较低且正负向交替波动（见图15、图16）。2017年呈现不确定性最大值，接近0.2。西安及各地级市的房地产销售面积的不确定性均高于陕西省整体，可能的原因是各地的正向负向不确

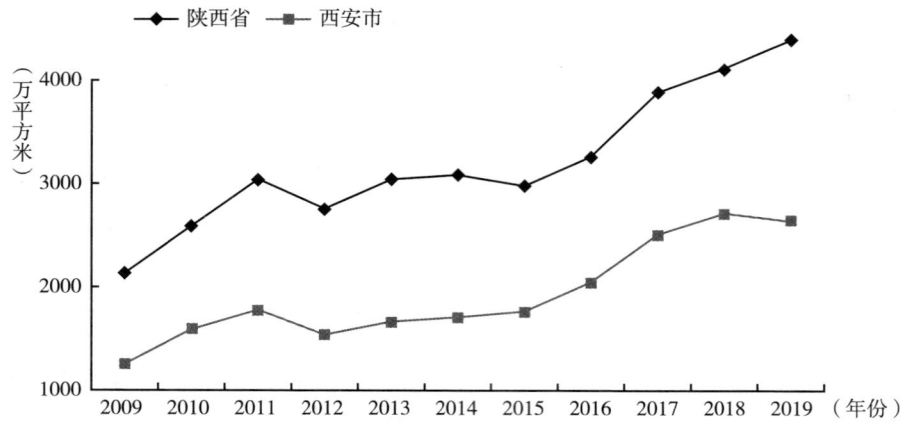

图 13　2009～2019 年陕西省及西安市房地产销售面积

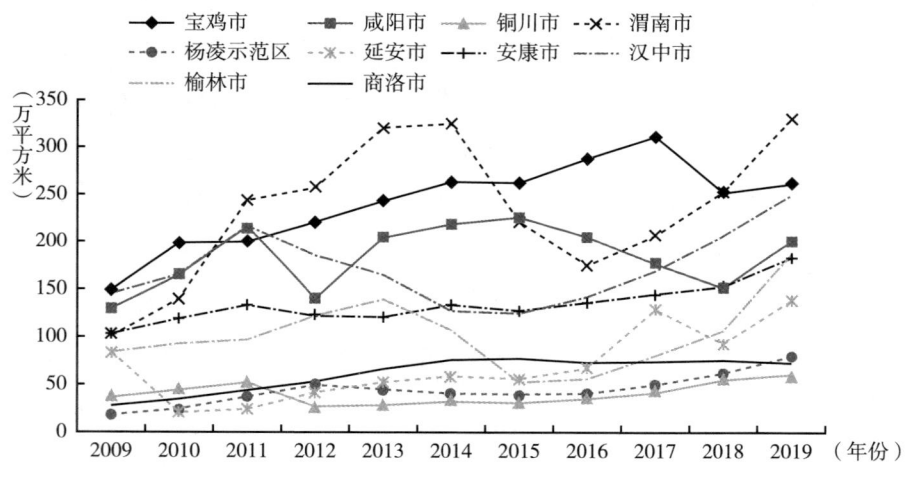

图 14　2009～2019 年陕西省各地市商品房销售面积

定相互抵消，在全省范围呈较为稳定的态势。各市（区）单个年份的最高不确定性前三出现在榆林市、延安市、渭南市，且均为负值，表明这几个地区在相应年份的商品房实际销售面积远低于其预测值，房地产开发企业面临较大的经营风险。各地各年平均不确定性最高的三个地区分别是渭南、延安和榆林。平均不确定性最低的三个地区为安康、西安和商洛。

从单个地区来看，商品房销售面积平均不确定性最高的榆林，在2016～2019年呈现正向的不确定性。渭南也有类似分布。延安则在2018年有较高的负向不确定性，较为特殊。从商品房销售面积平均不确定性最低的三个地区来看，西安在前5年都呈较低且稳定的正向不确定性，2018～2019年呈负向。安康和商洛的商品房销售面积不确定性也分布在正负向0.2范围内，但安康在2019年出现其不确定性最大值，商洛则在2016年出现其不确定性最大值。

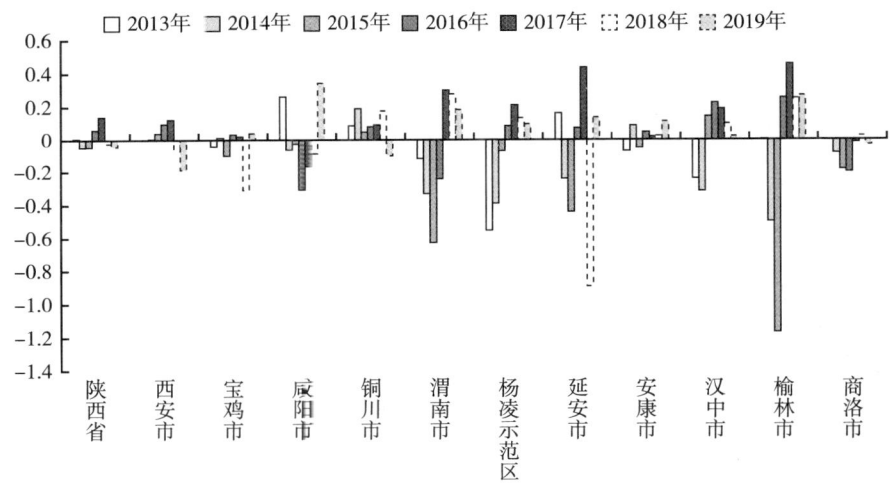

图15　2013～2019年陕西省及各地区商品房销售面积不确定性分布

按年份来看，总的来说每年各地的不确定性大多呈现正负向较均衡分布，2014年、2015年两年各地呈现较多的负向不确定性，2016～2019年4年间呈现较多的正向不确定性。负向不确定性最高的两个年份是2015年、2018年，正向不确定性最高年份是2017年。

（三）各类商品房销售面积的不确定性

各类商品房中，商业营业用房的不确定性最低，各年均在正负向的0.5左右。住宅次之，只有2016年的销量不确定性超出负向0.5。办公楼再次，别墅和高档公寓销售面积不确定性最高。相对而言，在2013年和2018年，

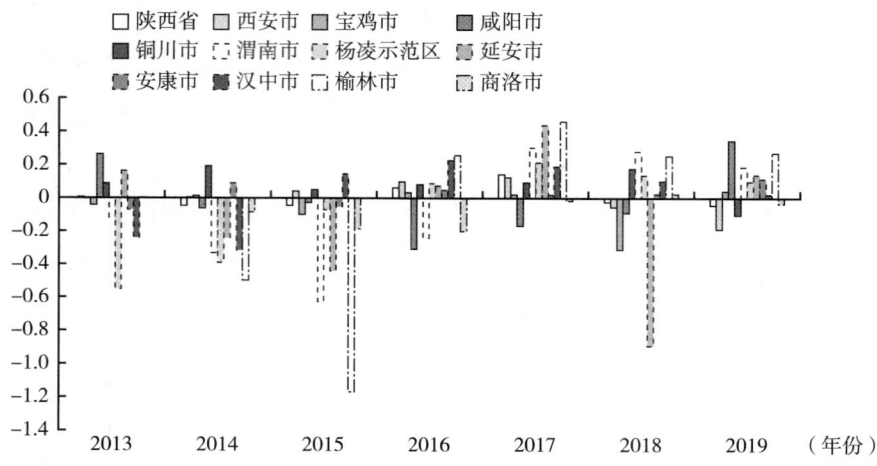

图16 2013~2019年陕西省及各市（区）商品房销售面积不确定性分布

别墅和高档公寓的销售面积不确定性最高，在2013年达到负向的3.066。办公楼销售面积不确定性最高的两个年份分别是2013年和2019年，都呈负向，分别为1.318和0.999。

整体来看，2015年各类商品房销售面积不确定性最低。2017年各类商品房销售面积均呈正向不确定性，2019年各类商品房销售面积均呈负向不确定性。

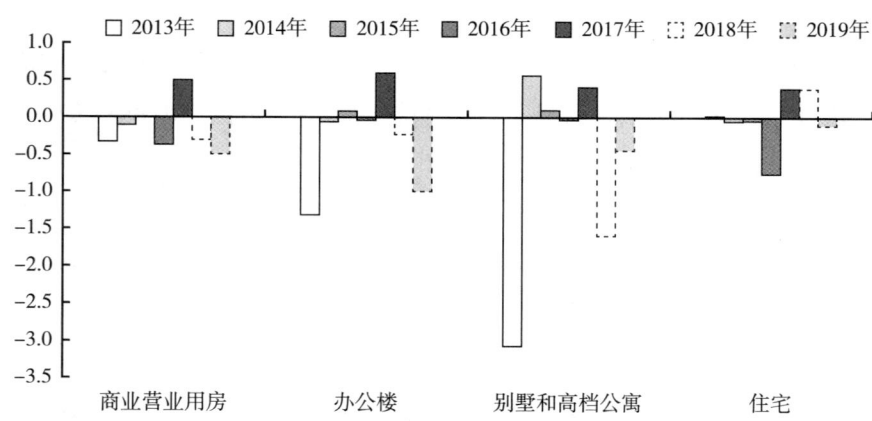

图17 2009~2019年陕西省各类商品房销售面积不确定性分布

五 陕西省房地产不确定性的特征、经验及问题总结

（一）陕西房地产不确定性的特征

1. 全省房地产不确定性的特征

①全省房地产不确定性较低（见图18）。从投资、销售面积和价格的不确定性看，2013~2019年，陕西省房地产不确定性都在正负向0.2之间，处于较低水平。②房地产投资多呈负向不确定性。2013~2016年全省房地产实际投资均小于预测值，2017~2018年虽然转为正向不确定性，但其最高仅约为0.05，说明这3年房地产实际投资只是略高于预测值。③价格不确定性波动最为显著。2013~2014年，商品房价格不确定性处于负向最大值，约为负向0.15，这说明这两年商品房销售价格不及预期。2015~2017年，价格不确定性上涨至接近正向的0.2，2019年降为负向。④投资、销售面积和价格的不确定性趋势基本一致。首先在大多数年份的不确定性方向一致，其次正向不确定性最大值和负向不确定性最大值出现年份相同（2017年）或者相近（2014年、2015年）。

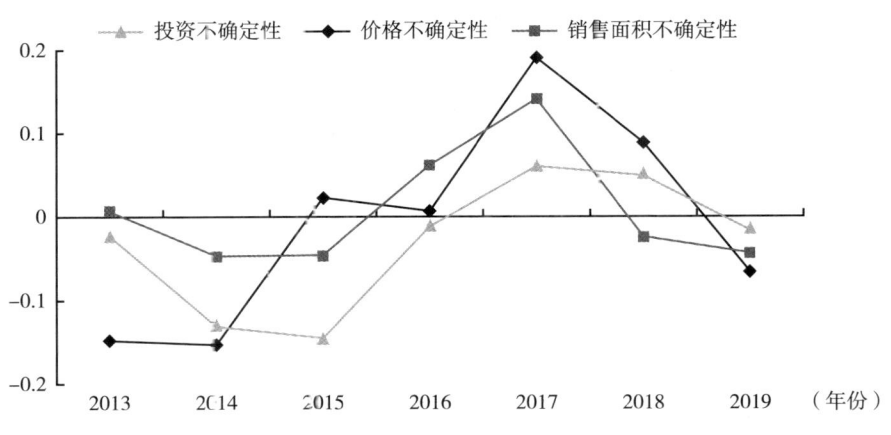

图18 陕西省房地产不确定性

2. 其他市（区）房地产不确定性特征

西安以外的其他城市是陕西房地产的重要组成部分。各地房地产不确定性差异非常大。主要呈现以下几个特征。①不确定性较大。各地在大多数年份的投资、销售面积和价格不确定性均高于全省房地产不确定性，也大于西安市房地产不确定性。②地级市房地产投资不确定性与销售面积不确定性存在较强的相关性。计算得出各地投资不确定性与销售面积不确定性的相关系数为0.92，虽然小于西安市两种不确定性的相关系数0.99，但也属强相关关系。陕西省的投资不确定性和销售面积不确定性之间相关系数仅为0.63。

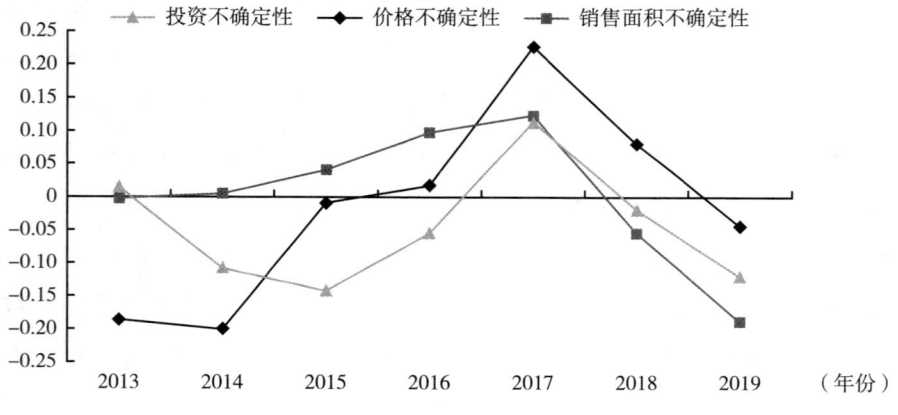

图19 2013~2019年西安市房地产不确定性

3. 住宅房地产不确定性特征

住宅是陕西房地产中最重要的类别。从图20来看，住宅的投资不确定性最为平稳，区间为（-0.2，0.2）；价格不确定性次之，区间为（-0.3，0.3）；销售面积的不确定性最强，区间为（-0.4，0.5）。销售面积不确定性和价格不确定性存在负相关关系，相关系数为-0.50。

（二）陕西房地产发展的经验与问题

1. 陕西省房地产市场的调控经验总结

通过对陕西省及西安市过去10年的房地产市场相关数据的不确定性分

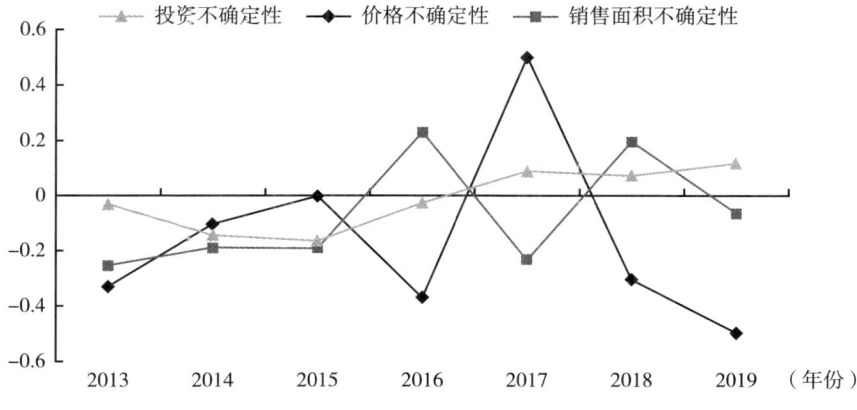

图20　2013~2019年陕西省住宅市场不确定性

析，发现促进供求平衡、合理引导预期的政策有助于降低房地产市场的不确定性风险。

为了调控陕西房地产市场，2018年依据全国两会强调的"房住不炒"总基调，西安市一方面下调落户门槛支持人才购房需求，另一方面加强金融机构风险内控，着力抑制投资、投机性购房需求。7月开始贯彻"坚决遏制房价上涨"的相关政策。

2018年，《西安市深化住房供给侧结构性改革实施方案》《陕西省城镇土地使用税实施办法》《陕西省房产税实施细则》《西安市人民政府关于进一步促进房地产市场持续健康发展有关问题的通知》《关于进一步吸引人才放宽我市部分户籍准入条件的意见》《西安市人民政府进一步加强管理保持房地产平稳健康发展的若干意见》《西安市人民政府办公厅关于进一步规范商品住房交易秩序有关问题的通知》等政策密集出台，包括限购、限贷等措施，拟抑制短期投机需求，稳定市场预期。

分析发现，2017~2018年的房地产市场调控政策在稳预期方面达到了良好的效果，陕西省、西安市房地产市场的不确定性在2017年的极高值以后都出现明显拐点，在2018年降到0.2以内，处于低位，降低了市场风险，很好地实现了政策调控的目标。

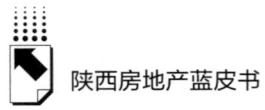

2. 陕西省房地产市场发展的问题

虽然从省级和首位城市西安的房地产市场不确定性来看,都处于低位,但对各地情况具体分析之后发现,市(区)房地产市场不确定性仍然偏大,在个别城市"一城一策"亟待落实。从2019年的房地产不确定性数据来看,其余各市(区)整体不确定性要高于全省和西安市。比较典型的地区有咸阳、渭南和杨凌示范区。咸阳市、杨凌示范区的投资、销量和价格不确定性都处于高位,咸阳、榆林的销售量不确定性最高,分别为0.34和0.27。渭南市虽然投资和销量的不确定性较高,但价格相对平稳。此外,榆林、延安和安康的销量不确定性也处于较高水平。从近两年趋势来看,2018~2019年大部分地区的投资不确定性下降,但仍有包括咸阳、渭南、杨凌、汉中等地的投资不确定性出现了不同程度的增长。从销售不确定性来看,咸阳、榆林、安康及商洛呈现加强的趋势,其他各地则有不同程度的下降。从价格不确定性来看,各地多呈正向趋势,表明各地房价增长多高于预期。

六 政策建议

房地产业的平稳健康发展关系着居民的切身利益、区域经济的健康发展、城市发展潜力及竞争力,更关系到国家稳定和整个社会经济的发展。本文通过分析陕西省房地产市场的不确定性,针对陕西省房地产市场存在的问题提出以下两点建议。

(一)以促进供求平衡的房地产政策引导房地产企业投资预期

在经济新常态背景下,稳定房地产企业的投资情绪,是我国经济高质量发展阶段要达到的重要目标。在"稳增长、稳就业、稳预期"的要求下,稳预期已经成为稳增长的重要前提。不仅要保证消费升级过程的稳定推进,更要准确把握房地产市场调控的力度,注重稳定房地产企业的投资预期,保证房地产市场供给的平稳有序。制定房地产市场政策时,不仅要打造公平透明的投资环境,更要注重保持房地产市场政策的一致性和连贯性,避免朝令夕改，加大改革力度，提表房地产企业市场信心，最终引导房地产企业形成合理的投资预期。

（二）针对房地产市场的地区差异性，探索"一城一策"实现途径

2019年4月，国家发改委出台《2019年新型城镇化建设重点任务》，要求进一步放开各类城市的落户政策限制。可以预见，未来城市发展的逻辑在于更加强调顺应城市发展的规律，这就要求结合当地的地理条件、劳动力流动、城市空间承载能力等因素，充分考虑城市间的差异性。同时，适时适当地调整保障性住房建设、增加存量房、保障房地产业信息披露，为房地产业的健康稳定发展保驾护航。

参考文献

房月琴、台玉红、白佳敏：《消费者情绪、经济政策不确定性和房价波动》，《经济研究导刊》2020年第28期。

胡成春、陈迅：《经济政策不确定性、房地产市场与宏观经济波动——基于GVAR模型的区域差异研究》，《经济问题探索》2019年第8期。

刘金全、毕振豫：《不确定性会影响货币政策对房价的调控效应吗？——基于LT-TVP-VAR模型的实证检验》，《财经论丛》2018年第10期。

杨赞、丁立群、张昊群：《中国房地产政策不确定性指数的构建》，《中央财经大学学报》2020年第1期。

Ren, H., Folmer, H., Van der Vlist, A. J., "What Role does the Real Estate-construction Sector Play in China's Regional Economy?", *The Annals of Regional Science*, 2014.

B.11
陕西绿色建筑及其评价标识发展报告

任娟 刘启波*

摘 要: 得益于我国近些年对绿色建筑的大力推动和发展,目前已经迎来绿色建筑全面提升发展阶段。新时期的发展目标定义了绿色建筑的新内涵和要求,超低能耗建筑和健康建筑作为绿色建筑发展中重要的延伸部分正得到广泛的关注与推进,也为绿色建筑的实施推广带来了更广阔的前景。本报告从绿色建筑、超低能耗建筑和健康建筑的概念与发展出发,介绍相关政策及技术在陕西省房地产开发中的实践与应用,并对绿色建筑在陕西省房地产市场中的后续发展及其面临的挑战进行了分析与展望。

关键词: 绿色建筑 超低能耗建筑 健康建筑 建筑技术

一 绿色建筑相关发展概况

(一)绿色建筑

近年来,我国的绿色建筑实践一直在稳步推进,绿色建筑设计与评价工作蓬勃发展,全社会对绿色建筑理念的认识正逐步提高。2020年7月,住

---

* 任娟,博士,长安大学建筑学院讲师,主要研究方向为绿色建筑理论与设计;刘启波,博士,长安大学建筑学院副院长、副教授,主要研究方向为人居环境与绿色建筑。

房和城乡建设部、国家发展改革委、教育部、工业和信息化部、人民银行、国管局、银保监会七部门联合印发的《绿色建筑创建行动方案》明确要求，到 2022 年，当年城镇新建建筑中绿色建筑面积占比达到 70%。随后全国多地跟进提出了各自的绿色建筑创建行动方案，承诺的绿色建筑覆盖率在 70%~100% 区间内。

现行《绿色建筑评价标准》（GB/T50378－2019）将绿色建筑定义为"在全寿命周期内，节约资源、保护环境、减少污染，为人们提供健康、适用、高效的使用空间，最大限度地实现人与自然和谐共生的高质量建筑"。我国《绿色建筑评价标准》自 2006 年第一版实施以来，经过了"三版两修"，对于绿色建筑的定义也从关注建筑物本身的"四节一环保"转化为侧重"以人为本"提升建筑品质，以建筑健康和高质量性能为目标，注重使用者对绿色建筑的感知度与获得感。因此，着力发展绿色建筑、推进建筑产业转型升级是推行我国新时代发展战略的必经途径和重要内容。

我国绿色建筑虽然起步晚，但发展迅速，已基本形成了目标清晰、政策配套、标准完善、管理到位的体系。在现行绿色建筑评价标准中，绿色建筑评价指标体系由安全耐久、健康舒适、生活便利、资源节约、环境宜居 5 类指标组成，且每类指标均包括控制项和评分项，评价指标体系还统一设置加分项。针对之前我国绿色建筑设计认证标识远远多于运行标识的情况，现行标准取消了设计标识和运行标识，统一为竣工标识，即建筑竣工后才可以进行绿色建筑标识评价，可以有效地约束绿色建筑技术的落地，保证绿色建筑性能的达标。评价等级方面，为了适应强制推广绿色建筑的形势，现行国标增设了"基本级"，即我国绿色建筑等级划分为基本级、一星级、二星级、三星级。

"2020 中国绿色建筑 TOP 排行榜"和《中国绿色地产研究发展报告》显示，过去 13 年来，由房地产企业申报的绿色建筑面积占比在逐年增加，从 2006 年的 46% 上涨到 2019 年的 82%，该比例仍有继续增长的趋势。目前大型房企的绿色实践，已成为我国绿色建筑规模快速增长的主要原因。

在 2020 年中国房地产绿色开发竞争力 50 强的入选房企中，目前已有

10家公开承诺公司新建建筑将100%符合绿色建筑标准,包括朗诗地产、当代置业、中国金茂、万达集团、万科集团、瑞安房地产、中国葛洲坝地产、金融街控股、世茂集团和中梁地产集团。报告同时显示,满足国家强制性要求的合规性仍是大部分房企打造绿色建筑的最大驱动力。但有部分企业将申报绿色标识作为检验科技创新的成果之一,绝大多数房企都将实践绿色建筑作为履行社会责任的方式之一。

2020年11月,住建部发布了《绿色建筑标识管理办法(征求意见稿)》,该征求意见稿的核心思想是收回绿色建筑标识评价权、统一绿色建筑标准、规范绿色建筑市场。可以看出我国绿色建筑的发展已进入高质量、强管控发展时代,同时也需要房地产企业及时调整和积极响应。

(二)超低能耗建筑

近些年随着国家不断大力推出节能减排政策以及措施,我国建筑节能事业取得了重大进展,建筑节能标准不断提高。为了最大限度地减少建筑物的供暖和制冷需求,充分利用可再生能源,并提供能耗更低的舒适室内环境,我国正在积极开展超低能耗建筑、近零能耗建筑建设示范。近几年,超低能耗建筑受到国家及各地政府的大力支持,发展迅速,各地建设了一批超低能耗居住建筑及公共建筑示范项目。

超低能耗建筑是指在围护结构、能源和设备系统、照明、智能控制、可再生能源利用等方面综合选用各项节能技术,能耗水平远低于常规建筑的建筑物,是一种不用或者尽量少用一次能源,而使用可再生能源的建筑物。类似的概念还包括低能耗建筑、零能耗建筑等。

2015年住房和城乡建设部颁布的《被动式超低能耗绿色建筑技术导则(试行)(居住建筑)》将被动式超低能耗绿色建筑(简称"超低能耗建筑")定义为"适应气候特征和自然条件,通过保温隔热性能和气密性能更高的围护结构,采用高效新风热回收技术,最大程度地降低建筑供暖供冷需求,并充分利用可再生能源,以更少的能源消耗提供舒适室内环境并能满足绿色建筑基本要求的建筑"。2019年9月1日起,国家标准《近零能耗建筑技术标准》（GB/T51350-2019）正式实施，其中明确规定"超低能耗建筑是近零能耗建筑的初级表现形式，其室内环境参数与近零能耗建筑相同，能耗指标略低于近零能耗建筑，其建筑能耗水平应较国家标准《公共建筑节能设计标准》（GB50189-2015）和行业标准《严寒和寒冷地区居住建筑节能设计标准》（JGJ26-2018）、《夏热冬冷地区居住建筑节能设计标准》（JGJ134-2016）、《夏热冬暖地区居住建筑节能设计标准》（JGJ75-2012）降低50%以上"。该标准是国际上首次通过国家标准形式对近零能耗建筑、超低能耗建筑、零能耗建筑等相关定义进行明确规定，明确了室内环境参数和建筑能耗指标的约束性控制指标，也是我国首部引领性建筑节能国家标准。

住建部《建筑节能与绿色建筑发展"十三五"规划》提出，积极开展超低能耗建筑、近零能耗建筑建设示范，引领标准提升进程，在具备条件的园区、街区推动超低能耗建筑集中连片建设，到2020年，建设超低能耗、近零能耗建筑示范项目1000万平方米以上。随后，河北、山东、河南、北京、重庆等省市针对超低能耗建筑示范推广的政策和技术标准陆续出台，进一步明确超低能耗建筑发展目标、任务与路径，在财政补贴、非计容面积奖励、备案价上浮、绿色信贷等方面提供政策优惠，提出通过优化产业布局、支持科技创新、完善标准体系等手段加强超低能耗建筑产业培育，绘制产业蓝图。

2020年9月，由中联西北工程设计研究院有限公司主编的陕西省工程建设标准《超低能耗居住建筑节能设计标准（征求意见稿）》已编制完成并公开征集意见。该标准适用于陕西省新建、改建和扩建的超低能耗居住建筑的节能设计。该标准强调，超低能耗居住建筑的规划设计应结合陕西省气候特征和自然条件，在建筑空间布局、朝向、体形系数和使用功能方面体现超低能耗居住建筑的设计理念与特点。其节能设计应以室内环境参数及能效指标为约束性指标，以围护结构、能源设备和系统等性能参数为推荐性指标。应采用性能化设计方法，优化围护结构保温、防潮、通风、遮阳等关键设计参数，最大限度地降低供暖、供冷的能源消耗量。标准要求超低能耗居住建

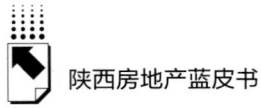

筑应采用全装修设计，并对能效指标计算也做出相应规定。该标准在结合国内外超低能耗居住建筑的基础上，考虑陕西省的实际情况，建立符合陕西省实际的超低能耗居住建筑技术标准体系，为陕西省超低能耗居住建筑的建设推广提供技术依据，引导陕西省居住建筑逐步实现超低能耗，规范陕西省超低能耗居住建筑设计标准。

随着超低能耗建筑技术的全面推广，市场规模也不断壮大。欧盟规定2020年起全部采用被动房标准建设，新建房屋如不能达到被动式超低能耗建筑标准，将不予发放开工建设许可证。推广被动式超低能耗建筑，成为我国建筑行业改变传统建筑高能耗、高污染、低质量发展方式，实现建筑行业转型升级的有效方法，被动式超低能耗建筑在房地产市场中的发展前景广阔。

（三）健康建筑

健康是促进人的全面发展的必然要求，是经济社会发展的基础条件。随着社会的不断进步，人们追求健康生活的愿望变得更加迫切。建筑与使用者的身心健康息息相关，建筑的健康性能对人们追求高质量的健康生活至关重要。近年来，我国的绿色建筑发展迅速。与绿色建筑相比，健康建筑是绿色建筑更深层次的发展。从生活质量层面来看，健康建筑是人们追求健康生活的需求；从国家战略层面来看，健康建筑是健康中国战略的需求。

《国务院发布关于实施健康中国行动的意见》（国发〔2019〕13号）强调，国家层面成立健康中国行动推进委员会，制定印发《健康中国行动（2019~2030年）》，细化专项行动的目标、指标、任务和职责分工。国家发布的一系列文件，将健康提升到国家战略的高度，因此提升建筑健康性能是我国未来的重要发展方向。提升建筑健康性能，建造健康建筑，满足人民群众对建筑健康性的需求，既是响应健康中国战略的重要载体，也是全面建成小康社会、实现中国梦的重要内容。

2014年10月，美国Delos公司发布了关注人体健康和福祉的建筑评价标准——WELL健康建筑评价标准。WELL是全球第一部专注通过室内环境来提升人体健康与福祉的建筑认证标准，是国际知名的健康科学专家、建筑科学专家经过长达7年的对话、研究及检验而推出的，以建筑实际表现来衡量和认证的体系。WELL是全球首个完全专注建筑如何影响人体健康的评级系统，自发布以来引起全球建筑行业的关注。我国也在积极践行该标准，目前中国是全球WELL注册面积最大的市场。

健康中国战略的提出给予了房地产行业一个新的发展契机，健康中国战略与建筑息息相关，健康建筑的发展将会促进人居迭代升级，打造居住新模式，进一步促进我国健康战略的落地。健康建筑的发展需要标准体系的支撑，2017年1月发布实施为《健康建筑评价标准》（T/ASC02-2016）遵循多学科融合原则，对建筑的空气、水、舒适性、健身、人文、服务六类指标进行综合评价。2017年2月《健康建筑标识管理办法（试行）》下发，第一批健康建筑的评价工作随之开始，这意味着我国健康建筑发展启动。

截至2018年11月，我国已开展6批共21项健康建筑标识项目。其中，运行标识2项、设计标识19项、公共建筑5项、住宅建筑16项，二星级建筑14项、三星级建筑7项，总建筑面积157.55万平方米。目前，《健康社区评价标准》（T/CECS 650-2020，T/CSUS 01-2020）自2020年9月1日起施行；《健康小镇评价标准》（T/CECS 710-2020）于2020年10月1日起实施。健康系列标识包含健康建筑标识（Healthy Building Label）、健康社区标识（Healthy Community Label）、健康小镇标识（Healthy Town Label）。其他健康方面标准如"健康酒店评价标准""健康医院建筑评价标准"也在征求意见中。

2019年版《绿色建筑评价标准》指标体系充分体现了"以人为本"理念，将"健康舒适"纳入评价体系，提高室内空气质量、自然采光时数、热湿环境、室内外健身空间、推广爬楼设计、建设健身步道等要求，接轨健康建筑新要求。

我国的健康建筑以绿色为前提的建筑，既保护自然环境，又有利于居住者健康，这不仅是绿色建筑的丰富和发展，也是建筑功能的完善与更佳展现。对于每一个居住者和使用者，健康建筑都是福音，所以应发挥国家政策的导向作用，并借助评价机构的技术支持，让健康建筑的引领和示范作用得以展示。据《中国健康建筑研究报告2020》显示，健康建筑逐渐为房地产市场所青睐。多家企业发布了健康住宅相关产品，如保利发展控股发布"全生命周期居住系统2.0——Well集和社区"，中国金茂推出了"无接触式"健康住宅，绿地集团发布健康宅2.0标准，越秀地产发布健康人居2.0体系，武汉当代地产集团发布当代BIO亲生命健康住宅标准企业1.0版，力高集团推出《健康建筑防疫设计标准》等。健康建筑及其关联产业将成为地产行业高质量发展的重要方向，形成健康建筑产业链。同时，应整合更多资源，如科研机构、高校、地产商、产品生产商、医疗服务行业、物业管理单位、适老产业、健身产业等，带动健康建筑产业发展，积极将中国的绿色建筑、健康建筑及相关产业推向国际。

二 绿色建筑技术在陕西省房地产开发中的应用

（一）陕西省2020年度绿色建筑相关新政策概述

长期以来陕西省制定了多项政策措施推进绿色建筑的示范推广，并取得了显著的成效。2020年9月，陕西省住建厅、省发改委、省教育厅、省工信厅、省财政厅、省自然资源厅、省市场监督管理局、省机关事务服务中心联合印发颁布的《陕西省绿色建筑创建行动实施方案（2020~2022年)》（陕建发〔2020〕1127号）强调，陕西省要分步推动城镇建筑工程执行绿色建筑标准，新建建筑性能品质持续提升。城镇绿色建筑占新建建筑的比例2021年达到55%，2022年达到60%。其中，从创新管理机制、发展绿色建筑、提升建筑能效、加强技术创新、加强运行管理5个方面监督负责单位开展工作，并通过建立工作机制、明确职责分工、评价创建结果、开展试点示范、加强宣传引导、组织实施绿色建筑创建行动，推动陕西省绿色建筑高质量发展，满足人民群众对绿色居住的需要。

2020年12月，陕西省住建厅发布《关于设区城市新建建筑执行绿色建筑标准的通知》，并根据《陕西省民用建筑节能条例》和《陕西省绿色建筑创建行动实施方案》规定，要求自2021年起，设区城市新建建筑全面按照绿色建筑标准设计、建设；不得以任何理由要求设计单位降低绿色建筑标准进行设计；设计单位在设计文件中明确绿色建筑设计专篇，自2021年3月1日起，在对建筑工程设计文件施工图审查时，应当对绿色建筑技术措施进行审查；监理单位应编制绿色建筑监理实施细则并实施监理。

（二）绿色建筑技术在陕西省房地产开发中的应用

1. 富平神华热电厂办公楼

本项目位于富平热电厂厂区内，为电厂行政办公区。总建筑面积为17196.2平方米，其中办公区建筑面积4481.8平方米，地上四层，由行政办公楼及工业旅游展示厅两部分组成。办公楼为整个厂区的门户和对外形象的重要展示面，使用正确的项目立意和技术手段设计出低碳、绿色且空间丰富、具有地域特色的绿色建筑，是本次设计的首要目标。基于陕西富平气候特点以及本项目位于热电厂生活区的先天条件，为达到被动式超低能耗设计目的，设计团队以"被动式技术优先、主动式技术优化、可再生能源辅助"为设计原则，采取如下具体策略。

（1）被动优先。该设计方案结合地域气候自然条件，合理选择建筑布局与朝向；在满足建筑功能布局和建筑造型要求的前提下，控制建筑体型系数；重点考虑自然通风，优化建筑风环境；提高室内采光系数，选择最适宜的开窗面积和遮阳措施，优化建筑室内外环境设计。项目采用高效围护结构节能技术，在外墙保温节能、屋面保温隔热、高性能节能门窗设计等方面都进行了探索，特别是项目选用具有富平当地特色的陶砖作为主要外围护结构材料，陶砖具有一定的防水透气及保温性能，在实现建筑立面效果的同时，有效地避免了水蒸气在墙体内部结露问题。

（2）主动式技术优化。项目采用低能耗预冷预热新风系统，通过废热利用实现近零能耗采暖。设计团队因地制宜采用地道风预冷系统，通过对新风进行预冷，降低夏季新风空调能耗。结合热电厂条件，本项目供暖系统可全部由电厂余热系统承担，实现了能源梯级利用。

（3）可再生能源辅助。项目通过屋面太阳能光电系统和南向太阳能光伏遮阳一体化系统进行可再生能源的利用开发。经计算，太阳能光伏发电单位面积可补充建筑耗电量13.40千瓦时，每年可节省用电约60000千瓦时，占全年建筑用电量的14.95%，每年可节约标煤约25.48吨（换算），减少了大量污染物排放。

本项目按照实际设计计算的模拟综合能耗为每年40.94千瓦时/米^2，节能率为71%，通过对办公楼一年多的实测，确定项目运行综合能耗值为每年38.85千瓦时/米^2，低于模拟能耗，实际节能率为73%，经济、环境和社会效益明显。

2. 西安高新·天谷雅舍项目

相较于传统建筑，西北首家超低能耗社区——高新·天谷雅舍项目让居住者享有更高的舒适度和更好的健康环境。

其中，通过建筑物的优良气密性来减少建筑物向外部散发室内热量，并确保形成室内热量自循环系统，建筑物的隔热性能已得到显著改善。同时，建筑消除了冷热桥，并防止了热量通过墙壁、门窗散发的可能性，与普通房屋相比，极大地提高了室内温度的恒定性能并减少了结露。此外，高新·天谷雅舍通过规划和设计选择了合适的建筑朝向，采用了特殊的窗户材料和类型，应用高效带热回收的新风系统，这些措施极大地提升了居住舒适度。

高新·天谷雅舍的配套公建幼儿园工程总建筑面积7473.80平方米，其中地上建筑面积4710平方米，是陕西省第一个被动式公共建筑，现已通过德国能源署（Dena）被动房验收。该项目按照《近零能耗建筑技术标准》（GB/T51350－2019）进行设计，在门窗、保温、防水、遮阳、新风等方面广泛采用建筑节能"四新"技术产品，达到了被动优先、主动优化的要求，实现了节能、环保、健康、舒适的绿色建筑目标。在幼儿园的设计中，采用超低能耗建筑的外保温体系和屋面系统。外立面着重处理外保温、幕墙、石材交叉节点的工艺技术，在种植屋面的保温措施方面也进行了严格的要求。

幼儿园采用记忆式遮阳板，这种遮阳板会随着每天太阳方位和角度的不同自动调节方位和角度，除了节能效果更好之外，也让室内温度更加宜人，从而提供了温暖健康的环境。另外，幼儿园采用了太阳能光伏和光热系统，通过太阳能热水系统为幼儿提供必需的生活热水，太阳能光伏设计解决了幼儿园照明系统能源供给的问题。

3. 宝鸡如意茵香·科技智慧生态康养社区

作为陕西省首家已申报的超低能耗建筑示范项目，宝鸡如意茵香·科技智慧生态康养社区，在项目实施时严格遵循国家标准《近零能耗建筑技术标准》，同时有效地结合了当地的气候特点和人居环境的高舒适性要求，实现建筑内恒温、恒湿、恒氧、恒洁、恒静、恒智，对近零能耗建筑技术标准在陕西的运用起到了示范性作用。项目使用的建筑材料的隔热标准远高于传统住宅建筑，智能新风系统不断向客厅、卧室和书房提供新鲜空气，并安装电子净化器有效过滤室外的PM2.5（细颗粒物）、灰尘、细菌、病毒和其他有害物质；被动房专用门窗具有加厚的隔热层、良好的气密性与隔音隔热性能；人脸识别门禁、智能指纹密码锁、智能窗帘、智能照明控制系统、智能镜子、智能电梯、智能厕所等设备给使用者带来全方位的智能服务。

三 展望和建议

住建部、国家发改委等多部门颁布的《绿色建筑创建行动方案》提出，到2022年，当年城镇新建建筑中绿色建筑面积占比达到70%，星级绿色建筑持续增加，既有建筑能效水平不断提高，住宅健康性能不断完善，装配化建造方式占比稳步提升，绿色建材应用进一步扩大，绿色住宅使用者监督全面推广，人民群众积极参与绿色建筑创建活动，形成崇尚绿色生活的社会氛围。

现阶段，我国房地产开发中绿色建筑的发展水平与发达国家相比仍存在较大差距，建筑能耗仍然较大，特别是建筑材料耗能高、预制构件及装配式

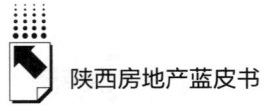

建筑数量较少、施工工艺水平仍较为落后,这也造成建筑绿色性能的不足。

结合陕西省房地产发展现状,建筑节能与能源的合理利用仍然是绿色建筑发展的主要内容。然而目前结合陕西省不同地域特征及资源状况,发展合理建筑能源的实践仍有待丰富,针对超低能耗建筑和健康建筑的推广示范仍需加强。在陕西全省城市能耗构成中,可再生能源如太阳能、风能、地热能等的实际应用率还比较低。在建筑项目中,房屋保温性能提高、热损失降低、碳排放减少仍是业界关注的重点问题。

1. 陕西省房地产开发需进一步注重减碳排放

有研究分析结果显示,水泥生产量、公路运输距离、电力消耗量、建筑业企业劳动生产率、常住人口数、产业结构、城镇人口比重和建筑企业房屋建筑竣工面积是陕西省建筑业碳排放量持续增长的最主要影响因素。建筑运行使用阶段是全生命周期中碳排放量最多的阶段,其碳排放量一般占55%~75%。需要增强建筑的保温隔热功能,积极推行集中供暖,减少能源浪费;淘汰高能耗、低效率的旧设备,提高可再生能源的使用比例,减少电力消耗量,降低建筑在使用过程中产生的碳排放量。此外,合理处置建筑垃圾,缩短运输距离,并且在施工阶段通过提高工人劳动生产率、优化机械使用效率来降低施工阶段的碳排放量。宏观管控建筑企业房屋建筑竣工面积,有效规划建筑规模,不浪费资源,也是减少建筑业碳排放的重要举措。

2. 陕西省房地产开发仍需重视推广被动式设计,目前被动式低能耗建筑发展存在较多制约因素

被动式建筑设计就是通过建筑设计本身,而非利用机械设备等,达到减少用于建筑照明、采暖及空调的能耗。在建筑方案的策划与设计过程中,需根据建设地所在区域的气候特征,遵循建筑环境控制技术基本原理,综合建筑功能、形态等需要,合理组织和处理各建筑元素,使建筑物具有较强的气候适应能力和气候调节能力。目前在建筑项目的开发中较为重视依靠人工设备的主动式绿色技术,而对较多依靠设计的被动式绿色技术使用要求较少。其原因有两点:①建筑相关单位从规划到设计整个过程中忽视被动式设计;②开发商为迎合人群的非环保消费而增加主动式设备。被动式超低能耗建筑

的建造受建筑材料、设备性能及价格制约较大，针对开发企业及购买者的相关激励支持政策仍较欠缺。材料配件性能检测标准和建筑市场标识推广等问题仍有待解决。

3. 陕西省须重视健康建筑的品牌示范项目与相关产业链打造

随着健康中国战略的确定，国内兴起营建健康建筑的风潮。尤其在新冠肺炎疫情突然袭来以及疫情防控常态化之后，健康理念融入建筑更成为行业共识。随着"十四五"规划对健康中国战略的重申，生活中人们更加重视健康、养生，能够保障人类健康的建筑将成为新一代购房者的关注焦点。健康性能或将成为购房的重要看点和决策因素，或将成为刚性需求和改善居住环境的优先选择。但是对比东部省份，目前在陕西省房产开发中关于健康建筑的理念传播与设计实践较为缺少，亮点品牌示范项目尚未出现。健康建筑在我国的发展总体上仍处于方兴未艾的早期阶段，市场潜力巨大。对陕西省房地产市场来讲，尽快加强健康建筑产品的研发，建立独具特色的健康建筑标准与示范项目，对于快速俘获消费者，抢占市场先机，十分重要且紧迫。

绿色建筑开发在陕西省真正全面推广、房地产企业绿色转型成功的关键是，建筑相关领域不同背景人群认同与正确理解绿色可持续观念，切实营造良好的市场与社会氛围，创造出绿色舒适健康的生活。

参考文献

宝鸡新闻网：《全省首家"超低能耗建筑"示范社区来了！就在咱宝鸡》，http://www.baojinews.com/p/343975.html。

曹倩：《陕西省节能减排潜力、地区效率差异及其收敛性研究》，硕士学位论文，西安建筑科技大学，2020。

高新地产：《高新地产天谷雅舍项目幼儿园工程荣获"近零能耗建筑"认证》，http://www.xagxdc.com/article.asp?id=711。

倪欣：《西北地区超低能耗建筑设计技术策略研究——以富平热电厂办公楼为例》，《当代建筑》2020年第8期。

王清勤、孟冲、李国柱、谢琳娜、刘茂林：《我国健康建筑发展理念、现状与趋势》,《建筑科学》2018年第9期。

西安楼市情报:《揭秘!西北首个"近零能耗建筑",有多神奇?》,https://ishare.ifeng.com/c/s/v0026q1VRJ5lh4tN6yfWE89VhNAhZ--aU08jiX8wIm1t8hyg。

于萍、陈效逑、马禄义:《住宅建筑生命周期碳排放研究综述》,《建筑科学》2011年第4期。

中国被动式超低能耗建筑联盟:《我国首部建筑节能引领性国家标准〈近零能耗建筑技术标准〉发布》,https://www.sohu.com/a/304257138_231811。

中国房地产报:《2020中国绿色建筑TOP排行榜系列榜单解读》,https://www.sohu.com/a/438640784_231811。

中国建设新闻网:《住房和城乡建设部等7部门联合印发绿色建筑创建行动方案》,http://www.chinajsb.cn/html/202007/27/12061.html。

中华人民共和国住房和城乡建设部:《被动式超低能耗绿色建筑技术导则(试行)(居住建筑)》,2015年11月。

中华人民共和国住房和城乡建设部、国家市场监督管理总局:《绿色建筑评价标准GB/T50378—2019》,中国建筑工业出版社,2019。

中华人民共和国住房和城乡建设部、国家市场监督管理总局:《近零能耗建筑技术标准GB/T51350-2019》,中国建筑工业出版社,2019。

中华人民共和国住房和城乡建设部:《建筑节能与绿色建筑发展"十三五"规划》,2017年2月。

中华人民共和国住房和城乡建设部:《绿色建筑:添彩美丽中国》,http://www.mohurd.gov.cn/zxydt/201908/t20190826_241561.html。

B.12 陕西省老旧小区改造对区域经济发展的影响研究

王蔚然 陈德鑫 郭辉 梁明俏*

摘　要： 城镇老旧小区改造工程，既是坚定实施扩大内需战略、构建新发展格局的重要路径，也是满足人民群众美好生活需要、推动惠民生扩内需、推进城市更新和促进经济高质量发展的重要指南。陕西省进一步明确城镇老旧小区改造任务，重点改造2000年年底前建成的老旧小区。本研究基于陕西省11个市（区）的面板数据，通过构建DID模型，对比老旧小区改造政策对陕西省经济的增长效应，以控制人均固定资产、基础设施水平、政府一般预算支出和产业结构等变量检验政策实施的作用效果。研究发现，城镇老旧小区改造可以有效提升区域经济水平。

关键词： 老旧小区　DID模型　区域经济

一　陕西省老旧小区改造现状

面对城市化进程的快速发展、当前资源储量有限的现状，"拉链式"

---

* 王蔚然，博士，西安财经大学讲师，主要研究方向为房地产金融和城市开发；陈德鑫，延安市城市运行监督管理中心副主任，延安市安塔区城市管理执法局党委书记、局长；郭辉，西安财经大学硕士研究生，主要研究方向为房地产金融和城市开发；梁明俏，西安财经大学硕士研究生，主要研究方向为房地产金融和城市开发。

缝缝补补的改造方式和"大拆大建、用后即弃"的粗放型建设方式，显然已与新时代高质量、绿色发展战略需求不能适应。城镇老旧小区改造是解决重大民生问题、落实建设领域绿色发展的重要途径。通过存量优化和新建提升并举的新型建设方式，推进既有建筑绿色改造将是城镇化与城市发展领域的重要发展方向。对此，国家发布了一系列政策（见表1）。

表1 老旧小区改造政策（出处）及要点

序号	时间	出处	发布机构或领导	内容
1	2014年3月	《国家新型城镇化规划（2014～2020年）》	中共中央国务院	按照改造更新与保护修复并重的要求，健全旧城改造机制，优化提升旧城功能。有序推进旧住宅小区综合整治、危旧住房和非成套住房改造，全面改善人居环境
2	2015年12月	中央城市工作会议	中共中央国务院	有序推进老旧住宅小区综合整治；推进城市绿色发展，提高建筑标准和工程质量
3	2016年2月	《关于进一步加强城市规划建设管理工作的若干意见》	中共中央国务院	有序实施城市修补和有机更新，解决老城区环境品质下降、空间秩序混乱、历史文化遗产损毁等问题，促进建筑物、街道立面、天际线、色彩和环境更加协调、优美
4	2017年3月	《关于印发建筑节能与绿色建筑发展"十三五"规划的通知》	住房和城乡建设部	持续推进既有居住建筑节能改造。积极探索以老旧小区建筑节能改造为重点，多层建筑加装电梯等适老设施改造、环境综合整治等同步实施的综合改造模式。鼓励有条件的地区开展学校、医院节能及绿色化改造试点
5	2018年9月	《关于进一步做好城市既有建筑保留利用和更新改造工作的通知》	住房和城乡建设部	高度重视城市既有建筑保留利用和更新改造，提出要求建立健全城市既有建筑保留利用和更新改造工作机制、构建全社会共同重视既有建筑保留利用与更新改造的氛围
6	2019年3月	政府工作报告	李克强总理	2019年政府工作任务之一即"提高新型城镇化质量"，推进城镇棚户区改造，大力进行老旧小区改造提升

续表

序号	时间	名称	发布机构或领导	内容
7	2019年6月	国务院常务会议	李克强总理	部署推进城镇老旧小区改造,顺应群众期盼改善居住条件的呼声,包括明确改造标准和对象范围,开展试点探索,为进一步全面推进积累经验;重点改造小区水、电、气路及光纤等配套设施,有条件的可加装电梯,配建停车设施;在小区改造基础上,引导发展社区养老、托幼、医疗、助餐、保洁等服务
8	2019年7月	国务院政策例行吹风会	住房和城乡建设部副部长黄艳	城镇老旧小区改造工作是一件立足当下、利在长远的重大民生发展工程。需要改造的城镇老旧小区有17万个。摸清城镇老旧小区的类型、居民改造愿望等需求,明确城镇老旧小区改造的标准和对象范围;在城镇老旧小区改造中积极开展"美好环境与幸福生活共同缔造"活动,加强政府引导和统筹协调,动员群众广泛参与,积极创新城镇老旧小区改造投融资机制;在城镇老旧小区改造基础上,顺应群众意愿,积极发展社区养老、托幼、医疗、助餐、保洁等服务,推动建立小区后续长效管理机制

据统计,陕西省2000年以前城镇老旧小区约有9000个,涉及约120万户居民。2019~2020年陕西省老旧小区改造资金争取量位居全国第六,共申请到中央补助资金约80亿元,再加上省级配套资金3.7亿元,共支持全省约600个城镇老旧小区配套基础设施改造项目和2600个城镇老旧小区改造项目。2020年,陕西省住建厅会同省财政厅安排省级配套资金和中央补助资金共计15.38亿元,惠及全省11万户居民。加上2019年的补助资金,省发改委、省财政厅已安排资金39亿元,支持陕西省的城镇老旧小区改造工作。

二 老旧小区改造对陕西省区域经济发展影响分析

城市建设是现代化建设的重要引擎,是构建以国内大循环为主体、国内国际双循环相互促进的新发展格局的重要支点。实施老旧小区改造，谋划推进一系列改造内容，不仅有利于充分释放陕西省经济发展的巨大潜力，还能形成新的经济增长点，培育发展新动能，促进经济长期持续健康发展。

（一）老旧小区改造具有增加小区经济价值的卓越条件

从老旧小区的情况来看，很多老旧小区存在居民老龄化严重、适老和幼化设施改造不足、单元楼未安装电梯、缺少固定停车场、无循环产业圈、人车混杂、秩序混乱等一系列问题。通过老旧小区改造，各小区楼盘价值一路向好，物业服务、医疗、建材业、商业等行业强势崛起。老旧小区改造既有效推动了室内"二次装修"，也有利于提升片区二手房和新房的循环率，同时修复片区商业文化，增强产业链循环，提升城市知名度，增加小区经济价值，扩大老旧小区改造影响力。

（二）老旧小区改造具有稳投资、促消费的时代机遇

老旧小区改造是稳投资和扩内需的重要手段，不能忽视其对经济增长的贡献。另外，老旧小区改造能带动相关产业发展，给相关产业带来巨大发展机遇。老旧小区改造是"新基建"与传统基建的有机结合，着力优化公共基础设施和公共服务、推进新技术融入社会治理末梢的老旧小区改造，能让"新基建"更好地落地，让更广泛的人群分享"新基建"的红利。老旧小区改造是提升人民群众获得感、幸福感、安全感的民生工程，是解决城市发展不平衡不充分问题的发展工程，也是加强和创新社会治理，打造共建共治共享社会治理格局的改革工程。

（三）老旧小区改造具有提升产业带动发展的优良潜能

老旧小区改造面对的是众多完全不同的行业和领域，是"新基建"与新消费的重点发力方向，包括公共服务配套设施、小区社区综合服务设施、卫生服务站等公共设施、周界防护等智能感知设施，以及社区专项服务设施，比如养老、托育、助餐、家政保洁、便利店、便民市场、邮政快递末端

综合服务站等。老旧小区改造涉及多个行业的投资、消费和生产,将"新基建"和新消费相结合,以市场化需求为方向,以新时代发展为契机,带动各项产业全面发展。

三　基于DID模型研究

(一)模型设定

双重差分模型(DID)多被用于政策效应评估。本研究在模型构建上,将2015~2020年陕西省各市(区)的老旧小区总个数取平均值作为基数,以2018年各市(区)的老旧小区改造数量与基数的比值表示改造率,其中将改造率超过20%的市(区)视为已进行老旧小区改造的地域,作为实验组;改造率低于20%的市(区)视为未进行改造的地域,作为对照组。用两个虚拟变量对样本进行分组,以treated变量来区分实验组与对照组,treated=1表示实验组,treated=0表示对照组;以period变量用来区分政策发生时间的先后,period=1表示某区域处于老旧小区改造中及之后,period=0表示老旧小区处于改造前,具体设置为:

$$y_{it} = \beta_0 + \beta_1 treated_i \cdot period_t + \beta_2 X_{it} + \varepsilon_{it} \tag{1}$$

模型的被解释变量y_{it},用$PGDP_{it}$人均国内生产总值的对数来表示,用于反映老旧小区改造对区域经济发展水平的影响;X为一组控制变量,ε_{it}为误差项。

模型的核心变量是$treated_i \cdot period_t$,为实验组与政策时间的交叉项,其系数β_1即是本研究所关心的老旧小区改造政策效应系数。如此,可见如下推导:

$$y_{it} = \beta_0 + \beta_1 treat_{it} \cdot year_{it} + \beta_2 treat_{it} + \beta_3 year_{it} + \varepsilon_{it} \tag{2}$$

对于实验组,实验前后均差分估计为:

$$E(Y \mid X, treat = 1, year = 1) - E(Y \mid X, treat = 1, year = 0) = \beta_1 + \beta_3 \tag{3}$$

其中,对实验组和对照组共同起作用的是时间因素 β_3,所以公式(3)的估计并不能精确刻画老旧小区改造政策效应,下一步需要去掉时间因素的干扰。

对于对照组,实验前后的差分估计为:

$$E(Y \mid X, treat = 0, year = 1) - E(Y \mid X, treat = 0, year = 0) = \beta_3 \quad (4)$$

估计(4)得到的正是(3)所不能分离的时间效应,所以(3)和(4)得到的结果是 β_1,即差分再差分去除了影响两组的一些共同因素,得到的是"老旧小区改造"净效应。

(二)控制变量与数据来源

为了增强上述方程的稳健性,在现有相关文献基础上,选择以下变量控制其他因素对经济发展的影响。控制变量包括人均固定资产投资、人均交通道路面积、产业结构、政府预算支出(见表2)。

表2 各变量定义和描述统计

变量名称	变量定义	观测值	均值	标准值	最小值	最大值
lnPGDP	人均国内生产总值的对数	50	10.72	0.428	10.08	11.70
lnpway	人均交通道路面积的对数	50	2.571	0.335	1.977	3.339
gov	一般公共服务支出占GDP比值	50	0.231	0.0697	0.134	0.390
ts	第三产业增加值与第二产业增加值比值	50	0.781	0.373	0.410	1.855
lnpfix	人均固定资产投资的对数	50	6.543	1.033	4.305	9.035
treated	改造区域是实验组为1,否则为0	50	0.500	0.505	0	1
period	改造小区实施政策当年及之后为1,否则为0	50	0.600	0.495	0	1

以陕西省面板数据进行研究,全部样本均取自陕西省各市(区),样本数据时间跨度为2015~2019年,原始数据主要来源于《中国统计年鉴》、陕西各市(区)统计年鉴和公报。

(三)基本检验结果分析

老旧小区改造政策对区域经济发展水平的回归分析结果见表3,模型

（1）是不加控制变量的回归模型，模型（2）~（5）是加入人均固定资产投资、人均交通道路面积、产业结构、政府预算支出等控制变量的回归模型。结果发现，随着控制变量的逐渐增加，核心解释变量 treated·period 交互项系数始终为正，表明老旧小区改造政策的实施对区域经济发展水平有促进作用。

模型（5）中，人均固定资产投资对区域经济增长通过了1%的显著性水平检验，对人均GDP的影响为正，表示人均固定资产投资对区域经济增长具有显著的正向影响作用，表明新增固定资产越高的地区发展速度越快，老旧小区改造对建材的需求越大，对经济发展效率的提升作用更加明显。另外，人均道路交通面积系数为0.361，基础设施对经济增长通过5%的显著性水平检验，其说明对经济同样具有促进作用。

政府支出通过1%的显著性水平检验，但该影响效应为负数，表示陕西省政府支出结构存在不合理部分。政府作用（财政支出）主要分为行政管理费用和民生费用，因此，当政府支出主要用于行政管理费用时，对区域经济将产生负面作用；当主要用于民生支出时，能改善区域营商环境和发展基础，对区域经济增长具有一定的正向影响。结果表明政府用于民生发展的财力有限，而老旧小区改造需要政府在财政金融信贷等方面给予一定的扶持政策，政府应调整行政管理费用与民生支出，使它们处于均衡状态。

第三产业增加值与第二产业增加值的比值水平变化总体上对区域经济发展有显著影响，通过10%的显著性水平检验，该影响效应为负数。

表3 回归分析结果

	（1）	（2）	（3）	（4）	（5）
c. treated#~d	0.0122 ［0.2389］	0.0249 ［0.0477］	0.0245 ［0.0515］	0.0167 ［0.0522］	0.0419 ［0.1338］
treated	0.0705 ［0.1759］	－0.152* ［0.0660］	－0.15 ［0.0878］	－0.176* ［0.0863］	－0.258* ［0.1050］
period	0.222 ［0.2014］	0.201*** ［0.0401］	0.201*** ［0.0411］	0.209*** ［0.0406］	0.236* ［0.1141］

续表

	(1)	(2)	(3)	(4)	(5)
lnpway	—	0.187 * [0.0704]	0.187 * [0.0739]	0.189 * [0.0723]	0.361 ** [0.1292]
lnpfix	—	—	-0.00116 [0.0280]	0.00583 [0.0285]	0.196 *** [0.0441]
gov	—	—	—	-0.65 [0.8997]	-3.324 *** [0.4137]
ts	—	—	—	—	-0.238 * [0.1049]
_cons	10.55 *** [0.1427]	10.75 *** [0.1868]	10.76 *** [0.3365]	10.81 *** [0.3624]	9.433 *** [0.3273]
N	50	50	50	50	50
adj. R-sq	0.0184	0.9615	0.9605	0.9602	0.7225
AIC	59.85	-95.03	-93.03	-92.03	0.131
BIC	67.5	-70.17	-66.26	-63.35	15.43

注：* $p<0.05$，** $p<0.01$，*** $p<0.001$

（四）稳健性检验

通过检验得出老旧小区政策能够在一定程度上提升区域经济水平，为保证 DID 回归结果的稳健性，降低估计的偏差，需要进一步进行稳健性检验。以上研究主要选取了人均固定资产投资、基础设施、产业结构、政府预算支出 4 个控制变量，考虑到实验组与对照组的市（区）在各方面条件不同，变量选择过程中容易产生内生性问题。因此，需选择不同的控制变量考察老旧小区改造对区域经济发展的影响，进一步检验回归结果的科学性和准确性。选择城镇居民人均可支配收入为新的控制变量，替换控制变量人均道路交通面积，与人均 GDP 进行回归，treated·period 的系数为正，因此该结果的稳健性较高（见表 4）。

表4 回归结果分析

	(1)	(2)
c. treated# ~ d	0.0122 [0.2389]	0.0194 [0.1354]
treated	0.0705 [0.1759]	-0.206 [0.1054]
period	0.222 [0.2014]	0.212 [0.1149]
lnincome	—	0.898** [0.2979]
lnpfix	—	0.216*** [0.0393]
gov	—	-2.985*** [0.6193]
ts	—	-0.380*** [0.1040]
_cons	10.55*** [0.1427]	1.024 [3.0102]
N	50	50
adj. R-sq	0.0184	0.7084
AIC	59.85	2.616
BIC	67.5	17.91

注：* $p<0.05$，** $p<0.01$，*** $p<0.001$

四 结论与建议

本文基于2015~2019年陕西11个市（区）的面板数据，利用双重差分法分析陕西省老旧小区改造对区域经济发展的影响。研究发现，陕西省老旧小区改造更能促进区域经济的健康发展，具体表现如下。①人均固定资产投资使资本增加，对劳动力需求增加，从而引起就业规模和生产规模的扩大。城市更新需要投入大量固定资产，资产的投入会积累更多资本，如此循环，带动经济的增长。②基础设施改造涉及相关产业多，投资量大，直接影响经济增长。③产业结构发展水平是衡量经济实力的重要指标之一，产业结构的有效调整和升级,对区域经济起到直接促进作用。④政府适度提高财政支出比重,加大对国民收入再分配的调控力度,不仅能够缓解社会压力,促进社会公平,推动社会进步,还能为经济健康、持续发展创造的重要条件。

政府应加快推动城市老旧小区改造项目,适当增加财政支出,同时以城市老旧小区改造工作为契机,建立完善社会宏观经济的长效机制,优化产业结构,促进区域经济长效健康发展。

参考文献

黄忠华、徐卫丽、杜雪君:《城市更新对房地产市场的时空影响效应:基于杭州市的实证研究》,《地理科学》2019年第11期。

李嘉珣:《"新基建"对新型城镇化建设的思考和政策建议》,《经济论坛》2020年第9期。

李嘉珣:《国家持续加大对老旧小区改造支持力度》,《中国房地产》2020年第31期。

李宇嘉:《老旧小区改造与新基建提速可完美契合》,《每日经济新闻》2020年3月20日。

司南、朱永、阴劼:《存量发展阶段城市更新模式对商品住宅价格的影响——基于深圳样本的实证研究》,《北京大学学报》(自然科学版)2020年第5期。

吴贵华、张晓娟、李勇泉:《国家级新区建设对产城融合的影响及作用机制——基于双重差分模型的检验》,《资源开发与市场》2020年第2期。

B.13 楼宇经济视角下陕西省产业发展报告

王蔚然 李思阳 牛彦珺*

摘 要： 本报告对我国楼宇经济发展现状和楼宇经济相关产业进行分析，在国家战略相关产业对楼宇经济发展的影响下，得到楼宇经济适配的产业为新基建、金融等。通过借鉴重庆、合肥等模式分析得到众多楼宇相关产业招商运营的影响因素，基于VAR模型对2000～2020年陕西省各影响因素数据进行研究得出结论，据此提出对策建议。

关键词： 楼宇经济 产业发展 新基建 影响因素 VAR模型

一 楼宇经济发展现状

随着当前中国经济进入转型时期，以及产业结构调整和升级，房地产市场格局不断变化和演进，我国大城市的土地资源日益匮乏和短缺，城市经济要想得到进一步发展，必须集约利用好土地。在这样的大背景下，楼宇经济作为以集约化发展为主要本质特点的经济形态顺势而生，并在过去数十年间迅速发展。国内各权威机构发布的报告提出，中国基本进入楼宇经济3.0时

---

* 王蔚然，博士，西安财经大学讲师，主要研究方向为房地产金融和城市开发；李思阳，西安财经大学硕士研究生，主要研究方向为房地产金融和城市发展；牛彦珺，西安财经大学硕士研究生，主要研究方向为房地产金融和城市发展。

代，同时提出"未来楼宇经济"这个新概念，这一理论和概念将楼宇经济进一步扩展，从单一的综合性办公楼上升到集办公楼、零售物业、酒店、公寓、产业园区、仓储物流、工业厂房等七大业态的全维度经济，使得楼宇和经济发展的融合到了新阶段。楼宇作为一种能促进经济发展的全新产业模式，不再局限于硬件载体或是实体建筑，而是成为一个有机整体。中国楼宇经济在进入3.0时代后，发展模式已然从开发驱动转向科技驱动，未来发展的方向主要聚焦于科技与数字、共享与灵活、绿色与健康、多元与融合这四个方面。

西安的经济潜力在发展中逐渐凸显，尤其是在"一带一路"建设中，作为核心城市之一，其经济活力明显增强。同时，伴随着国家中心城市的规划实施、关中平原城市群的规划和批准，西安经济发展的必经之路就是楼宇经济。从楼宇分布区域和数量来看，楼宇经济发展的主力集中在大西安区域，以西安市为中心，包括西安市整个行政辖区，渭南市富平县、蒲城县，咸阳市秦都区、渭城区、泾阳县、三原县，面积共计12009平方公里。大西安现有正常运营的楼宇462幢，其中，2020年上半年建成的乙级办公楼有3栋，进入西安的优质办公楼市场。从整体存量来看，相较于2019年变化不大，随着2020年下半年多个优质项目相继入市，楼宇数量进一步增加。从空置率来看，截至2020年第二季度末，西安优质办公楼市场平均空置率为35.5%，其中甲级办公楼的平均空置率下降明显，这是写字楼供应缺失造成的，并不代表整个楼宇市场的好转。在横向对比之下，相较于重庆30.2%的空置率，抑或是长沙整体空置率破"4"，西安写字楼市场并未因为疫情的到来而进一步下滑，在一定程度上体现了西安写字楼市场已经趋于稳定。

总体而言，无论是储备量、空置率，还是可预见的稳定发展，西安当下的写字楼市场呈现稳定且充满活力的态势。西安在手握楼宇资源的同时，应与时俱进，紧紧抓住新时代趋势，来打造楼宇产业的竞争力优势。

二 楼宇经济对陕西省产业发展的影响

(一)楼宇经济相关产业分析

西安市甲级办公楼产业构成中,位居第一的为金融。在各大城市甲级写字楼的产业占比排名中金融均位居榜首,由此可见改革开放后,我国金融业发展空间极大且发展迅猛,并且金融业适配于高端楼宇毋庸置疑,所以楼宇经济的发展离不开金融业的入驻与发展。西安市甲级办公楼产业占比排名第二的产业为科技互联网,其中学而思网校、新东方、猿辅导在线教育等都榜上有名。科技互联网尤其是教育网校起步虽然晚,但是发展迅猛、后劲足,这得益于西安市内高校林立、人才众多、教育科研资源丰富。由此可见互联网网校的发展将成为今后西安市高端楼宇经济发展的一大亮点,并且教育资源的丰富和教育网校的发展相互促进,成为吸引科技龙头企业入驻的重要因素,为科技龙头企业上下游产业链的入驻和发展提供后续动力(见图1)。

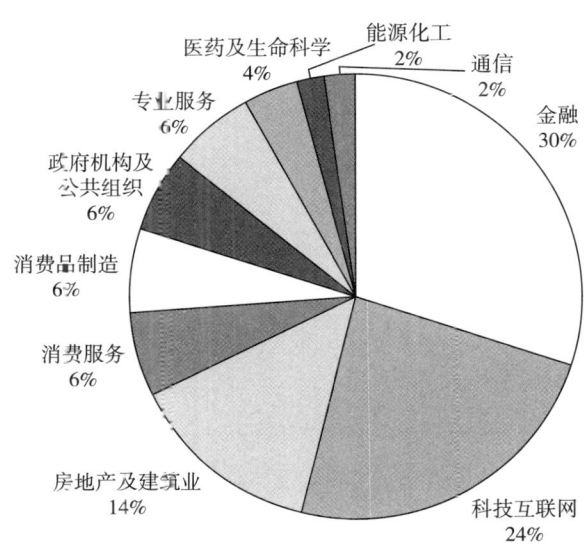

图1 2020年西安市甲级办公楼前50名成交租户的所在行业占比

(二)国家战略相关产业对楼宇经济发展的影响

2020年3月,中央提出要加快5G网络的发展和新型基础设施建设进度,一时间,国家战略相关产业引起了各方关注。"新基建"包括5G、互联网、大数据、人工智能等很多领域,能更好地体现数字经济特征,提供智能升级、融合创新等服务,进而有利于我国经济转型升级。同时,"新基建"需要大量人才,人才,而西安高校云集、人才众多,这种优势有利于陕西省楼宇经济适配产业弯道超车。

在这一大背景下,陕西省应该抓住机会,对准世界各国的科学新领域和技术前沿,紧跟国家政策,争取让前沿科学研究在陕西省落地实施。陕西省楼宇产业的招商也应该向"新基建"相关产业靠拢,其具体可以划分为以下几个重点方向。

1. 信息基础设施

信息基础设施主要指将最新的网络信息技术加以应用,从而演化生成的基础设施,比如以5G、物联网、卫星互联网为代表的通信网络基础设施,以人工智能、云计算、区块链等为代表的新技术基础设施。应聚焦集成电路、新型平板显示、区块链等领域进行相关产业招商,完善产业链。

2. 融合基础设施

融合基础设施主要指深度应用大数据、云计算、互联网、人工智能等技术,支撑传统基础设施转型升级,进而形成的基础设施,如高端装备制造产业。应大力推进机器人、数控机床、航空航天装备等产业发展,促进产业升级转型。

3. 创新基础设施

创新基础设施主要指支撑技术开发、产品研制、科学研究的具有公益属性的基础设施,如重大科技基础设施、产业技术创新基础设施等,新型基础设施的内涵、外延也是不断变化的。

(三)陕西省楼宇经济产业发展的影响因素

1. 影响楼宇招商的因素

第一,GDP 水平。GDP 是评估一个区域经济发展情况的最佳指标,直接代表该区域当前市场发展状况和经济水平,当生产总值的增长为正时,表示这个区域的经济正在扩张,也就有更多的潜力发展楼宇经济,从而吸引相关产业。

第二,该地区楼宇的平均租金水平。对于企业来说,最终目标都是利润最大化,没有其他特殊优势的吸引,企业往往会以成本较低的地区为起点,再逐渐扩张,因此成本租金在很大程度上影响一个企业的决策。

第三,城市化水平。城市是科技和文化的中心,城市化水平则是某地区现代化发展程度的重要标志,而一个地区的整体发展水平越高,楼宇的发展基础就越完备,对企业而言,更倾向于将业务拓展到城市化水平较高的地区。

第四,产业定位。不同地区所处的经济发展阶段、承载的传统文化、拥有的优势条件和潜在客户各不相同,写字楼宇进行产业定位和制订未来发展计划时,确定了该区域的主导产业、基础产业和未来发展的支柱产业,那么对企业来说,不同地区的客户群和发展潜力也就有所差异。当该区域产业定位和企业业务相一致时,企业也就倾向于到该区域开拓市场。

第五,政策的完善情况。楼宇经济的招商政策以资金奖励为主,西安目前的政策主要集中在按照经济投资增量和实缴税收增量给予资金支持,政策的扶持能够有效地优化企业投资环境,帮助企业解决初期投资问题、发展的瓶颈问题,良好的激励政策还会促进企业不断发展壮大。

第六,人才储备量。陕西省产业类型有所调整,带来了产业结构的改变,使得不同产业需要更多具有专门技能的人才。在这种情况下,充足的人才储备对企业的吸引力大大增强,企业在竞争中占据人才优势,就可以通过人才带动企业发展,从而获得持续的竞争优势。

第七,地理位置。陕西地理位置十分优越,是连接我国中部、西北和西南的"枢纽省"。尤其是作为西三角经济区城市之一的西安,在西部大开发战略中充分发挥了历史优势,发挥丝绸之路经济带重要城市的作用,打造了内陆开放的高地,成为连接四周的枢纽城市、对外开放的重要城市。在这一大形势下,陕西省得天独厚的地理优势有利于吸引企业。

2. 影响楼宇运营的因素

第一,陕西省的经济增长速度。陕西省经济繁荣和人民生活水平的提高,对于金融和高技术产业的招商运营具有促进作用。

第二,人力资源的储备量、"新基建"的发展水平。人才是至关重要的因素,西安长期以来是西北人口规模最大的城市,也是全国重点高校最集中的城市之一。陕西省拥有高等院校63所,其中有西安交通大学等三所985院校,西安电子科技大学等七所211院校,在人才供给方面有强大的后备力量。对于陕西省来说,高校众多、人才储备充足,更有利于发挥楼宇经济模式的优势。

第三,居民的消费能力和物价水平,用居民人均可支配收入和价格指数来衡量。人们的消费需求多、消费能力和消费欲望强,是经济发展与人民幸福的重要体现,城市因此能够留得住人才。但是,如果物价过高,会使人民生活压力过大、企业生产成本过高,而对产业发展起到反向作用。

第四,基金投资招商法,即政府设立融资渠道,将融集到的资金设立一个专项基金账户,用于政府的专门投资,特别是对互联网、"新基建"等产业的投资。当政府有意向这类企业招商,便启动融集到的基金对此行业的龙头企业进行投资,特别是投资份额较大甚至对意向企业具有话语权、决定权时,将此企业招商到本地,这样不仅增强了企业的亲密感,更将龙头企业所带动的上下游供应链、产业链吸引到此,会产生总部效应、规模效应、集聚效应等,这对政府和企业将是双赢。

第五,政府对于楼宇经济适配产业的支持力度。这种支持力度用政府对行业的财政投入来衡量。由于西安市甲级写字楼适配产业重点是互联网、金融、房地产等,我们用陕西省政府对金融业和房地产业的财政支出衡量政府对产业发展的支持。

第六，楼宇制度的完善程度。这既需一个硬性评估体系，又需借助人文环境等软指标来评估。楼宇经济的运营与管理强调以企业为本，注重发展环境、人文环境。从楼宇智控评估协会的设立、楼宇制度价值取向的完善，到智慧科技提供的更加便捷、高效的商务服务，都带来企业效率和办公黏性的提升，从而推动产业发展。

第七，楼宇评估协会的设立和发展。为了更好地吸引龙头企业入驻、补充楼宇中短缺的产业类型、促进陕西省高质量地发展楼宇经济，同时尽可能地将写字楼宇作为招商引资的载体，扩大西安市楼宇的知名度和影响力，设立和发展楼宇经济协会是至关重要的。现有楼宇经济促进会、大西安楼宇经济委员会、西安未央区楼宇经济委员会等为陕西省楼宇经济发展助力。

三 基于 VAR 模型分析楼宇经济对产业链发展的影响

（一）指标选取与数据

将陕西省经济发展水平作为解释变量，选取陕西省 GDP 作为招商运营指标；将陕西省城镇化水平作为解释变量，选取陕西省城镇化率（UR）作为招商运营指标。将陕西省经济发展速度作为解释变量，选取陕西省生产总值指数（IGDP）和生产总值增加值（RGDP）作为招商运营指标。将陕西省居民消费水平作为解释变量，选取陕西省居民人均可支配收入（PI）和价格指数（CPI）（商品零售价格指数以 1978 年价格＝100）作为招商运营指标。将陕西省政府对重点产业的支持力度作为解释变量，选取陕西省财政支出（FE），这里选取省财政支出中的金融支出和科技支出的总和作为招商运营指标。将陕西省人才储备量作为解释变量，选取高校毕业生人数（NCG）作为招商运营指标。将陕西省楼宇适配产业发展水平作为解释变量，选取陕西省分行业增加值（VAS），即金融、房地产业的生产值总和作为招商运营指标。

模型检验需要足够长时间的数据，考虑到数据的可得性，本文的样本区间为2000～2020年，各项指标来源于2000～2020年《陕西统计年鉴》和《2020年陕西省国民经济和社会发展统计公报》。

（二）VAR模型建立与分析

本文选取2000～2020年陕西省楼宇经济相关产业影响因素的指标与数据作为VAR模型的解释变量，对VAR模型进行稳定性检验（见图2）。根据AIC和SC准则判断VAR的滞后项为2（见表1），单位根都在合理范围内，建立的VAR模型是稳定的。

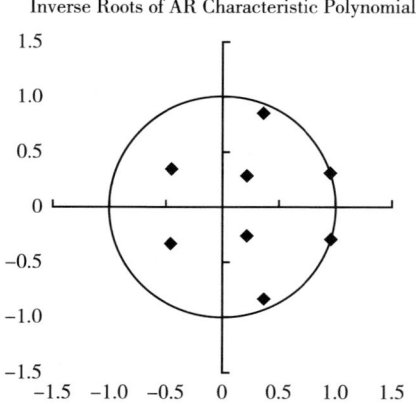

图2 变量稳定性检验

表1 VAR模型滞后期的选择性检验

Lag	LogL	LR	FPE	AIC	SC	HQ
0	-657.6266	NA	2.42e+19	70.17122	70.61859	70.24693
1	-344.3051	296.8309*	1.66e+09*	45.71633	50.18998	46.47345
2	3628.688	0.000000	NA	-363.9672*	-355.4672*	-362.5287*

注：*表示在0.05的显著性水平下显著。

本文基于八个解释变量建立VAR模型，得出陕西省高校毕业生人数（NCG）、城镇化率（UR）、地区生产总值（GDP）、生产总值指数

(IGDP)、生产总值增加比（RGDP）、商品零售价格指数（CPI）、政府财政支出（FE）、居民人均可支配收入（PCDI）的正冲击对分行业增加值（VAS）的脉冲响应函数图，来分析各楼宇经济相关产业影响因素对陕西省楼宇经济发展的影响。通过VAR模型得出脉冲响应结果，其中脉冲响应图的横轴表示冲击作用的滞后期数，纵轴表示变量的波动幅度，实线表示脉冲响应函数（见图3），具体分析如下。

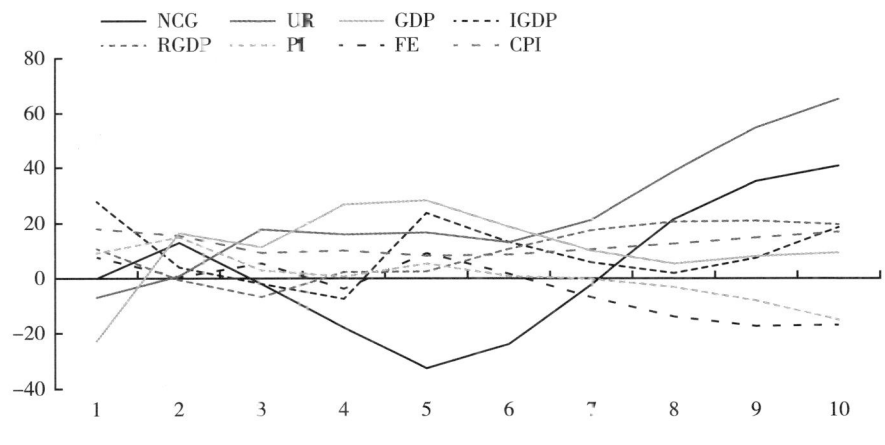

图3 各影响因素对分行业增加值冲击的脉冲影响曲线

给地区生产总值一个单位的冲击后，分行业增加值指标在第一期由负转正，虽在第二、第六、第七期有衰退势头，但所有期都为正向反应，表明在短期内地区生产总值的发展对分行业增加值发展起到了极其明显的促进作用，但从长期来看，促进作用逐渐减弱并趋于平稳。

当给高校毕业生人数一个单位的冲击后，出现正负交叉状态两次后达到正向反应，并具有较强的向上势头，从第五期到第十期增长趋势最强且增强后劲较足，将在较长时期内有较强的正向反应。

当给城镇化率一个单位的冲击后，从第一期负向反应到二期趋向0后并增长，从第三期到第六期上下波动但仍平稳，在第六期后正向反应不断攀升为冲击力最强的影响因素。且后续发展力最强，表明高校毕业生人数对分行业增加值有较强的正向反应作用且后续影响力较强。

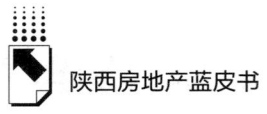

当给生产总值增加比一个单位的冲击后,出现两次正负交叉的现象,在第四期由负转正后平稳上升并趋于稳定,表明生产总值增长速度从长期来看对分行业增加值有较低的正向影响且影响力较弱。

当给生产总值指数一个单位冲击后,出现两次正负交叉的现象,在第四期由负转正后在第五期达到最高值,从第五期到第十期呈"U"形,显示逐渐上升趋势,表明生产总值指数从长期来看对分行业增加值有较低的正向影响但后续有上升势头。

当给商品零售价格指数一个单位冲击后,从第一期的10不断上下波动直到第七期与0交汇,从第七期后逐渐呈下降趋势,从总体来看,商品零售价格指数对分行业增加值是负向影响的关系,且负向影响关系会随时间而变强,这表明商品零售价格指数从长期来看对分行业增加值促进作用逐渐减弱并产生了负向影响,并且负向影响逐渐加强。

当给居民人均可支配收入一个单位的冲击后,除了在第二、第三期有小幅下降外,对分行业增加值均为正向作用,且呈现平稳上升的趋势。

当给政府财政支出一个单位的冲击后,其出现正负不断波动的情况,在第六期波动向负值后停留在负向并不断趋于平稳,这表明政府财政支出在短期内对分行业增加值有正向影响,但从长期来看负向影响占时较长、影响较大,并在负向影响处趋于平稳。

对楼宇相关产业发展的各项指标进行贡献率方差分解可以看出,城镇化率增长幅度最大、趋势最猛,呈对角线式上升,并在第十期时贡献率接近40%;高校毕业生人数的贡献率上升速度次之,从0上升到20%左右;生产总值增长率虽有起伏但总体上升平稳,在第十期时贡献率稳定在8%;商品零售价格指数总体呈缓慢下降趋势,总体下降约7个百分点,并在第十期显示贡献率为3%左右;政府财政政策对分行业增加值的影响平缓无较大波动,稳定在1%~4%;其中,居民人均可支配收入、生产总值、生产总值指数对分行业增加值的影响呈明显的下降趋势,最为明显的为居民人均可支配收入,从40%降低到10%,生产总值下降了约10个百分点,生产总值指数下降了约7个百分点。由此可见,为了促进楼宇经济产业的发展，提高城镇化率和增加高校毕业生人数具有一定的现实意义（见图4）。

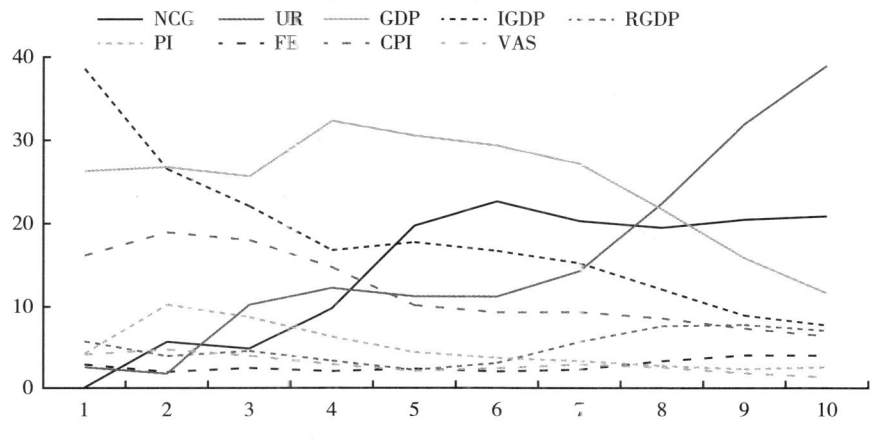

图4　分行业增加值的方差贡献率曲线

四　楼宇经济视角下陕西省产业发展的对策建议

楼宇经济是拉动陕西省产业发展的有力支柱之一，西安楼宇经济相对于京沪穗深等城市而言起步稍晚，但具有后发优势，结合上海、合肥、成都等其他城市楼宇经济发展的路径，整体规划、因区制宜将是陕西省楼宇经济弯道超车的有利方式。根据实证分析结果，结合陕西省楼宇经济的"新基建"产业发展的实际情况，人才储备量、GDP、城市发展水平、消费能力与物价水平对楼宇经济发展的影响作用最显著。楼宇经济开发是个系统工程，需要考虑前期的产业定位以及后期的招商运营等情况，陕西省在制定经济发展规划时，要充分考虑到这四个因素之间的制约关系，站在全省的高度进行统一引导、整体规划。因此，我们从这四个方面对陕西省楼宇经济发展提出以下对策建议。

首先，注重人才培养。人才储备量对楼宇经济的影响较为显著，且后续

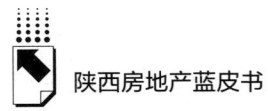

影响力强,对楼宇经济的贡献率较大。对陕西省而言,实现区域经济的持续发展,更要靠人才和智力支撑,让引进的资金发挥最大效益,实现聚拢人才、发展楼宇经济的良好局面。对陕西省来说,拥有充足的高校数量是个优势,要充分激发内生动力,加强人才的教育培训工作,建立人才培养路径,并重点培养新基建行业紧缺的专业人才,使人才软实力为产业发展助力。

其次,对陕西省楼宇经济产业升级来说,城市发展水平特别重要。经济发展到一定程度,必然会出现城镇化。从单一角度来讲,城镇化是农业人口转为城镇人口,但从广义上来讲,是在一个区域经济、文化、生态和政治等不断发展的历程中,人们思想观念、生产方式、生活方式不断发展和革新的过程。因此在楼宇招商引资的过程中,要因地制宜、因区制宜,立足现状及特点优势,制定差异化发展策略。一栋楼宇要有一个主体定位,形成"一楼一特色""一片一集群",推动楼宇经济合理化、差异化发展。

再次,关注陕西省 GDP 发展情况。受新冠肺炎疫情的影响,2020 年陕西省 GDP 增速大幅下降,但仍高于全国平均水平。同时,以招商引资来促进经济发展,以良好的经济形态吸引产业聚拢,形成一个很好的良性循环。因此对陕西省来说,GDP 的平稳增长直观地表现了陕西省较强的经济实力和较大的市场规模,利好产业发展。

最后,要控制商品零售价格指数。商品价格的不断上涨对楼宇经济产业发展会产生负向反应,虽然居民人均收入水平上升,但商品零售价格指数上涨过快仍会影响居民生活,甚至影响企业的落户和运营。对此,陕西省可以调控物价,使商品价格指数趋于平缓,供应链上下游畅通,人民能够消费得起。只有提升居民购买力和幸福指数,才能够留得住人才、留得住企业。

参考文献

《八种创新的产业园区招商模式,解决您的招商难题》,http://www.szwujie.com/new/view/231。

邓肖丹：《基于 VAR 模型的四川省制造业产业升级影响因素研究》，硕士学位论文，四川农业大学，2017。

淮北日报：《招商引资政府引导基金模式及典型案例》，http://epaper.hbnews.net/epaper/hbrb/pc/content/201910/31/content_28864.html。

陕西省统计局：《2020 年全省国民经济运行情况》，http://tjj.shaanxi.gov.cn/tjsj/tjxx/qs/202101/t20210120_2149859.html。

新华网：《新基建，是什么》，http://www.xinhuanet.com/2020-04/26/c_1125908061.htm。

中研网：《基金投资招商法如何操作应用？》，https://finance.chinairn.com/News/2018/12/18/162612823.html。

仲量联行 JLL：《2020 西安办公楼市场企业客户 TOP50 报告》，https://jll-introduce.localdesign.cn/public/img/xian-office-2020-cn.pdf。

仲量联行 JLL：《解构深圳发展 40 年与办公楼市场格局展望》，https://jll-introduce.localdesign.cn/public/img/202011_cn.pdf。

仲量联行 JLL：《楼宇经济 3.0：全新产业模式下的时代机遇》，https://mp.weixin.qq.com/s/QrvjDdU4iFsUQzhCVPdkfw。

仲量联行 JLL：《仲量联行权威发布：重庆甲级办公楼企业客户 Top50 榜单》，https://mp.weixin.qq.com/s/-UfTLTkI3HgVjlVw6dD9Rg。

区 域 篇
Region Topic

B.14 2019~2020年西安市房地产业发展报告

陈英 张驰*

摘 要: 本文根据房地产景气指数、企业家信心指数、投资总量和商品房销售面积等数据分析了2020年西安市房地产开发形势。通过投资和商品房销售情况的横向对比,列举了西安市在副省级城市、陕西省各市(区)中排位及占比等变化情况,对比了区域内行政区、开发区的房地产开发规模、投资及商品房销售变化情况,指出西安房地产开发存在的问题并提出对策建议。

关键词: 西安市 房地产业 商品住宅

一 西安市房地产开发现状

2020年,西安市坚持"房住不炒"定位,因城施策,着力稳房价、稳

---

* 陈英,西安市统计局固定资产投资处处长,主要研究方向为投资、房地产开发、建筑业;张驰,西安市统计局二级主任科员,主要研究方向为房地产开发。

地价、稳预期，房地产开发市场经受住疫情冲击，实现快速恢复。根据支出法核算，房地产业实现增加值849.84亿元，占GDP比重达8.5%，房地产开发投资占固定资产投资总量比重始终保持在30%以上。房地产业成为2020年疫情防控背景下西安经济稳增长的重要产业之一。2020年西安市房地产开发投资实现增长，商品房销售市场保持活跃，商品房库存持续减少，房地产开发市场总体实现平稳健康发展。

（一）开发企业及项目现状

1. 房地产开发企业基本情况

西安市房地产开发企业数不断增加，实力明显增强。第四次全国经济普查数据显示，2018年末，西安市房地产业共有企业法人单位1.19万家，是2013年末的2.8倍。其中，房地产开发经营企业3752家，是2013年的2.2倍。全部企业资产总计18215.12亿元，实现营业收入1796.97亿元。

2020年，西安市纳入一套表统计范围的房地产开发企业有1208家，比2016年多285家。民营经济成为房企的主力军，私人控股企业883家，占全部房地产企业的73.1%；国有企业202家（占16.7%）；其他企业96家（占7.9%）；港澳台及外商企业19家（占1.6%）；集体企业8家（占0.7%）。恒大、万科、碧桂园、绿地、融创、保利、绿城等中国地产强企纷纷在西安市设企投资，提升了房地产企业整体竞争力。西安市一级资质企业有16家（占1.3%），二级资质企业有135家（占11.2%），三级资质及以下企业有1057家（占87.5%）。

2. 房地产开发项目情况

2020年，西安市共有房地产开发项目1245个，比2015年增加235个。住宅开发项目类型也由刚需型90平方米及以下小户型向改善型大户型转变。2020年，西安市90（含）平方米以下住宅销售面积150.72万平方米，占全部住宅销售面积的5.9%，占比较2016年下降20.6个百分点；90~144（含）平方米住宅销售面积1465.73万平方米，占57.3%，占比较2016年下降1.4个百分点；144平方米以上住宅销售面积470.31万平方米，占18.4%，占比较2016年提高3.6个百分点。

（二）房地产开发市场状况

1. 开发土地供应情况

2020年，西安市土地交易热度升温，西安市招拍挂市场成交各类建设用地502宗共34679.94亩。其中，商业用地6569.43亩、住宅用地13068.50亩。

2. 房地产开发投资情况

受年初疫情影响，冬季停工的工地受外地工人不能按时返工、水泥等原材料短缺等因素影响，2020年2月，房地产开发投资增速降至历史新低，探底至同比下降16.5%。随着疫情逐步得到控制，稳生产促就业的"六稳六保"政策出台，复产复工进度逐步加快，4月投资增速转正，施工旺季的6~8月投资增速稳定在4%以上，达到了预期的全年施工进度，疫情对全年的房地产开发影响基本消除。

2020年全年，西安房地产开发投资低开高走，复产复工成效显著（见图1）。全市房地产开发投资2624.48亿元，同比增长6.5%，增速分别较一季度、上半年和前三季度提高8.1个、1.9个和3.5个百分点，同比提高8.6个百分点。其中，住宅投资1782.12亿元，同比下降1.3%；办公楼投资225.60亿元，增长19.0%；商业营业用房投资239.85亿元，增长21.1%。

（三）商品房销售情况

1. 新建商品房销售情况

2020年2月，因疫情关闭了售楼部，绝大部分市民居家减少外出，西安商品房销售量下滑严重，1~2月销售面积增速探底，同比下降36.3%，创历史新低。随着疫情得到有效控制，正常的生产生活秩序得到恢复，加之居民改善型住房需求得以释放，销售情况逐步好转，降幅在上半年恢复到个位数，为同比下降9.8%，并在下半年保持收窄态势（见图2）。

在经历了连续5年商品房销售面积超过2000万平方米后，2020年，西

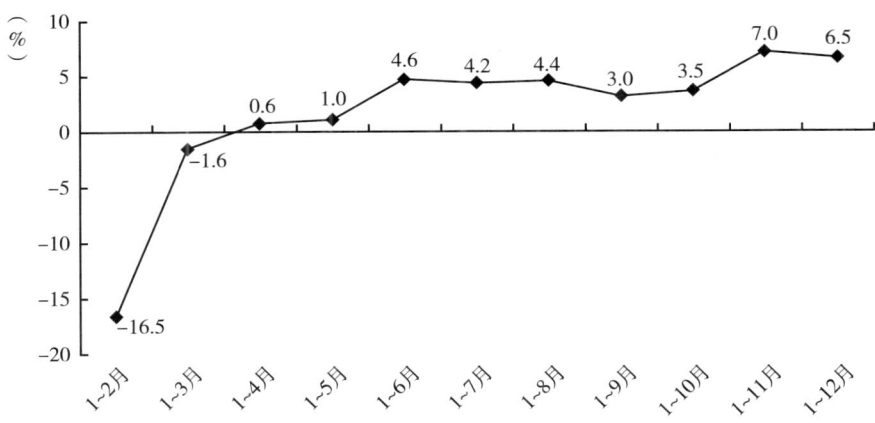

图 1　2020 年西安市房地产开发投资增速趋势

资料来源：西安市统计局。

安商品房销售面积为 2559.79 万平方米，同比下降 3.0%，降幅较上半年收窄 6.8 个百分点，较上年扩大 0.2 个百分点。其中，商品住宅销售面积 2086.77 万平方米，下降 3.2%。

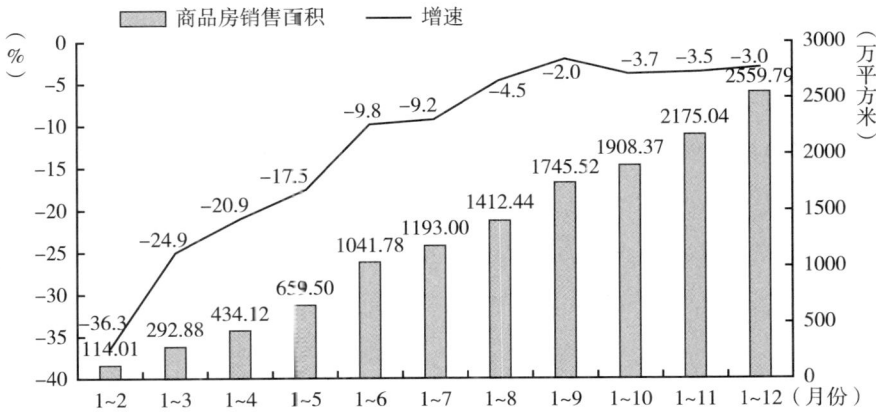

图 2　2020 年西安市商品房销售面积及增速

资料来源：西安市统计局。

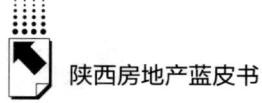

2. 二手房销售情况

随着西安市户籍政策的放开，新落户人口持续涌入，在新建商品房总量有限的情况下，二手房交易日益火热。2019年，西安二手房交易面积为705.98万平方米，同比增长3.92%。其中住宅632.4万平方米，同比增长3.27%。2020年，西安二手房交易面积为912.99万平方米，同比增长29.3%。其中住宅交易面积为853.45万平方米，同比增长35%。

（四）房屋施工及待售情况

2020年，西安市房屋施工面积为16916.07万平方米，同比下降3.2%；全年新开工面积2636.14万平方米，同比下降15.3%。从商品房待售面积①看，全年呈现持续减少趋势，去库存效果显著。截至12月末，商品房待售面积149.51万平方米，较11月末减少18.89万平方米，较2019年末减少53.20万平方米。其中，住宅待售面积29.45万平方米、办公楼待售面积19.23万平方米、商业营业用房待售面积64.39万平方米、其他房屋待售面积36.44万平方米。

（五）资金保障情况

2020年，西安房地产开发企业到位资金稳步回升，自筹资金同比增长最快。房地产开发企业到位资金达3356.83亿元，同比增长0.8%，增速高于上年3.6个百分点。其中，国内贷款228.03亿元，下降17.7%，增速较上年回落17.5个百分点；自筹资金1563.57亿元，增长8.4%，较上年提高12.6个百分点；定金及预收款1055.93亿元，增长4.3%，较上年提高13.8个百分点；个人按揭贷款291.25亿元，下降31.9%，较上年回落42.3个百

---

① 在房地产开发统计报表制度中，商品房待售面积指报告期末已竣工的可供销售或出租的商品房屋建筑面积中，尚未销售或出租的商品房屋建筑面积，包括以前年度竣工和本期竣工的房屋面积，但不包括报告期已竣工的拆迁还建、统建代建、公共配套建筑、房地产公司自用及周转房等不可销售或出租的房屋面积。按照商品房待售时间的长短可以划分为待售一年以下、待售一到三年（含一年）和待售三年以上（含三年）。

分点。房企到位资金中,企业及个人贷款规模均大幅下降,反映出"三道红线""房住不炒"等政策对房地产开发企业、投资个人在金融监管方面的强力收紧。

二 西安房地产首位度情况分析

(一)从副省级城市看,西安销售面积总量稳居前3位

近几年来,西安房地产开发投资和销售总量均居副省级城市第一方阵,2020年排名仍然靠前。从销售看,2020年,西安商品房销售面积居副省级城市第3位,仅少于成都和武汉,排名与上年持平;增速居第11位,较上年后移4位。从房地产开发投资看,西安房地产开发投资总量居副省级城市第7位,与上年持平;增速居第8位,较上年前移7位(见表1)。

表1 2020年15个副省级城市房地产开发投资及销售面积排位情况

单位:位

城市	房地产开发投资		商品房销售面积	
	总量	增速	总量	增速
西安	7	8	3	11
沈阳	11	12	8	12
大连	14	10	14	5
长春	13	4	11	15
哈尔滨	15	14	13	13
南京	6	12	10	9
杭州	1	11	5	4
宁波	9	7	4	6
厦门	12	1	15	2
济南	10	3	9	1
青岛	8	5	6	10
武汉	5	15	2	14
广州	3	9	7	7
深圳	2	2	12	3
成都	4	6	1	8

资料来源:国家统计局。

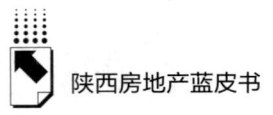

（二）从陕西省内看，西安保持优势地位但首位度下降

得益于省会城市的优势地位和集聚效应，西安房地产开发投资和销售规模占全省的比重始终保持在60%左右，大大高于其他主要经济指标占比。2020年，西安房地产开发投资和商品房销售面积占全省比重分别为59.6%和57.5%，较上年分别下降3.5个和2.5个百分点，比较优势有所减弱。

从增速看，受总量基数较大影响，2020年西安房地产开发投资增速低于全省水平6.3个百分点，位居省内各市（区）第10位，位次较2019年前进1位；商品房销售面积增速低于全省水平4.2个百分点，居第8位，增速位次较上年前进2位（见表2）。

表2　2020年陕西省各市（区）房地产开发投资和销售面积增速排位情况

单位：%，位

城市	房地产开发投资		商品房销售面积	
	占全省比重	增速位次	占全省比重	增速位次
西安市	59.6	10	57.5	8
铜川市	0.8	6	1.4	5
宝鸡市	7.8	4	6.5	4
咸阳市	5.9	2	5.2	3
渭南市	9.0	1	9.3	2
延安市	3.6	11	3.2	6
汉中市	4.3	5	5.6	7
榆林市	3.1	8	5.5	1
安康市	4.0	9	3.7	9
商洛市	0.8	3	1.1	10
杨凌示范区	1.2	7	1.1	11

资料来源：陕西省统计局。

（三）从西安市各区域看，开发区发展普遍好于区县

2020年，西安市8个开发区（含西咸新区）房地产开发投资同比增长

14.3%，开发区投资总量占到全市的75.6%，占比较上年提高5.2个百分点；商品房销售面积增长4.6%，占全市的77.2%，增速同比提高5.6个百分点。13个区县2020年房地产开发投资和销售面积同比均为下降，占全市的比重均回落。

分开发区看。一是从房地产开发企业家数和施工项目个数看，西咸新区最多分别为194家和257个，航空基地最少分别为15家和15个，分别相差179家和242个；二是从投资增速看，高新区最高为39.5%，航空基地最低，同比下降16.8%，相差56.3个百分点；三是从销售面积增速看，国际港务区最高为79.5%，经开区最低，同比下降28.4%，相差107.9个百分点（见表3）。

表3　2020年西安各开发区房地产开发投资和销售面积增速情况

单位：个，%

区域	施工项目		房地产开发投资		商品房销售面积	
	个数	同比增减	增速	同比增减	增速	同比增减
西咸新区	257	44	11.3	-36.5	38.9	-67.2
高新区	111	3	39.5	61.1	-7.6	-12.8
经开区	83	-13	-14.3	26.1	-28.4	-7.7
曲江新区	91	-3	8.5	34.5	-24.6	-12.5
航空基地	15	2	-16.8	-7.5	33.3	-36.9
航天基地	60	-1	0.4	-14.4	-14.4	-50.1
浐灞生态区	102	-18	24.0	39.1	-9.4	-1.4
国际港务区	41	15	34.4	40.6	79.5	-14.5

资料来源：西安市统计局。

分区县看，一是从房地产开发企业家数和项目个数看，开发企业最多的是莲湖区77家，最少的是临潼区和蓝田县各17家，相差60家；开发项目最多的是未央区63个，最少的是蓝田县13个，相差50个。二是从投资增速看，未央区最高为19.5%，蓝田县最低（同比下降61.9%），相差81.4个百分点。三是从商品房销售面积增速看，周至县最高（同比增加29.2%），新城区最低（同比下降75.3%），相差104.5个百分点（见表4）。

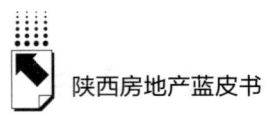

表4 2020年西安各区县房地产开发投资和销售面积增速情况

区域	施工项目		房地产开发投资		商品房销售面积	
	数量(个)	同比增减(个百分点)	增速(%)	同比增减(个百分点)	增速(%)	同比增减(个百分点)
新城区	21	-10	-17.6	-22.6	-75.3	-102.3
碑林区	18	-20	-24.1	2.6	-45.3	9.7
莲湖区	56	-16	-45.2	-2.0	-39.6	8.2
灞桥区	48	2	2.9	18.0	-22.6	24.7
未央区	63	1	19.5	36.9	-16.5	-31.8
雁塔区	62	-3	12.6	11.0	25.3	80.1
阎良区	32	-1	-26.9	-39.8	9.8	43.7
临潼区	18	4	-23.1	-84.0	-11.7	9.6
长安区	52	-3	-29.6	-53.1	-42.1	-16.3
高陵区	43	-1	-17.5	-18.4	-12.2	13.1
鄠邑区	37	-2	-30.9	-40.6	5.6	27.4
蓝田县	13	-3	-61.9	-65.6	-50.1	-60.4
周至县	22	2	13.7	-52.3	29.2	-29.2

资料来源：西安市统计局。

三 西安房地产发展特征分析

疫情冲击导致2020年第一季度除房价外，西安房地产各项指标同比增速均达到历史低位。第二季度，随着疫情得到有效控制，复工复产复商复市加快推进，百姓改善住房需求全面释放，企业投资信心逐步增强，房地产开发投资和销售持续回升，投资的恢复远快于销售的恢复，市场走出单边上行行情。

（一）房地产企业景气指数和企业家信心指数逐季回升，恢复至上年同期水平

受疫情影响，2020年第一季度西安房地产企业景气指数和企业家信心指数分别为109.2和112.0，和上年第四季度相比，两大指数均有所下滑，

分别处于微景气和相对景气区间,但房地产企业家信心指数高于企业景气指数,说明疫情影响只是暂时的。面对我国长期向好发展的内部环境,以及西安作为中心城市的发展优势,企业家对西安未来房地产业的发展充满信心。随着统筹疫情防控和经济社会发展的推进,企业景气指数和企业家信心指数第二、第三、第四季度均呈现上升趋势,第四季度分别达到130.1和132.1,均处于较为景气区间,与上年第四季度基本持平,显示企业经营活动向好,企业看好未来西安房地产市场。

(二)新建商品住宅销售价格指数持续上涨,涨幅有所回落

从全国70个大中城市商品住宅销售价格指数看,2020年1月西安新建商品住宅销售价格指数环比为100.3,以后逐月提高,8月到达年内高点101.1,其后回落至12月的100.5,全年涨幅较2019年回落0.2个百分点。新建商品住宅销售价格指数同比涨幅从1月的112.8降至12月的106.9,全年涨幅较2019年回落7.3个百分点,房价过快上涨势头基本得到遏制。但从环比、同比涨幅看,西安12月增速在全国70个大中城市中排名仍然靠前,均位列第8。

四 房地产业存在的问题及原因分析

(一)土地购置费较快增长,开发投资构成不合理

2020年,西安房地产开发投资同比增长6.5%,其中建安投资增速仅为0.5%,较上年回落0.7个百分点;土地购置费增长22.5%,同比提高29.5个百分点,拉动西安市开发投资增速4.8个百分点;土地购置费占全部房地产开发投资的比重为24.5%,较上年提高3.3个百分点。西安房地产开发投资增长主要依靠土地购置费增长带动的局面不够合理。

从土地供应层面看,2020年西安房地产土地出让量价齐增。2020年西安加大了土地供应量,缓解了市场需求,房地产土地成交面积同比增

长27.9%，土地出让价格增长18%左右，从供给端增加了房价上涨的压力。

（二）金融调控进一步加强，房地产去杠杆力度加大，企业融资压力大

为落实"房住不炒"定位，2020年11月30日，西安出台了《关于进一步加强房地产市场调控的通知》，提高商品房预售准入门槛和二套房的首付比例。政策出台防范了住房金融风险，减少了住房投机行为，进一步提高了对开发企业的融资要求。2020年，西安市房地产开发企业到位资金为3356.83亿元，资金保障度①为1.28，较2019年下降0.07。

从中国人民银行数据看，2020年末，西安房地产贷款同比增长12.4%，增速较上年回落5.4个百分点，房地产贷款占各项贷款比例较上年末回落0.7个百分点，房地产金融"三道红线"政策作用在银行贷款端开始呈现，房地产开发企业融资只能投向利率水平更高的信托等民间借款，在整体经济下行情况下开发融资压力骤增。

从西安市统计局月度监测的30家房地产重点开发企业调查问卷看，12月有22家企业反映资金相对紧张，占比达到73.3%。

（三）经济不稳定不确定因素显著增多，房地产业更需平稳健康发展

受全球疫情冲击，世界经济严重衰退，而在国内消费、投资、出口下滑，金融等领域风险有所积聚。"十四五"期间，除实现经济高质量发展、优化产业结构、提升创新能力等传统目标外，"以国内大循环为主体、国内国际双循环相互促进的新发展格局"将逐渐形成。房地产业在西安市经济发展中具有一定比重，且上下游产业关联度大。要坚持"房住不炒"，防止过度将房地产作为地方经济重启的"加速器"，以免造成经济脱离良性发展轨道，从而支撑

---

① 资金保障度反映房地产市场资金充裕程度，即本年资金来源/本年开发投资。

全市以六大支柱产业、五大新兴产业、六大生产性服务业和文化旅游产业为主体框架的现代产业体系持续升级。

（四）人口质量和数量不断提升，房地产需求稳定

共建"一带一路"、新时代推进西部大开发形成新格局、黄河流域生态保护和高质量发展等重大战略机遇的落地实施，以及户籍新政、招商引资、百万大学生留西安等各种利好政策的持续推进，将有利于吸引更多产业投资、优质人才等各类资源向西安市集聚。根据估算，"十四五"期间，西安市常住人口年均增量约为 24 万人，至 2025 年末，全市常住人口总量约为 1173.89 万人，其中城镇常住人口约为 904.01 万人，城镇化率约为 77%。西安城市规模不断扩大，全市人口分布逐渐从承载力有限的中心城区向高新、经开、浐灞等经济发达的周边区域转移，新增人口的住房需求、新增经济体的楼宇需求等将同步扩大房地产供需两端规模。

（五）住房供给方式转变，存量市场发展潜力大

"十四五"期间，西安市土地利用将更为审慎，以优化全市产业结构为目标，住房建设用地逐渐从大规模出让新建用地向出让新建用地、盘活闲置土地并举的方向迈进。全市 2000 年以前建成的老旧小区房屋占住房总量四成有余，"十四五"期间，随着老旧小区综合改造工作的不断加强和深化，住区环境整洁度、配套完善度及管理水平将大幅提升。结合中央财政支持住房租赁市场发展试点工作，通过专业化规模化租赁企业的集中运营，品质化的老旧小区将成为租赁住房、二手住房市场的重要供给，可进一步优化房地产存量市场，同时对稳定新建商品住房市场提供重要支撑。

五　保障房建设现状

2020 年，西安市持续加大住房保障工作力度，全年累计建设和筹集保

障房20332套，新增分配保障房6623套，发放低收入家庭租金补贴5051户1407万元，提高了低收入住房困难家庭租金补贴标准，优化了商品住房配建公租房建设方式，组建了西安市安居建设管理集团有限公司，启动了企业化、市场化运营管理模式，建立了以公租房、共有产权房和货币补贴相结合的多主体供应、多渠道保障、租购并举的住房保障体系，实现了中等及以下收入住房困难家庭及新就业大学生、外来务工人员住房保障全覆盖。

从住房保障需求侧看，随着西安市综合实力和吸引力不断增强，新市民人口快速增加，住房保障需求不断扩大，住房保障轮候家庭持续增加。虽然从2018年实施住房供给侧结构性改革开始，已加大住房保障供应力度，但由于土地供应节奏慢、项目建设周期长，新筹集项目尚未形成实际供应，现阶段保障房供需矛盾突出。因此，西安市还需要进一步加强加快保障房建设，强化土地支持政策，建立保障房供地长效机制，持续优化建设投资模式，通过资产证券化、房地产信托基金等方式多渠道融资，促进保障房可持续发展。

六 房地产业发展对策建议及趋势预测

（一）坚决贯彻"房住不炒"定位，加快完善住房保障体系

坚持"房住不炒"的定位，贯彻好"因城施策"调控措施，以稳房价为目标控制好房地产开发节奏，坚决抵制投机需求的房地产金融政策。要落实《西安市住房租赁试点工作实施方案》，大力培育和发展住房租赁市场，完善公租房、共有产权房、人才安居房和货币补贴相结合的多渠道保障的住房保障体系，稳步改善中等及以下收入住房困难群众及新市民群体的居住条件，满足他们的基本住房需求。结合全市城镇人口增长预测及流动人口分析，以新市民等保障对象住房支付能力为工具，估算"十四五"期间全市共有产权住房、公共租赁住房建设量及相应的用地需求量（见表5）。

表5 西安市"十四五"期间保障性住房建设量及用地量估算

	2021年	2022年	2023年	2024年	2025年	总计
共有产权住房建设量(万套)	0.94	0.97	1.00	1.03	1.06	5.00
共有产权住房用地量(亩)	453	468	482	497	511	2411
公共租赁住房建设量(万套)	0.47	0.49	0.50	0.51	0.53	2.50
公共租赁住房用地量(亩)	189	197	201	205	213	1005

资料来源：西安市住房和城乡建设局。

1. 有效增加公共租赁住房的持续供给

坚持按需建设、精准保障的原则，重点在产业集聚区通过新建、配建、购买、长期租赁等方式筹集公租房；支持高校、科研院所等非房地产开发企业利用自有土地，在符合规划、权属不变的前提下建设公租房；继续推行政府购买公租房运营管理服务，推进保障房物业服务标准化管理，全面提高保障家庭居住幸福感；依据租金变动情况，适时调整低收入住房困难家庭货币化补贴标准；进一步加大人才安居货币化补贴工作力度，实现人才住房补贴全覆盖。

2. 不断完善共有产权住房政策

优化共有产权住房土地供应机制，加快土地供应速度；充分发挥安居集团等大型国有企业代持政府资产的优势作用，持续推进项目建设进度；不断完善共有产权房销售、运营及动态管理制度，切实降低中低收入住房困难家庭、各类人才购房门槛。

（二）加强房地产市场的供给侧改革，合理增加房地产土地供给，特别是住宅供地，优化土地资源配置机制

进一步改革和完善土地供给制度，落实新增常住人口与土地挂钩的政策。针对西安房价上涨压力大的现状，合理增加土地供应，调整用地结构，提高住宅用地比例，合理确定保障房和商品住房占比，稳定住房价格。

1. 提高土地供应效率、质量

有效提高土地储备数量、质量，提升土地资源利用效率，探索推行

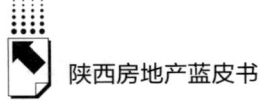

"熟地"出让模式。合理有效配置土地资源，加快办理征地拆迁、规划用地报批等供应前的各项手续，落实好净地出让，确保用地及时供给、开发企业竞得土地后顺利进场实施建设，项目按期投放市场。加强保障性住房土地供应，在编制年度居住用地供应计划时，优先充分保障公租房、共有产权房用地。

2. 动态调整土地供应

根据商品房住房库存去化周期，结合区域土地市场实际，切实优化住宅用地供应结构，适时调整供地计划，实施差别化调控政策，当消化周期在36个月以上时，应停止供地；当消化周期为36~18个月、市场处于房价下降的疲软期时，应及时收紧供地，防止供需失衡进一步扩大；当消化周期为12~6个月时，要增加住宅用地供给；当消化周期在6个月以下时，不仅要显著增加供地，还要加快供地节奏，特别是加快热点区域用地的供应。

3. 加大闲置土地处置力度

合理确定商品住房建设用地使用权出让的宗地规模，同一宗地土地出让分批建设，防止开发单位利用"已投资额占总投资额不足25%"等闲置土地认定标准，规避相关处罚条款，通过分期开发等方式拖延开发周期，造成建设用地的实际闲置。对于逾期闲置土地，未动工开发满一年的，按照土地出让或者划拨价款的20%征缴土地闲置费，未动工开发满两年的，依法无偿收回。

4. 严格管控用地出让价格

住宅用地出让应结合历史高价、规划等具体情况，合理设定最高限价，坚决防止区域性总价、土地或楼面单价新高等异常情况的发生。土地竞价达到最高限价时，通过现场转竞保障性住房配建面积、自持面积、现房销售面积、租赁性住房配建面积，以及"限房价、竞地价"等多种竞价方式确定竞买人。

（三）继续加强房地产市场调控与监管

保持各项调控政策的连续性和稳定性，实现稳定房价目标。提升精准调控水平，支持刚性居住需求，坚决遏制投机炒房。分区施策，建立调控效果综合评估体系，围绕新建商品住房销售价格、二手住房销售价格、住宅用地价格、住房租赁价格四项核心指标，结合城市和社会经济发展、城镇家庭居民收入增长等因素，按年度研究提出房地产市场调控目标。结合评估和反馈信息，对调控政策内容进行补调、适调、细化，并完善临时应急性、行政性干预措施的退出机制。严厉打击房地产企业和中介机构违法违规行为，严肃查处捂盘惜售、炒买炒卖、规避调控政策、制造市场恐慌和房屋销售与学区、学校相关联等违法违规行为。

（四）优化房地产业空间布局，按城市片区精准实施住房供给

一是在常住人口多、置业需求大的区域，侧重性地增加住宅供地，充分考虑房地产业发展水平与西安经济社会发展水平相协调，房地产空间分布与产业布局相适应，建立多层次的房地产业空间发展战略。优先开发轨道交通沿线区域，二环以内中心城区以城市更新为主；高新、长安等南部地区注重建立生态屏障，居住生活与产业布局相适应；浐灞、灞桥、未央等地区提高配套水平，打造高品质居住区；临潼继续推进文化、旅游、居住的融合发展；阎良、鄠邑、周至、蓝田以人口水平为基底，注重房地产项目存量与增量的协调发展。同时加紧地铁建设，将更多的住房置业需求外溢至西咸新区、远郊区县等卫星城，拉大城市骨架。

二是按城市片区精准实施住房供给。将土地供给侧结构性改革、住房制度改革与城市片区发展差异有机结合，精准、分类实施住房供应。对居住密度已经较大、产业集中度高、配套成熟的片区，适度减少普通商品住宅供给，主要供应高品质住宅、人才共有产权住房、公租房，缓解区域承载压力；对于城市新开发片区，加大基础配套设施、公共服务设施的投入力度，主要供应中小套型的普通商品住房，引导人口科学流动，疏解中心城区压力。

（五）调整新开发商品住宅户型结构，增加中等面积户型供给

随着西安房地产开发市场的不断发展，产品品质不断提升，大面积的产

品成为主流,中小面积的住宅产品比例不断缩小至10%以下,"刚改"户型除了为改善型家庭提供了更好的居住条件,也提高了门槛挤压了大部分普通家庭的选择机会。因此,在"11·30新政"限制"刚改"家庭购房的情况下,供给端的房地产开发企业顺应时势,增加中小户型的供给,既满足了刚需,又缩短了去化周期。

(六)大力培育住房租赁市场,鼓励住房租赁消费

构建政府支持、市场运作的住房租赁体制机制,逐步形成供给主体多元、经营服务规范、租赁关系稳定的住房租赁市场体系,逐步合理提高全市住房租赁比例及租赁市场规模。结合全市城镇人口及流动人口增长预测、购买和租赁的住房需求占比分析,估算"十四五"期间全市市场化租赁住房建设量及相应的用地需求量(见表6)。到2025年底,培育专业化、规模化住房租赁企业总量不低于30家,新成立的住房租赁企业信息报备率达100%,新增租赁住房房源和住房租赁合同网签备案率达到100%。

表6 西安市"十四五"期间市场化租赁住房建设量及用地量估算

	2021年	2022年	2023年	2024年	2025年	总计
市场化租赁住房建设量(万套)	1.89	1.94	2.00	2.05	2.12	10.00
市场化租赁住房用地量(亩)	578	595	612	629	648	3062

资料来源:西安市住房和城乡建设局。

要研究出台符合条件的承租人享受与本地居民同样的基本公共服务的政策措施,逐渐扩大承租人权利,逐步实现"租购同权"的社会保障机制。规范住房租赁市场交易行为,明确租赁双方权利义务,保护租赁当事人的合法权益,保障承租人的居住稳定。加大住房租赁市场发展政策宣传力度,建立居民"先租后买,梯度消费"的合理住房消费观念。

(七)提升二手住房的有效供给

加快厂矿企业等单位已购买房屋产权职工不动产权证书的办理和房产办

证遗留问题的处置；深化"三供一业"改革，大力推行住宅小区物业服务社会化，破除存量住房上市交易壁垒；降低企业持有住房转让环节的土地增值税税负，按照居民家庭持有住房时间、套数实施差别化个人所得税征收政策，降低个人出租住房税负，有效增加住房二级市场的可交易房源。

总的来说，2020年西安房地产市场在疫情后得到积极恢复，2021年整体上将延续增长势头，但在"三道红线"融资管控收紧压力以及"11·30新政"下，房企资金运用将更加审慎，考虑到西安近几年房地产市场快速发展形成的高基数、全运会停工等因素，初步预判全年房地产开发市场将保持平稳发展态势。

参考文献

西安市统计局：《2020年西安房地产市场回顾和2021年展望——2020年西安经济社会发展系列报告之五》，http://tjj.xa.gov.cn/tjsj/tjxx/604ad71ef8fd1c2073fc6d8e.html。

西安市统计局、国家统计局西安调查队：《西安统计年鉴2019》，中国统计出版社，2019。

西安市统计局、国家统计局西安调查队：《西安统计年鉴2020》，中国统计出版社，2020。

西安市住房和城乡建设局：《西安市住房和房地产业发展"十四五"规划》，2020年12月。

B.15
2019~2020年咸阳市房地产业发展报告

周华　付智媛　潘育瑾*

摘　要： 2019~2020年，咸阳市房地产市场保持稳健上涨的态势，报告在分析了房地产市场基本运行情况、主要特征后，对西安都市圈内的咸阳、渭南、宝鸡三市做了房地产市场影响因素分析，比较三市房地产市场的差异，最后对咸阳房地产市场做出展望。

关键词： 咸阳市　房地产业　西安都市圈

一　咸阳房地产市场运行分析

（一）土地供求状况

1. 土地供应

2020年，按照"城乡统筹、节约集约、供需平衡、有保有压"的原则，咸阳在保证正确处理总量与效益的关系前提下，科学合理安排各类用地的供应规模和结构，计划供地1061.98公顷，供地量较2019年下降11.08%，较前一个谷值年份2012年高出718.66公顷，较前一个峰值年份2019年低132.34公顷。市本级土地供应中工矿仓储用地增长绝对数量最多且增幅最高。商服用地供应量增加17.48公顷，同比增加19.38%；公共管理与公共服务用地供

---

* 周华，长安大学建筑学院讲师，城市研究所副所长，主要研究方向为城市与区域发展、城市经济等；付智媛、潘育瑾，长安大学城乡规划专业本科生。

应量增加 15.87 公顷，同比增加 13.94%；住宅用地供应量有所下降，供应量减少 40.46 公顷，同比减少 7.72%；交通运输用地供应量大幅度下降，供应量减少 228.95 公顷，同比减少 87.34%；特殊用地供应 4.53 公顷（见表 1）。2020 年咸阳市本级建设用地供应结构见图 1。

表 1 2019 年、2020 年咸阳市本级建设用地计划供应情况

单位：公顷，%

	计划供应总量	按用途					
		工矿仓储用地	商服用地	住宅用地	公共管理与公共服务用地	交通运输用地	特殊用地
2020 年	1061.98	302.93	107.69	483.95	129.70	33.18	4.53
2019 年	1194.32	203.74	90.21	524.41	113.83	262.13	0.00
增减面积	-132.34	99.19	17.48	-40.46	15.87	-228.95	4.53
增长率	-11.08	48.68	19.38	-7.72	13.94	-87.34	—

资料来源：咸阳市自然资源局。

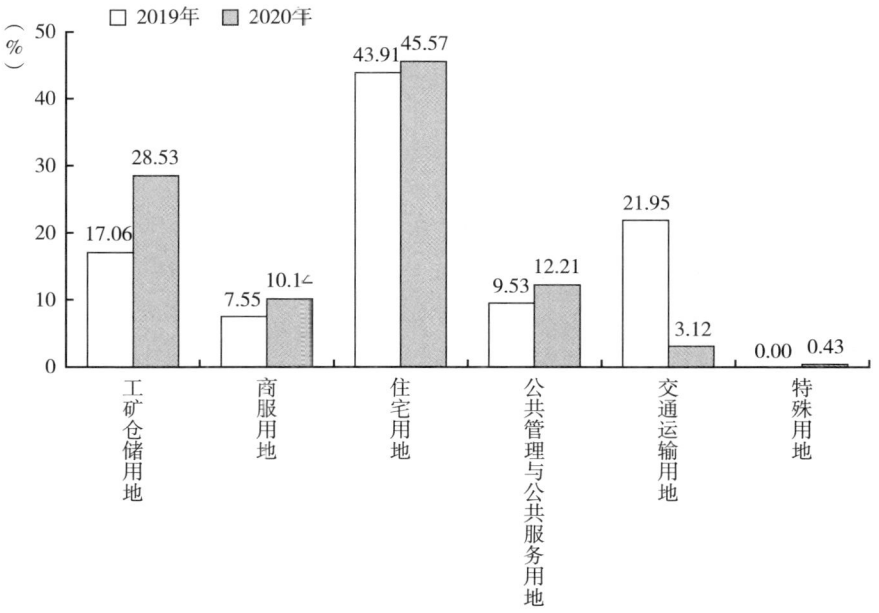

图 1 2019 年、2020 年咸阳市本级建设用地供应结构

资料来源：咸阳市自然资源局。

2. 土地成交

2020年，咸阳公开招拍挂共计成交56宗土地，剔除几宗地下空间使用权的土地，成交47宗，较2019年有一定上涨，土地成交面积总量为245.77公顷，比2019年上涨44.87%。成交地块中大部分容积率为3.5，粗略估计2020年咸阳成交的住宅用地、商住用地可开发建筑面积共计约508.33万平方米，相当于咸阳两年时间全市商品房成交面积。其中商住用地成交面积为128.4公顷，与2019年（141.31公顷）相比，降幅为9.14%。受疫情影响，咸阳市2020年医疗卫生用地成交1宗，工业及其他用地成交10宗，商住用地占全年土地成交面积比重相对以往年份较低，为52.24%。

土地成交金额方面，出让土地56宗，收入为128.73亿元，较2019年大幅增长56.53%。其中，商住用地成交86.80亿元，占全部土地出让金收入的67.43%，年中亩单价最高为686万元/亩，平均地价为450.69万元/亩，涨幅为26.24%；商服用地成交金额从2019年的5.44亿元增加到2020年的14.69亿元，年中亩单价最高为693万元/亩，平均地价为381.34万元/亩，降幅达36.44%（见图2）。

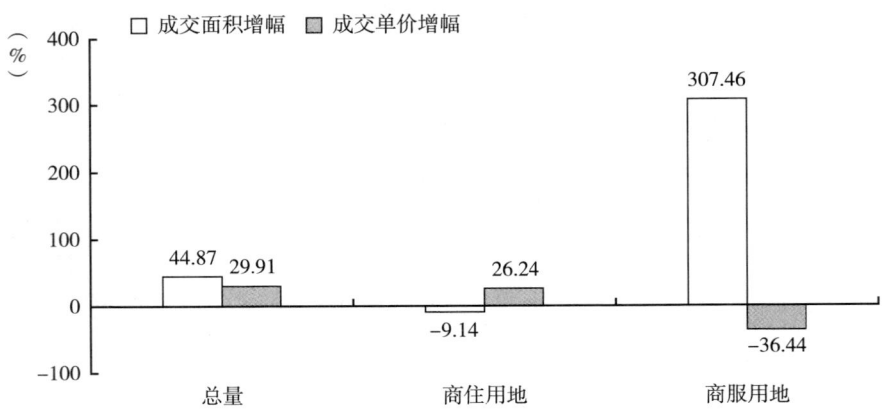

图2　2020年咸阳市土地成交面积及成交单价增幅

（二）房地产开发企业

1. 企业概况

2020年，咸阳市住房和城乡建设局审核通过85家房地产开发企业资质和384家建筑企业资质，比上年分别增长了62.26%和19.63%。受疫情影响，2020年初申请房地产开发资质的企业数量较少，审核通过的企业数量也相应较少，但在4月份国内疫情相对稳定后，房地产开发企业数量大幅增长（见图3）。除了此前已经在咸阳有项目落地的碧桂园、融创、龙湖、恒大等继续增储之外，还有很多新进入咸阳的房企。其中，蓝光、当代、天伦在咸阳高新区拿地，融创、金科、恒大、龙湖则在秦都高铁站以北的文兴路板块拿地，朗诗则在文林路板块拿地，绿地集团则在大西安（咸阳）文化体育功能区板块拿地。

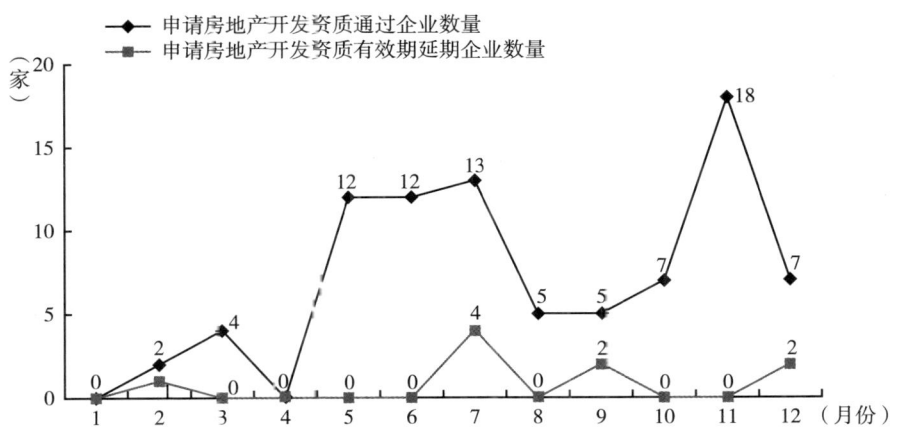

图3　2020年咸阳市新增房地产开发企业数量

资料来源：咸阳市住房和城乡建设局。

这其中，热度最高的当属秦都高铁站以北的文兴路板块，2020年成交的房地产开发用地中有2/3来自文兴路板块。龙湖、融创、金科、恒大四家开发商耗资71.61亿元在文兴路板块拿地约1407亩，占到全年土地成交金额、土地成交面积的55.63%、36.23%，在全市住宅用地（包括商住）中所占比重达到了64.52%。

2.经营情况

2020年全年咸阳市房地产开发企业实际到位资金291.4亿元，同比增长58.5%。从资金构成看，自筹资金189.6亿元，同比增长64%，占到位资金的65.1%；定金及预收款40.3亿元，同比增长35.3%，占到位资金的13.8%；个人按揭贷款52.8亿元，同比增长147.8%，占到位资金的18.1%，增速较上年同期和前三季度分别提高6.5个和2.2个百分点。可见2020年，咸阳市房地产开发企业到位资金中个人按揭贷款占比提高，但依旧主要由自筹资金拉动房地产开发，企业到位资金趋于宽松，为房地产开发市场持续稳定增长提供有力保障。2020年一季度，咸阳市房地产开发经营企业实际到位资金22.9亿元，比上年同期增长15.4%。从资金来源渠道看，房地产开发经营企业仍依赖自筹资金。其中，自筹资金、定金及预收款和个人按揭贷款分别为12.6亿、4.4亿和5.5亿元，占一季度到位资金的比重分别为55.0%、19.2%和24.0%。

（三）房地产开发情况

1.房地产开发投资

2020年，随着房地产项目全面复工，全市房地产开发企业投资增长率扭负为正。一季度全市房地产项目投资同比增长6%，较1~2月投资增速提高32.6个百分点。房地产开发投资增速在第二季度1~5月达到最高，为52.3%，此后在1~6月房地产开发投资增速下降到2.2%，且下半年呈缓慢上升的态势（见图4）。咸阳市2020年1~11月房地产投资完成额总量为239.40亿元，占全省比重为6%。2020年全年，全市房地产开发投资完成259.1亿元，比上年增长38.6%，总体而言，投资增速整体低于上年同期，但较上半年和前三季度分别加快36.4个和9.2个百分点，高出全省25.8个百分点，全市房地产开发投资形势好于全省。

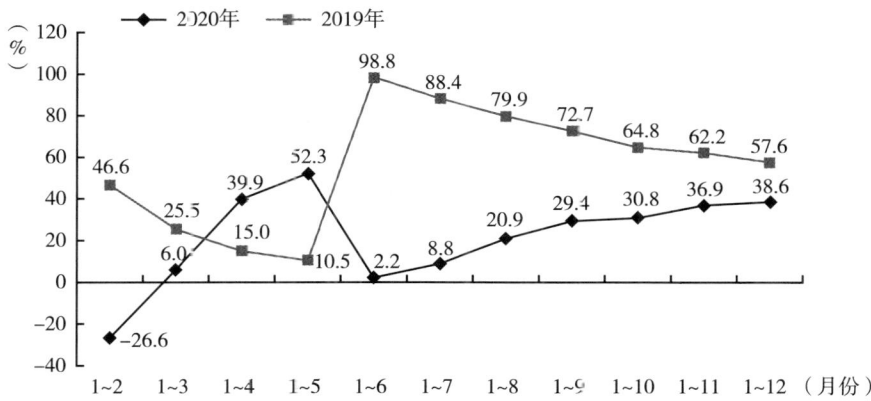

图 4　2019～2020 年咸阳市房地产开发投资增速

资料来源：咸阳市统计信息网。

2. 房地产开发项目

2020 年一季度受疫情影响，全市房地产项目复工率仅为 88%，低于上年同期 6 个百分点，截至 12 月，咸阳全市房地产开发经营项目 161 个，较上年增加 42 个，增长 35.3%。本年累计新增房地产开发经营项目 59 个，较上年增加 3 个。其中，亿元以上项目 52 个，较上年增加 12 个；亿元以上项目完成投资 250.1 亿元，同比增长 38.6%，占全市房地产开发投资的 96.5%，拉动全市房地产开发投资快速增长。

3. 施工与竣工

2020 年一季度，全市房屋竣工面积 862.8 万平方米，同比增长 59.1%，其中新开工面积 35.4 万平方米，增长 40.3%。房屋施工面积、新开工面积呈现双增长。2020 年全年，咸阳市房屋施工面积 1436.7 万平方米，同比增长 55.1%，高于全省 52.8 个百分点。其中，新开工面积 558.3 万平方米，增长 35.9%，高于全省 45.8 个百分点。2020 年，咸阳市房屋施工面积大幅增长，为商品房销售面积的增长奠定了基础。

（四）商品房销售情况

2020 年咸阳市商品房市场供应总面积 302.8 万平方米，其中住宅 289.9

万平方米，非住宅12.9万平方米，住宅供应套数27128套，套均面积106.87平方米。其中，咸阳市高新区供应量最大，套数占比为43.56%。

销售方面，2020年全市商品房销售面积229.8万平方米，同比增长14.3%，高于全省水平13.1个百分点（见图5）。受疫情影响，房地产销售市场开局"偏冷"，2020年1~2月商品房销售面积下降到历史低点，随着复工复产进一步加快，销售面积降幅逐步收窄。一季度全市房地产销售面积18.5万平方米，同比下降20.9%，较上年同期减少4.9万平方米，增速回落56.5个百分点。上半年商品房销售面积为67.75万平方米，同比下降10.5%，较第一季度提高10.4个百分点；1~11月销售面积为204.35万平方米，同比增长11.3%，较上半年增长21.8个百分点，较2019年同期多销售20.77万平方米。

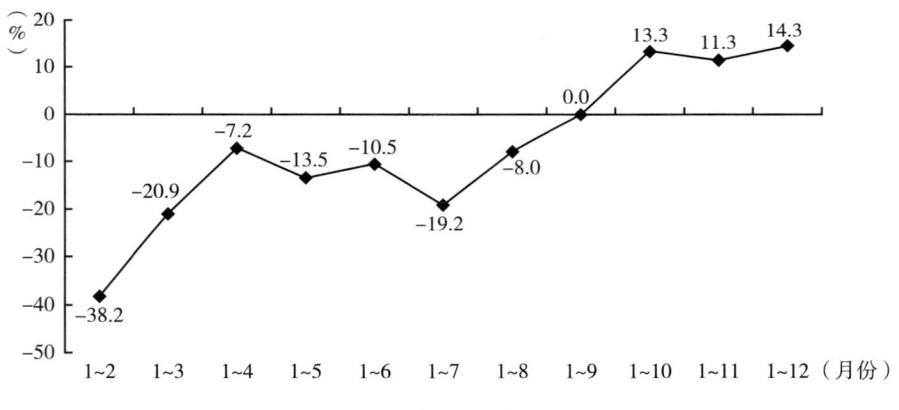

图5　2020年咸阳市商品房销售面积增速

资料来源：咸阳市统计信息网。

从商品房用途看，住宅销售面积224.3万平方米，同比增长14.8%，占商品房销售面积的97.6%；商品营业用房销售面积3.5万平方米，同比下降35.2%；办公楼销售面积1.8万平方米，同比增长4.8倍。从商品房交房时间看，现房销售面积8.3万平方米，同比下降33.6%；期房销售面积188.5万平方米，同比增长17.5%。

从销售额看，2020年全市第一季度实现商品房销售额4.8亿元，同比下降31.5%，2020年全年全市商品房销售额161.9亿元，同比增长7%，增速较前三季度提高20个百分点。其中，住宅销售额155.5亿元，同比增长8.1%，增速较前三季度提高19.9个百分点。

从销售价格看，2020年全年，全市商品房销售均价为7045.26元/米²，较第一季度增加38.26元/米²。2020年第一季度咸阳商品房均价为7007元/米²，较上年价格有所回调，较2019年12月、2019年6月分别下降1173元/米²、618元/米²，降幅分别为14.34%、8.10%。

依据CREIS中指数据官网公开的咸阳市商品房销售数据，融创2020年全年销售额105.30亿元，在咸阳的市场份额为65.04%，龙湖2020年在咸阳的销售额仅次于融创，其后还有万科、绿地、碧桂园、蓝光、国润等房地产企业。全年单盘销售额超过10亿元的项目有6个，分别为融创·御河宸院、龙湖·彩虹郦城、万科·金域华府、绿地·新都会、碧桂园·秦都府、国润当代境，全部来自全国性品牌房企。

（五）商品房待售情况

咸阳市统计局数据显示，全市商品房销售稳定，商品房待售面积持续减少。2020年底，全市商品房待售面积仅为12万平方米，比9月底减少2.2万平方米。参照2020年全年229.8万平方米的销量，月均销量为19.15万平方米，这意味着2020年12月底咸阳商品房去化周期不到1个月。

（六）二手住宅市场

1. 供需状况

根据中国房价行情网资料，2020年咸阳二手住宅销售价格变化浮动较2019年略小，呈波动式增长趋势（见图6）。全年平均销售价格为8247元/米²，比上年上涨13.61%，其中2月的增长幅度最大，为6.57%。2020年1~12月，二手住宅销售价格涨幅达到9.69%，低于2019年14.03%的涨幅。

咸阳市二手住宅的销售价格平缓增长，但不同价格区间的市场供需状况有差异（见图7）。市场供给的二手住宅销售价格主要集中在6000~10000

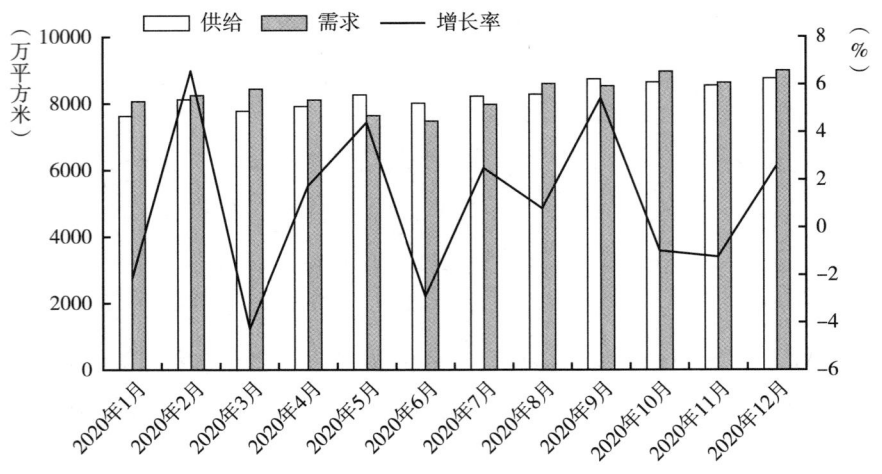

图6 2020年咸阳市二手住宅销售价格供需趋势

资料来源：中国房价行情网。

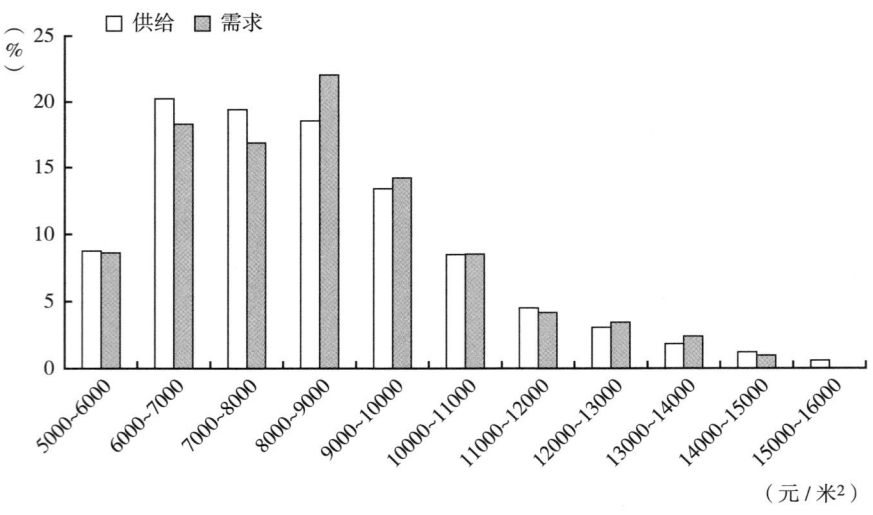

图7 2020年咸阳市二手住宅销售平均价格供需结构

资料来源：中国房价行情网。

元/米²，占全部二手住宅的71.55%。其中，6000～7000元/米²二手住宅的供给占比最大，为20.24%；7000～8000元/米²的供给比例位居第二，为19.4%；15000～16000元/米² 的供给比例最小，为0.61%。从供给和需求的比例来看，销售价格7000～8000元/米² 及以下的二手住宅供给高于需求，销售价格8000～11000元/米² 及12000～14000元/米² 的二手住宅需求高于供给，表明咸阳市居民对高价住房的需求较大，而高端住宅市场的供给不足。与2019年咸阳市二手住宅的市场供需进行比较发现，居民对高价住房的需求有所增加，10000～16000元/米² 的高价二手住宅供给增加了0.95%；居民对5000～6000元/米² 的二手住宅需求降幅最大，为0.24%；7000～8000元/米² 的需求降幅次之，为0.14%。

2019～2020年，咸阳市二手住宅销售面积主要集中在80～140平方米，占到全部销售面积的75.33%。其中，90～100平方米的供给占比最大，为19.56%，80～90平方米的供给占比位居第二，为12.64%（见图8）。从供给和需求的比例来看，二手住宅面积80～150平方米（除120～130平方米）的需求高于供给，说明咸阳市居民主要对中、大套型的需求较大，但是相应的供给有所不足。

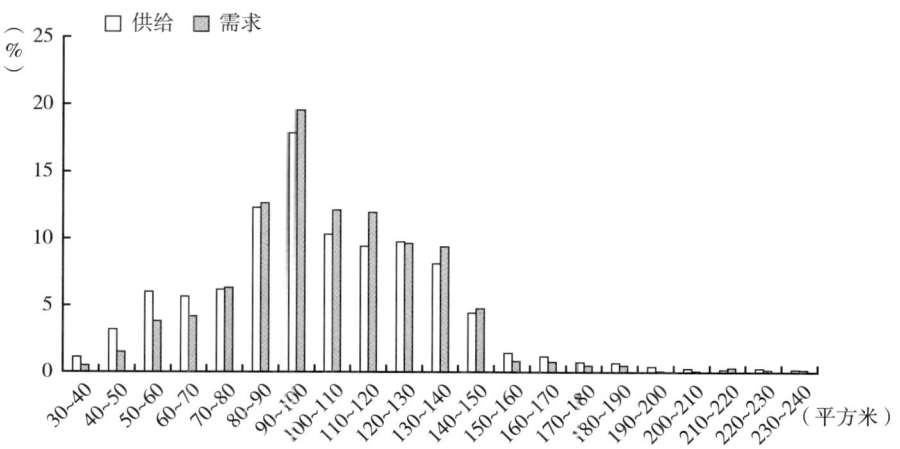

图8　2019～2020年咸阳市二手住宅面积供需结构

资料来源：中国房价行情网。

2. 售租比

2020年，咸阳市二手房售租比①仍处于较高区间，但上升趋势有所放缓，存在一定房地产泡沫的风险。12月，咸阳市二手住宅售租比为456∶1（见图9），较上年末上涨2.7%，环比下降2.5%。从全年看，咸阳市租售比为466∶1，比较2020年全国50个重点城市的平均售租比（611∶1）、西安售租比（567∶1），咸阳的租金回报率高于西安。

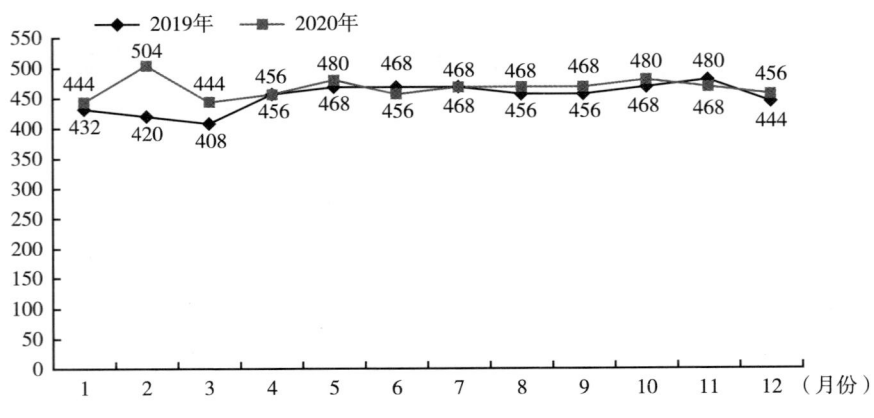

图9 2019~2020年咸阳市二手住宅售租比

资料来源：中国房价行情网。

（七）保障房建设与分配情况

2020年，配套基础设施建设是咸阳市保障性安居工程的主要部分，且投资力度较大。从2019年起，咸阳市不断加大对老旧小区配套基础设施建设项目的投资力度，2019年老旧小区改造项目39个，共投入资金1.4亿元。2020年则重点关注2011~2016年的租赁型保障房、2015~2019年的棚改安置住房改造项目、2019年新筹集集中片区公租房和城镇老旧小区改造的配套基础设施建设，不断优化居民的生活环境，提升居民的生活质量，增

---

① 房屋单位面积销售价格与单位面积月租金之间的比值。

强人民群众的获得感和幸福感。

从分配方面来看,2020年保障性住房建设正在稳步进行。其中,2020年咸阳市共有1029户申请租住公租房,比上年减少29.35%,表明由于经济社会发展,居民收入有所增加,居民的生活质量有所提升。申请租住廉租房的共有29户,比上年增加61.1%,表明政府对于居民安居保障工程的投入力度增加。2020年保障房的总户数较2019年减少428户,而住宅销售面积为224.3万平方米,同比增长14.8%,说明保障房和商品房的需求存在一定的负相关性。

二 2020年咸阳房地产业的主要特征

(一)土地市场竞争激烈,品牌房企积极布局

2020年,咸阳市土地供应政策有所放缓,但受品牌房企不断进驻的影响,咸阳土地市场招拍挂竞争激烈,多家大牌企业不断增储,土地成交价格不断升高。从大牌地产企业在咸阳的拿地金额、拿地面积来看,融创、龙湖2020年在咸阳拿地的金额分别达到27.248亿元、24.3亿元,分别增加土地储备497.86亩、485.98亩。恒大、金科当年在咸阳拿地的金额也超过了10亿元,万科、融创、绿地、龙湖、金科、蓝光、恒大、天伦、朗诗和当代这10家开发商2020年共计为咸阳贡献了115.45亿元的土地款,占到全年全市土地出让金收入的89.69%。咸阳市成为品牌房企在陕西竞争的一片红海,土地市场竞争尤为激烈。

(二)"一枝独秀,百花齐放",房地产市场潜力巨大

2020年,融创一家在咸阳市场的销售面积达112.16万平方米,销售额达105.30亿元,占全市销售面积与销售额的比例均在60%以上。龙湖2020年在咸阳的销售面积与销售额,仅次于鳌头融创,销售面积超20万平方米,销售额超20亿元。除此之外,万科、绿地、碧桂园、蓝光和国润五个品牌房

企2020年在咸阳市场的销售面积也都超过10万平方米,销售额均超过10亿元。与2019年相比,品牌房企营销势头更加强劲,销售规模进一步扩大,咸阳房地产市场呈现"一枝独秀,百花齐放"的态势。同时,受咸阳城市轨道交通开发的进一步推进等利好因素影响,西安楼市调控政策加码,将导致更多购房者外溢,再加上品牌房企的入驻促使新房品质及服务不断提升。

(三)商品住宅库存告急,市场调控"房住不炒"

2019年7月至2020年4月咸阳市商品住宅可售库存去化周期持续低于6个月,2020年4~7月商品住宅可售库存去化周期均低于6个月。咸阳楼市成交量持续处于高位,在商品住宅库存急剧减少的情况下,咸阳市政府发文调控楼市,保障商品住宅供应,保护居民首套购房需求,打击投资需求。同时回调商品房销售价格,2020年全年,咸阳商品房销售价格为7045.26元/米^2,较第一季度增加38.26元/米^2,年内价格仍逐渐增高,但较2019年12月、2019年6月分别下降1134.74元/米^2、579.74元/米^2。2020年12月,咸阳商品房待售面积为12万平方米,比9月底减少2.2万平方米,商品房待售面积持续减少,"房荒"现象严重。

三 咸阳房地产市场影响因素分析

(一)西安都市圈的发展

2018年,《关中平原城市群发展规划》出台,提出构建"一圈一轴三带"区域发展格局,希冀以中心城市带动城市群发展。2020年5月,陕西省发展和改革委员会印发《2020年推动关中平原城市群和新型城镇化发展重点工作任务》,提出18项举措推动关中平原城市群建设和城镇化建设,强化举措加快西安—咸阳一体化进程。2021年初,陕西省发改委在陕西省"十四五"规划纲要解析中指出,未来五年要"培育建设西安都市圈",并明确范围和边界。不难看出,西安都市圈建设是国家战略和地方发展战略的具体体现，西安都市圈是未来五年西部地区发展的核心地带，都市圈内基础设施、产业格局、经济要素等一体化发展，对于"圈内"各市房地产业格局将会产生重要影响，分析都市圈内城市房地产业变动特征和影响因素，有助于深入分析咸阳房地产业发展趋势。

（二）西安都市圈内城市房地产业影响因子分析

西安都市圈包括西安主城区、咸阳主城区、西咸新区、铜川主城区、渭南主城区、杨凌示范区，以及西安、咸阳、渭南地区的部分区县。由于杨凌示范区与铜川市房地产市场规模较小，故分析2020年咸阳、宝鸡、渭南三个百万人口以上的大城市房地产市场，利用主成分分析，对比基础设施投资增幅、人均可支配收入、非公经济增加值占比、房地产开发投资增速、财政收入等因素对于各市房地产市场的影响，探究这三个城市的房地产市场运行机制，以期对西安都市圈建设中的咸阳房地产市场趋势做出判断。

以2020年陕西省10个地级市的相关指标为样本，建立主成分分析模型，结果选取三个主成分，累计贡献率达到81.94%。根据主成分荷载系数（见表2），三个主成分分别在居民消费能力、工业增长速度和市场经济活力方面表现出对房价的强烈影响，并以此命名三个主成分。根据主成分线性系数计算咸阳、渭南、宝鸡三个城市新的因子数列，可以得出如下结论。

（1）居民消费能力和工业增长速度因子是影响咸阳房地产市场的主要因素，影响程度远远高于其他两市。主要是因为西咸一体化的趋势越发明显，产业结构、居民收入方面朝着一体化趋势发展。咸阳是西安都市圈建设的核心城市，咸阳行政区划调整——部分纳入西安辖区——的呼声也不断高涨，在接受西安房地产市场外溢、产业转移、城市功能转移等方面已经大步向前迈进，在这一点上，都市圈内其他城市无法比拟。

（2）2020年，在疫情的冲击下，渭南市经济下行，社会消费品零售总额、全社会固定资产投资、公共财政一般收入等指标下滑幅度较大，但房地产价格平稳、成交量较大，产生了与经济增速反向的相关关系。究其原因，一是渭南市有400多万人口，在省内仅次于西安，具有较大的市场规模；二是在西安都市圈建设的影响下,西安市场的外溢现象不断增强,有力地支撑了渭南楼市;三是2019年以来渭南市土地供应大规模增加,2020年在市场上持续释放住房资源,导致市场交易量增高。几个方面的迹象表明,人口规模是渭南房地产市场的有力支撑。

(3)市场经济活力因子对宝鸡房地产市场的影响在三个因子中最强,且明显强于渭南,但弱于咸阳。该现象表明2020年宝鸡非公经济增加值占比这一指标对房地产市场的影响极大。促进非公经济发展、提升非公经济占比,对于促进就业、增加居民收入、影响房地产市场具有积极作用。

表2 载荷系数表格

名称	载荷系数			公因子方差
	居民消费能力（主成分1）	市场经济活力（主成分2）	工业增长速度（主成分3）	
基础设施投资增幅(%)	0.841	-0.357	-0.145	0.856
人均可支配收入(元)	0.815	0.31	0.317	0.86
规上工业增加值增速(%)	0.682	0.55	0.373	0.907
非公经济增加值占比(%)	0.712	-0.428	0.375	0.831
非公经济增加值占比增速(%)	-0.711	0.416	0.374	0.819
房地产开发投资增速(%)	-0.505	-0.355	0.622	0.769
公共财政一般收入(亿元)	0.818	-0.218	0.151	0.739
社会消费品零售总额增速(%)	0.757	0.361	-0.266	0.774

四 咸阳市房地产市场展望

(一)国家及区域环境

国家"十四五"规划纲要指出,"十四五"期间实施房地产市场平稳健康发展,强化"房住不炒"的原则,进一步控制核心城市房价快速上涨以及房地产金融端的泡沫风险,同时房地产市场的重心将从驱动经济增长切换为增进民生福祉。2021年2月,自然资源部对全国住宅用地供应分类调控工作进行了安排部署,要求22个重点城市要合理安排招拍挂出让用地的时序，实行"集中发布出让公告、集中组织出让活动"同步公开出让。同时要求发布的出让公告全年原则上不得超过3次，时间间隔和地块数量要相对均衡，郑州、青岛、济南等部分城市率先执行。然而西安并不在其中，表明在"房住不炒、因城施策"的导向下，西安乃至都市圈内其他城市在土地供应上仍具有较大的灵活度，也意味着西安国家级中心城市的建设还有较大的提升空间，对于咸阳房地产市场具有一定利好。

（二）西安都市圈建设的机遇

2020年习近平总书记来陕考察时强调，要抓好西安国家中心城市建设，加快西安—咸阳一体化进程，提升对陕西、对西北发展的带动能力。2021年，《西安都市圈发展规划》有望获批出台，西安—咸阳一体化、西安都市圈建设将受到空前重视，"调整优化西安都市圈行政区划设置，实现西安、咸阳主城区和西咸新区行政区划整合"势必加速推进。而在行政区划调整之前，咸阳楼市在土地供应、价格审批、限购条件等方面与西安有着明显的差异，一旦消息明朗，咸阳基础设施和公共服务设施的投资规模会进一步扩大，咸阳房地产市场将会成为西安都市圈内楼市的新热点，影响圈内房地产市场格局。

（三）老旧小区改造的影响

2020年，全国新开工改造城镇老旧小区4.03万个，直接和间接拉动近万亿元更新改造投资，还能撬动居民户内改造、装饰装修、家电更新等，带动多个行业发展，对稳定投资增长有着重要的支撑作用。咸阳市保障性住房的建设重点从2020年起转向老旧小区改造和原有保障房的基础设施改造提升，财政支持力度不断加大。精准施策、多方参与是城镇老旧小区改造的主要路径，对于咸阳二手住宅市场会产生一定的积极作用，会与新增商品住房市场产生一定程度的竞争，有助于稳定住房市场，使住房回归居住属性。

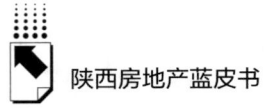

（四）商品房价格仍保持稳中上升

展望2021年，在现有的房地产市场态势下，咸阳市房地产开发投资将平稳增长，商品房销售规模大概率将保持在较高位，部分优势地段的品牌住房价格可能会持续走高，但在政策调控之下，咸阳的房地产市场并不会出现过热的态势。在咸阳市房地产市场持续向好的情况下，限购政策可能会升级，同时二手房也将纳入限购范围，以保证房地产市场的稳定、维持房地产市场与国民经济的平衡、保障自住群体的购房需求和抑制非理性投资需求。

参考文献

《2020年咸阳市房地产开发投资持续增长》，咸阳统计信息网，2021年2月21日。

陕西省统计局：《2020年全省房地产开发销售恢复性增长》，2021年1月26日。

陕西省统计局：《上半年我省房地产开发投资加快 商品房销售降幅收窄》，2020年8月11日。

西安市统计局：《西安统计年鉴2020》，2020年12月25日。

咸阳市统计局：《2019年咸阳市国民经济和社会发展统计公报》，2020年4月26日。

咸阳市统计局：《2020年咸阳市国民经济运行状况》，2021年1月22日。

咸阳市住房和城乡建设局：《咸阳市城镇廉租住房第四十五批公示（初次公示）》，2020年9月1日。

咸阳市住房和城乡建设局：《咸阳市公共租赁住房第二十二批公示（初次公示）》，2020年9月1日。

B.16 2019～2020年渭南市房地产业发展报告

高敏芳 张萍 赵维**

摘　要： 本报告对2019～2020年渭南市房地产企业状况、房地产开发市场情况、商品房销售状况、保障性住房建设情况进行了系统分析，总结了渭南市2020年房地产业的特征，并从资金来源、住房建设质量以及保障房建设方面就渭南房地产业的发展提出了相应的对策建议，并对未来渭南房地产业发展走势进行预测。

关键词： 房地产业　保障房　渭南市

一　渭南市房地产发展现状

近年来，渭南市经济快速发展，城镇化进程持续加快。作为陕西的东大门，渭南市交通便利，具有良好的区位条件，是陕西省农业大市和人口第二大市，是中原地区通往陕西乃至大西北的咽喉要道，又是新欧亚大陆桥的重要地段，还是丝绸之路经济带起点段的关键组成部分。2020年受新冠肺炎

---

* 感谢渭南市统计局提供有关房地产业的数据资料。
** 高敏芳，渭南师范学院教授，主要研究方向为产业经济；张萍，渭南师范学院教授，主要研究方向为产业经济；赵维，博士研究生，渭南师范学院讲师，主要研究方向为国际贸易、区域经济。

疫情的影响，渭南市经济整体疲软，规模以上工业总产值下降1.9%，全社会固定资产投资下降4.9%，其中固定资产投资（不含农户）下降5.5%。但房地产市场增长较快，全市房地产投资完成397.22亿元，增长39.4%，拉动固定资产投资增长7.8个百分点；商品房销售面积412.95万平方米，增长24.8%；商品房销售额204.74亿元，增长31.3%。随着疫情的缓解以及众多品牌房企入驻渭南，渭南市房地产开发投资未来将保持较高速度的增长。

（一）房地产开发企业状况

1. 企业基本情况

2019年渭南市房地产开发企业数为224家，较上年增长46家。其中，国有企业、集体企业和其他企业分别为18家、7家和198家，外商投资企业1家。当年共完成投资283.66亿元，其中商品住宅完成投资215.44亿元，办公楼完成投资4.84亿元，商业营业用房完成投资38.00亿元。2020年渭南市房地产开发企业260家，其中内资企业258家，外资企业2家。共完成投资397.22亿元，其中商品住宅完成投资336.16亿元，办公楼完成投资2.13亿元，商业营业用房完成投资27.37亿元，其他投资31.56亿元。

从业人员数量和工资方面，随着渭南房地产业的快速发展，从业人员数量和工资逐渐增长。2019年，房地产城镇非私营单位从业人员6604人，较2018年的6519人增长了1.3%，非私营单位人员平均年工资为51580元，较2018年的46033元增长了12.05%。全市房地产城镇私营单位从业人员2013~2019年平均年工资分别为25681元、27475元、27757元、32096元、35630元、36001元、40817元。2020年前三季度，渭南市"四上"单位共有1978家，从业人员期末人数220733人，其中房地产业从业人员7703人，平均年工资37179元。

房地产企业开发经营方面，2019年房地产开发企业实收资本60.98亿元，资产总计710.8亿元，主营业务收入949579.2万元，其中，商品房屋销售收入884538.7万元，房屋出租收入5003.6万元。主营业务成本831877.7万元。

2. 企业开发资金来源

2019年，渭南市房地产实际到位资金270.95亿元，企业信心增强，房企投资热情高涨。其中，内资资金269.74亿元，与上年的162.12亿元相比增长了66.38%。内资资金结构中，国内贷款7.16亿元，基本与上年持平，自筹资金142.57亿元，较上年的88.31亿元增长了61.44%，定金及预收款75.46亿元，较上年的45.95亿元增长了64.22%，个人按揭贷款33.99亿元，较上年的18.75亿元增长了81.28%，其他到位资金10.54亿元，增幅不大（见表1）。

表1 2019年和2020年渭南市房地产企业开发资金来源

单位：亿元，%

来源	2019年			2020年		
	金额	比重	增长	金额	比重	增长
实际到位资金	270.95	100.00	67.11	373.20	100.00	37.74
国内贷款	7.16	2.64	0.00	13.54	3.63	89.05
自筹资金	142.57	52.62	61.44	183.07	49.05	28.41
定金及预收款	75.46	27.85	46.21	92.91	24.90	23.13
个人按揭贷款	33.99	6.92	81.33	71.30	19.11	110.00
其他到位资金	10.54	3.89	440.00	12.38	3.32	17.46

2020年，渭南市房地产实际到位资金378.80亿元，其中，内资资金367.60亿元，外资资金5.60亿元。内资资金结构中，国内贷款13.54亿元元，较上年增长89.11%；自筹资金183.07亿元，较上年增长了28.41%；定金及预收款92.91亿元，较上年增长了23.12%；个人按揭贷款71.30亿元，较上年的18.75亿元增长了110%；其他到位资金12.38亿元。

从非银行金融机构贷款来看，2018年非银行金融机构贷款为2235万元，占到位资金的0.14%，2019年为35000万元，占到位资金的1.30%，2020年为8680万元，占到位资金的0.23%。数据表明，房地产开发商获取资金的主要途径是自筹资金和购房者交付的房款，企业融资途径有待拓展。

渭南市房地产企业可以逐渐通过投资信托、住宅抵押贷款证券化、企业商业债券等金融创新方式进行融资。

（二）房地产开发市场状况

1. 土地购置概况

渭南市2019年房地产开发投资的土地购置面积为1273407万平方米，土地购置费559908万元，其中临渭区261805万元，高新区、经开区、华州区分别为125253万元、4487万元、2081万元，富平县、蒲城县、韩城县、澄城县和华阴市分别是74194万元、39960万元、38584万元、13000万元和544万元。

根据《国家新型城镇化规划（2014～2020年）》的要求，2020年要基本完成城市的棚户区改造任务，棚改计划收紧导致渭南当年整体的拿地数量较少，回顾全年的渭南土地市场，2020年在官网挂牌出让且交易成功的渭南市（市本级）商业及住宅用地共8宗，土地总出让面积约60.23万平方米，同比下降33.7%，成交总金额约21.02亿元。2019年国有建设商业及住宅用地使用权挂牌出让总计90.89公顷①。而渭南全市2020年土地购置面积是544203万平方米，同比下降57.26%，土地购置费为399038万元，同比下降28.73%。

2. 开发投资情况

渭南市2019年全年房地产开发投资完成284.88亿元，比上年增长84.8%。房地产开发企业房屋施工面积1983.04万平方米，增长36.1%。商品房销售面积330.79万平方米，增长30.8%。年末商品房待售面积72.62万平方米，下降8.0%。各大知名品牌入驻渭南，产品类型逐渐丰富，投资力度持续增大。总体来看，住宅投资仍为企业的投资重点，渭南市房地产市场虽保持较高的增速，但是投资减缓。表2是2019年各区县按照工程用途分类的房地产开发投资情况。

---

① 数据来源于渭南市政府网站。

表2 2019年渭南市各区县按照工程用途分类的房地产开发投资情况

单位：万元

地区	住宅	办公楼	商业营业用房	其他
渭南市	2154381	48431	380026	265981
临渭本区	768946	24309	187422	84174
高新区	326615	9078	55160	67302
经开区	25623	420	1000	400
华州区	50091	—	803	3152
潼关县	14929	—	286	—
大荔县	103954	1449	10227	2266
合阳县	33122	—	3531	1092
澄城县	54284	—	1934	6797
蒲城县	90121	25	21723	7960
白水县	10710	—	3250	290
富平县	276336	230	24786	23554
韩城市	363625	12920	69176	63990
华阴市	36005	—	728	5004

注："—"表示数据缺失，下表同。

2020年以来，在复杂多变的经济环境中，在新冠肺炎疫情的冲击下，渭南市经济呈现回升好转的趋势，全市上下认真贯彻落实各项工作部署，扎实做好"六稳六保"工作，主要经济指标降幅逐月收窄。渭南万科城、中创大都荟、恒大珺睿府、多彩康城、富力城、黄河芸香小镇等大型房地产项目进展顺利，全市房地产投资持续高速增长。

2020年前三季度，全市固定资产投资增长0.6%，为当年首次转正，增速较上月提高3.9个百分点。其中，工业投资增长11.2%，民间投资增长18.9%，房地产投资增长73.5%。1~7月，全市房地产投资167.29亿元，增长66.8%，拉动投资增长9.5个百分点。房地产民间投资增长75.9%，拉动全市民间投资增长21个百分点。1~9月，全市房地产投资完成263.16亿元，增长73.5%，拉动投资增长11.6个百分点，拉动作用较上月提高2.1个百分点。1~10月，全市固定资产投资下降0.1%，增速较1~9月回落0.7个百分点，增速居全省第7位，位次较上月下滑1位，居关中五市末位。其中房地产投资完成312.8亿元，增长60.9%，拉动投资增长10.6个百分点，是拉动固定资产投资增长的主要动力。图1是2020年渭南市房地产投资完成额及增长情况。

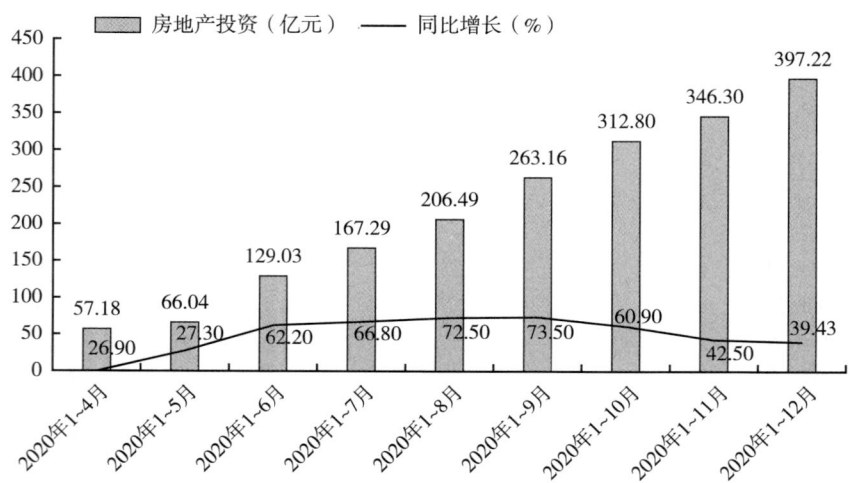

图1　2020年渭南市房地产投资完成额及增长情况

3. 施工和竣工情况

2020年上半年全市房屋施工面积为791.61万平方米，同比下降18%。其中本年新开工面积为144.48万平方米，同比下降26.2%，降幅较一季度收窄25.5个百分点。2020年渭南市房屋施工面积为2132.99万平方米，同比增长8.07%，其中新开工面积为663.73万平方米，同比降低20.15%。

分区域看，临渭区的房屋施工面积为675.27万平方米；其次是富平县、韩城市、高新区、蒲城县，分别为335.03万平方米、268.78万平方米、246.06万平方米、112.32万平方米；临渭区的住宅面积为475.52万平方米，占渭南全市的32%，其次是富平县、韩城市、高新区、蒲城县，分别为240.23万平方米、192.05万平方米、182.76万平方米、95.76万平方米。表3是2019年和2020年渭南市房屋施工面积的情况。

表3 2019年和2020年渭南市房屋施工面积情况

	2019年	2020年
房屋施工面积(平方米)	19830371	21329880
其中:本年新开工(平方米)	8312594	6637327
计划总投资(万元)	13529671	15398161
其中:亿元以上投资(万元)	13299783	15111271
本年施工项目个数(个)	224	260
其中:亿元以上项目个数(个)	181	210

2020年渭南市房地产竣工面积为151.47万平方米，相比于2019年的218.91万平方米，下降了30.81%。竣工房屋价值为47.84亿元，相较于2019年的53.49亿元，下降了10.56%。2019年住宅竣工面积为157.01万平方米，竣工住宅价值为37.90亿元。表4是2019年渭南市各区县房屋竣工和住宅竣工情况。

表4 2019年渭南市各区县房屋和住宅竣工情况

单位:平方米,万元

地区	竣工房屋面积	住宅竣工面积	竣工房屋价值	竣工住宅价值
渭南市	2189145	1570095	534896	378979
临渭本区	628849	484468	220059	162974
高新区	—	—	—	—
经开区	—	—	—	—
华州区	14600	14600	900	900
潼关县	—	—	—	—
大荔县	262156	207939	56352	44981
合阳县	21603	16525	2807	2047
澄城县	32968	32968	9125	9125
蒲城县	—	—	—	—
白水县	52779	50648	6617	6128
富平县	795263	472265	167302	102580
韩城市	376777	287532	70934	49444
华阴市	3150	3150	800	800

（三）商品房销售状况

1. 全市销售情况

2019年渭南商品房销售面积330.79万平方米，同比增长30.76%。商品房销售额155.88亿元，同比增长45.10%。其中，住宅销售额140.95亿元，同比增长57.73%。从住宅结构看，90（含）平方米以下普通住宅销售面积14.03万平方米，占住宅销售面积的4.6%；90~144（含）平方米普通住宅销售面积244.43万平方米，占住宅销售面积的81.0%；144平方米以上普通住宅销售面积43.37万平方米，占住宅销售面积的14.4%。

2020年全年商品房销售面积为412.95万平方米，增长24.8%（见表5）。其中，现房销售57.03万平方米，增长27.6%，占商品房销售面积的13.8%；期房销售355.92万平方米，增长24.4%，占商品房销售面积的86.2%。商品房销售额为204.74亿元，增长31.3%，其中住宅销售额为196.57亿元，增长39.46%。办公楼销售额为1.14亿元，下降29.44%。商业营业用房销售额为6.83亿元，同比下降43.24%。

表5 2019年和2020年渭南市房地产销售面积情况

单位：平方米，%

	2019年	2020年	同比增长
商品房	3307919	4129515	24.8
现房	447012	570299	27.6
期房	2860907	3559216	24.4
90(含)平方米以下普通住宅	140336	123419	-12.1
90~144(含)平方米普通住宅	2444288	3268262	33.7
144平方米以上普通住宅	433679	595374	37.3
别墅和高档公寓	8881	指标取消	—

从住宅销售结构看，2020年90（含）平方米以下普通住宅销售面积12.34万平方米，同比下降12.1%，占住宅销售面积的2.9%；90~144（含）平方米普通住宅销售面积326.83万平方米，同比增长33.7%，占住

宅销售面积的79.1%；144平方米以上普通住宅销售面积59.54万平方米，同比增长37.3%，占住宅销售面积的14.4%。可以看出，渭南市房地产市场仍以改善型需求为主，刚性需求不断降低。

2. 各区县商品房销售情况

2019年渭南市各区县商品房销售面积差异明显，其中临渭本区的销售面积最大，占比达到了22.9%，其次是富平县、韩城市和大荔县分别为70.51万平方米、56.66万平方米和36.76万平方米。表6为2019年渭南市各区县商品房销售面积。

表6 2019年渭南市各区县商品房销售面积

单位：平方米

地区	商品房销售面积	住宅	办公楼	商业营业用房
渭南市	3307919	3018303	39985	212249
临渭本区	757818	740364	—	13323
高新区	251393	258911	—	2482
经开区	22950	22950	—	—
华州区	50210	50210	—	—
潼关县	27486	27486	—	—
大荔县	367622	310886	—	56736
合阳县	186623	174311	—	12312
澄城县	65550	65164	—	386
蒲城县	99325	98323	—	515
白水县	28824	28824	—	—
富平县	705122	700699	—	4423
韩城市	566629	372113	39985	121767
华阴市	168367	168062	—	305

注：表格中"—"表示数据缺失。

3. 商品房待售情况分析

自2018年以来，国有大型房地产企业纷纷入驻渭南，全市房地产市场发展势头良好，商品房销售稳定增长，待售面积持续下降。2018年渭南市商品房共销售了252.98万平方米,增长22.5%,增速较2017年提高4.2个百分点,年末商品房待售面积78.91万平方米,比上年末下降30.2%。2019年底,房地产待售面积为72.6万平方米。2020年上半年受疫情的影响,整个2月渭南各大售楼部处于关停状态,3月随着复工复产工作的开启,整个2月积攒起来的需求在3月以成交量形式瞬时释放。截至5月末,商品房待售面积653.94万平方米,下降1.8%,较4月末收窄1.4个百分点。全年整体房价保持平稳趋势,无大涨大落,商品房待售面积为64.37万平方米,比2019年下降了11.3%。图2是2016~2020年渭南市房地产去库存情况。

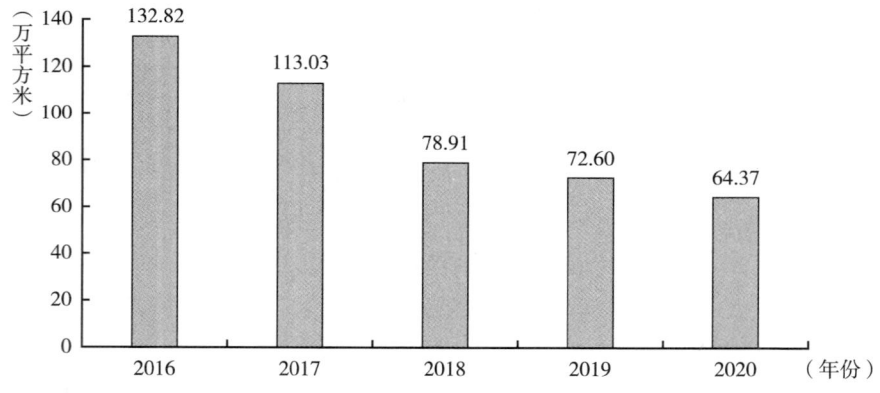

图2　2016~2020年渭南市房地产去库存情况

二　保障性住房建设情况分析

2020年,渭南市以解决新市民住房困难为出发点,大力发展租赁住房,加快构建以公租房、保障性租赁住房和共有产权房为主体的住房保障体系,完善长租房政策,扩大小户型、低租金的保障性住房供给,探索支持利用集体建设用地按照规划建设租赁住房,结合棚户区改造和老旧小区改造,有效增加保障性住房供应。同时有效抽出商品房市场中大量的刚性需求,稳定房价。

（一）老旧小区改造

2020年渭南政府工作报告指出，三年内完成全市915个老旧小区改造项目（其中，中心城市376个），完善小区基础设施，优化小区人居环境，对无社会化物业管理的老旧小区，发挥政府"兜底"保障职能，积极探索建立街办、社区、国有物业联合保障机制。按照《临渭区老旧小区改造工作实施方案》要求，2020年临渭区完成38个老旧小区改造提升，2021年完成100个以上老旧小区改造提升，2022年完成剩下的老旧小区改造任务。临渭区地处渭南中心城区，辖6个街道、59个社区，共有各类住宅小区683个，建成于2000年以前的、公共设施落后影响居民基本生活、居民改造意愿强烈的住宅小区共计253个，楼栋数677栋，户数17453户，建筑面积177.75万平方米，计划投资11.5亿元。2020年实施老旧小区改造项目38个，包括212栋楼、6980户，涉及面积71.95万平方米，计划投资4.2亿元。2021年计划申报实施改造提升项目120个，2022年计划完成剩下小区的改造提升任务。老旧小区改造内容主要包含小区面貌改观、房屋功能改善、基础设施改造及居住环境改优四个方面。若居民有强烈出资改造意愿，可自行增加部分改造项目一并实施。

（二）保障房建设

推动保障房项目建设，加快"租售并举"步伐，健全分配、使用、退出和资产盘活机制，全面完成保障性安居工程改造提升工作。2012~2018年保障性住房建设套数分别为1.6万套、3.0万套、2.2万套、2.6万套、0.9万套、0.1万套和0.4万套，累计分配公租房46429套、廉租房96547套，发放租赁补贴19204户。2020年渭南华州区、经开区4个公租房项目已完成分配任务。

（三）棚户区改造

截至2020年10月底，陕西省棚户区改造新开工1.68万套，已完成年度开工计划。棚改基本建成11279套，发放租赁补贴39876户，均已超额完成年度计划，全省保障性安居工程完成投资155.71亿元。渭南市临渭区围绕关中平原城市群次核心城市建设目标，坚持以棚户区改造为抓手，按照"政府主导、规范管理、安置为先、依法征收、整体推进、重点突破"的思路，先后顺利实施了育红、人和、广场南路等片区改造，改善了人居环境，提升了城市品位。截至2020年4月，实际使用棚改贷款33.13亿元；发行棚户区改造项目收益专项债1.35亿元。有28个棚户区改造项目已完成，共完成征收15117套，征收面积205.96万平方米，完成投资约124亿元。未来，渭南市将加快63个棚户区项目改造进度，合理配置土地资源，完善政策保障体系，吸引社会资本参与，切实解决地方融资和项目平衡难题。

三 2020年渭南市房地产业的特征分析

（一）疫情后供求回暖，供应量超过成交量

2020年初受疫情影响全市房地产开发落入历史低点，随着疫情防控常态化，企业逐步恢复开发和销售活动，渭南土地市场呈现低开高走态势，供求两端均出现回暖，供应端同比增长9.6%，成交量同比增长29.0%，成交规模突破1100万平方米，10月和12月成交规模突破160万平方米。尽管土地供求回暖，但土地价格呈现细化，全市平均亩单价为100万元、平均楼板价为637元/米^2，分别下滑7.5%和13.2%。

从住宅市场来看，渭南全年成交量保持220万平方米的规模水平。一季度疫情期间，价格动荡；二季度起，价格呈现相对平稳态势；三季度价格短暂上涨后，于年底适度回调。据搜狐房产数据中心统计，渭南成交TOP10楼盘为：渭南万科城、恒大珺睿府、东原玖城阅、宏帆人和府、信达源著、渭南富力城、碧桂园翡翠时代、雅居乐翰林雅郡、保利锦悦和府、中创大都荟。综观渭南市2018~2020年主城区的商品住宅供求情况，发现2018年和2019年商品住宅成交量均高于供应量，导致房价从5800元/米^{2}上涨到6000

元/米² 以上。2020 年商品住宅供应量则远高于成交量，主城区成交均价为 6264 元/米²，同比增加 3.0%（见图3）。

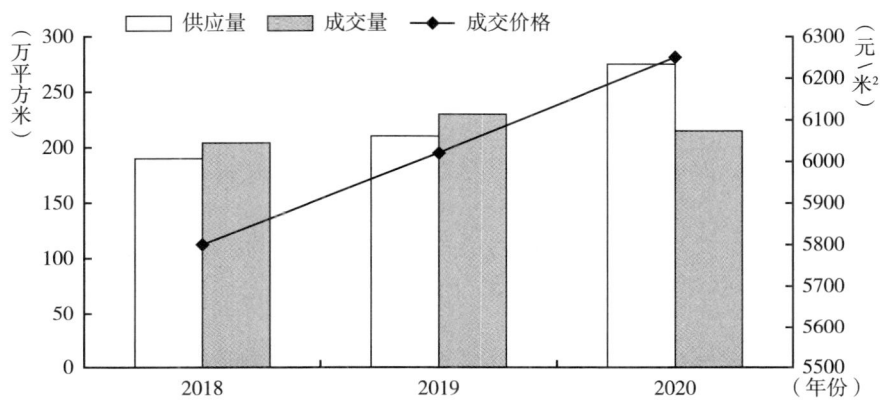

图3　2018~2020 年渭南市主城区商品住宅供求价格趋势

（二）整体房价稳中略升，呈现健康发展态势

近年来渭南人居环境需求不断进化，购房不仅仅局限于住房需求。就目前渭南楼市而言，当下渭南人对生活居住的高品质追求，无论是二人世界还是三代同堂，都更加注重人文情怀，反映出越来越多的购房者的置业心态，三室也已悄然成为市场的主旋律。渭南楼市中有刚性需求的居民是购房主力，而对于开发商来说，为了迎合购房者逐渐扩大的市场需求，打造品质楼盘成为大势所趋。2020 年上半年，疫情给渭南各行各业带来了不小的冲击，而房地产业是受疫情冲击较大的行业之一，房地产市场交易基本停止。随着 3 月疫情的稳定，人们的需求开始爆发，与此同时上半年各大房企在渭南频频拿地、开盘、促销，使得渭南楼市在下半年快速回暖，呈现房价上涨，销量上行，价格稳中略升的平稳走势。渭南全市 2020 年住宅的均价为 5270 元/米²，受疫情影响 1 月份数据缺失，随后的价格在波动中呈现缓慢上升后又下降的趋势，如图4 所示。

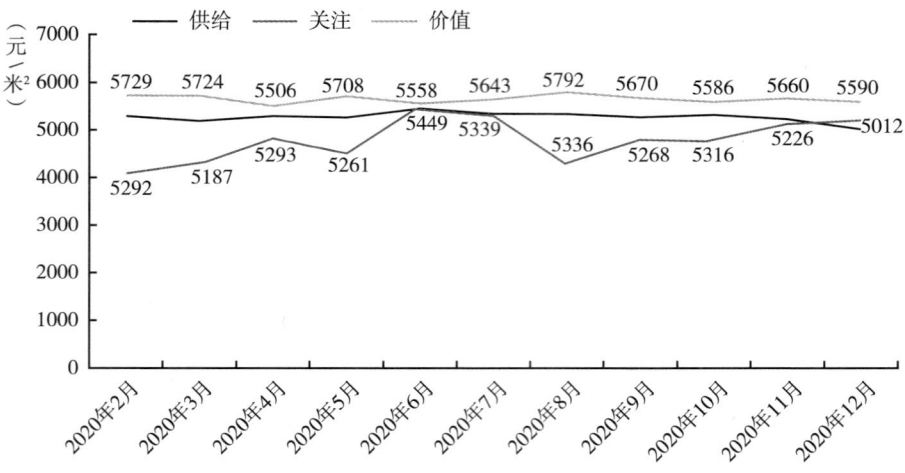

图4 2020年渭南房价的供给、关注及价值情况

资料来源：中国房价行情网，http://wn.cityhouse.cn/market/ALL/。

截至2020年底，市区成交均价为5737元/米²，比韩城县（5988元/米²）、富平县（5900元/米²）价格稍低，其次是高新区（5673元/米²）、合阳县（4600元/米²）、大荔县（4550元/米²）、蒲城县（4516元/米²）、澄城县（4200元/米²）、华阴市（3700元/米²）和白水县（3600元/米²）。表7是搜狐焦点网数据中心根据渭南楼市43个在售楼盘抽样调查结果整理出的房价数据，从中可以看到渭南市新房成交均价在5914元/米²上下波动，成交套数和成交面积呈增长趋势。

表7 2020年渭南市房价成交情况

时间	新房成交均价（元/米²）	成交套数（套）	成交面积（平方米）
2月	5864	1073	—
3月	5831	861	—
4月	6006	784	—
5月	5777	1534	—
6月	5821	917	—
7月	6004	1397	—
8月	5857	2240	263067

续表

时间	新房成交均价(元/米²)	成交套数(套)	成交面积(平方米)
9月	6037	1264	156594
10月	6121	1536	185640
11月	5799	1426	181406
12月	5945	1828	220515

(三)品牌房企因地制宜,进入差异化竞争阶段

《2020中国房地产上市公司测评研究报告》显示,万科、恒大、碧桂园、融创、中海、保利、华润、龙湖、新城、富力分列前十大房地产上市公司,其中未进驻渭南的就差融创、华润、龙湖三大房企。外来大牌房企进驻渭南带来的品牌效应和产业集聚效果,促进了渭南人居住环境的改善及多样化,同时也促进了物业设施的高端化,有效解决了渭南房地产市场单一的供应结构与多样化需求间的矛盾问题,刺激了渭南购房者积极入市。2020年,渭南市单价5000元/米²以下的房子濒临绝迹,高端知名房企的房价更高。众多房地产开发企业纷纷推出新楼盘,天朗地产、蓝光发展进驻渭南获得优质土地。宏帆人和府、宝能华府、海兴漫香郡、富力城、东原玖城阅等项目新品的加推,带动了渭南整个楼市的品质飞跃。东原玖城阅和富力城两大房企精装改毛坯也体现了外来房企因地制宜,努力变通,以适应渭南购房者需求的经营思路。

随着渭南城市扩张,各个区域的职能越来越细化。房地产开发企业也顺势推出很多差异化的产品,房地产行业由规模化竞争进入差异化竞争阶段。例如,城东是华州—渭南一体化的重要一站,围绕着沋河公园、人和公园等自然景观,目前已经打造出一个三园两河环绕的生态宜居之地,包括宏帆人和府、信达汶溪、汇邦沋河瑞府等高端楼盘。渭南高新区是国家关中高新技术产业开发带的重要组成部分,是渭南市对外开放的窗口,更是渭南科技创新和体制创新的基地和实验区。2020年高新区的购房者,大部分是返乡置业的人群,对很多著名房企有一定的了解,同时很多高性价比的楼盘也出现在这个区域。

（四）开发销售表现突出，拉动全省产业增长

2020年，渭南市房地产投资完成额397.22亿元，仅次于西安，同比增长39.4%，增速位列全省第一，占全省投资完成额的9%。商品房销售面积412.95万平方米，仅次于西安，增长24.8%，占全省商品房销售面积的9.3%；销售面积增速仅次于榆林市。总体上，渭南市房地产开发投资热情高涨，销售面积大幅增加，占全省比重较高，有效带动了全省房地产开发投资的增长。图5是陕西省及各市（区）房地产开发销售情况。

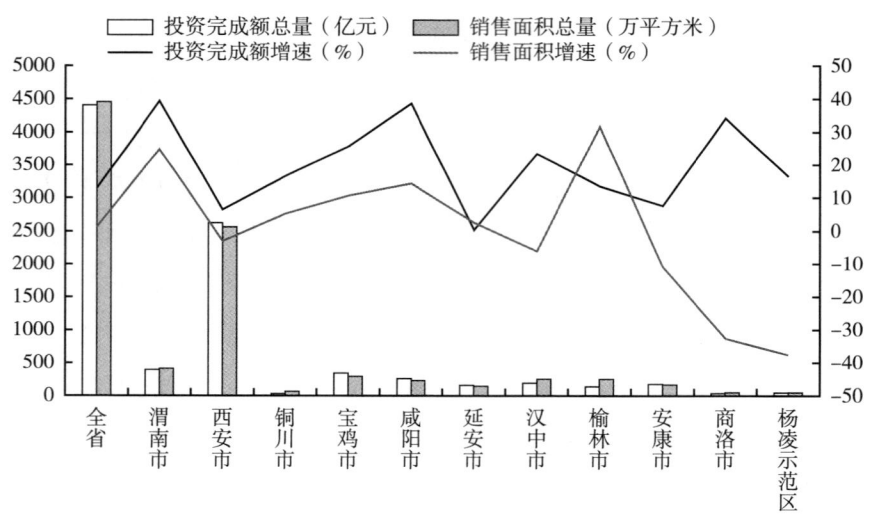

图5　陕西省及各市（区）房地产开发销售情况

四　渭南市房地产业发展对策建议及展望

（一）渭南房地产业发展对策建议

2020年是"十三五"规划的收官之年，也是渭南经济发展极不平凡的一年。一年来，全市上下认真学习贯彻习近平总书记来陕考察重要讲话精

神,统筹推进疫情防控和经济社会发展,项目建设取得丰硕成果。2020年渭南市房地产持续发展,房地产投资热情依旧,虽然投资放缓,但仍持续增长;开发资金总体宽松,但资金增速有所放缓,商品房销售额缩减,房价呈现小幅波动趋势。一方面,渭南外来大牌房企受到房企"三道红线"、高周转的影响,都进行了全方位的价格体系、产品结构调整,努力适应渭南楼市。另一方面,本土房企持续向上、稳定发展,多样化的营销策略层出不穷,给市场提供了一针稳定剂或者强心剂。

1. 拓宽企业融资渠道,改革房地产金融体系

渭南市房地产开发商获取资金的主要途径是自筹资金和购房者交付的房款,企业融资途径有待拓展。2020年8月20日,中国人民银行、住房和城乡建设部召开房企座谈会,约谈12家房企,明确了资金监测和融资管理规则——"三道红线"。"三道红线"倒逼房地产行业转型升级,房地产行业只有向金融地产升级才能健康发展。未来渭南市房地产业应打造产业集群平台,向金融控股集团转型,通过金融控股集团虚实结合,整合上下游资源,通过资本运作达到企业的最高境界,从而保证房地产业持续稳定健康的发展。

2. 提升住房建筑质量,实现住房精致化

房地产经济发展的过程中若出现建筑质量问题,如住房墙体脱落、抗震性能差、使用寿命大大减少等,住房精品化和高质量化就无从谈起。建设质量下降,房地产市场的发展将受到制约,房地产业开发的成本增加,这样的模式严重影响房地产经济的发展。因此,在引进房地产开发企业的过程中,要全面把关房地产建筑的建设周期和质量,根据实际情况制定相应的法规政策,合理布局城市的房地产开发,保障居民的生活环境和品质,提高居民的生活幸福感。与此同时,随着生育政策的逐步放开,家庭人口规模增加,改善型住房需求将会上升,在加快建设普通商品房和保障性住房的同时,应为消费者提供多样化产品,如"四室两厅"等户型。同时完善小区周边商超、学校以及医院等配套设施,满足生活需要。

3. 加快推进保障性住房建设和棚户区改造

渭南市作为四线城市，经济总量较小。2020年全市地方财政收入70.03亿元，同比下降11.6%。政府财政收入的不足严重影响公共基础设施投资，造成保障性住房投入资金不足。与此同时保障房配套设施较差，后续物业服务难以跟上。针对保障性住房建设资金不足的问题，要引导社会资源参与进来，鼓励现有的供给主体考虑合作模式，对有条件有意愿的供给主体给予适当的优惠，扩大房屋供给。与此同时，渭南市应抓好完善住房保障体系试点工作，争取形成可复制、可推广的经验。严格把握棚改范围和标准，稳步推进棚户区改造；总结推广试点经验，进一步完善支持政策，做好城镇老旧小区改造工作。此外，加快推进保障性住房建设还需要在国家层面健全法规机制，从立法层面对保障房的实施对象、实施办法、惠及对象、供给标准、保障措施等进行明确界定，完善保障房准入、轮候和退出机制。

（二）2021年渭南房地产业发展展望

基于渭南市房地产在2019～2020年的发展情况，结合国家宏观调控政策和经济发展趋势，对渭南市2021年的房地产业发展进行展望。随着疫情的缓解、棚改的持续发力、利率下降以及众多品牌房企的入驻，预计渭南市房价将稳步增长。

首先，随着城镇化进程的加快和西安—渭南深度融合，房地产企业将迎来更多项目合作机遇。2020年渭南市城镇化率为50%，与全国70%的城镇化率相比还有20%的空间，未来随着渭南城镇化进程的进一步加快，将会有更多的品牌房企进驻渭南。此外，2020年10月29日，西安市政府代表团来渭考察并召开座谈会，两市现场签署《西渭融合重点项目合作框架协议》。从建立战略合作关系、加强基础设施对接、推动产业战略联盟、完善现代服务体系等十个方面，进一步推动两市深层次融合发展，还确定了"交通同城、信息同网、区域合作、产业联盟和要素服务"5个方面共20个重点合作项目。渭南地理位置优越，近年来持续加大招商引资力度，这些必将给房地产市场带来更多的机遇。

其次，老旧小区改造、棚改的持续发力以及市场利率下降将导致房价上涨，但受宏观经济形势以及调控政策的影响，上涨空间不大。再次，品牌楼盘引领房地产市场，导致居民住房需求升级，从刚性需求向改善性需求转变，品牌房企除了带给渭南购房者更多的购房选择、更新的购房理念外，也在城建、教育上给渭南人带来了全新的体验。

最后，随着渭南城市扩张，2020年以后，渭南市城东、市中心、市政新区、高新区，乃至滨水新区各个区域的职能分化将越来越明显，形成带动片区房地产业系统化发展的城市综合体，房地产行业由规模化竞争进入差异化竞争阶段。

参考文献

《2020年渭南市政府工作报告》。
陕西省统计局：《陕西统计年鉴》，2019。
渭南市统计局：《渭南市统计月报》，2020年1~12月。
渭南市统计局：《渭南统计年鉴》，2019。

B.17
2019~2020年铜川市房地产业发展报告[*]

王赵民[**]

摘　要： 本报告介绍了2019年第四季度和2020年全年铜川市房地产业发展状况，包括房地产开发企业、土地供应、房地产投资规模与建设、房屋销售、房地产中介市场、保障性住房建设以及物业管理等状况，全面客观分析了房地产业与经济社会的关系、存在的问题及原因，并对2021年度房地产业发展走势进行预测。

关键词： 铜川市　房地产业　土地供应

铜川市位于陕西省中部，1958年建市，面积3882平方公里，处于关中平原向陕北黄土高原的过渡地带，交通便捷，距省会西安和西安（咸阳）国际机场60公里，包茂高速和延西高速穿越南北，合凤高速纵贯东西，为关中城市群次核心城市，到2020年末，全市户籍人口79.04万人，常住人口95万人，成功创建全国文明城市，连续四年蝉联"中国最具幸福感城市"，全市主要经济指标连续两年保持在全省第一方阵，新区成功创建为省

---

[*] 在撰写本文时，铜川市统计局提供了有关房地产方面的资料；铜川市住建局提供了保障性住房、廉租房、物业管理及房屋销售、二手房交易等方面的资料；铜川市自然资源局提供了土地供应资料；中国人民银行铜川中心支行提供了房贷资料；铜川市税务局提供了房地产业税收资料。对以上单位谨致谢忱。

[**] 王赵民，铜川市人民政府研究室原副调研员，主要研究方向为宏观经济、铜川地域文化。

级高新区，五年净增13.5万人，全市城镇化率提高到66.1%。这些成绩的取得，为房地产业发展奠定了良好的基础。

一 房地产业发展现状

（一）房地产企业情况

1.房地产企业基本情况

2019年第四季度，全市共审批房地产开发企业资质4批，共有陕西江豪房地产开发有限公司、陕西伟力投资集团有限公司、陕西大唐国瓷园投资有限公司、铜川星苑置业有限公司等10家企业获得批准。到年底，全市共有房地产开发法人企业92家，同比增速9.5%（见表1）。

表1 截至2019年底铜川市房地产企业情况

单位：家，%

区县名称	企业数量	同比增速
全市	92	9.5
王益区	29	0.0
印台区	3	0.0
耀州区	9	0.0
新区	45	18.4
宜君县	6	20.0

资源来源：铜川市统计局。如无特殊说明，本文资料均来源于此，不再赘述。

2020年，铜川市共审批房地产开发企业资质20次，共有铜川绿城置业发展有限公司、铜川檀府置业有限公司、陕西铜城新时代置业有限责任公司、铜川华盛置业有限公司、铜川智城房地产开发有限公司等28家企业获得批准。到2020年底，铜川市有各类房地产开发企业100家（见表2）。

表2 2019~2020年铜川市房地产开发企业情况

单位：家，%

区县名称	企业数量		增长
	2020年	2019年	
王益区	29	29	0.0
印台区	3	3	0.0
耀州区	9	10	-1.0
宜君县	7	6	16.7
新区	52	41	26.8
全市	100	89	12.4

注：开发企业指有项目运营的企业。

分区县和季度来看，就房地产开发企业数量而言，新区在"独占鳌头"的同时屡添新丁，其余除宜君县新增1家房地产企业外，都保持不变（见表3）。从项目数量来看，除新区和宜君县外，其余各区县均不同程度地减少。

表3 2020年各季度铜川市房地产企业数量

单位：家

区县名称	季度			
	第一季度	第二季度	第三季度	第四季度
全市	92	94	98	100
王益区	29	29	29	29
印台区	3	3	3	3
耀州区	9	9	9	9
新区	45	46	50	52
宜君县	6	7	7	7

2.房地产企业开发项目基本情况

2019年，全市房地产开发企业共有房地产开发项目86个，同比下降4.4%。其中，有投资的项目49个，同比下降15.5%；无投资的项目37个，占43%，比重较上年同期回落2.3个百分点（见表4）。

表4　2019年铜川市房地产企业及项目统计

区县名称	企业数量		项目数		有投资的项目	
	户数(家)	同比增速(%)	个数(个)	同比增速(%)	个数(个)	同比增速(%)
全市	92	9.5	86	-4.4	49	-15.5
王益区	29	0.0	12	-29.4	10	0.0
印台区	3	0.0	10	-16.7	4	-42.9
耀州区	9	0.0	19	-9.5	7	-22.2
新区	45	18.4	39	14.7	25	-10.7
宜君县	6	20.0	6	0.0	3	-25.0

2020年，全市列统房地产法人企业100家，实有项目74个，较上年减少12个。受疫情影响，房地产企业因人员返岗困难而难以复工，原料运输受困，项目建设延缓甚至停滞。尤其是第一季度，共有房地产开发项目69个，同比减少11个。其中，有投资的项目25个，同比减少1个，占全市房地产项目的36.2%；无投资的项目44个，占63.8%。到3月底，全市房地产企业复工复产情况快速调查问卷结果显示，员工复岗率在80%以上的企业占73.4%，复岗率50%~80%的占20.3%，复岗率不足50%的占6.3%；企业达到正常生产水平一半以上的占68.3%，达到正常水平一半以下的占31.7%。全市房地产开发投资中建筑安装工程投资同比下降13.3%，增速较上年同期回落41.8个百分点，显示房地产项目建筑施工活动明显低于上年同期。到第三季度，全市房地产开发投资项目共计72个，较上年同期减少14个，其中，本年有投资的项目仅有37个，较上年同期减少10个，占51%。近一半的项目本年无投资和销售，处于竣工或者停工状态（见表5）。

表5　2020年市房地产项目统计

单位：个

区县名称	项目数量				有投资的项目			
	第一季度	第二季度	第三季度	第四季度	第一季度	第二季度	第三季度	第四季度
全市	69	69	72	74	25	35	37	39
王益区	10	10	10	10	2	3	3	3
印台区	8	8	8	8	2	2	2	2
耀州区	12	12	12	12	1	2	2	2
新区	36	36	38	40	18	25	26	28
宜君县	3	3	4	4	2	3	4	4

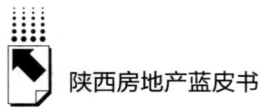

3. 房地产开发企业存在的主要问题

2020年，铜川市房地产开发企业虽然数量有所增加，但资质较低，三级及以下企业占80%以上，且自有资金不足，房地产开发项目较少，加之受新冠肺炎疫情影响，企业难以达到正常生产水平。

（二）房地产开发与投资情况

1. 土地供应

2020年铜川市项目建设用地得到持续保障。全市上报新增建设用地739.93公顷，获批621.26公顷，供应土地677.91公顷。其中，供应住宅用地17宗97.7247公顷（含新增用地95.0014公顷），包括划拨2宗2.7629公顷（其中，新增2.2792公顷，存量0.4837公顷），出让15宗94.9618公顷（其中，新增93.2195公顷，存量1.7423公顷）。全市土地利用后续空间充足（见表6）。

表6 2020年铜川市国有建设用地供应情况

单位：公顷

商服用地	18.7708	特殊用地	0.3243
工矿仓储用地	168.7014	水域及水利设施用地	4.9499
公共管理与服务用地	41.8581	住宅用地	97.7247
交通运输用地	50.7094	总供应面积合计	383.0386

资料来源：铜川市自然资源局。

2. 固定资产投资及房地产投资完成情况

（1）固定资产投资情况

2019年全市全社会固定资产投资同比增长11.2%，其中，固定资产投资（不含跨区投资和农户投资）增长8.6%（见表7）；民间投资增长34.7%。

2019~2020年铜川市房地产业发展报告

表7 2019年铜川市固定资产投资增速

单位：%

指标名称	比上年增长
全社会固定资产投资	11.2
固定资产投资	8.6
项目投资	9.5
房地产开发投资	1.1

2020年，全年全市全社会固定资产投资同比增长5.2%，增速位居全省第二。其中，固定资产投资增长4.6%。主要特点有：一是航天科技产业项目建设取得阶段性成效，航天科技制造业项目建设实现了零的突破。二是社会事业类项目建设成果斐然，铜川博物馆、铜川体育馆、工人文化宫商业综合体等建成投运。三是高技术产业投资快速增长，同比增长97.6%，增速比全省高80.8个百分点，一批高质量的产业项目陆续落地开建，带动全市高技术产业投资持续快速增长。四是大项目数量增多，质量提升。2020年，全市亿元以上施工项目167个，同比增加2个。亿元以上施工项目投资同比增长16.2%，增速高于全市11个百分点，占全市固定资产投资比重为67%，较上年提升6.6个百分点。

（2）房地产投资完成情况

2019年，全市房地产开发完成投资29.08亿元，同比增长1.1%。2020年，全市房地产业投资增速提升，投资同比增长8.8%，较上年提升7.7个百分点。绿地不夜城、碧桂园等项目持续推进，中骏世界城开工建设，拉动了新区乃至铜川市房地产业投资增长。

一季度，在龙记檀府、大唐养生小镇等新入库项目以及御璟名第、领地·未来城等在建项目带动下，全市房地产开发投资5.85亿元，同比增长27%。从投资构成看，建筑安装工程投资2.67亿元，同比下降13.4%，降幅较上月收窄12.7个百分点；以土地购置费为主的其他费用3.12亿元，同比增长106.7%，增速较上月回落61.6个百分点。从建设性质看，新开工项目投资3.25亿元，占55.6%；续建项目投资2.6亿元，占44.4%。

上半年，全市房地产开发投资17.74亿元，同比增长7.2%。受龙记檀府小区、大唐养生小镇等项目土地购置费报完影响，以土地购置费为主的其他费用为7.50亿元，同比增长32.4%，增速较一季度回落74.3个百分点。其中，新区投资居主导地位。上半年投资15.14亿元，同比增长10.6%，占全市房地产开发投资的85.3%。

1~9月，全市房地产开发投资24.93亿元，同比增长3.4%，增速较上半年回落3.8个百分点。其中，土地购置费7.62亿元，同比下降5.5%，占比为30.6%。新区房地产开发投资完成20.55亿元，同比增长7.4%，高于全市4个百分点，占全市房地产开发投资的比重为82.43%。

从全年增长情况来看，一是新项目拉动明显，占全市房地产开发投资的40.1%；二是在建项目如绿地不夜城、碧桂园、龙记檀府等持续推进，投资贡献明显；三是受"人口梯度"政策因素影响，北市区人口迁移，改善型住房需求明显增多，促进房地产市场交易活跃。

3. 房地产施工面积及竣工面积

2019年，铜川市房屋施工面积达到516.81万平方米，同比增长4.2%，增速较上年提升4个百分点。全市房屋新开工面积103.32万平方米，同比增长74.2%，增速较上年回落27.1个百分点。

2020年，受新冠肺炎疫情影响，房屋施工速度有所减缓。一季度，全市房屋施工面积390.72万平方米，同比下降8.2%，降幅较上年同期扩大5.7个百分点。其中，新开工面积15.52万平方米，同比增长8.9%，主要集中在新区的龙记檀府小区、铜川绿地不夜城、金阳林小镇、大唐养生小镇（一期）、铜川中梁首府和景观360等项目。

上半年，全市房屋施工面积428.66万平方米，同比下降13.3%，降幅较一季度扩大5.1个百分点。其中，在领地·未来城、大唐养生小镇（一期）、铜川市现代服务业总部基地和高端人才生活基地等项目6月新增开工面积35.51万平方米的带动下，全市房屋新开工面积51.47万平方米，同比下降36.6%，降幅较一季度回落45.5个百分点。

1~9月，在全市房地产开发投资回落的同时，房屋施工和新开工面积降幅持续扩大。全市房屋施工面积429.05万平方米，同比下降14.2%，降幅较上半年扩大0.9个百分点。房屋新开工面积51.86万平方米，同比下降40.2%，降幅较上半年扩大3.6个百分点。

2020年全市房屋施工面积449.56万平方米。其中，住宅面积322.63万平方米，同比下降14.8%；房屋新开工面积72.36万平方米，同比下降30%。

4. 房地产资金

（1）资金来源

一是房地产开发企业的资金。主要依靠银行放贷和自筹，自筹资金主要来源于购房者的定金、预付款等。

2019年，全市房地产开发企业到位资金44.13亿元，同比下降5.8%，增速较上年回落96.2个百分点。其中，自筹资金30.08亿元，同比增长41.6%，占比高达68.2%；国内贷款、定金及预付款和个人按揭贷款三类到位资金来源占比31.8%。

2020年，全市房地产企业资金回笼速度加快，土地购置面积、成交价款大幅增加。从资金来源看，企业自筹比重有所下降，定金及预收款有所提升。企业回笼资金状况好于上年，一年来通过积极吸收定金及预收款、个人按揭贷款等方式，减缓外借资金压力，企业建设资金积累效果明显，周转能力增强，后续发力有基础。上半年，全市房地产开发企业到位资金22.04亿元，增速由一季度的增长40.9%转为下降23.4%，回落64.3个百分点。其中，自筹资金11.94亿元，占到位资金的54.2%，比重较上年同期回落19.4个百分点；增速由一季度的增长177.4%转为下降43.6%，增速回落221个百分点。主要原因是碧桂园开发节奏放缓、中梁销售不好、星苑名都无销售等。此外，定金及预收款3.25亿元，同比增长13.8%，占到位资金的14.7%；个人按揭贷款3.10亿元，同比增长29.3%，占到位资金的14.1%；其他到位资金3.67亿元，同比增长432.1%，占到位资金的16.7%。综合分析，自筹资金下降近半且比重明显回落，定金及预收款和个人按揭贷款增速较快，显示房地产企业项目建设资金投入方式由自有投入为主，逐步转为以购房者购房资金为主，企业资金回笼速度逐步加快。

二是个人购房资金。除了自有资金、自筹（含民间借贷）资金外，居民首选公积金贷款。2020年,全市全年发放个人住房公积金贷款5.53亿元。第二选择是从金融机构按揭贷款,但受利率影响,所占份额较小。

(2) 银行对房地产业的支持情况

2019年第四季度,铜川市银行业金融机构共提供房地产开发贷款55285万元,比第三季度末减少9375万元;个人购房贷款为343755万元,比第三季度末增加了14776万元(见表8)。

表8 2019年10~12月铜川市房地产开发贷款情况

单位:万元

指标名称	10月31日余额	11月30日余额	12月31日余额
各项贷款	2597039	2690985	2738351
房地产开发贷款	62660	55660	55285
住房开发贷款	55660	49660	49285
商业用房开发贷款	7000	6000	6000
购房贷款	333781	338353	344747
企业购房贷款	1026	1009	992
个人购房贷款	332755	337344	343755

资料来源:中国人民银行铜川中心支行。

2020年末,铜川市银行业金融机构提供的房地产开发贷款达到56110万元,比上年增加825万元;个人购房贷款为436551万元,比上年增加了92796万元(见表9)。

表9 2020年各季度铜川市房地产开发贷款情况

单位:万元

指标名称	3月31日余额	6月30日余额	9月30日余额	12月31日余额
各项贷款	2805179	2922867	3019014	3064164
房地产开发贷款	54285	17410	65485	56110
住房开发贷款	49285	12910	60985	54610
商业用房开发贷款	5000	4500	4500	1500
购房贷款	352113	383145	408202	437457
企业购房贷款	971	950	928	906
个人购房贷款	351142	382195	407274	436551

资料来源:中国人民银行铜川中心支行。

（三）房地产销售情况

1. 房屋销售情况

2019年，全市全年商品房销售面积为60.33万平方米，同比增长10.4%，增速较上年回落21.8个百分点。

2020年，全市商品房销售量增速高于全省平均水平，销售面积63.49万平方米，同比增长5.2%，增速较上年回落5.2个百分点，高于全省平均水平4个百分点。销售商品房6025套。

2020年商品房销售具有以下四个特点，一是商品房销售依旧以期房销售为主，现房销售下降明显。全市商品房销售面积中，期房销售面积58.42万平方米，同比增长23.6%，增速较上年提升2.1个百分点，占92%。现房销售面积5.07万平方米，同比下降61.2%，占8%。二是住宅销售居主导地位。全市住宅销售面积59.12万平方米，同比增长5.6%，占比达93%；办公楼销售面积1.38万平方米，同比增长16.2%；商业营业用房面积2.99万平方米，同比增长106%。三是销售以中等户型为主。全市住宅销售面积中，90～144（含）平方米户型销售面积49.42万平米，同比增长17%，占83.6%。90（含）平方米以下户型销售面积3.87万平方米，同比下降60.4%；144平方米以上户型销售面积5.82万平方米，同比增长48.3%。四是新区销售量大速度快，其余区县为负增长。新区商品房销售面积59.1万平方米，同比增长18.9%，占全市的93.1%，主导全市销售状况。

表10　2019年10月至2020年底铜川市商品房网签情况

月份	合同备案面积（平方米）	备案套数（套）	均价（元/米²）	备案金额（万元）
2019年10月	27671	220	5156.66	14269
11月	32746	271	4586.51	15019
12月	36983	303	4386.07	16221
2020年1月	30761	251	4397.45	13527
2月	3850	32	4932.47	1899
3月	50091	421	4747.96	23783

续表

月份	合同备案面积（平方米）	备案套数（套）	均价（元/米²）	备案金额（万元）
4月	53740	449	4488.09	24119
5月	77747	648	5241.87	40754
6月	51355	430	5200.27	26706
7月	61685	478	5659.07	34908
8月	55000	437	5646.18	31054
9月	64527	526	5258.73	33933
10月	72808	606	5246.64	38207
11月	93203	737	5716.88	53283
12月	76525	589	5304.67	40594

资料来源：铜川市住房和城乡建设局。

2.销售价格

2020年，铜川市商品房价格走势与2019年基本相同，均价为4350~5860元/米²（见表11），新区商品房价格为全市最高，重点地段如绿地不夜城、碧桂园、海林雅苑等均价在6800元/米²左右。

表11　2020年铜川市商品房销售价格

单位：元/米²

月份	1月	2月	3月	4月	5月	6月	7月	8月	9月	10月	11月	12月
均价	4397	4932	4747	4488	5241	5200	5659	5646	5258	5246	5716	5304

资料来源：铜川市住房和城乡建设局。

3.待售面积

2020年，铜川市商品房待售面积36.74万平方米，同比增长1%，增速较上年提升25.4个百分点，高于全省9.8个百分点。从待售面积类型看，以住宅库存和商业营业用房居多，占全市的92.2%。其中，住宅待售面积22.59万平方米，同比增长46.2%，占61.5%；商业营业用房待售面积11.27万平方米，同比下降32.2%，占30.7%；其他用房待售面积2.87万平方米，同比下降39.2%，占7.8%。按季度看，一季度全市商品房待售面积33.74万平方米，同比下降13.3%，降幅较上年同期扩大4.6个百分点；

二季度全市商品房待售面积36.69万平方米，同比下降10.9%，降幅较一季度收窄2.4个百分点；三季度全市商品房待售面积35.98万平方米，同比下降5.1%，降幅较上半年收窄5.8个百分点。

（四）房地产业与经济发展的关系

1. 房地产业对经济的拉动作用

2020年，全市房地产开发投资总体呈现向好的态势，全年投资达到33.86亿元，占全市固定资产投资的14.9%，比重提升0.6个百分点；同比增长16.5%，增速较上年提升15.4个百分点。

2. 房地产业对就业的贡献

据《铜川统计年鉴2020》，2019年末，全市房地产业企业127家，在册从业人员3333人，其中房地产开发经营1596人，物业管理1460人；在册人员平均年工资为38538元，其中，房地产开发经营人员51336元，物业管理人员25290元。

2020年，房地产行业从业人员与上年相比略有增加，但平均年工资略有下降；物业管理人员的收入与上年持平。

3. 房地产业对地方税收和财政的贡献

2019年，全市房地产税收入5578万元，占全年地方财政收入的2.3%；2020年，全市房地产税收入6973万元，占全年税收收入159500万元的4.4%（见表12）。

表12 2019年和2020年铜川市房地产税收入统计

单位：万元

地区	2019年房地产税合计	2020年房地产税合计	2020年市房地产税本级
新区	1715	2053	694
王益区	1204	1626	807
印台区	302	805	242
耀州区	2324	2123	995
宜君县	33	361	0
合计	5578	6973	2738

资料来源：铜川市税务局。

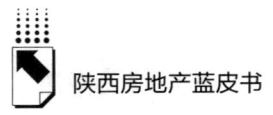

2020年，铜川市房地产全行业税收总收入为31257万元（见表13），占全年财政总收入427722万元的7.3%。拉动财政收入的作用明显。

表13 2020年铜川市房产业税收统计

单位：万元

税务分局	耀州区	新区	宜君县	印台区	王益区	合计
78	1829	26813	560	386	1591	31257

资料来源：铜川市税务局。

二 房屋中介发展现状

（一）房屋中介及市场状况

铜川市对全市从事住房租赁中介的机构和从业人员建立台账，对房地产经纪机构进行严格审查，上网公示，确保房屋中介市场依法依规开展业务，公平竞争。铜川市对住房租赁中介行为进行全面检查和治理，依法查处违法违规行为，并曝光典型案例。依据《铜川市住房租赁中介机构乱象专项整治工作方案》，开展全市住房租赁中介机构乱象整治，规范住房租赁市场秩序，保护住房租赁活动当事人的合法权益。对铜川市铜房网营销策划有限公司华阳小区西门店、铜川利家世通房产经纪有限公司新区分公司（铁诺店）、铜川新区新家园房产中介服务部等未取得铜川市房地产经纪机构备案证书的中介机构进行通报，并责令其立即停止房屋租赁业务活动。

2019年第四季度，铜川市根据《房地产经纪管理办法》规定，先后分5批次对9家房地产经纪机构进行了登记备案，准予在市域范围内开展房屋销售及租赁、房地产中介服务等业务。

2020年，根据《房地产经纪管理办法》规定，铜川市分4批次对铜川众力房地产开发公司、陕西天众科创实业发展公司、铜房网营销策划有限公司等14家房地产经纪机构进行登记备案，准予在铜川市域内从事房屋买卖、房屋租赁、营销策划、代办过户、家政服务、楼盘代理销售服务等房地产经纪业务。

（二）二手房交易情况

2019年第四季度，铜川市完成二手房交易454套，面积42569万平方米，合同成交额为13155万元，高出全年季平均数122套，占同期全市房屋总销售套数的36.4%。

2020年，铜川市完成二手房交易2019套，销售面积193864万平方米，合同成交金额65739万元（见表14），月平均成交168套，比上年总成交数1467套多出552套，高于上年平均水平，占全年房屋总销售套数的25.1%。受新冠肺炎疫情影响，一季度仅成交191套，从4月开始，成交量回升。成交价比2019年略有增加。

表14 铜川市2019年10月至2020年二手房网签情况

月份	合同成交面积（平方米）	成交套数（套）	均价（元/米²）	成交金额（万元）
2019年10月	11953	132	2831.34	3386
11月	15445	166	3248.11	5018
12月	15161	156	3133.70	4751
2020年1月	7931	80	3256.84	2583
2月	1128	11	3306.74	373
3月	9575	100	3179.11	3044
4月	17418	202	3239.75	5643
5月	17942	183	3373.28	6052
6月	19731	198	3555.83	7016
7月	20831	213	3385.34	7052
8月	22152	233	3267.43	7238
9月	19375	205	3502.97	6787
10月	16937	173	3468.53	5892
11月	20848	215	3574.92	7453
12月	19947	206	3311.78	6606

资料来源：铜川市住房和城乡建设局。

三 保障性住房现状

（一）保障房建设情况

2020年划拨保障性住房用地2宗2.7629公顷，新开工棚户区改造1220套，棚改安置房基本建成1012套，新增公租房分配1692套，发放城镇住房保障家庭租赁补贴2746户。

截至2020年12月底，全市重点推进的2019年16个项目（8773套）全部签订协议，补偿到位2737套，补偿资金41319.74万元，拆除房屋2487套；2019年以前10个项目（4189套）共有3580套签订协议，补偿到位3222套，补偿资金42592.35万元，拆除房屋2971套。

（二）2020年实施保障房政策的主要做法

1. 建立推进机制

对区县实行蹲点包抓，对工作进展情况一天一统计、十天一通报，对重点推进的项目制定进度计划表，倒排工期，挂图作战，按节点推进。

2. 多渠道化解资金短缺问题

积极与市财政局对接落实市级专项资金5000万元，发行专项债券8000万元；全年争取棚户区改造及配套基础设施项目中省补助资金6352万元，完成棚户区改造资金10.8亿元，新增使用国家开发银行贷款和专项债券资金5.19亿元。

3. 开展公租房盘活工作

制定《铜川市公租房盘活工作方案》，积极实施"一区一策"、扩面精准保障、差异化租售政策、分类盘活处置等一系列行之有效的措施，全市共盘活分配公租房1692套，回笼资金9300余万元。

4. 加快在建项目建设

投资7000万元推进安盛园、锦绣园高八栋等在建公租房项目的建设，预计在2021年上半年达到交付使用条件。

四 物业管理现状

2020年，铜川市住房和城乡建设局围绕疫情防控认真履行行业监管责任，全面督促各物业管理机构提升管理服务水平，形成了行业动员、行动及时、全员参与疫情防控的良好工作局面。

1. 开展物业管理政策法规宣传活动

以第十五个物业管理政策法规宣传月为契机，加大物业管理政策法规宣传力度，不断丰富宣传形式和宣传内容，扩大宣传覆盖面。宣传月期间全市共出动宣传人员3400余人次，印制散发宣传材料3万份，组织培训会座谈会19次，举办其他宣传活动50次。

2. 开展物业服务行业调研

组织开展物业管理调研活动，摸清了全市行业底数和发展动态，制定起草了新的《铜川市物业管理办法》，报送市政府办按程序推进立法工作。同时，以市政协监督视察全市物业管理工作为契机，对全市行业监管工作情况进行总结回顾，就存在的亟须解决的问题提出了对策建议。

3. 推进行业创文保卫工作

按照市委文明委暨市创文、国卫巩固提升工作领导小组的工作部署，制定并下发《关于切实做好全市物业服务行业创文决胜和国卫复审工作的通知》，就各小区物业精细化管理、创文保卫知识宣传、环境卫生整治、精神文明活动开展和公共设施维护等方面工作提出了具体要求，深入各区县进行创文保卫工作督导40次，组织召开物业服务从业人员培训5场，培训人员300余人。

五 铜川市房地产业发展存在问题、对策建议及趋势预测

（一）存在问题

1. 有投资和商品房销售的房地产开发项目减少

2020年，全市房地产开发在库项目和有销售的房地产开发项目均较上

年减少,项目投资和销售主要依赖少数项目支撑,大唐养生小镇、绿地不夜城、龙记檀府、御璟名第、御湖壹号、碧桂园、中梁首府、领地·未来城、龙记观园等占全市15%的房地产开发项目贡献了全市61%的投资和73%的销售面积,而85%的在库房地产项目无投资或无销售。此外,续建项目多,新增项目少,且续建项目处于投资完成或销售阶段,后续房地产投资增长缺乏支撑。

2. 房屋施工面积、新开工面积降幅明显

受新冠肺炎疫情影响,2020年全市房屋施工面积449.56万平方米,同比下降13%,增速较上年回落17.2个百分点,房屋施工速度有所减缓。房屋新开工面积72.36万平方米,同比下降30%,增速较上年回落104.2个百分点。

3. 区县分布不均衡

从项目数量来看,新区房地产开发项目合计40个,占全市的54%;有投资的房地产开发项目28个,占全市的71.8%;有销售的房地产开发项目31个,占全市的77.5%。从房地产开发投资来看,新区房地产开发投资28.37亿元,占全市房地产投资的83.7%;其余四个区县占16.3%。

(二)对策建议

1. 进一步梳理区域内开发项目,增加项目储备

针对全市"六大产业集群"和"五大区域中心"产业发展规划布局,统筹全市新建商业和住宅用地的规划,一要合理增加新项目数量,加快中骏世界城、海林雅苑、丹阳大厦、航天教育小镇等新项目的实施进度,扩大有效投资,加大市场供应。二要持续关注区域内新增房地产审批项目和新进房地产企业,关注项目进展情况,确保成熟一个、纳统一个。

2. 坚持"防疫、施工"两不误

建立疫情防控长效机制,坚持"一手抓防疫,一手抓施工",帮助房地

产企业协调解决项目建设中遇到的人员、资金、原材料运输等问题，力促加快施工进度，扩大投资成果。

3. 推进区县均衡发展

围绕城市改造提升，按照城市功能分类指导。老市区围绕城市改造提升，按照王益—印台一体化发展思路，加大城区建设力度，提升城市形象。宜君县要结合康养避暑产业发展，统筹高铁站片区、度假区、疗养基地等项目建设，提升人气、增加人口。南市区重点结合"六大产业集群""五大区域中心"发展思路，持续推进"人口梯度"牵引政策，增加新区人口数量；适当控制新增棚户区改造面积，合理布局房地产开发项目，积极促进城市建设。

4. 调整供应结构

要认真分析、研判市场发展定位，合理布局房地产项目的开发建设；要结合全市居民收入和改善型需求状况，增加中高端商品住房供应量，适当压缩低端住房建设规模，调整房地产供应结构，满足群众不断提升的物质和精神需求。要积极开展银企合作，通过加大企业贷款支持力度，降低投资风险，提振房地产企业投资信心，促发房地产市场活力。

（三）2021年铜川市房地产发展趋势预测

2021年是"十四五"开局之年，铜川市提出，区域中心建设要上水平，推进南北市区一体化发展，引导产业向中心城市和园区聚集，推动人口有序梯度转移，新区年均新增3万人以上。要"优化空间布局，推动区域协调发展，加快建设中骏·世界城、绿地不夜城等城市商圈，完成金茂大厦、九洲国际等商业综合体升级改造，主动顺应市民多层次、多样化消费需求，在扩大消费中不断改善城乡群众生活品质"。其中，"中骏·世界城""绿地不夜城"为近年来引进的房地产大项目，这些利好政策和措施，将稳定和重振铜川市房地产市场。

预计2021年，铜川市房地产开发在投资和销售方面总体趋势向好。房

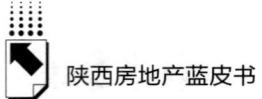

地产业将逐步改变项目投资和销售依赖少数项目支撑的局面，增加有销售的房地产开发项目，全市房地产项目投资和新项目开工情况将好于上年；商品房待售面积稍有增加，销售将好于上年度，全市商品房均价在 5800 元/米^2 左右，略高于上年，新区个别楼盘均价在 6800 元/米^2 左右，但不会突破 7000 元/米^2；二手房成交量和成交价与上年持平。

B.18
2019~2020年宝鸡市房地产业发展报告

任维哲 孙天 张琳*

摘 要： 本报告分析了2019~2020年宝鸡市房地产发展状况，从开发企业、投资、商品房销售、施工与竣工、价格走势、保障性安居工程建设六个方面对房地产市场进行分析；从成交结构、供给结构、供求分析、土地出让金四个方面对土地市场进行分析；运用计量模型分析了宝鸡市房地产开发投资与经济增长的相关性；分析了新冠肺炎疫情对房地产发展的影响，最后对宝鸡市2021年房地产发展做出展望。

关键词： 宝鸡市 房地产市场 房地产投资

2020年宝鸡市全市实现地区生产总值2276.95亿元，较上年增长3.5%，增速分别高于全国和全省1.0个和1.1个百分点。实现第三产业增加值810.63亿元，受新冠肺炎疫情影响增速只有1.7%，低于第一产业的3.4%和第二产业的4.3%。总体来看，2020年宝鸡市克服疫情带来的不利影响，经济持续稳定恢复，稳就业、保民生成效显著。房地产业为国民经济的支柱产业，其房产市场、地产市场等在此次疫情中也受到了一定的冲击。

---

* 任维哲，博士学位，西安财经大学发展规划处处长，教授，主要研究方向为区域经济学；孙天，西安财经大学硕士研究生，主要研究方向为区域经济学；张琳，西安财经大学硕士研究生，主要研究方向为区域经济学。

一 宝鸡市房产市场分析

（一）房地产企业状况

房地产企业的增减变动反映了房地产商对该地区房地产市场的投资倾向和自信程度。从《陕西统计年鉴2020》获知，2019年，宝鸡市开发企业为263家，资产总计11023811万元，所有者权益合计2289796万元，从业人员月平均人数6277人，年应付职工薪酬41154万元。

2020年4月宝鸡市统计局发布的《1~4月宝鸡经济运行情况》显示（官方发布的最新房地产企业数据），全市有房地产企业268家，较2019年全年增加5家，同比增长12.1%；有房地产开发项目187个，增长40.6%。房企的设置与项目的开发都是前期决策，所以在疫情之下数量仍在增加。

（二）房地产开发企业投资状况

2015~2020年宝鸡市房地产企业开发投资连年增长，增减速度起伏不定（见图1）。2020年全年宝鸡市房地产开发企业投资342.47亿元，比上年增长25.67%，其增长幅度上高于全省平均水平。

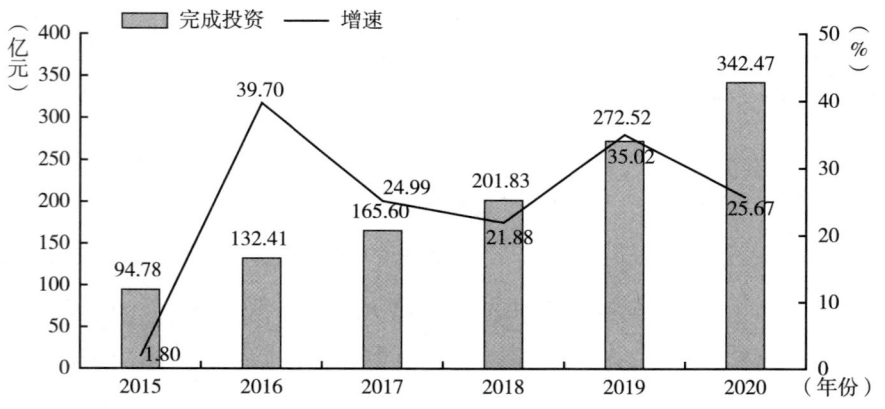

图1 2015~2020年宝鸡市房地产开发企业投资总量及增速

2020年初受疫情影响,全省房地产开发落入历史低点,随着疫情防控的常态化,企业逐步恢复开发和销售活动,2020年陕西省和宝鸡市房地产开发投资增速与2019年相比明显放缓,陕西省增速增加了2.4个百分点,宝鸡市增速下降了9.32个百分点。2020年1~3月为疫情最严重的时期,宝鸡市房地产投资占全省房地产投资的10%(见图2),该占比为全年最高,4月之后,该占比稳定在7%~8%。

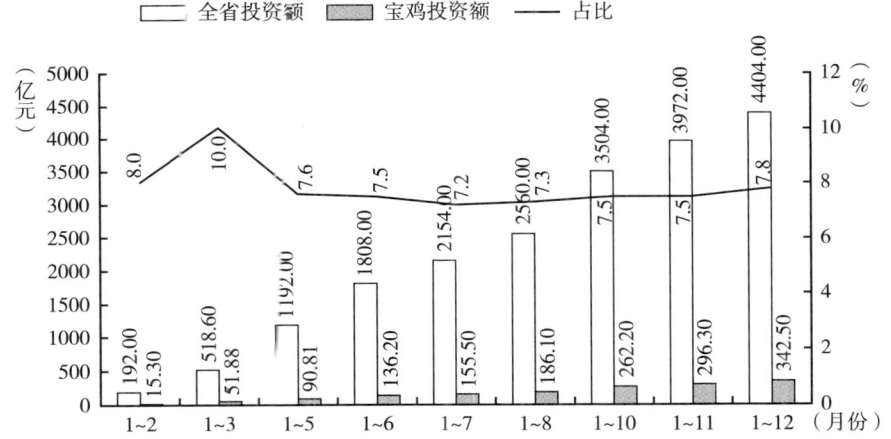

图2　2020年1~12月陕西省与宝鸡市房地产开发投资额比较

宝鸡市2020年1~12月固定资产投资与房地产开发投资增速变动趋势如图3所示。1~10月,二者的变动趋势类似:1~4月增速在上升,4月的增长速度为全年峰值,4~10月增速在缓慢下降。12月固定资产投资增速继续下降,房地产投资增速逆势上涨。总体来看,2020年宝鸡市房地产投资呈现"投资增速高位运行,销售势头良好"的特点,4月房地产开发投资增速与固定资产投资增速的差距是54.8个百分点,最为悬殊,4月之后随着经济逐渐恢复,二者差距逐渐缩小,10月二者的差距是9.2个百分点,全年最小。

(三)商品房销售面积状况

2015~2020年宝鸡市商品房销售面积总量在不断地起伏波动,商品房销售

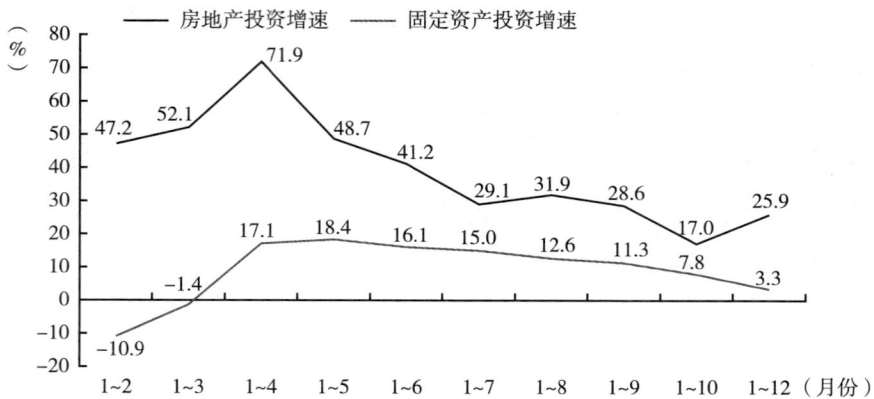

图3　2020年1~12月宝鸡市固定资产投资与房地产开发投资增速

说明：官方未公布11月数据。

面积在2017年处于峰值，为311.38万平方米；谷值出现在2018年，为261.18万平方米，房地产销售面积增速的谷值为2018年的-19.2%，峰值为2020的10.6%（见图4）。2017~2018年，房地产销售面积减少的速率最大；2018~2019年迎来正增长态势，增长速率最大。2020年宝鸡市房地产业在疫情带来的重重困难中突破重围，逆势而上，商品房销售面积增长10.6%，增速位于榆林（31.7%）、渭南（24.8%）、咸阳（14.3%）之后，居于全省第四。

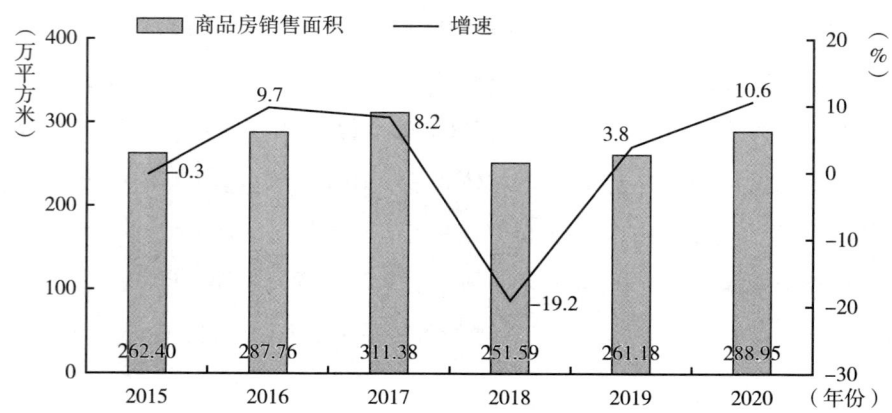

图4　2015~2020年宝鸡市商品房销售面积总量及增速

图 5 为 2020 年陕西省与宝鸡市商品房销售面积问题及宝鸡市占比情况。1~5 月宝鸡市商品房销售面积占全省的比重仅次于西安（56.7%），为 8.4%，其余月份都稳定在 6%~8%，即在复工复产逐步推进中该占比恢复正常水平。

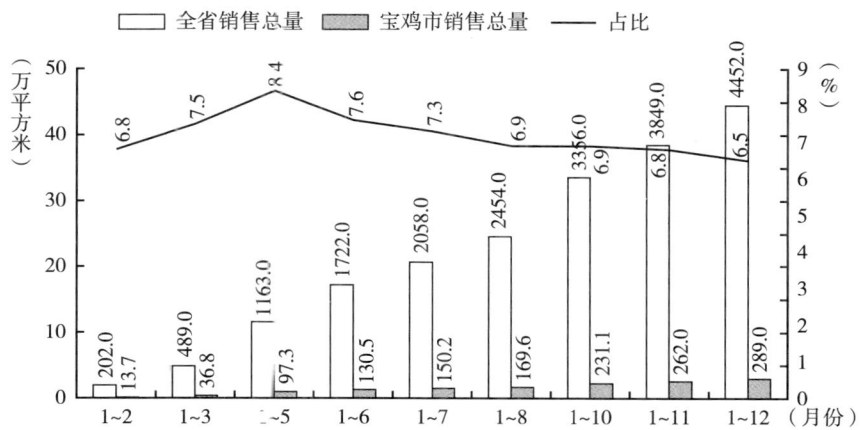

图 5　2020 年 1~12 月宝鸡市商品房销售面积总量及其全省占比

说明：未公布 4 月和 9 月数据。

如图 6 所示，从宝鸡市统计局每月发布的《全市主要经济指标完成情况》获知，2020 年宝鸡市月度商品房销售面积增速波动较大，同比增速上升时期出现在 4 月、6 月和 10 月。其中 1~4 月较 1~3 月增速提高的幅度最大，1~5 月较 1~4 月增速下降的幅度最大，这是由于 4 月疫情得到了初步控制，复工复产初步展开，商品房销售面积得到了爆发性的增长，5 月后购房市场恢复理性，增减程度也回归正常状态。

（四）房地产施工与竣工状况

2019 年，宝鸡市房地产开发企业商品房施工面积为 1377.88 万平方米，增长 12.2%，其中新开工面积 475.6 万平方米，增长 99.1%。商品房竣工面积 49.35 万平方米，增长 8.7%。

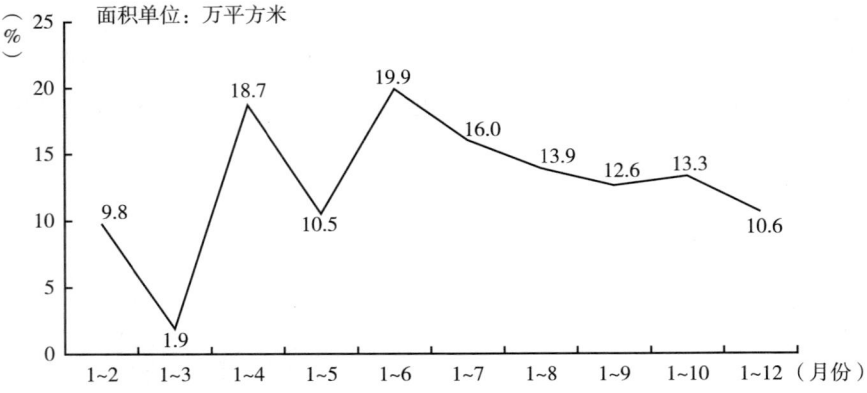

图6 2020年1~12月宝鸡市商品房销售面积增速

说明：官方未公布11月数据。
资料来源：宝鸡市统计局、陕西省统计局。

2020年1~8月，全市商品房屋施工面积1527.18万平方米，同比增长53.8%，较1~7月回落5.2个百分点，较上半年回落6.4个百分点。其中，新开工面积378.68万平方米，增长45.4%，较1~7月回落13.8个百分点，较上半年回落19.8个百分点。

（五）新房与二手房价格走势

2020年宝鸡市新房价格变化趋势与二手房相同，1~3月持续上涨，3月新房与二手房价格达到全年的峰值；4~5月，房地产业在疫情防控常态化后复工复产过程中展开促销活动，新房与二手房价格一路下跌并出现全年最低值；6月后新房与二手房价格也持续波动，波动幅度小于4~5月。2020年12月宝鸡市新房价格为5222元/米^2，同比增长0.67%；二手房价格为5180元/米^2，同比下降0.17%（见图7）。

（六）保障性安居工程建设状况

2020年7月8日，陕西省发改委下达了2020年第一批保障性安居工程（租赁房和棚改房）配套基础设施中央预算内投资计划，宝鸡市落实项目

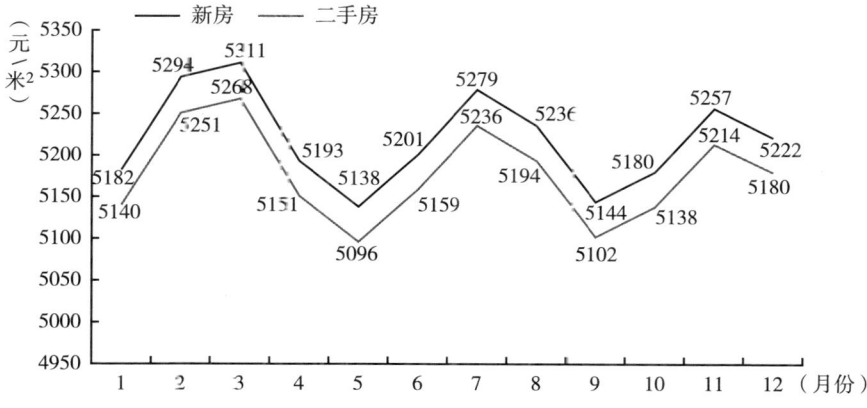

图7 2020年1~12月宝鸡市新房与二手房价格变动趋势

资料来源：安居客房产信息网。

60个、资金2.61亿元，分别占全省总盘子的30%和26.29%，排名均第一。

2020年7月20日，陕西省发改委下达了2020年第二批保障性安居工程（老旧小区改造）配套基础设施中央预算内投资计划，宝鸡市落实项目18个、中央资金2.6亿元，资金争取量位居全省地市前列。

宝鸡市发改委下一步将继续加强项目储备，加快推进项目前期工作，扎实推动项目开工建设，并强化事中事后监管，确保管好用好中央预算内投资，有力有序有效推进城镇老旧小区改造，统筹做好稳投资和惠民生工作。

二 宝鸡市土地市场分析①

（一）成交结构

2020年1~8月，宝鸡市共成交各类用地111宗，共计642.94万平方

---

① 本节数据来源于中屋者数研究院的快报。

米，同比减少39.51%。其中，成交住宅用地43宗，共计350.84万平方米，同比减少50.21%；商办用地22宗，共计55.14万平方米，同比减少6.68%。2020年8月，宝鸡市累计成交各类宗地25宗，共计120.09万平方米，环比增长671.25%，同比增长66.87%。其中，成交住宅用地9宗，共计44.16万平方米，环比增长253.52%，同比增长12.70%；商办用地5宗，共计3.73万平方米，环比增长21.26%，同比减少22.40%（见表1）。

表1　2020年1~8月宝鸡市土地成交情况

土地类型	2020年8月				2020年1~8月		
	宗数（宗）	规划建面（万平方米）	环比增速（%）	同比增速（%）	宗数（宗）	规划建面（万平方米）	同比增速（%）
整体用地	25	120.09	671.25	66.87	111	642.94	-39.51
住宅用地	9	44.16	253.52	12.70	43	350.84	-50.21
商办用地	5	3.73	21.26	-22.40	22	55.14	-6.68
工业用地	11	72.20	-	158.09	46	236.96	-20.79

（二）供给结构

2020年1~8月，宝鸡市共推出各类用地141宗，共计802.19万平方米，同比减少25.58%。其中，推出住宅用地54宗，共计401.30万平方米，同比减少45.85%；商办用地34宗，共计104.34万平方米，同比增长31.72%。2020年8月，宝鸡市累计推出各类宗地31宗，共计154.32万平方米，环比68.76%，同比增长30.76%。其中，推出住宅用地8宗，共计64.51万平方米，环比增长196.51%，同比增长76.51%；商办用地13宗，共计49.47万平方米，环比增长1006.10%，同比增长517.90%（见表2）。

表2　宝鸡市土地供给情况

土地类型	2020年8月				2020年1~8月		
	宗数（宗）	规划建面（万平方米）	环比增速（%）	同比增速（%）	宗数（宗）	规划建面（万平方米）	同比增速（%）
整体用地	31	154.32	68.76	30.76	141	802.19	-25.58
住宅用地	8	64.52	196.61	76.51	54	401.30	-45.85
商办用地	13	49.47	1006.10	517.90	34	104.34	31.72
工业用地	10	40.34	-38.15	-45.08	53	296.55	15.12

（三）供求分析

2020年1~8月，宝鸡市共推出土地规划建面836.35万平方米，成交663.65万平方米，成交楼面均价463元/米²。2020年8月，共推出土地规划建面154.32万平方米，成交120.27万平方米，同比增长59.75%，成交楼面价253元/米²，同比下降78.1%（见图8）。

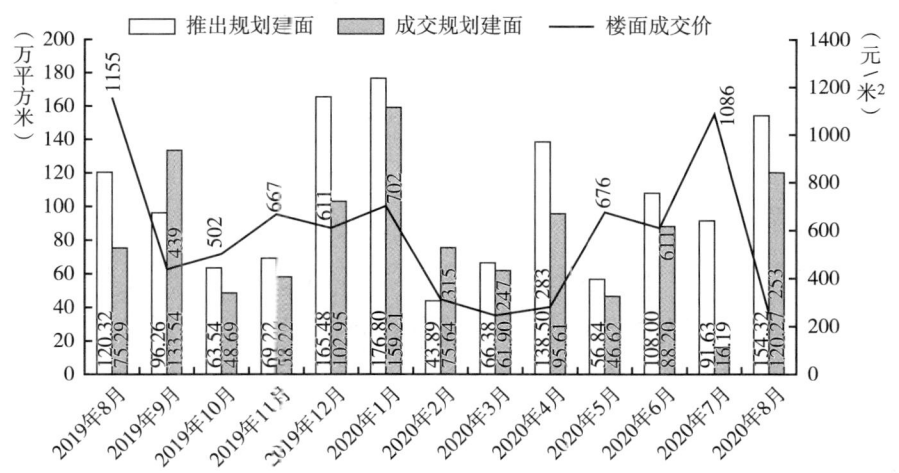

图8　宝鸡市土地供求价格走势

（四）土地出让金

2020年1~8月，宝鸡市成交土地出让金达31.14亿元，平均溢价率为

2.2%。2020年8月宝鸡市土地出让金为3.040亿元，同比下降65%，溢价率为4.4%，较上年同期提高2.2个百分点（见图9）。

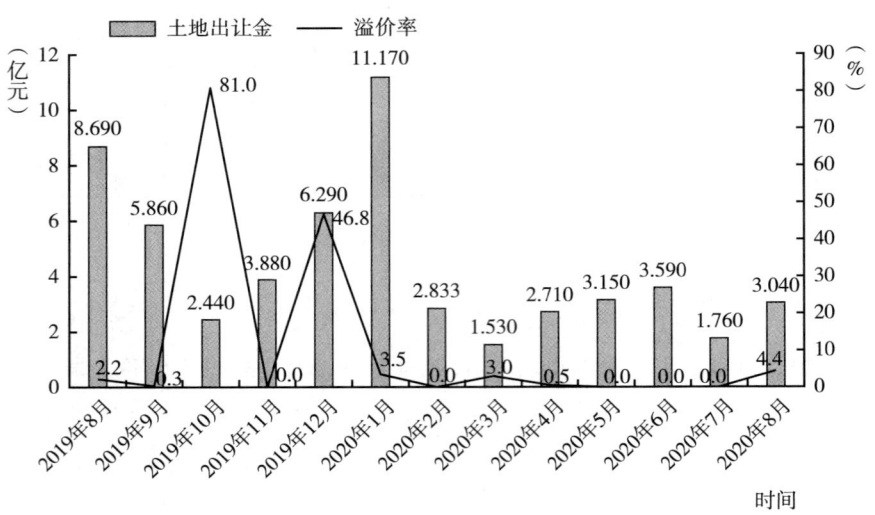

图9 宝鸡市土地出让金与溢价率走势图

三 疫情对宝鸡市房地产市场发展的影响

2020年新冠肺炎疫情在全球蔓延，国内国外经济发展遭受重创，面临着一定的下行压力。在这样的形势下，笔者从政府、房地产企业、消费者三方面分析疫情对宝鸡市房地产市场产生的影响。

（一）政府

2021年2月23日全省住房城乡建设工作会议指出，2020年全省及各市房地产业受新冠肺炎疫情和经济下行的影响，形势严峻。在这样的情况下，全省及各市全力落实"六保""六稳"任务，确保城市高质量发展，推进新型城镇化和乡村振兴，决战决胜脱贫攻坚住房安全有保障，房地产市场保持平稳健康发展。

（二）房地产企业

2020年新冠肺炎疫情暴发初期，宝鸡市房地产业协会就疫情防控发布了《宝鸡市房地产业协会倡议书》，呼吁全市房地产开发企业暂停线下业务。房地产新建、销售等业务停滞，高周转、高负债的大房企，资金压力大的中小房企，都面临大考。复工拖后，房地产工期节奏被打乱，延期交房的楼盘增加，房企面临严重的现金流问题。此外，大型房企资金雄厚，抗风险能力强于中小型房企，疫情也会对宝鸡市房企进行新一轮的洗牌，优胜劣汰。

（三）消费者

1. 改善型住房需求大幅增加

疫情防控期间，全国人民集体居家生活长达两个月，那些人口多、住房拥挤的家庭，深感长期居家生活的不便，还需要额外的空间以备不时之需（比如暂时居家隔离的需要），这样的小户型人群更倾向于换置更加宽敞、舒适、安全的较大户型的改善型住房。

2. 更加重视住房的公共设施配套

疫情防控期间，人们不得不减少日常消费外出的时间，生活便利程度下降。未来的购房者对住宅小区周边的公共配套设施的布局将有更高的要求，如大中小型商业设施满足住户的饮食起居，配备学区房满足住户的教育需求。除此之外，齐全的医疗设施和高质量的医疗服务更是重中之重。

3. 对小区的绿化水平、物业服务提出更高的要求

绿化水平是硬设施，物业服务是软环境。一方面，疫情防控期间居民除了居家之外，也会偶尔出门在小区内进行简单的活动、呼吸新鲜空气、散步锻炼等，因此潜在购房者将会对小区的绿化率、园林设计等环境设施更加关注。另一方面，疫情表明，一个住宅小区好的物业服务会使业主财产保值增值，给业主带来安全感，提高业主的生活质量，也有利于邻里关系和谐，潜在购房者会更加关注物业服务的细致性、人性化、创新性等特色，同时也会推动物业服务行业提高工作标准。

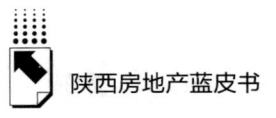

四 宝鸡市房地产发展展望

（一）国家层面

2020年12月中央经济工作会议确定，"要坚持'房子是用来住的、不是用来炒的'定位"，"加快完善长租房政策"，"要降低租赁住房税费负担"等。2021年3月全国两会依然强调"房住不炒"，"稳地价、稳房价、稳预期"。稳住楼市是宝鸡市2021年宏观经济调控的重要目标任务之一，宝鸡市政府坚决落实中央指示精神，因地制宜，多措并举，确保房地产市场平稳健康发展。

（二）城市层面

2020年以来，宝鸡市房地产投资项目出现了施工、销售、竣工面积增速放缓，竣工周期延长，资金趋紧，个人按揭贷款持续下降等问题。

针对上述问题，预计2021年宝鸡市政府从房企融资方面缓解资金短缺问题，加大开发力度；通过城市规划和房企的合作提高宝鸡市综合实力；通过宣传优秀文化，吸引周边县市居民落户定居；加快棚户区改造和新市民安居保障房建设。

（三）房地产供给层面

2020年疫情使得房地产投资、土地成交、新开工面积受到抑制，人员、物资、资金流动不畅，商品住宅供给总量下降。经过对疫情的有效防控，房地产市场在下半年恢复了运转。但是，2020年全年的房地产开发投资、商品房销售面积的增长率出现下滑。

随着经济逐渐恢复及疫情影响的逐渐消除，2021年房地产企业在保证质量的基础上，将适度加快开工、施工和竣工进度，拓宽销售渠道，加快企业转型升级和结构调整。预计2021年房地产投资、销售等各项指标相比2020年会大幅度增长。

（四）市场需求层面

在市场需求方面，疫情使得购房需求短期大幅下降、成交量下跌，但疫情只是延迟购房需求而非降低总量，购房需求一直存在。因此，预测 2021 年的购房刚需和改善型需求都会出现大幅度增长，购房需求在短期压制后会在 2021 年得到释放。

参考文献

宝鸡市统计局：《1~4月宝鸡经济运行情况》，2020年5月22日。
宝鸡市统计局：《2019年宝鸡市国民经济和社会发展统计公报》，2020年4月1日。
宝鸡市住房和城乡建设局：《截至10月底 全省棚户区改造新开工1.68万套》，2020年11月2日。
宝鸡市房地产协会：《宝鸡市房地产协会倡议书》，2020年1月30日。
宝鸡市人民政府：《2020年第一批保障性安居工程配套基础设施中央预算内投资2.61亿元》，2020年7月8日。
宝鸡市人民政府：《市发改委争取2020年第二批保障性安居工程配套基础设施中央预算内投资2.6亿元》，2020年7月20日。
宝鸡市统计局：《1~8月宝鸡市房地产市场供需平稳》，2020年9月18日。
宝鸡市统计局：《疫情防控有力有序 经济发展持续恢复——2020年宝鸡经济运行情况》，2021年1月25日。
宝鸡市住房和城乡建设局：《全省住房城乡建设工作会议在西安召开》，2021年2月24日。

B.19
2019~2020年杨凌示范区房地产业发展报告

党红敏 吴晓雨 雷锦玉 余 劲*

摘　要： 本报告分析了2019~2020年杨凌示范区房地产市场的发展情况。在房地产总体运行方面，从投资、市场、库存、售租比、房地产企业等方面进行分析，并总结影响其变动的政策、经济及人口因素。此外，对保障性住房和住房公积金政策变化及执行情况进行分析。最后，基于杨凌示范区2020年房地产发展状况对2021年的房地产业发展做出展望。

关键词： 杨凌示范区　房地产　保障性住房

一　杨凌示范区房地产业总体运行状况

2020年上半年受疫情影响，居民收入减少，对于房产投资和改善型住房等需求产生了一定的抑制作用。杨凌示范区作为国家级农业高新技术产业示范区，受疫情冲击时间较长，经济活跃度趋弱，房地产业受到的影响尤为明显，房地产销售额大幅下滑。但疫情对于房地产行业的冲击是暂时

---

* 党红敏，西北农林科技大学经济管理学院讲师，主要研究方向为农业经济管理；吴晓雨，西北农林科技大学经济管理学院土地资源管理专业研究生；雷锦玉，杨凌示范区住房公积金管理中心主任；余劲，博士，西北农林科技大学经济管理学院教授，主要研究方向为不动产经济学和公共管理学。

的，没有从根本上改变市场供求关系，房地产行业中长期发展向好。国家近年来陆续出台多项抑制炒房的政策，在"房住不炒"的定位下，为房地产政策的连续性和促进房地产市场平稳健康发展指明了方向。

（一）固定资产投资、房地产投资及住宅新开工面积

从2020全年来看（见图1），杨凌示范区固定资产投资增长4.5%，其中房地产投资增长16.4%。2020年1~6月，示范区固定资产投资增长率为负，降幅比一季度收窄7.9个百分点，1~9月，固定资产投资增长率实现由负转正；上半年房地产投资增长30.2%，1~9月，房地产投资增长19.4%，较上半年回落10.8个百分点；1~12月，房地产投资增长16.4%，较前三个季度回落3个百分点。近五年示范区固定资产投资持续增长（见图2），从2016年的178.97亿元增加至2020年的272.82亿元，总体增幅达52.46%；与五年前处于同等投资规模的两个地级市铜川和商洛相比，杨凌示范区的投资额显著增加。

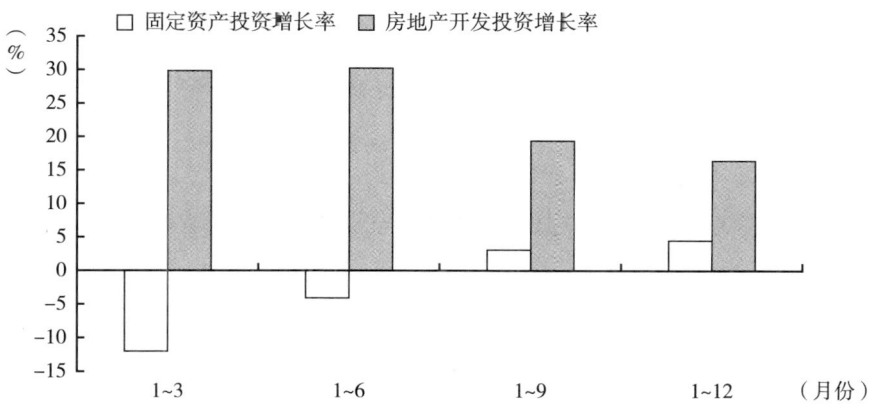

图1　2020年杨凌示范区固定资产投资、房地产开发投资增长率

资料来源：杨凌示范区管委会。

2020年上半年示范区住宅开发投资12.36亿元，较2019年上半年下降16.67%；截至2020年11月，示范区住宅开发投资18.67亿元，较上年同

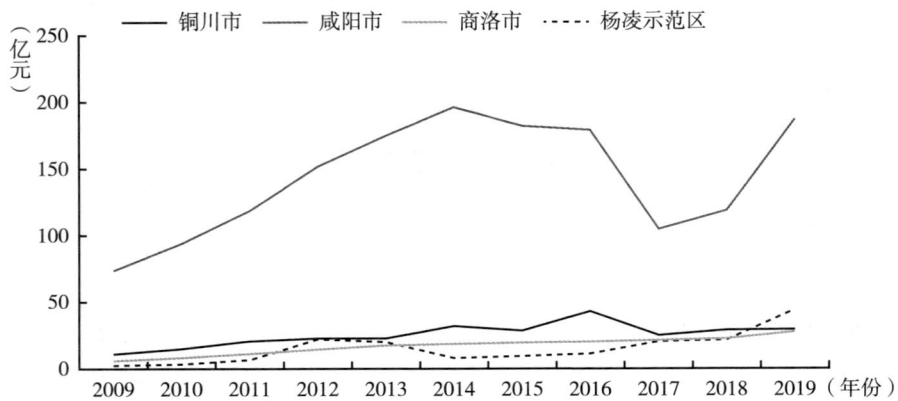

图 2　2009~2019 年杨凌示范区固定资产投资与部分地级市投资对照

资料来源：陕西省统计局。

期大幅下降，降幅达 25.02%。在疫情冲击下，建筑业产值降幅超过 40%，住宅开发投资随之下降。2020 年上半年杨凌示范区住宅新开工面积为 59 万平方米，与 2019 年同期持平。截至 2020 年 11 月，杨凌示范区住宅新开工面积为 72 万平方米，较上年同期下降 14.28%。

（二）房地产销售价格、面积及销售额

2020 年，杨凌示范区商品房销售价格比 2019 年略有上涨，均价为 5429 元/米^2。在过去的五年间，杨凌示范区商品房价格由 2016 年的 3187 元/米^2 增长至 2020 年的 5429 元/米^2，增幅高达 70.35%，2018 年、2019 年同比增长率均达到 22% 以上。

从各月价格来看，2020 年的商品房价格则从 1 月开始出现缓慢下滑，4 月短暂上涨之后又持续走低，8 月、9 月显著波动后直至 10 月才恢复增长，最高达到 5851 元/米^2。2017~2019 年商品房交易价格整体均呈增长趋势，2018 年平稳增长，2017 年在 4 月、10 月出现短暂较大幅下降，2019 年在 6~8 月出现缓慢平稳的降低。与 2019 年相比，2020 年房价在年中的走低早

一个月，下半年上涨晚一个月，且最低值较2019年略低，但整体趋势未发生改变，呈现波动中增长的态势（见图3）。

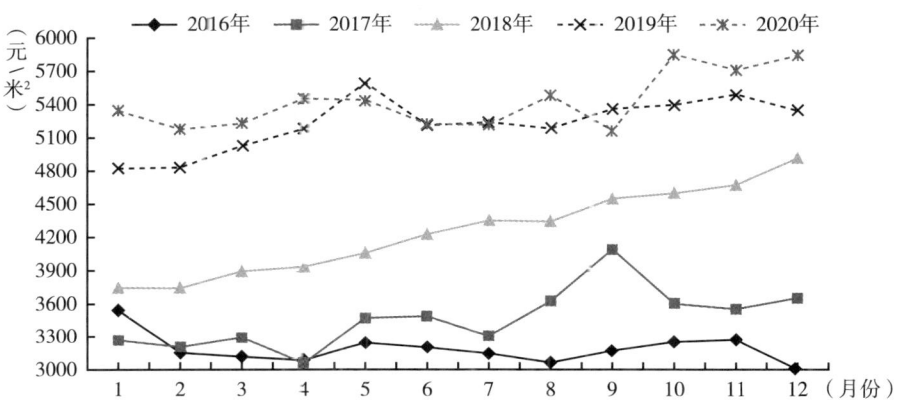

图3 2016～2020年杨凌示范区房地产月交易价格

资料来源：中国房价行情网。

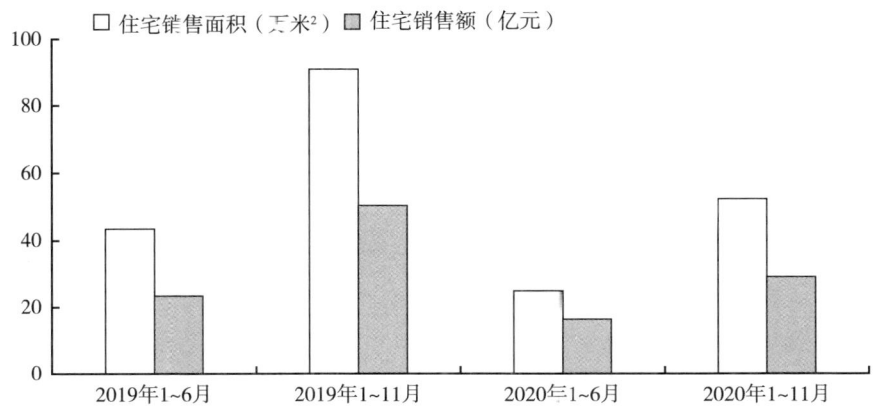

图4 2019年与2020年杨凌示范区住宅销售面积、销售额

资料来源：杨凌示范区公积金管理中心。

2020年1～6月，杨凌示范区住宅销售面积仅为24.74万平方米，较2019年同期下降43.11%；截至2020年11月，杨凌示范区住宅销售面积总计52.34万平方米，较上年同期下降42.4%。销售面积的降低导致总销额的下降。2020年上半年示范区住宅销售额为16.4亿元,较2019年同期下降29.73%;截至2020年11月,示范区住宅销售额仅为29亿元,较上年同期下降42.29%。但从长期趋势来看,杨凌示范区的商品房销量一直缓慢增长,2020年示范区住宅销售面积大幅下跌,主要原因是疫情冲击引起短期经济波动,房地产行业短期动荡。

为更好地说明杨凌示范区房地产市场发展情况,特选择其上级咸阳市以及2009年时房地产发展处于类似地位的商洛市和铜川市来进行比较。与咸阳、商洛和铜川三地相比,2009年杨凌示范区商品房价格最低,十多年来房价逐渐超过商洛、铜川,紧随咸阳(见图5),在2018年以后大幅上涨,涨幅在全省名列前茅。

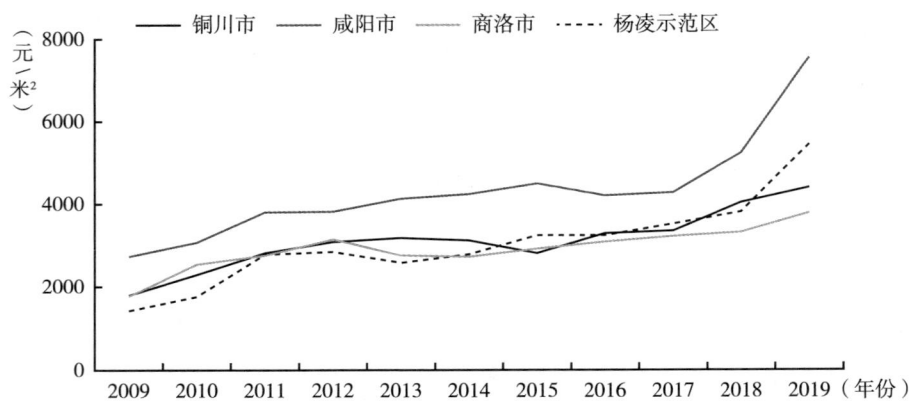

图5　2009~2019年杨凌示范区商品房价格与部分地级市价格对照

资料来源:陕西省统计局。

(三)房地产市场住宅库存及去库存周期

截至2020年6月,杨凌示范区住宅库存为62.52万平方米,此阶段的住宅月均销售面积为4.12万平方米,去库存周期约为15个月;到2020年11月,杨凌示范区住宅库存为55.53万平方米,较6月下降11.18%,此时的住宅月均销售面积为4.46万平方米,去库存周期约为13个月(见图6)。

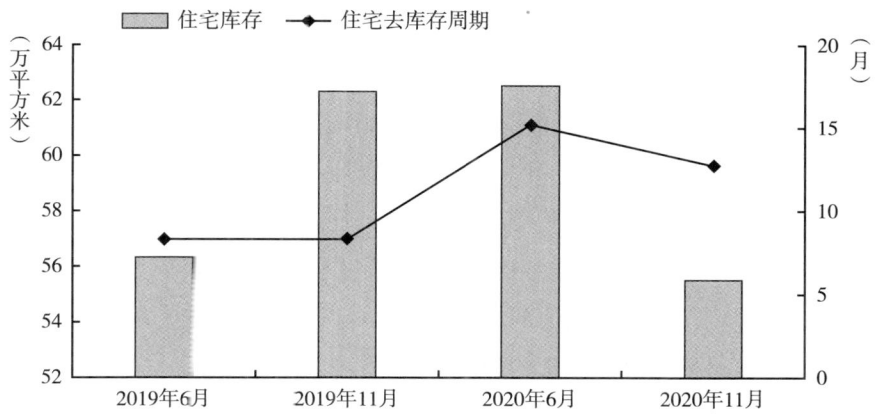

图6 2019年与2020年杨凌示范区普通住宅库存及去库存周期

资料来源：杨凌示范区公积金管理中心。

2016~2020年，杨凌示范区新增商品房数量呈先增后减的趋势，前两年由368套增至1090套，之后持续增加，在2018年增加至4297套。2019年起新增商品房数量持续走低，这是因为杨凌市场较小，较多的存量商品房需要时间消化。2020年新增商品住房数量大约降至2017年水平，为1344套（见图7）。

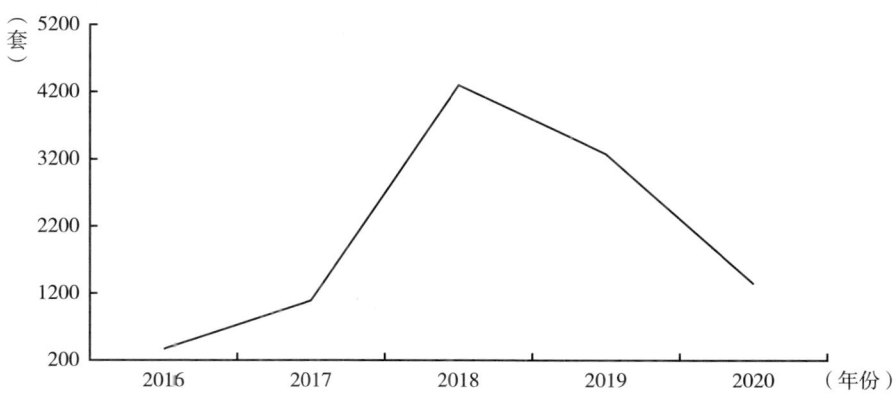

图7 2016~2020年商品住房新增合计变化

资料来源：中国房价行情网。

（四）房地产售租比状况

2020年杨凌示范区售租比为39，比2019年增长了5.4%。售租比自2016年后一路走高，从2016年的28迅速涨至2018年的31。2019年增至37，2020年继续保持高位（见图8和图9）。据诸葛找房数据研究中心发布的《2020年全国重点50城租售比调查研究报告》，全国50个大中城市的平均售租比为47.7，大于平均值的城市仅有24个，而同期杨凌示范区的售租比达到39，仅略低于大中城市售租比。

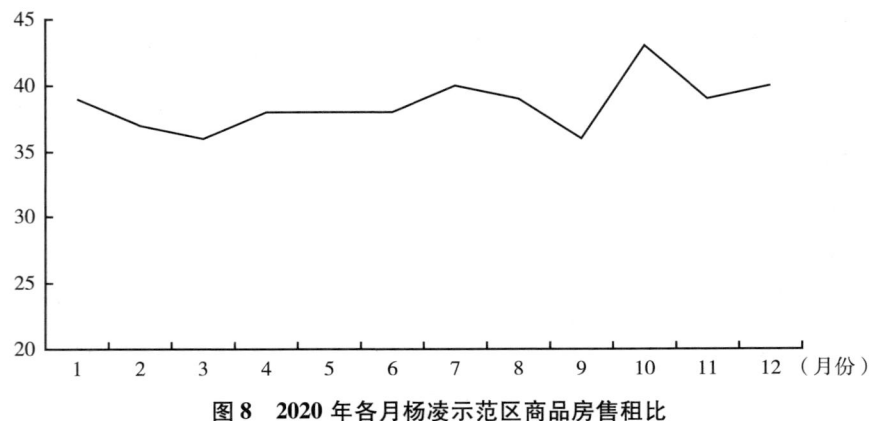

图8　2020年各月杨凌示范区商品房售租比

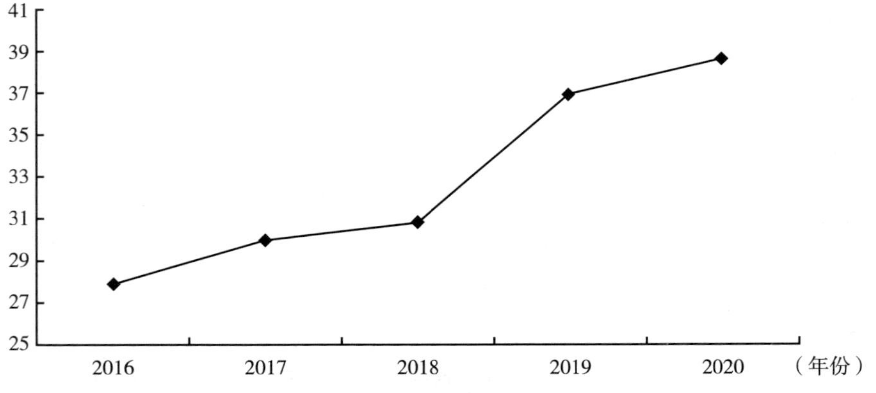

图9　2016~2020年杨凌示范区商品房售租比

资料来源：中国房价行情网。

（五）房地产企业及房地产中介发展状况

2019年示范区房地产开发公司有23家，从业人员有793名，其中中介企业45家，从事房地产中介工作的人员有140名。

二 保障房落实情况

杨凌示范区的住房保障工作大约始于2000年，经过近20年的发展，基本形成了以公租房、棚户区改造安置性住房为主，经济适用房、限价商品房为辅的保障性住房供应体系，近两年示范区主要在加快推进棚户区改造项目和落实公共租赁住房方面展开工作。

（一）棚户区改造

按示范区总体规划，2020年实施的两个棚户区改造项目立项于2019年，分别是陈小寨棚户区改造项目和东卜村棚户区改造项目。建成住房1202套，建成面积为12.02万平方米。

（二）公共租赁住房进展

1. 公租房准入及补贴制度

公租房2019~2021年基准租金（市场化租金）执行9元/（米^2·月）的定价，较2013年定价上涨2~5成。示范区物价部门、住房保障部门根据住房租赁市场平均价格，综合考虑保障对象的支付能力，确定补贴标准，每两年可调整一次。租赁住房租赁补贴面积标准为25平方米/人，家庭保障面积总和不超过60平方米。单人户家庭按30平方米/人计。

2. 公租房配租实施及退出情况

示范区对各类公租房实行摇号配租，示范区目前配租的公租房有淡家堡公租房、邰北公租房和杨凌青年公寓，2020年青年公寓配租25批次，淡家堡公租房和邰北公租房配租21批次，申请人共65人，配租60人，配租率达92.31%，为本地区低收入、家庭困难人群提供切实保障。为了处理好住房保障和防止福利陷阱的关系，2019年杨凌示范区要求不再符合租赁补贴保障条件的，及时停止保障，对违规领取的补贴予以追缴；对于采取不正当手段骗取租赁补贴的家庭，取消租赁性住房保障资格，追回已发补贴，计入保障性住房管理档案，且5年内不得再次申请保障性住房。

（三）失地农民集中安置及保障

对于失地农民，杨凌示范区政府在安置过程中，实行户籍制度、管理体制、经济组织形式和土地性质同步转变的方式，实现失地农民一次性彻底城镇化转移；对整村集中安置的，设立社区居民委员会，创建了新的管理体制。

按每人40平方米优惠价在集中安置区为被安置人提供住房。在安置过程中，把群众当前生活住宅用房安置与长远生计生产用房安置相结合，在册农业人口按每人5平方米标准，由政府在商业规划区统一建设商业用房，统一招租、统一经营管理、按户分红，对安置人进行生产安置。杨凌示范区的保障性安居工程建设，初步探索出了一条符合自身实际的发展之路，形成了将失地农民安置、城中村改造、棚户区改造、城市建设与保障性住房建设相结合的建设体系。

三 住房公积金情况

（一）住房公积金的缴存与提取

2019年末，杨凌示范区公积金缴存总额达22.45亿元，比上年末增加18.47%；缴存余额8.9亿元，比上年末增加24.13%。缴存主体中，国家机关和事业单位占比居绝对优势，都在45%以上。其次是国有企业、城镇私营企业和其他城镇企业，分列第二、第三位。而非企业单位和社会团体、城镇集体企业、外商投资企业等占比极少。新开户职工中，这一比例出现较大变化。国家机关和事业单位占比降至20.69%，而城镇私营企业和其他城镇企业、外商投资企业的新开户职工占一半以上。这说明2019年以来，城镇私营企业和其他城镇企业、外商投资企业等为职工缴纳住房公积金的数额增速较快。此外，在新开户职工中，中低收入群体占比为99.74%，高于其在总缴存职工中的占比98.69%。

2019年末，杨凌示范区公积金提取总额为13.55亿元，比上年末增加15.03%。提取金额中，住房消费提取占80.58%，非住房消费提取占19.42%。

（二）个人住房贷款

2019年末，累计发放个人住房贷款0.78万笔共12.97亿元。个人住房贷款余额占缴存余额的93.6%，比上年末增加1.97个百分点。支持职工购建房11万平方米，年末个人住房贷款市场占有率为20.42%，比上年末增加0.03个百分点。职工贷款中，用于90平方米及以上面积住房的占比高达94.32%，用于保障性住房的占比只有约0.7%。2019年，发放异地贷款362笔共0.95亿元。2019年末，发放异地贷款总额3.16亿元，异地贷款余额为2.54亿元（见图10）。

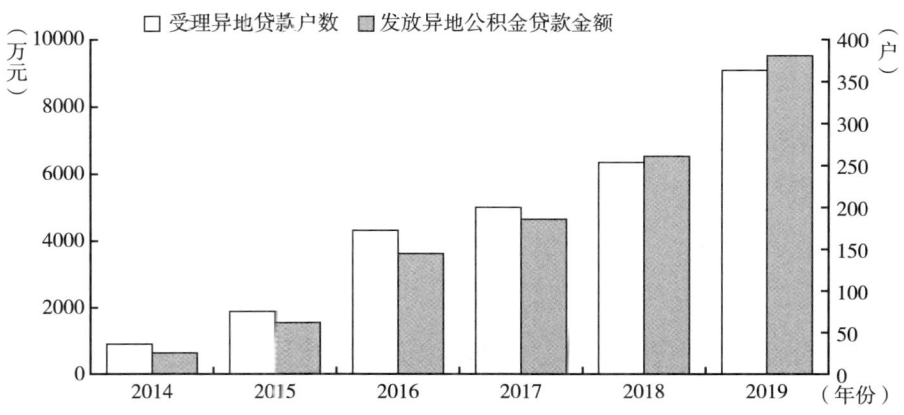

图10 2014~2019年公积金受理和发放异地贷款情况

资料来源：2015~2020年杨凌示范区住房公积金年度报告。

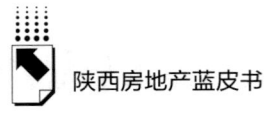

(三) 公积金使用政策调整

2019年4月发布的《关于调整住房公积金使用政策的通知》对提取和贷款政策进行了调整。6月,《关于调整2019年度住房公积金缴存基数的通知》对缴存基数的上下限予以明确。

提取政策做如下调整：职工住房公积金贷款还清前，个人住房公积金账户资金只能提取当年还本付息金额；购买住房提取住房公积金的，时间由购房五年内调整为三年内，每年只能提取一次；取消住房装修提取。

贷款政策做如下调整：二套房贷款首付款比例调整为40%；贷款额度计算与缴存时间和账户余额关联，额度调整为缴存账户余额的15~18倍；对异地贷款额度进行了调整，借款人夫妻双方户籍均不在杨凌并且住房公积金全部在异地缴存的，住房公积金贷款额度最高不超过30万元；夫妻双方有一方或双方户籍均在杨凌且住房公积金异地缴存的，住房公积金贷款额度最高不超过40万元（一人缴存不超30万元）。

四 杨凌示范区房地产业存在问题及对策

(一) 存在问题

1. 商品房销售价格高位运行，销售量大幅下滑、去库存压力大

2020年示范区经济活跃度趋弱，房地产销售面积大幅下滑。2020年1~11月普通住宅销售均价为5541元/米^2，较上半年均价上升187.29元/米^2，涨幅为3.38%，而示范区普通住宅销售额仅为29亿元，较上年同期下降42.29%。截至2020年11月，示范区住宅去库存周期为13个月。在疫情冲击之下恢复房地产平稳运行是目前应解决的问题。

2. 保障性住房适配性较低，对低收入、边缘化老龄人口的关注不足

随着中国人口老龄化程度的不断加深，关注老年低收入人群的住房保障

问题,有利于保持和推动经济社会稳定繁荣发展。示范区保障性住房有公租房和青年公寓两种类型,其中公租房有淡家堡公租房和邰北公租房。据入住公示显示,退休后人员申请公租房的皆是以家属身份进行申请的,占比不足5%,保障性住房适配性有望进一步提高。

3. 房地产投资价值有限,基础设施服务有待进一步提高

示范区房地产投资价值有限,其主要原因是城镇基础设施和公共服务存在短板,主要表现在城镇的公共设施供给和人口规模不相匹配、城市建设的投融资机制还不够健全、城市治理能力还不够强等方面。

(二)杨凌示范区房地产市场应对策略

1. 刚性需求与改善性需求并行推进,维持房地产市场稳定

政府通过加快推进老旧小区改造,释放刚性需求,适时推行政策调控或松绑,在保障示范区住宅刚性需求的基础上,支持改善性需求等住房消费,推动房地产市场发展。行政审批层面,加强线上审批、提高运转效率,维持市场供给稳定;需求端融资层面,金融机构放松房贷条款;土地供给层面,通过合理的土地市场政策调整,推动土地增量供应,盘活存量,稳定地价,通过稳地价,为稳房价和稳预期创造有利条件。

2. 关注老龄低收入群体需求,提高保障性住房适配性

大型保障房居住区的适老性优化将是一个系统、复杂、长期、循序渐进的过程。在提高保障性住房适配性时应以硬性环境提升为主,注重经济性、实用性和有效性,重点关注道路交通安全以及健全医疗卫生设施等,最终实现老有所居、老有所养、老有所为、老有所乐的人居环境。

3. 完善基础设施,提高房地产投资价值,走高质量发展道路

示范区应积极推进重点项目建设,完善基础设施、推动新城建设,促进城市经济高质量发展,为市民创造良好生活环境、大力开展城市环境建设,推进城市美化、亮化、净化、绿化工作,着力打造环境优美、功能完善、适宜人居的现代田园都市。

五 展望与预测

(一)2021年杨凌示范区房地产市场展望

杨凌示范区2020年坚持贯彻国家抑制炒房的相关政策,受年初新冠肺炎疫情的影响,房地产市场的销售量、房地产投资及住宅新开工面积都大幅减少。预计未来短期内杨凌房地产市场以消化住房存量为主。同时房地产价格上涨趋势未变。且2020年全年被抑制的购房需求在2021年会得到释放。供给不足遇上需求旺盛,预计2021年的房地产价格会进一步提高。公积金政策的收紧对缓释购房需求会起到一定作用。

(二)2021年杨凌示范区商品房价格预测

本报告基于杨凌示范区房地产2019～2020年的发展状况,结合当地房地产政策及经济发展状况,对杨凌示范区2021年的房地产发展状况做出展望。运用趋势拟合法,依据2016～2020年商品房销售均价,得到2021年杨凌示范区商品房价格预测值为5560.3元/米^2,虽较2019年增长2.42%,但增长率较2019年的3.91%有所下降。

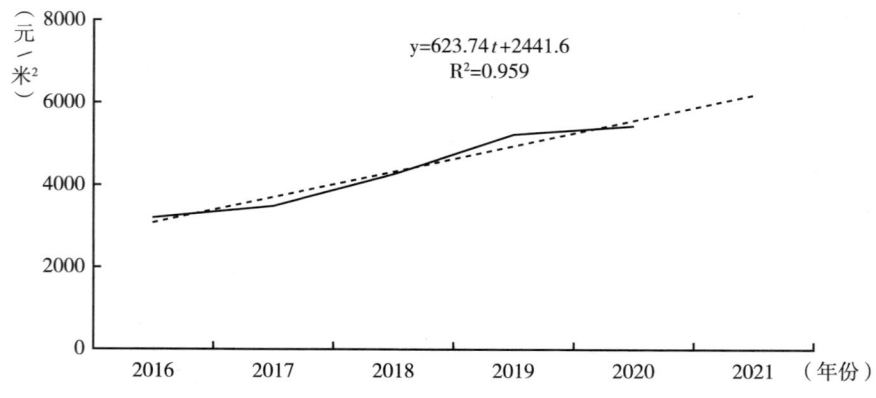

图11 2021年杨凌示范区商品房价格预测

资料来源:中国房价行情网。

参考文献

任泽平、熊柴、周哲：《中国生育报告》，《发展研究》2019年第6期。

郑世刚：《基于BMA方法的中国房价长期影响因素研究——兼论房地产长效机制构建》，《统计与信息论坛》2020年第35期。

杨凌示范区管委会：《杨凌示范区2020年经济运行情况》，2021年1月21日。

杨凌示范区管委会：《2020年示范区11月份经济运行情况》，2020年12月19日。

杨凌示范区管委会：《2019年杨凌示范区国民经济和社会发展统计公报》，2020年3月11日。

B.20 2019～2020年汉中市房地产业发展报告

李 军[*]

摘 要： 本报告主要从汉中市房地产业发展现状出发，根据汉中市的经济发展趋势、产业结构、人口规模、消费水平等经济特点，从土地市场、投资情况、房价波动等方面分析了汉中市2019～2020年房地产业发展的现状、特点和趋势，并对汉中市房地产业的发展提出了建议。

关键词： 房地产 产业结构 汉中

一 房地产发展现状

（一）房地产基本情况

2019年，汉中市房地产开发完成投资比上年增长33%；房屋施工面积1208.99万平方米，增长12.2%；商品房销售额119.96亿元，增长32.7%。建筑业实现增加值158亿元，比上年增长11.2%。资质以上建筑施工企业完成总产值292.96亿元，增长1.6%，其中建筑工程产值279.57亿元，增长1.3%；竣工产值116.50亿元，下降15.7%；签订合

---

[*] 李军，陕西理工大学土木工程与建筑学院工程管理系主任，主要研究方向为项目管理与成本控制。

同额397.46亿元，下降7.7%。资质以上建筑业劳动生产率达到35.98万元/人。

2020年，汉中市统筹抓好疫情防控和经济社会发展，出台和落实支持复工复产、促投资稳增长等一系列政策措施，积极为房地产企业纾解困难，5月房地产开发投资增速实现扭负为正，下半年保持高位平稳运行态势，商品房销售面积降幅逐步收窄，房屋施工和新开工面积增速高位趋缓，自筹资金支撑房地产开发企业到位资金总体趋宽松。

2020年，全市完成房地产开发投资190.15亿元，同比增长23.4%（见图1），高于全省平均增速10.6个百分点。受新冠肺炎疫情影响，1~2月房地产开发投资增速为全年最低点，随后恢复性增长，1~5月增速实现扭负为正，6~12月保持高位平稳运行态势。

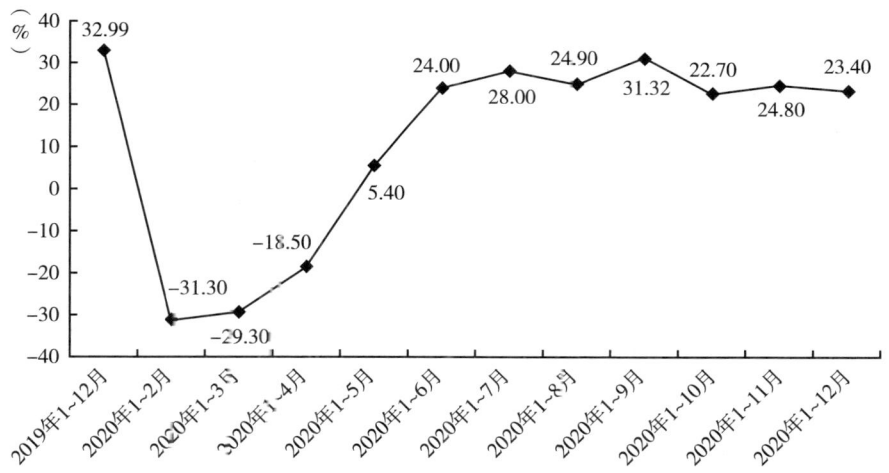

图1　2019~2020年汉中市房地产开发投资增速

资料来源：汉中市统计局。

房屋施工和新开工面积增速高位趋缓。2020年房屋施工面积1484.88万平方米，同比增长22.8%，增速比2019年提高10.6个百分点，比上半年回落0.7个百分点。新开工面积450.61万平方米，同比增加45.4%，增速比2019年提高58.9个百分点。

新入库项目增多。2020年全市有开发项目房地产企业272家,同比增加27家,增长11%;房地产开发项目322个,同比增加29个,增长9.9%,其中本年新入库项目62个。

(二)建筑业基本情况

2020年以来,全市扎实做好"六稳""六保"工作,出台和落实一系列政策措施,建筑企业在资金周转、供应链保障、劳务用工等方面逐步恢复到疫前水平。前三季度,建筑企业完成总产值186.42亿元,同比下降5.6%,增速较上半年回升10个百分点。在11个县区中,建筑业增加值增速有7个县区由负转正。三季度全市资质内建筑企业签订合同额287.54亿元,同比下降8.4%,降幅较上季度收窄7.5个百分点。

(三)房地产销售状况

1. 商品房销售降幅逐步收窄

2020年汉中市商品房销售面积248.29万平方米,同比下降0.58%。一季度全市商品房销售面积增速降到全年最低点,之后降幅逐步收窄,1~12月比1~6月增速收窄6.12个百分点,比1~3月增速收窄22.62个百分点(见图2)。2020年汉中市商品住宅销售面积235.87万平方米,同比增长0.58%,比上半年增速提高9.9个百分点,比一季度增速提高26个百分点。2020年汉中市商品房销售额124.14亿元,增长3.5%,增速比上半年提高9.8个百分点,比一季度提高22.6个百分点。其中,住宅销售额114.72亿元,增长6.8%,增速比上半年提高13个百分点,比一季度提高26.1个百分点。

2. 不同住宅结构、销售类型、竣工情况对商品房销售的影响

从住宅结构看,90(含)平方米以下普通住宅销售面积13.89万平方米,同比下降19%,占住宅销售面积的5.9%;90~144(含)平方米普通住宅销售面积198.69万平方米,同比增长3%,占住宅销售面积的84.2%;144平方米以上普通住宅销售面积23.3万平方米,同比增长12.1%,占住

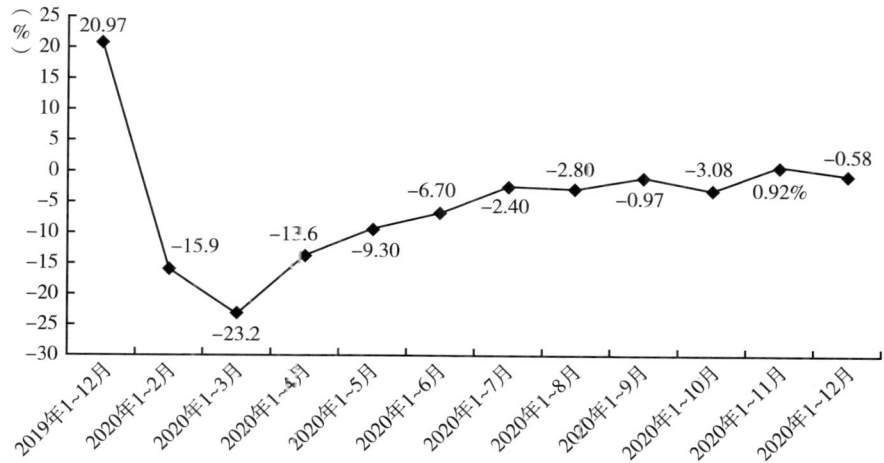

图 2　2020 年汉中市商品房销售面积增速

资料来源：汉中市统计局。

宅销售面积的 9.9%。可以看出，2020 年住宅销售以改善型为主。

从商品房销售类型看，期房销售占绝对地位。2020 年全市现房销售面积为 36.16 万平方米，同比下降 2.1%，降幅比上半年收窄 6.3 个百分点，占商品房销售面积的 14.6%；期房销售面积为 212.12 万平方米，下降 0.3%，降幅比上半年收窄 6 个百分点，占商品房销售面积的 85.4%。

从商品房竣工情况来看，2020 年房屋竣工面积 137.94 万平方米，同比增长 34.8%，增速比 2019 年回落 20.4 个百分点，比上半年回落 60.3 个百分点。12 月末，全市商品房待售面积 104.42 万平方米，同比下降 5%，降幅比 2019 年末扩大 5.5 个百分点，减少 5.53 万平方米，比上半年末扩大 0.9 个百分点。受竣工速度减缓的影响，2020 年全市商品房待售面积有所减少。

3. 不同区域商品房销售情况

分区域来看，全市有 7 个县区销售面积实现正增长，其中 4 个县区的增速比 2019 年有所提高，勉县提高幅度最大，如表 1 所示。

表1 2020年汉中市及各县区商品房销售情况

地区	商品房销售面积			
	总量（万平方米）	增速（%）	增速同比（个百分点）	占全市比重（%）
汉中市	248.29	-0.6	-21.6	100
汉台区	68.04	-22.1	-53.2	27.4
南郑区	61.30	5.2	-7.0	24.7
城固县	31.28	21.0	-38.3	12.6
洋县	25.79	11.0	6.5	10.4
西乡县	29.85	10.7	-12.0	12.0
勉县	26.78	31.7	28.3	10.8
宁强县	2.33	12.8	22.8	0.9
略阳县	0.82	-77.3	-91.3	0.3
镇巴县	2.11	0.8	10.3	0.8

（四）房地产销售价格

受房地产新政、基建材料价格上涨和市场需求拉动因素影响，2020年三季度汉中城区商品房销售保持比较旺盛的势头，销售价格稳步上涨，但涨幅有所回落，房价一路走高趋势有所改变。调查数据显示，三季度汉中城区商品房销售价格同比上涨4.7%，价格涨幅较二季度回落0.2个百分点，较一季度回落0.8个百分点，房屋销售价格走势平稳。

住宅类新房销售价格上涨5.5%。住宅中，经济适用房价格同比上涨7.4%，多层住宅价格同比上涨5.3%，高层住宅价格同比上涨4.9%。由于住宅占商品房比重较大，而且是商品房销售的主体，成为拉动商品房价格上涨的主要因素。非住宅类房屋由于市场需求偏淡，销售价格同比仅上涨0.8%。二手房受调整住房营业税及房贷利率上调等新政的影响，需求上升，交易量增加，价格同比上涨7.8%，其中住宅价格同比上涨5.7%，非住宅价格同比上涨11.5%。由于国家对房地产市场的调控力度加大，加之买卖双方怕再出新政的心理较强，一些中低收入无能力购买新房的住户只得购买二手房，导致二手房三季度交易量较二季度增长8.6%，同比增长1.79倍。

房屋租赁价格同比持平。物业管理价格总水平上涨11.9%，其中普通住宅价格同比上涨21.7%。土地交易价格继续走高，价格总水平同比上涨1.4%，其中居住用地价格上涨0.1%，工业仓储用地价格上涨0.5%，商业、旅游、娱乐用地价格上涨0.3%，其他用地价格上涨11.0%。

受上述因素影响，2020年，汉中市房价的走势呈现出先上升、再下降、再上升直到平稳的趋势。从时间上来看，房价从1月的5026元/米^{2}一路上升到5月的5160元/米^2，继而下降到7月的5035元/米^2，再上升到10月的5243元/米^2，一直维持到12月的5244元/米^2。整体来看，汉中市的房价在2020年走势稳定。汉中市城区汉台区的房价对汉中市的房价影响比较大。汉台区房价的趋势与汉中市房价基本一致，从1月的5165元/米^2，上升到5月的5289元/米^2，再下降到7月的5111元/米^2，后又上升到12月的5383元/米^2，涨幅略大于汉中市的平均水平。

从住宅具体项目看，汉中新城吾悦广场的住宅项目，户型多样，基本处于清盘阶段，均价达到6500元/米^2；中交滨江国际基本售完，均价为7200元/米^2；汉中碧桂园阅江府，均价为7800元/米^2。

随着汉中城市的快速发展、旧城改造步伐加快、城市品位提升，汉中房地产市场将更加活跃。但结构调整、优胜劣汰是市场经济发展的必然，房地产开发项目将逐渐向资质高、实力强、规模大的房地产开发企业集中。因此，面对激烈的市场竞争，房地产企业要强化自身素质，改革内部机制，创新经营理念，提高管理水平；要树立理性的营销观念，坚持诚信服务，进行"阳光"操作，提高市场竞争力。

（五）房地产开发企业资金情况

2020年汉中房地产开发企业实际到位资金达186.46亿元，同比增长16.2%，比2019年回落8.3个百分点。全市1~2月房地产开发到位资金增速为全年最低点，随后一路回升，1~12月比1~6月增速提高13.4个百分点，比1~2月提高40.1个百分点。其中，国内贷款13.68亿元，同比增长57.8%，占到位资金的7.3%；自筹资金83.98亿元，同比增长104.1%，

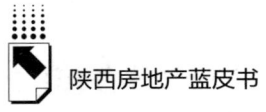

占到位资金的45.0%；定金及预收款52.56亿元，同比下降24.1%，占到位资金的28.2%；个人按揭贷款30.53亿元，同比下降17.1%，占到位资金的16.4%；其他到位资金5.71亿元，同比增长24.7%，占到位资金的3.1%。可以看出，主要靠自筹资金增长拉动的房地产开发企业到位资金总体趋于宽松。

（六）土地市场

2020年汉中市土地购置面积下降明显。全年土地购置面积19.42万平方米，同比下降26%，降幅比2019年收窄53.4个百分点。土地成交价款3.83亿元，同比下降44.1%，降幅比2019年收窄15.7个百分点。汉中房天下统计数据显示，2020年上半年汉中市招拍挂出土地25宗，出让面积72.49万平方米。其中住宅土地出让仅4宗，出让面积94799平方米；工业用地9宗，出让面积34.3万平方米；教育用地1宗，出让面积2542平方米；商业用地5宗，出让面积125728平方米。

从每月土地拍卖情况上看，1~4月拍卖市场不温不火，土地出让不多；5月作为临界点集中爆发，共出让土地12宗，接近上半年出让土地的50%。4宗住宅用地也是在4月、5月出让的，同时5月集中出让的为工业用地。

从区域来看，大多数宗地的成交都集中于汉台区周边，地价相对主城区便宜很多，加之政策对周边区域的倾斜扶持，区域内改造力度加大。其中，铺镇为上半年出让土地较多的区域，共出让9宗土地，多为工业用地。经济开发区紧随其后，出让4宗土地，其中2块为住宅用地。

从土地供应区域分布不难看出，中心城区的土地出让有限，备受瞩目的滨江新区土地开发已经趋于饱和状态，城东新区尚有土地供应，南郑区大河坎区域及经济开发区仍然有充足的土地供应。

与2019年相比，2020年被称为大河坎时代，世贸集团、三迪集团、臻华府等品牌开发商相继在大河坎拿地开盘，使其一度成为炙手可热的焦点区域，购房者因此有了更多的选择空间及余地。

（七）贷款政策及公积金贷款情况

2020年，汉中市购买商品房无限购要求，银行对首套住宅的房贷利率也不上浮，首付比例最低为30%；二套住宅房贷利率上浮10%～30%，首付最低40%。

在公积金方面，2019年末，住房公积金中心发放个人住房贷款17.53亿元，同比增长10.25%。累计发放个人住房贷款101.83亿元，贷款余额63.30亿元，分别比上年末增加20.79%、13.14%。个人住房贷款余额占缴存余额的82.46%，占比比上年末减少2.01个百分点。

住房公积金个人住房贷款余额、项目贷款余额和购买国债余额的总和占缴存余额的82.46%，占比比上年减少2.46个百分点。住房公积金存款15.14亿元。

个人住房贷款逾期额479万元，逾期率0.8‰。2019年，提取个人贷款风险准备金1470.17万元，个人贷款风险准备金余额29072.07万元，占个人住房贷款余额的4.59%，个人住房贷款逾期额与个人贷款风险准备金余额的比率为1.65%。

84620名缴存职工提取住房公积金12.20亿元。提取金额中，住房消费提取占72.65%（购买、建造、翻建、大修自住住房占29.80%，偿还购房贷款本息占38.50%，租赁住房占1.07%，其他占3.28%）；非住房消费提取占27.35%（离休和退休提取占22.93%，完全丧失劳动能力并与单位终止劳动关系提取占1.86%，户口迁出本市或出境定居占0.22%，其他占2.34%）。提取职工中，中、低收入者占96.02%，高收入者占3.98%。

支持职工购建房65.84万平方米，年末个人住房贷款市场占有率为28.23%，比上年减少3.66个百分点。通过申请住房公积金个人住房贷款，与通过商业银行进行个人住房贷款相比，借款人可减少利息支出43502.23万元。

职工贷款笔数中，购房建筑面积90（含）平方米以下占7.51%，90～

144（含）平方米占80.34%，144平方米以上占12.15%；购买新房占87.96%（其中购买保障性住房占0.11%），购买二手房占11.10%，建造、翻建、大修自住住房占0.87%，其他占0.07%。

贷款职工中，30岁（含）以下占29.70%，30~40岁（含）占34.82%，40~50岁（含）占25.79%，50岁以上占9.69%；首次申请贷款者占94.45%，二次及以上申请贷款者占5.55%；中、低收入者占96.91%，高收入者占3.09%。

二 楼市走势预测及房地产业发展对策和建议

（一）走势预测

1. 基于新的挑战，房企应加强自身管理

在2020年汉中市房地产业交流研讨会上，明源地产研究院提出，2020年全球经贸规则正在加速重构，全球产业链面临重新洗牌，地产行业也面临五大新常态、三大拐点和四大挑战，在这些挑战之下，地产企业三大引擎也遭受了不同程度的冲击。

面对新格局下的挑战，随着房地产企业数量的减少，未来头部房企在集中度的提升方面可能远超过往，增长模式也将从"规模跳涨"转变为"适度增长"。从行业共性的布局特点来看，加大二、三线城市的投拓力度已成行业主流，囤地开发模式已成过去。从房企管理来看，管理一定是针对企业遇到的核心内容发力。而管理练内功的六大核心关键为去库存、抓回款、降成本、稳杠杆、大运营拉通、区域集团本地化。一方面，要加大力度去库存、抓回款、稳定现金流，全面提高房企的货值实现能力、营销推广能力、客户转化能力、回款保障能力。另一方面，建立控制型成本管控体系，保利润。新时期，成本管理也将面临新的诉求，因此，房企的合理制定目标能力、合同规划能力、合同控制能力、支付控制能力、精准测算单方能力也很重要。

2. 应对新形势，房企应做好产品及服务

基于客户、企业、专业三大视角，多维审视好产品，提升服务质量，真正提利润，促去化，同时也可以考虑通过合作开发及产业布局等方式进行应对。新形势下，房企在做好以上六点以外，还要有两大支撑基座。一是风险管控，二是数字化转型。数字化转型不仅仅是管理工具，更是企业的发展战略。通过数字化，将企业的战略重心兑现落地，实现决策效率提升，业务效率提升，同时还可规避业务风险，将多板块融合共通。

3. 加大吸引人才力度，做大人口基数

根据虹吸效应，人口被逐层虹吸已不可避免，这是一个全国性的大趋势。对于汉中来讲，由于缺少就业机会、交通不够便捷，虹吸会加剧。但汉中除了被虹吸外，可虹吸周边地区人口。汉中城镇化率接近55%，仍有较大发展空间，这为房地产业提供了长足的发展空间。未来汉中的城镇化发展路径将是人口从村镇集中到县城或汉中市区。人口除向市外流失，还会向汉中市区或较大县集聚，一些没有产业基础的县城，会沦为"公务员经济"城市。

总而言之，"四个在汉中"① 是"十四五"乃至更长期内提振汉中发展的抓手。房地产企业可根据政府提出的将汉中发展为区域中心城市、生态经济强市、幸福宜居名市的新"三市建设"等规划布局，逐步布局教育、康养等领域。

（二）房地产业发展对策和建议

1. 政府方面

（1）要利用好汉中的资源，抓好"四个在汉中"和新"三市建设"，为汉中经济注入活力，为房地产市场扩容。调整产业结构，走新型工业化道路，提高工业用地利用率和产出率，着力解决城市发展空间不足问题；加快旧城镇以及闲置用地改造步伐，盘活存量土地，充分挖掘土地潜力。具体来

---

① "四个在汉中"指"学研在汉中，旅居在汉中，医养在汉中，兴业在汉中"。

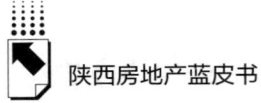

讲，可以营造三五个全国知名的对汉中发展具有引擎意义的项目，比如兴汉新区的全面运营、天坑的开发、"佛坪天池"的开发、镇巴竹海的开发、龙岗古人类遗址的开发宣传及"汉人老家"品牌的建设等。

（2）将引进人才，转变为引进人力资源，甚至是引进人口；鼓励生育，促进汉中在外人员回归，减少人口外流，同时虹吸附近人口；结合城乡用地特点，运用不同的模式，对城乡用地进行结构调整和空间优化，优化城市用地布局，进行空间资源再配置，达到节约、集约用地的目的。

（3）治理拥堵，治理停车难，治理内涝，治理"喷污水地砖"，治理雾霾；提升市民文明素养，提升城市文明程度，让汉中"更文明、更好客"。

（4）利用汉中毗邻西北干旱地区的地缘优势，利用汉中房价在秦巴地区的"洼地"优势，积极向外拓展客群，并鼓励企业、社会组织向外拓客，尤其是向干旱的西北地区和高铁沿线到汉中非常方便的华北地区城市；加大能带人到汉中的大型文旅康养等项目的招商力度；等等。同时，加快小城镇建设，提高城镇化水平，充分发挥小城镇广泛联系城乡的桥梁和纽带作用，统筹城乡发展，促进城乡一体化；以土地整治和城乡建设用地增减挂钩为平台，推动田、水、路、林、村综合整治，改善农村生产生活条件和生态环境，促进农业规模经营、人口集中居住、产业集聚发展，推进城乡一体化，统筹城乡发展。

（5）根据现阶段开展的老旧小区改造项目，政府要深入调研，围绕老旧小区改造的困境，从群众的实际出发，统筹规划，因地制宜，合理布局，明确老旧小区改造主体、改造内容、改造资金和政策措施。一是在改造主体方面，强化政府主导、社会参与的工作格局；二是在改造内容方面，从物质、社会、经济和制度四个层面来提升老旧小区的居住品质；三是在政策措施方面，完善居民参与机制，有效提升群众居住质量、完善城市功能、提高城市品质，打造美丽宜居城市，促进美丽汉中建设。

2. 房地产企业方面

（1）看清形势，加强风险意识。不要抱侥幸心理，按规矩办事，要注意政策风险、市场风险和资金链风险。

（2）做精产品，增强竞争力，做出特色。产品力出现硬伤，是极难补救的，一定要做精产品，不要输在发展路线的选择上。

（3）随着建筑信息化的发展，建立智慧社区、创新房地产生活服务开始成为房地产行业中的新增长点。房地产开发企业要紧跟时代步伐，实行建设项目的绿色建造。通过智能建造与建筑工业化协同发展，加大先进节能环保技术、工艺和装备的研发力度，提高资源利用效率，大力发展装配式建筑，推动建立以标准部品为基础的专业化、规模化、信息化生产体系。

总而言之，2020年是复杂多变的一年。展望"十四五"以及未来发展目标，2035年中国经济总量和人均GDP比2020年要翻一番，中国经济增长依然为房地产业提供了非常好的外部环境，这是房地产业发展很好的机遇。但与此同时，社会也会遇到人口老龄化加剧、劳动人口不足等挑战，这些挑战对房地产市场也会产生很大的影响。房地产企业只有积极应对转型、看准未来趋势、努力提升自身产品的竞争力，才会迎来更好的发展。

参考文献

汉中市人民政府网：《我市经济运行稳定恢复持续向好》，2021年1月21日。
汉中市自然资源局：《汉中市土地利用总体规划（2006～2020年）》，2017。
汉中市公积金管理中心：《汉中市住房公积金2019年年度报告》，2020。
房天下汉中站数据中心：《2020年汉中楼市年中报告：1～6月土地市场供应住宅用地占比锐减》，2020。
汉中市统计局：《房地产开发投资高位运行，市场回稳向好》，2021年2月2日。
李德智、蒋英、谷甜甜：《江苏省房地产业发展现状及趋势展望》，《江苏建筑》2020年第6期。
秦虹：《"十四五"房地产发展新格局》，《施工企业管理》2021年第1期。

B.21
2019~2020年安康市房地产业发展报告

邹亦凡　王笑涵　郭亚婷*

摘　要： 本报告对2019~2020年安康市房地产业发展现状进行了分析，从土地供求状况、房地产开发企业状况、房地产开发与投资情况、房地产销售状况、二手住宅市场等五个方面，对2019~2020年安康市房地产市场做了总结，介绍了安康市保障房建设和老旧小区改造情况，从多个角度分析安康市房地产业发展特点与影响因素，最后对2021年安康市房地产市场供求关系与价格趋势进行了预测。

关键词： 安康市　房地产业　二手住宅市物

一　安康市房地产业发展现状

2019年安康市中心城市实施民生城建项目64个，完成年度投资23亿元，九大片区15个棚改项目累计完成投资57.5亿元。城市路网改扩建、城市绿化等一批市政改造工程建成投用，新安康门户区高铁站前广场、新时代大道、新安康大道等重点项目快速推进。城东新区张石大道、秦巴大道、明珠大道等重点控制性工程陆续开工。

安康市2019年底常住人口为267.49万人，较上年增加0.60万人，其

---

* 邹亦凡，长安大学建筑学院讲师，主要研究方向为住区规划、遗产地区社区规划与治理；王笑涵、郭亚婷，长安大学建筑学院城乡规划专业本科学生。

中，城镇人口134.95万人，城镇化率为50.45%，较上年提高1.8个百分点。随着城市建设的持续推进，以及城镇化率的稳步提高，安康市已进入城镇化快速发展时期，会极大拉动房地产行业的发展。然而，2020年初突发的新冠肺炎疫情引发了经济的短暂性低迷，导致房地产市场成交额低位徘徊。随着疫情防控常态化，市场逐渐复苏，最终以"V"字形走过一年。

（一）土地供求状况

1. 土地供应

2019年安康市计划供应用地面积721.15公顷，其中交通运输用地与工矿仓储用地占比列前两位（见图1）。2020年，安康市土地供应类型以住宅用地、工矿仓储用地、商服用地为主，土地计划供应总量较2019年下降20.31%。其中住宅用地供应量增加119.17%，商服用地供应量增加282.14%，工矿仓储用地减少29.66公顷，较2019年差距较小。具体数值详见表1、图1。

表1 2019~2020年安康市土地供应计划

单位：公顷，%

	计划供应总量	商服用地	工矿仓储用地	住宅用地	公共管理与公共服务用地	交通运输用地	水域及水利设施用地	特殊用地
2019年	721.15	35.18	172.10	100.21	75.58	330.28	0.00	6.80
2020年	574.71	133.26	142.44	219.63	20.11	54.27	0.00	0.00
增减面积	-146.44	102.08	-29.66	119.42	-55.47	-276.01	0.00	-6.80
增长率	-20.31	282.14	17.23	119.17	-73.39	-83.57	—	—

2. 土地成交

2019年安康市全年土地交易15宗，总面积约为24.32公顷。全市土地成交以住宅用地为主，成交10宗，面积为23.49公顷；商服用地成交2宗；工业用地成交2宗。全市土地成交金额约为6.68亿元，成交单价为2747.2万元/公顷。

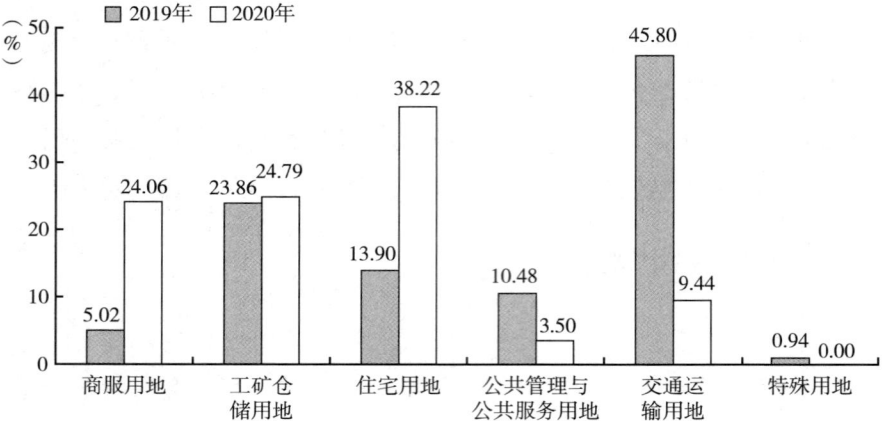

图 1　安康市 2019～2020 年土地供应结构

资料来源：安康市自然资源局。

2020 年安康市全年土地交易量 9 宗，面积约 30.23 公顷，较上年增长 24.30%。其中，居住兼商业用地成交 2 宗，面积 17.80 公顷，占比 58.88%；住宅用地成交 3 宗，面积约 9.93 公顷，占比 32.85%；商服用地成交 2 宗；工业用地成交 2 宗。全市土地成交金额约 8.44 亿元，成交单价为 2793.25 万元/公顷。2020 年安康市住宅用地成交面积较上年下降 57.76%，呈现出综合用地成交面积增长，纯住宅用地和工业用地比例有所下降的整体趋势（见表 2、图 2）。

表 2　2019～2020 年安康市用地成交情况

单位：公顷，万元

	用地类型	住宅用地	商服用地	工业用地	居住兼商业用地
2019 年	成交面积	23.49	0.55	0.28	0
	成交额	66060	535	217.1	0
2020 年	成交面积	9.92	2.41	0.10	17.80
	成交额	27544	2153	243	54500

资料来源：安康市自然资源局。

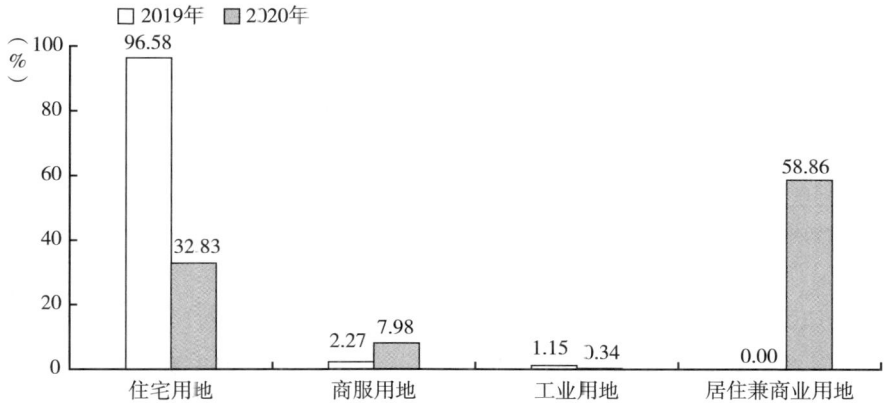

图 2　2019~2020 年安康市土地成交结构

资料来源：安康市自然资源局。

（二）房地产开发企业情况

2019 年，安康市房地产开发企业有 190 家，较上年减少 86 家。2020 年安康市净增房地产开发企业 12 家、资质建筑业企业 47 家。2020 年的安康楼市，经历了疫情期间短暂的低迷，之后随着金科·集美郡、安建·阳光尚都、万象里和国工源·新都等楼盘的开盘，逐渐恢复了生机。以恒大置业、金鑫远航、高新碧盛等为首的房地产企业引领发展，发挥了强大的影响力与品牌号召力（见表 3）。

表 3　2020 年上半年安康市商品住宅销售面积排行

排名	项目名称	开发企业
1	恒大御景半岛	恒大置业
2	天一城市之光	金鑫远航实业发展有限公司
3	碧桂园金州府	高新碧盛房地产开发有限公司
4	恒大未来城	恒大置业
5	新兴天著	新兴基源房地产开发有限公司
6	博元幸福城	安康高新博元实业有限公司

续表

排名	项目名称	开发企业
7	天悦城	成都星泓投资有限公司
8	安建阳光尚都	安建房地产
9	明珠花园	兴科集团
10	江华澜庭	江华房地产

资料来源：房产网。

安康高新区作为安康市经济增速最快的区域，截至2020年，兴建厂房100万平方米，有招商落地项目210余个，有规模企业173家，建有六大产业园。着眼于高新区的发展趋势，一批房地产企业在此投资与发展。从复星、恒大、碧桂园、万达、中梁、建辉等大型品牌集团入驻高新区，到安康长兴、安建、高新集团、城投等公司大批新项目落户高新区，高新区已成为安康房地产业投资最火热的区域。

（三）房地产开发与投资情况

1. 房地产开发资金来源

2019年，安康市房地产开发投资到位资金186.24亿元，同比增长23.5%。

2020年1～11月，安康市房地产开发企业到位资金162.01亿元，比上年同期下降6.7%，降幅比1～10月收窄3.4个百分点。数据表明，自筹资金占比超五成，仍是企业资金的重要来源渠道，实际到位资金整体呈下降趋势，仅定金及预收款与其他资金回暖增长（见表4）。

表4 2020年1～11月安康市房地产开发企业投资资金来源

单位：亿元，%

	实际到位资金	国内贷款	定金及预收款	自筹资金	个人按揭贷款	其他资金
资金数额	162.01	9.36	45.04	89.72	15.07	2.81
同比增幅	-6.7	-48.1	9.2	-5.9	-11.9	57.9

资料来源：安康市人民政府官网。

2. 房地产开发企业投资

2019年，安康房地产开发投资保持快速增长，全年完成投资162.77亿元，比上年增长25.3%，保持高位运行。

2020年1~11月，全市房地产开发投资完成161.78亿元，同比增长8.0%，占全省比重为4.1%，增长率分别比上半年和一季度提升18.5个、35.5个百分点。房地产开发投资占固定资产投资的比重为15.3%，比上年同期提升2.2个百分点。从陕西省和安康市运行趋势对比分析，安康市房地产开发投资受疫情影响较大，2月下降到了最低点，之后随着企业复工复产，逐月回暖，但仍低于全省平均水平（见图3）。

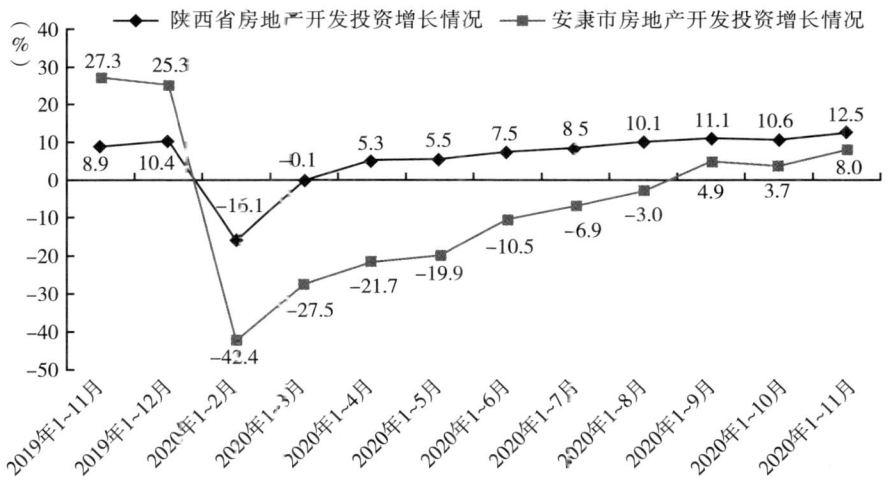

图3 陕西省与安康市房地产开发企业投资增长率

资料来源：根据安康市统计局网站数据整理得到。

从房屋类型看，商品住宅投资仍然是房地产开发投资的主体，2020年1~11月，全市商品住宅投资123.13亿元，比上年同期增长10.8%，占全部房地产开发投资的76.1%；商业营业用房投资24.66亿元，同比增长21.3%；办公楼和其他房屋投资1.21亿、12.77亿元，同比分别下降76.9%、2.4%。

3. 房地产施工面积

2019年安康市房屋施工面积为1073.10万平方米,比上年同期增加了174.65万平方米,同比增长19.4%,增速较上年同期提升21.9个百分点。其中住宅施工面积790.35万平方米、办公楼施工面积25.75万平方米、商业营业用房施工面积142.43万平方米、其他房屋施工面积114.56万平方米。新开工面积332.06万平方米。

在2019年安康市房地产施工规模扩大之后,2020年仍呈扩大趋势,但房屋新开工面积连续减少。截至2020年三季度,安康市房屋施工面积为1015.99万平方米,同比增长5.1%,增速比1~8月提高1.4个百分点,其中,住宅施工面积增长9.4%。房屋新开工面积下降47.5%,降幅比1~8月收窄2.5个百分点,其中,住宅新开工面积下降34.5%(见表5)。

表5 2020年安康市房屋施工面积情况

单位:万平方米,%

	第一季度	前二季度	前三季度
房屋施工面积	914.7	964.64	1015.99
同比增速	11.8	4.8	5.1
住宅施工面积	687.74	730.89	772.13
同比增速	14	6.6	9.4
房屋新开工面积	31.15	81.09	118.55
同比增速	-59.6	-54.7	-47.5
住宅新开工面积	28.41	71.59	103.85
同比增速	-49	-89.6	-34.5

资料来源:安康市人民政府网。

4. 房屋竣工面积

2019年安康市竣工房屋面积为87.14万平方米,比上年同期增加了22.95万平方米,同比增长35.7%,增速较上年同期提高了36.2个百分点。住宅竣工面积为63.17万平方米,共5258套。房屋竣工价值为16.45亿元,其中住宅竣工价值为11.49亿元。

受疫情影响,2020年初房地产开发竣工面积大幅回落,随后呈现相对稳定的上升态势。2020年11月末，全市商品房竣工面积达63.88万平方米，比上年同期增长72.5%，增速比1~10月提升42.7个百分点。其中住宅竣工面积40.83万平方米，同比增长57.5%。

（四）商品房销售情况

1.商品房销售面积分析

2019年，安康房地产销售市场在一些热销的高品质楼盘的带动下，全年商品房销售面积达182.70万平方米，共14543套，但增速由一季度的40.2%持续回落至四季度的19.9%，房地产销售呈现理性回落。

2020年，受疫情影响，安康市商品房销售面积连续下跌，低于陕西省销售面积增速。1~2月商品房销售面积下降到最低点-37.9%，随着复工复产的进一步推进，销售面积降幅有所收窄。1~11月，全市商品房销售面积为144.31万平方米，比上年同期下降14.0%，降幅比1~10月收窄2.2个百分点。其中住宅销售面积136.04万平方米，同比下降16.7%。2020年1~11月安康市商品房销售面积增速如图4所示。

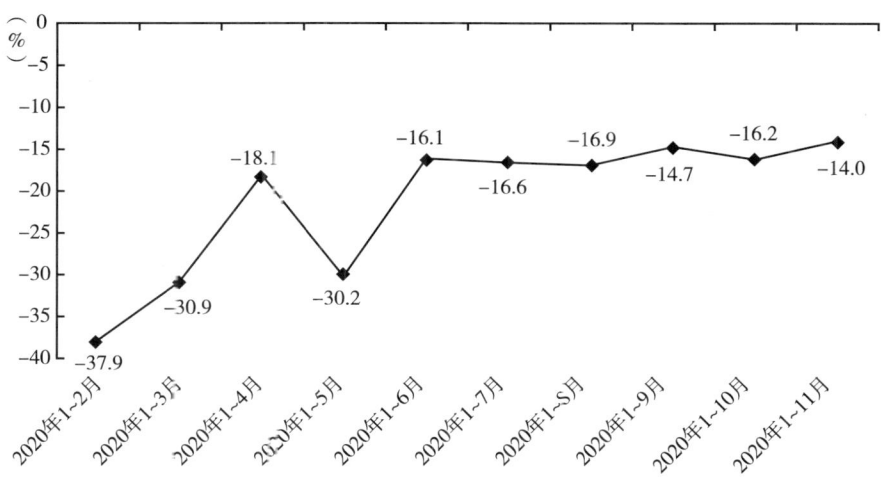

图4 2020年1~11月安康市商品房销售面积增速

资料来源：陕西省统计司。

根据房产网统计的数据，2020年上半年住宅销售面积、销售金额的前三名均为恒大御景半岛、天一城市之光、碧桂园金州府，其对应的开发企业分别为恒大置业、金鑫远航实业发展有限公司、高新碧胜房地产开发有限公司。

2019年10~12月，安康市累计成交住宅3473套、面积439832平方米，月均成交1158套、面积146611平方米。

2020年1~6月，安康市累计成交商品房住宅3711套、面积487358平方米，月均成交619套、面积81226平方米，月均成交套数比2019年10~12月的月均成交套数少539套。2019年第四季度至2020年第二季度安康市商品房住宅销售情况如表6所示。

表6 2019年第四季度至2020年第二季度安康市商品房住宅销售情况

时间	面积（平方米）	套数（套）	成交面积环比增长率（%）
2019年第四季度	439832	3473	—
2020年第一季度	133006	976	-69.8
2020年第二季度	354352	2735	166.4

资料来源：根据房产网安康市房地产市场月报数据整理。

2. 商品房销售额情况分析

2019年安康商品房销售总额达100.72亿元，其中住宅销售总额94.34亿元、商业营业用房销售额6.38亿元。

2020年，随商品房销售面积的大幅下跌，安康市商品房销售总额也连续下降。2020年1~11月，全市商品房销售额83.19亿元，比上年同期下降10.6%，降幅较1~10月收窄3.2个百分点。其中，住宅销售额74.6亿元，同比下降14.8%。

3. 商品房销售价格情况分析

2019年，安康市商品房住宅成交均价为6151元/米^2。2020年，安康市商品房住宅年成交均价为6409元/米^2，月成交均价在6122~6771元/米^{2}区间波动。受疫情影响，第一季度安康市的购房需求短期内被抑制，随着疫情防控常态化，需求重新释放，第二季度成交量开始明显增加，但由于原本计划在一季度进行的供地和推盘延后到二季度，二季度出现了集中供应和推盘，4月、5月的成交均价未有明显上升。随着疫情的进一步缓解，6月、7月的其后下降，10月国庆假期上涨至6738元/米²，每次上涨后因上涨因素消失，成交均价有所回落。2020年第四季度住宅成交均价达6687元/米²，较2019年第四季度增长557元/米²，环比增长1.84%，同比增长9.09%。2019年2月至2020年12月安康市商品房住宅成交均价如图5所示，季度成交均价详见表7。

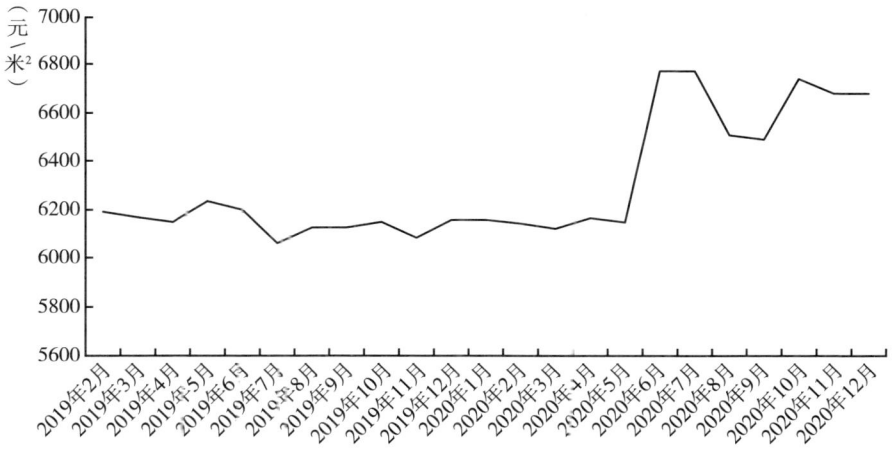

图5　2019年2月至2020年12月安康市商品房住宅成交均价

资料来源：中国房价行情网。

表7　2018年第四季度至2020年第四季度安康市住宅成交均价情况

单位：元/米²

时间	住宅成交均价
2018年第四季度	6140
2019年第一季度	6157
2019年第二季度	6193
2019年第三季度	6105
2019年第四季度	6130

续表

时间	住宅成交均价
2020年第一季度	6141
2020年第二季度	6238
2020年第三季度	6566
2020年第四季度	6687

资料来源：中国房价行情网。

4. 商品房待售面积情况分析

2019年，安康商品房待售面积19.75万平方米，同比下降33.7%，总量比年初减少8.54万平方米，比上年年底减少10.04万平方米。其中住宅面积13.35万平方米、商业营业用房面积5.05万平方米。

2020年11月末，全市商品房待售面积23.62万平方米，比10月末增加了0.6万平方米，待售面积在当前去库存压力较大的环境下，整体呈现平稳态势。

（五）二手住宅市场

1. 二手住宅供需情况

根据中国房价行情网资料，2019～2020年安康市年二手房住宅销售价格在波动中有所上升，但幅度较小。2019年，二手房住宅销售价格为5499元/米^2，2020年销售价格为5645元/米^2，比上年增长2.66%。2020年全年二手住宅销售价格涨幅达到2.57%，低于2019年4.44%的涨幅。2019年1月～2020年12月安康市二手住宅的销售价格供求趋势如图6所示。

相较于二手住宅销售价格的相对平缓，不同单价的市场需求出现明显差异。从2020年起，市场供应的二手住宅绝大部分的销售价格集中在3500～7500元/米^{2}区间，占到全部二手住宅的87.51%。其中5000～5500元/米^{2}的供给最大，为17.24%；4500～5000元/米^{2}的供给比例位居第二，为15.33%。从供给和需求的比例来看，销售价格5500元/米^{2}以下的二手住宅大致上供给高于需求，5500元/米^{2}以上的二手住宅整体来说需求高于供给，

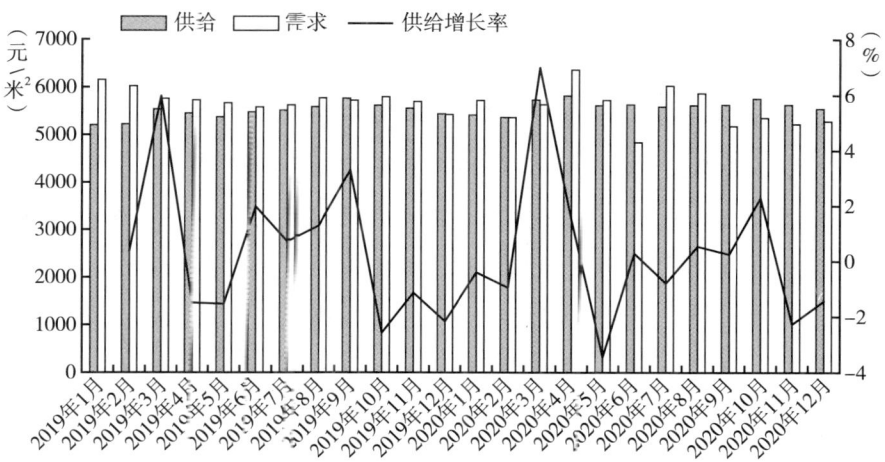

图6　2019年1月~2020年12月安康市二手住宅销售价格供求趋势

资料来源：中国房价行情网。

这表明安康市中高价位的二手住宅市场供给不足。2019~2020年安康市二手住宅销售平均价格供需结构如图7所示。

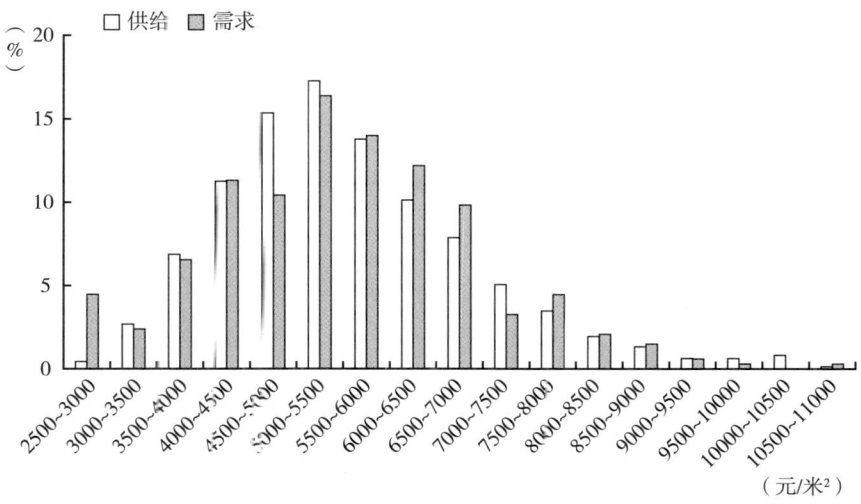

图7　2019~2020年安康市二手住宅销售平均价格供需结构

资料来源：中国房价行情网。

2. 二手住宅售租比

安康市2019年3月二手住宅售租比超过300∶1，之后投资价值持续变小，至2019年9月出现回调。2020年全年售租比高于300∶1，整体处于波动变化中，变化幅度较小。由于2020年安康市二手房销售价格较2019年有所上升，导致除9月外，2020年各月售租比均高于上年同期，房产泡沫进一步扩大。2019年、2020年安康市二手住宅售租比如图8所示。

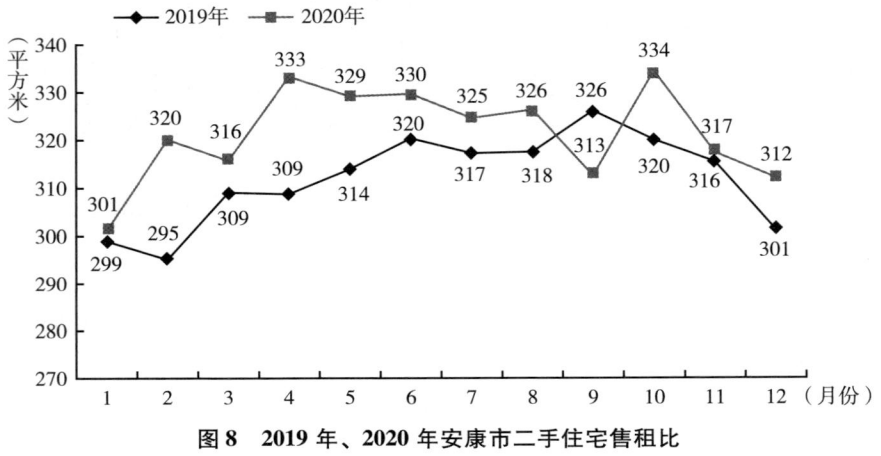

图8　2019年、2020年安康市二手住宅售租比

资料来源：中国房价行情网。

3. 二手住宅户型结构情况

2020年6~12月，在二手房住宅结构方面，90（含）平方米以下住宅销售面积占总住宅销售面积的24.17%；90~140（含）平方米住宅销售面积占总住宅销售面积的59.63%；140平方米以上的住宅销售面积占总住宅销售面积的16.20%。可以看出，安康市房地产二手房市场以改善型需求为主。2020年6~12月安康市房地产二手房销售户型面积情况如表8所示。

表8　2020年6~12月安康市房地产二手房销售面积情况

单位：平方米，%

月份	销售面积	同比增减
6月	109.72	-3.68
7月	112.33	-3.69

续表

月份	销售面积	同比增减
8月	112.81	-2.64
9月	114.69	-2.07
10月	111.07	-3.01
11月	110.36	-3.70
12月	109.46	-4.80

资料来源：中国房价行情网。

4. 二手房市场与商品房市场的关联影响

二手房市场是新房市场的隐性竞争对手，长期来看，二手房与新房存在同增同涨的规律；而在短期内二手房的交易则会抑制新房市场。2019年2月~2020年12月安康市商品房住宅与二手房住宅成交均价情况如图9所示。

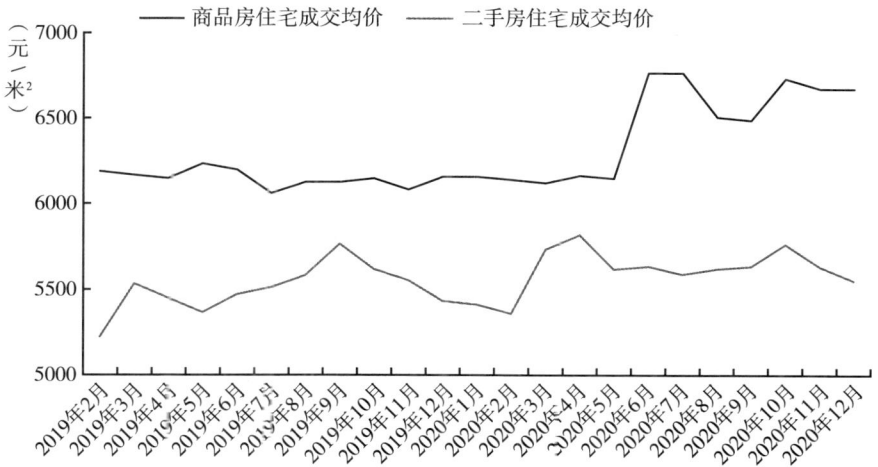

图9　2019年2月~2020年12月安康市商品房住宅与二手房住宅成交均价情况

注：因缺少数据，此处姑且用供给价格作为二手房住宅的成交均价。
资料来源：中国房价行情网。

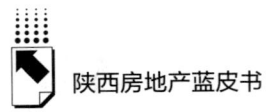

二 安康房地产市场影响因素分析

2019~2020年安康市房地产市场经历了上升与回落的周期性变化，房地产市场起伏波动较大，经分析发现主要有以下影响因素。

（一）政府宏观调控房价，实施政策刺激消费

从宏观政策环境来看，中央坚持"房子是用来住的、不是用来炒的"定位，不把房地产作为短期刺激经济的手段，稳妥实施房地产市场平稳健康发展长效机制。同时，与中央棚改货币化安置政策密切相关，居民手中有了钱，引发了一波住房刚需的释放，房价水涨船高。

2020年上半年房地产市场遭受疫情冲击之后，安康市政府出台了放宽商品房预售申报条件、确保公积金有序投放、允许调整商业性质商品房业态、压缩项目前期审批事项办理时限等一系列政策措施，强有力地推动了房地产业进入"复苏期"。

（二）疫情冲击市场，房地产销售融资受阻

2020年初的新冠肺炎疫情发生后，居民收入水平与购房意愿均受到影响，安康市城镇居民人均可支配收入绝对值低于陕西省平均水平，疫情对收入的影响严重影响了居民贷款能力，抑制了购房需求。

2020年中，房地产企业又迎来"三道红线"融资新规的施行，房企资金压力及销售去化压力进一步显现，新开工积极性降低，开发施工进度减速，房地产市场受到冲击，交易低迷。

（三）实力企业不断进入市场，房地产行业竞争激烈

从房地产开发商入驻来看，品牌开发商逐步下沉三、四线城市，也带来了一波涨价潮。安康原本的地产项目，以本地企业兴科、兴安、长兴为主，而现在行业巨头也不断下沉到四、五线城市，恒大、万达和碧桂园的到来，

大大刺激了整个安康房产市场，开发楼盘的品牌效应和配套设施、房子精装修等的投入推高了安康房价。

（四）贷款与公积金政策持续赋能，助力市场回暖

2020年上半年为妥善应对新冠肺炎疫情，安康市及时出台住房公积金阶段性支持政策，明确因疫情影响导致生产经营发生困难的企业可申请缓缴公积金或降低缴存比例，累计批准17家缴存企业、863名缴存职工缓缴公积金182万元，切实减轻企业负担，支持企业复工复产。

下半年以统筹推进疫情防控与业务发展为突破口，及时研判全市房地产市场发展形势，主动对接房地产开发企业，了解资金需求和存在困难，先后准入39家房地产开发企业110个合作楼盘办理公积金贷款，全力加快房地产企业回款速度。

截至2020年11月30日，安康市发放公积金贷款12.3亿元，超额完成年度目标任务23%，个贷率达到85.23%，逾期率控制在0.22‰，公积金归集、增值收益等其他刚性业务指标也均超额完成10个百分点以上，资金继续保持高效运转势头。高新、市直、汉滨三个域区管理部分别放款5.2亿元、3.1亿元、1.6亿元，占到全市公积金贷款发放总额的80%，进一步释放了中心城区住房消费潜力，为扩大有效投资注入了强劲动力。

（五）保障性安居工程持续推进，稳定房地产市场

安康市保障性住房工程成绩斐然，2015~2019年蝉联全市目标责任考核"五连优"，推动安康房地产市场健康稳定发展。截至2017年，安康市累计开工建设保障性安居工程住房20.09万套，竣工17.98万套，竣工率接近90%；分配入住16.77万套，入住率为83%。其中，安康中心城市累计建设公租房8791套、48.17万平方米，竣工8471套、46.41万平方米，分配入住5298套。2020年1~10月，棚户区改造新开工1950户，基本建成1211套，租赁补贴发放5310户，申报省市级"和谐社区·幸福家园"示范小区创建小区15个。

自2019年起，国务院颁布相关政策，将城镇老旧小区改造纳入保障性

安居工程，安排中央补助资金支持。安康市自2019年11月启动老旧小区改造工作以来，共争取项目资金约5.11亿元，为老旧小区改造提供资金保障。由表9可知，安康市2019年和2020年保障性安居工程新建住宅数量大幅下降，但结合老旧小区改造工作来看，保障性安居工程仍持续稳定推进，为商品房市场做了有效补充。

据了解，安康市计划将于"十四五"期间，完成中心城市果园小区、静宁小区、南门小区、香溪小区、花园小区等153个2000年以前建设的老旧小区改造，适度更新改造2005年之前建设的老旧小区，对房地产市场的稳定发展起到积极作用。

表9 2016～2020年安康市保障性安居工程情况

单位：套，户

项目	2016年	2017年	2018年	2019年	2020年1～10月
新开工	20919	15265	9600	2500	1950
基本建成	23845	12747	2347	846	1211
租赁补贴	—	4039	16075	7847	5310

资料来源：安康市住房和城乡建设局。

三 安康房地产市场发展特点分析

2019～2020年，"房住不炒"政策继续成为安康市房地产市场的主基调，2020年受疫情影响，房地产市场先抑后扬，各地疫情防控常态化后，房地产市场回暖。综合2017～2020年安康市商品房市场来看，2017年商品房销售面积为144.56万平方米，比上年增长6.3%；2018年商品房销售面积为152.35万平方米，同比增长5.39%；2019年，商品房销售面积达182.70万平方米，增长19.92%，房地产销售发展势头良好；2020年，全市商品房销售面积为162.97万平方米，比上年同期下降10.8%（见图10）。归纳前述相关数据，发现安康市房地产市场在2019～2020年具有如下特点。

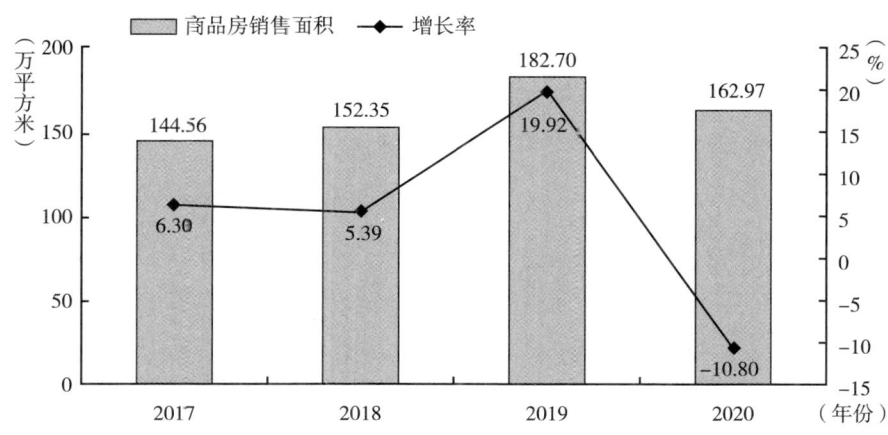

图 10　安康市 2017~2020 年商品房销售面积变化

资料来源：安康市统计局官网。

（一）商品房成交量稳步提升，短期下降

综观安康市 2017~2020 年以来商品房成交情况，成交面积呈现波动上行趋势，2017 年和 2018 年成交量基本维持在 150 万平方米左右，成交显著放量集中在 2019 年，同比涨幅近 20%，但 2020 年初突发的疫情引发了经济的短暂性低迷，导致房地产市场第一季度销售几乎处于停滞状态。全年商品房销量经历低谷后于下半年逐步攀升，最终全年销量仍保持在 160 万平方米以上的较高水准。由于各地积极响应中央"去库存"号召，加之棚改货币化政策的推动，商品房交易有了稳步放量。

（二）房价稳中有增，疫情被有效控制后直线拉升

从房价变动情况来看，2019~2020 年，安康市成交均价基本保持稳中有增态势，2019 年同比涨幅基本都在 1% 上下，并未出现太大的波动。2020 年在疫情影响过后，成交均价于下半年直线攀升，涨幅比较显著的月份为 2020 年 6~10 月，但随后趋于平稳（见图 11）。

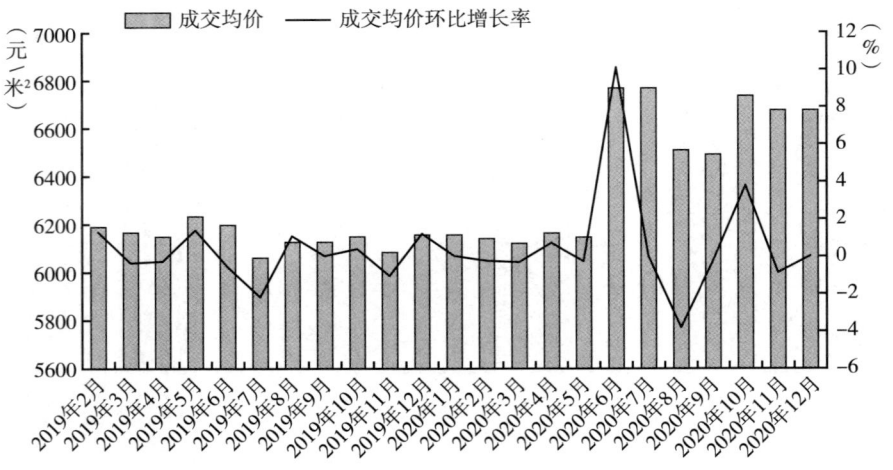

图 11　2019 年 2 月~2020 年 12 月安康市商品房成交均价变化

资料来源：中国房价行情网。

（三）整体供给端增速放缓，住宅供给持续增长

安康市 2019 年土地供应面积为 721.15 公顷，其中住宅用地供应面积为 100.21 公顷，相比上年增长 8.92%。2020 年土地供应面积为 574.71 公顷，住宅用地供应面积为 219.63 公顷，增幅高达 119.17%，住宅用地供应面积仍处于持续上涨阶段。

未来的土地供应总量将少有大幅增长，但安康市正处于城镇化高速发展阶段，城镇人口的集聚带来住宅市场供给端与需求端的持续增长。根据安康市"十四五"规划纲要，到 2025 年，全市常住人口城镇化率达到 56%，常住人口数量预计达到 270 万人，比 2020 年增加约 2.5 万人。因此，人口红利仍是推动安康房地产发展的主要因素之一。

疫情抑制购房需求，房地产市场供大于求。2020 年的安康楼市较为冷清，前三个月受疫情的影响，项目施工停滞不前，居民购房需求受到抑制，项目开盘去化一般。2020 年前 8 个月预售总套数约为 8400 套，总面积约为 106 万平方米；成交总套数约为 5600 套，总面积约为 72 万平米。当供求比等于1.2时，供需是平衡的，以当前的数值计算，供求比约为1.5，供给略大于需求。2020年9月末，商品房待售面积为24.18万平方米，增长18.1%，增速比1~8月提升1.1个百分点，比二季度提升1.6个百分点，供给与需求差距进一步拉大，截至12月末，全市商品房待售面积增长17.7%。

同时，安康房地产市场9~10月推出的刚需盘成交形势良好，中梁宸院、阳光尚都国庆期间成交50多套，天一城市之光成交90套，这些项目是刚需族平常最关注的项目。由此可见，无论市场行情如何，都不缺刚需。

四 商品房住宅市场未来趋势分析

（一）房地产供给趋势预测

2020年安康市土地计划供应总量有所降低，同时安康市新开工面积大幅下降，截至11月，住宅新开工面积下降38.6%。预计2021年安康市房地产竣工面积将继续下降。

截至2020年11月，安康市商品房销售面积超过竣工面积，说明安康市的商品房住宅剩余供给较少。综合上述分析，预测2021年安康市商品房住宅供给将有下滑趋势。

（二）房地产需求趋势预测

在城镇化推进的过程中，未来安康市商品房住宅市场将保持较快发展速度。安康市2019年全市常住人口城镇化率达到50.45%，较上年提高1.8个百分点。根据诺塞姆S形曲线，安康市已经进入城镇化加速发展的时期，安康市城镇人口的数量会继续增加，由此必然带来商品房住宅的刚性需求。

（三）房地产价格趋势预测

2018年第四季度安康住宅成交均价为6140元/米^2，2020年第四季度已攀升至6687元/米²。综观2018年第四季度至2020年第四季度住宅成交均价变化趋势，预计未来安康市住宅价格将有上升趋势。

收入水平的提高会拉升商品房住宅价格。2020年，安康市全体居民人均可支配收入同比增长6.2%；城镇居民人均可支配收入同比增长4.6%；乡村居民人均可支配收入同比增长7.8%。人均可支配收入的增加，会增强消费者的购买力，从而成为房价上涨的助推力。

"房住不炒"政策下商品房住宅价格将趋于稳定。中国共产党第十九届中央委员会第五次全体会议通过的《中共中央关于制定国民经济和社会发展第十四个五年规划和二〇三五年远景目标的建议》提出"坚持'房子是用来住的、不是用来炒'的定位，因地制宜、多策并举，促进房地产市场平稳健康发展"。未来五年，中国房地产市场调控政策整体仍将保持连续性和稳定性，整体楼市调控基调与近几年保持一致。

综合上述分析，预计2021年安康市商品房住宅市场的基调将依旧是"房住不炒和稳地价、稳房价、稳预期，避免房价大涨大跌"。随着疫情防控常态化后的经济复苏，安康市商品房住宅价格有稳定小幅增长的可能。

参考文献

安康市统计局、国家统计局安康调查队：《安康统计年鉴2020》，中国统计出版社，2020。

安康市人民政府：《三季度全市房地产开发和销售情况》，2020年11月。

安康市人民政府：《2019年安康市国民经济和社会发展统计公报》，2020年5月9日。

安康市统计局：《1~11月全市房地产开发投资增长8.0%》，2020年12月24日。

安康市住房和城乡建设局：《做好"六稳"工作 落实"六保"任务 我市房地产和建筑业全面进入"复苏季"》，2020年7月28日。

安康市住房和城乡建设局：《前11个月我市发放公积金贷款12.3亿元，超额完成23%》，2020年12月16日。

B.22
2019~2020年商洛市房地产业发展报告

谭静斌*

摘　要： 本报告首先对2019~2020年商洛市房地产业的开发情况、投资情况、销售情况以及房地产业对商洛市经济发展的影响进行了系统分析，然后运用供求理论分析商洛市房地产业发展的趋势，分析商洛房地产业在产业规模、供需结构以及区域差异方面存在的主要问题，最后提出相应的对策建议并对商洛市房地产业发展走势进行了预测。

关键词： 商洛市　房地产业　供需结构

截至2019年末，商洛市全市常住人口为237.91万人，比上年减少0.11万人；常住人口城镇化率为49.37%。商洛市2019年地区生产总值（GDP）为837.21亿元，比上年增长5.3%，人均GDP为3.53万元；财政总收入为39.14亿元，地方财政收入为20.96亿元，分别下降6.8%和4.0%。

总体来说，人口总数直接影响着房地产，而商洛市从2017年开始人口连续两年出现负增长，对于商洛市房地产发展是一个消极信号。但商洛市的城镇化水平低于全国平均值，说明人口向城市集聚的趋势强，商洛市的房地产市场仍有较大空间。同时，研究发现世界范围内宏观经济

---

* 谭静斌，长安大学建筑学院讲师，主要研究方向为城市公共政策等。

GDP 的速度与房地产业的发展存在对应关系，GDP 增长小于 4%，房地产业发展萎缩；GDP 增长 4%～5%，房地产业发展停滞甚至倒退；GDP 增长 5%～8%，房地产业稳定发展；GDP 增长大于 8%，房地产业高速发展；GDP 增长 10%～15%，房地产业飞速发展。商洛市 2019 年 GDP 增长率处于 5%～8% 区间，一定程度上也反映出商洛市房地产业的发展较为稳定。

一 房地产业发展现状

商洛市处于秦岭深处，地方经济发展受限，自 2008 年蓝商高速公路、2012 年沪陕高速西商段通车之后，经济持续发展，地方财政收入逐渐增加，人均收入持续提高，商洛的房价也随之逐渐变化：2008 年以前新建商品房不到 2000 元/米^2；2009～2013 年，高层住宅进入商洛市，房价稳步上升；2014 年底棚改政策火热进入市场，货币安置带动商洛市整体房价飙升至 4000 元/米^2 以上；2015～2017 年初商洛市房价进入正常理性状态，房价趋于稳定，涨幅空间极小，房价低于 5000 元/米^2。2017 年起随着商洛市经济的快速发展、城镇化进程的加快，商洛市房地产业也在蓬勃发展。2017 年下半年到 2018 年中期，房价持续上升，半年时间每平方米上涨 1000～1500 元。2019 年起，按照中央供给侧结构性改革要求，坚持"房住不炒"的定位，积极推进房地产市场综合调控，房地产投资较上年同期增长两成，全市房地产业运行良好。2020 年受新冠肺炎疫情影响，商洛市房地产业第一季度相关指标表现较差，但后期企业积极复工复产，2020 年全年商洛市房地产投资继续增长，房地产业发展形势向好。

（一）房地产企业情况

2019 年商洛市房地产企业数量为 45 家，资质均在二级以下，其中商南县纳统一家房地产企业，实现了房地产企业统计零的突破；当年共完成投资

27.38亿元，其中商品住宅投资19.21亿元。2020年商洛市房地产企业数量增加至52家，其中二级资质7家、三级资质7家、四级资质23家、暂定资质10家、其他资质5家。观察各县区房地产企业发现，商州区纳统16家企业，有18个项目，居全市首位，其余县区大多有五六家企业，分布不平衡。2020年商洛市房地产企业全年施工项目达48个，同比增长-5.88%，完成投资36.75亿元，同比增长34.2%，其中住宅投资28.2亿元，同比增长46.6%。

（二）房地产开发与投资情况

1. 土地供应情况

在房地产开发中，土地作为非常重要的投入要素和生产资料，对房地产业的发展起到了推动作用。合理规划土地和利用土地是调控房地产行业的重要举措。土地作为不可再生资源，其供给是相当有限的，对横跨秦岭山脉的商洛来说尤其如此。受地形条件制约，商洛市区建成区面积在陕西省11个省辖城市（含杨凌农业高新技术产业示范区）中位居末席，其下辖的各个县也都多山少平地，城市可开发建设用地十分有限。2018年以来，随着商洛市房地产业的蓬勃发展和房价上扬，商洛市的土地放出量逐渐增大，2019年全年政府出让土地153块，房地产企业土地购置面积为15.35万平方米；2020年全年政府出让土地163块，房地产企业土地购置面积为22.35万平方米，同比增长45.6%（见表1）。2020年商洛市的土地购置费同比增长4.92倍，充分显示市场回暖，房地产企业投资信心提振。

表1 2019～2020年商洛市房地产开发企业土地购置面积

单位：万平方米

	2019年	2020年
土地购置面积	15.35	22.35

资料来源：土地云网站，https://land.3fang.com。

在城市建设发展中，商洛市政府应重视保障低收入阶层的利益，合理规划建设用地，提高土地的利用效率，拓宽区域的城市建设用地，为不同收入人群提供多种形式的房屋供应（如廉租房、经济适用房、限价商品房等），以此解决低收入家庭住房问题。

2. 固定资产投资与房地产开发投资情况

2019年，商洛市全年完成固定资产投资435亿元，全社会固定资产投资下降2.0%。2020年受新冠肺炎疫情影响，商洛市全社会固定资产投资同比下降3.6%。2019年以来，商洛市固定资产投资的基数已达到较大规模，又有结构调整的迫切要求，投资体量逐年增大，再增长难度加大，投资下滑具有一定的必然性和合理性，投资低速增长的情况可能会持续。2019年和2020年商洛市房地产业投资在全社会固定资产投资中的占比分别为6.2%和8.8%，总体来说房地产投资总量占固定资产投资的比重很小，因此虽然自2019年起商洛市固定投资呈下降趋势，但是房地产投资由于房地产项目的持续增加仍然保持上涨态势。

2019年商洛市房地产投资27.38亿元，同比增长23.1%，从工程用途看，商业营业用房投资额为7.45亿元，其中办公楼投资额为1.21亿元；商品住宅投资额为19.21亿元，其中投资别墅、高档公园1.83亿元。2020年商洛市有资质的房地产开发企业投资36.75亿元，同比增长34.2%。受疫情影响，2020年1~2月、1~3月、1~4月商洛市房地产投资同比增长率为负值，且低于全省平均水平（见图1）。2019年商洛市房地产投资额在陕西省排名垫底，仅占全省比重的0.7%，2020年房地产投资同比增长率波动性大，以上都反映出商洛市房地产业规模较小、抵御风险能力较差，但是市场活跃度高、恢复能力较强。

观察商洛市各区县房地产开发投资情况，我们发现，2020年商州区房地产投资占全市房地产总投资的42%，同比增长17.4%（见表2）。商洛市投资占比较高的区县是商州区、山阳县及洛南县。商洛市房地产投资增长率较高的区县是柞水县、商南县、山阳县和洛南县，均高于全市平均水平。

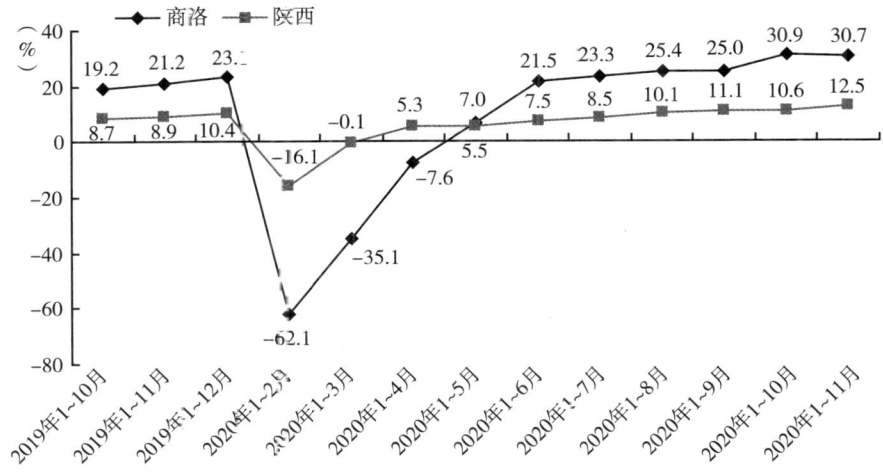

图 1　2019～2020 年商洛及陕西省房地产投资同比增长率走势

资料来源：陕西省统计局。

表 2　2019～2020 年商洛市及其区县房地产投资情况

单位：%

	2019 年		2020 年	
	房地产投资占比	房地产投资同比增长	房地产投资占比	房地产投资同比增长
商洛市	100	23.1	100	34.2
商州区	48	40.9	42	17.4
洛南县	11	48.7	12	36.1
丹凤县	9	56	7	13.0
商南县	2	—	4	130.6
山阳县	20	25	23	54.5
镇安县	7	-27.8	7	23.1
柞水县	2	-69.2	6	213.0

资料来源：商洛市统计局官网。

此外，随着碧桂园、蓝城等各大知名品牌于 2018 年入驻商洛，商洛市房地产市场产品类型逐渐丰富，投资力度也持续增大。总体来说，住宅投资仍为企业的投资重点，商洛市房地产投资持续保持较高增速，年度投资总量

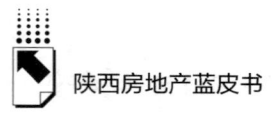

也持续增加，尤其是2020年柞水县、商南县等地重大项目进度的加快直接带动当地房地产投资高速增长。

3. 房地产房屋施工与竣工情况

2019年商洛市房屋施工面积为333.33万平方米，同比下降8.6%，其中住宅的施工面积为267.46万平方米，同比下降3%，占比为80.2%，仍占据主体地位。房屋新竣工面积为2.15万平方米，同比下降82.4%，其中住宅的竣工面积为0.18万平方米，同比下降98.5%。竣工房屋价值为0.51亿元，其中住宅竣工价值为0.03亿元。竣工房屋平均造价2383元/米^2，与上年持平；竣工住宅平均造价1450元/米^2，同比下降39.4%，说明2019年商洛市新建住宅以砖混结构的多层住宅为主。

（三）房地产销售情况

1. 商品房销售规模情况

2020年商洛市房地产销售面积为48.69万平方米，同比下降32.6%，增速比1~11月加快4.7个百分点，比全省平均增速高31.4个百分点。其中，住宅销售面积47.08万平方米，同比下降30.3%，增速比1~11月加快4个百分点。2020年商洛市商品房销售额为19.82亿元，同比下降27.5%。其中住宅的销售额为19亿元，仍是房屋销售的主体。总体来说，2020年商洛市房地产受疫情冲击较大，商品房销售面积和销售额同比分别减少23.59万平方米和7.51亿元，跌幅较大。但是分析2020年1~9月房地产主要指标，可以发现商洛市房地产已经复苏回暖，并有较强的上升势头。另外，近两年商洛市房地产仍以住宅销售为主，其他商品房销售份额较小。

2020年商洛市各区县商品房销售情况差异较大。从商品房销售面积和销售额来看，山阳县销售面积高居榜首，是第二名商州区的两倍多，洛南县位居第三，与商州区差距不大；商南县销售面积较少，为17499平方米。山阳县、商州区、洛南县销售额较高，分别为49478万元、42382万元、32536万元；商南县销售额较低，为9375万元。而从商品房销售面积和销售额的增速来看，2020 年仅有柞水县、商南县和山阳县的商品房销售面积为正向增长，分别同比增长 1503.9%、136.5%、10.6%，反映这三县房地产市场刚需占比较大，供不应求。商品房销售额正向增长的县区为柞水县、商南县、镇安县、洛南县和山阳县，分别同比增长 2485.4%、153.4%、7.2%、0.6%、0.6%，反映各区县房价变化差异明显。其中柞水县商品房销售额增率是销售面积增率的 1.65 倍，说明其年度房价涨幅最大（见表3）。

表3　2020 年商洛市及其区县商品房销售面积和销售额

	商品房销售面积（平方米）	增速（%）	商品房销售额（万元）	增速（%）
商洛市	486916	-32.6	198207	-27.5
商州区	80240	-76.5	42382	-69.6
洛南县	77840	-2.9	32536	0.6
丹凤县	34793	-46.3	16265	-27.6
商南县	17499	136.5	9375	153.4
山阳县	166623	10.6	49478	0.6
镇安县	59597	-20.9	27100	7.2
柞水县	50524	1503.9	21071	2485.4

资料来源：商洛市统计局官网。

2. 商品房待售情况

自 2018 年碧桂园、蓝城等一线房地产企业入驻商洛，商洛市房地产市场发展势头良好，商品房销售稳定增长。2019 年商洛市商品房待售面积为 12.35 万平方米，同比下降 40.3%；2020 年商洛市商品房待售面积为 9.4 万平方米，同比下降 23.9%。近两年，商洛市商品房待售面积持续下降。

3. 商品房价格情况

知名房地产企业进驻商洛，既为商洛市房地产市场增添了活力，也大幅提升了商洛的楼盘品质，带动了商洛市楼市质量整体水平的提升和房价的上涨。同时，购房者对知名开发商品牌的信赖度较高，且有较强的改善住房意愿，愿意用较高的价格换取高质量的产品，市场楼盘品质被逐渐拉高，带动房价的持续攀升。

商洛市商品房价格从2019年第三季度起持续攀升，2019年12月达到5073元/米²；受疫情影响，2020年2月房价降到最低点；2020年3～4月由于企业积极复工复产，房价大幅攀升至5499元/米²；2020年5～12月房价小幅震荡；2020年12月房价达到5563元/米²，较2019年12月增长490元/米²，环比增长5.38%，同比增长9.66%（见图2）。

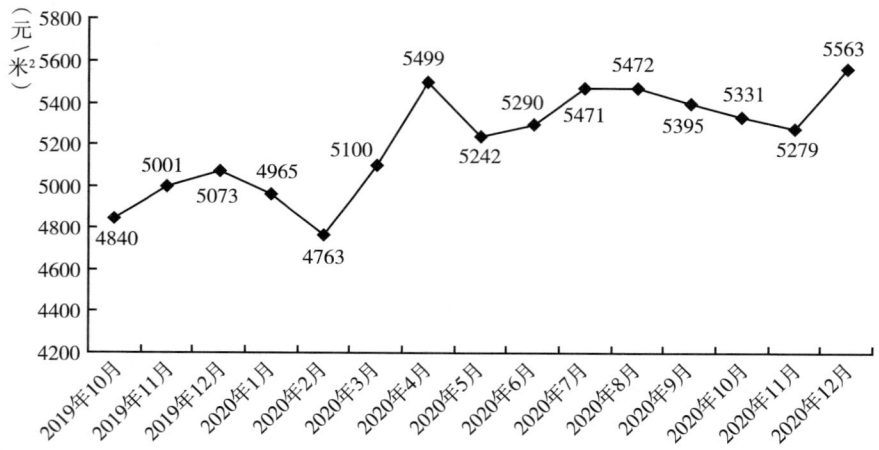

图2　2019年10月～2020年12月商洛市房地产成交均价

资料来源：中国房价行情网，http://sl.cityhouse.cn/market/ALL/。

（四）房地产与社会经济的关系分析

1. 房地产对经济增长的贡献

受疫情冲击，2020年商洛市地区生产总值较上年下降11.68%，但是政府全面推动经济恢复增长，全市经济总体呈现降幅收窄、企稳向好的积极态势。2020年商洛市地区生产总值为739.46亿元，其中，第一产业产值为120.83亿元，同比增长16.9%；第二产业产值为286.45亿元，同比下降24.0%；第三产业产值为332.18亿元，同比下降6.9%。2020年商洛市房屋销售额为19.82亿元,同比下降27.5%;销售面积为48.69万平方米,同比下降32.6%,但房地产业全年完成投资36.75亿元,同比增长34.2%,贡献了4.96%的地区生产总值。2020年商洛市房地产投资逆势增长,不仅有效缓解疫情对商洛市经济发展的冲击,促进商洛市经济增长,还为商洛市经济带来了活力。而商洛市经济的逐渐复苏也推动了房地产的发展。

2. 房地产对城镇就业的贡献

商洛市房地产业相关产业主要由建筑安装、装饰装潢、工程监理、财务、房地产中介、物业管理、劳务服务、网络信息、餐饮娱乐、广告营销等组成,为当地提供了多种类就业岗位。2019年商洛市建筑业从业人员有54855人,工资总额23.13亿元,其中房屋建筑业从业人员49735人;房地产业从业人员2023人,工资总额0.76亿元,其中房地产开发经营1319人、物业管理338人、房地产中介71人、房地产租赁经营295人。

3. 保障房建设对区域经济的拉动作用

商洛市自2011年开始进行保障房建设,现已形成了以公租房(廉租房)、经济适用房、限价商品房和低收入棚改安置房"四房一体"为主的住房保障供应体系。截至2019年底,商洛全市累计建设各类保障性住房7.78万套,分配入住7.65万套,发放住房租赁补贴0.87万户,共有城镇居民住房困难家庭8.52万户约28.8万人的住房条件得到改善,住房保障覆盖面达到24%,其中主城区住房保障覆盖面达到25.72%。商洛市连续6年荣获省政府表彰,商南县、山阳县和丹凤县先后被评为全省保障房建设"十佳县"。

商洛市将保障房建设与城市棚户区改造、教育"校安"工程和卫生"安心"工程相结合,由零星建设向集中建设发展,将多层建设和高层建设相结合,采用共同发展模式,提高土地利用效率,有效缓解资金压力。截至2019年底,全市建成住房1000套以上的保障房小区达12个,住房共32934套,占保障房小区总套数的80.8%。

商洛市保障性安居工程建设和城市配套设施建设,提高地方人口就业率,有力推进商洛市城镇化进程并拉动地方经济,促进全市经济社会健康发展；解决全市约 8 万余户中低偏下收入家庭的住房困难，化解低收入人群"住房难"的社会矛盾，同时，积极抑制商洛商品房价格过快增长，促进商洛房地产市场平稳健康发展。

二 商洛市房地产业发展特征

（一）供给特征

1. 房企数量增加，投资加大

随着商洛市交通条件的进一步改善，商洛市政府招商引资力度不断加大，大牌开发商纷纷入驻商洛。2020 年底商洛市房地产企业已增加至 52 家，房地产全年开发投资同比增长 34.2%，房企投资热情高涨。

2. 住房供给类型多样化

2020 年商洛市商品房销售面积为 48.69 万平方米，其中住宅销售面积 47.08 万平方米。从住宅的销售面积来看，50～90（含）平方米以下普通住宅销售面积为 6.87 万平方米，90～140（含）平方米的普通住宅销售面积为 26.08 万平方米，140～200（含）平方米的普通住宅销售面积为 13.15 万平方米，200～250（含）平方米以上的普通住宅销售面积为 0.97 万平方米（见图 3）。从产品属性来看，东方威尼斯水城 9 号公馆精心建设江景高层，地建嘉信·江山臻境打造商洛首席低密度精装洋房典范社区，碧桂园翡翠滨江致力打造低密度景观大宅等。总体来说，商洛市房地产供给以三室两厅和四室两厅的中户型电梯房为主，产品类型逐渐丰富，中高品质产品逐年增多。

3. 住房供给集中度高

受交通区位、投资环境、生态环境、教育医疗资源等因素影响，2020 年商洛市房地产投资四成以上在商州区，且商州区商品房销售较好，房屋供给占全市七成以上；山阳县和洛南县作为商洛热门投资区域，其投资占比与房屋供给占比差距较大；丹凤县、柞水县、镇安县和商南县的投资占比与房屋供给占比相对一致（见图 4）。

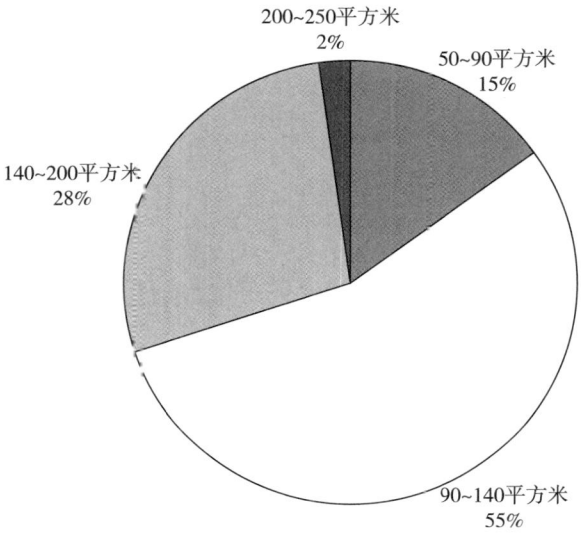

图 3　2020 年商洛市销售商品房面积结构

资料来源：中国房价行情网，http://sl.cityhouse.cn/market/ALL/。

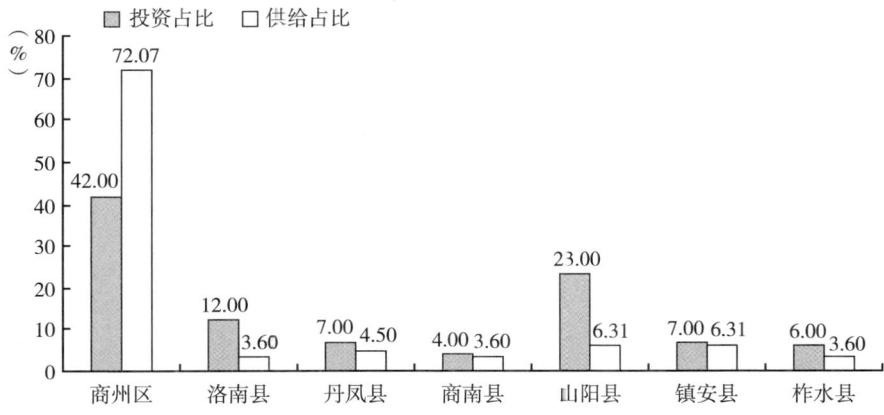

图 4　2020 年商洛市各区县房地产投资占比及供给占比

资料来源：中国房价行情网，http://sl.cityhouse.cn/market/ALL/。

（二）需求特征

1. 购房需求的释放程度较低

2019年商洛市商品房销售面积为72.28万平方米，人均销售面积为0.30平方米。目前商品房人均销售面积全国标准为1平方米，商洛市从2015～2019年连续五年人均销售面积远低于1平方米（见表4），这充分说明商洛市购房需求一直没有得到有力释放，也说明房企更有机会进入商洛市以释放需求。

表4 2015～2019年商洛市商品房人均销售面积

年份	商品房销售面积 （万平方米）	常住人口 （万人）	人均销售面积 （平方米）
2015	76.72	235.74	0.33
2016	72.69	237.17	0.31
2017	73.87	238.13	0.31
2018	75.13	238.02	0.32
2019	72.28	237.91	0.30

资料来源：商洛市统计局官网。

2. 改善性住房需求增加

商洛市经济的迅速发展和城镇化进程的加快，也带动了收入水平的不断提高，2019年商洛市城镇居民人均可支配收入为25503元，同比增长8.6%；房地产市场也正在向追求高品质过渡，改善性住房需求增加。近年来的旧城区改造、房屋拆迁工作也拉动了商洛房地产市场的刚性住房需求。

通过问卷调研可知，2019年底商洛市商州区半数以上市民有购房意愿，其中无房刚需占25%，一套房的占37.5%，三套房的占25%；75%的有房者购房用于自主改善，多选择面积120平方米左右的中户型。碧桂园等知名品牌开发的高档小区满足了该部分需求，部分地段的高价楼盘出现一房难求的现象。

改善后退出的旧房75%用于出租，25%用于出售。从中介调查情况看，70%的刚需购买首套房选择二手房，这是因为刚需集中在农民工及从农村出来的大中专毕业生。总的来说，商洛房地产市场不限购不限售，也没有价格备案，各项政策比较合理。目前市场价格平稳，供求矛盾不突出。

3. 投资购房需求初现

从 2018 年西安出台《关于进一步规范我市住房交易秩序有关问题的通知》，到 2020 年 12 月 1 日西安市住建局发布《关于进一步加强房地产市场调控的通知》，西安市逐步加强房地产市场监管，通过加强商品房预售管理、规范商品住房开盘销售行为、加强公证摇号售房管理、提高二套房首付比例等方式，抑制高陵、鄠邑、西咸新区等区域投资投机行为，市场需求不断由西安市转向周边城市，对商洛市房地产业发展有一定推动作用，这在柞水县表现得最为突出。2020 年柞水县房价每平方米上涨 1412 元，同比增加 38.83%。

（三）价格特征

1. 各区县房价变化差异大

2020 年全年商洛市各区县房价变化呈现较大差异，位于西安一小时经济圈内的柞水县房价与商州区比肩，都超过 5000 元/米^2，洛南县、商南县、山阳县和镇安县房价为 4000～5000 元/米^2，只有丹凤县房价低于 4000 元/米^2。受到西安楼市政策和"生态秦岭"建设的双重影响，柞水县全年房价增幅最大，每平方米上涨 1412 元，同比增加 38.83%。仅有洛南县房价出现负增长，同比下降 6.03%。

2. 区县房价交通区位敏感度高

2020 年商洛市各区县房价与其交通区位呈现较强正相关性。商州区作为商洛市政府驻地，交通条件优越，配套设施齐全，房价最高。柞水县是六区县中距离西安最近的县，处在西安一小时经济圈范围内，房价受到西安辐射影响最大，房价位列第二。镇安县位于西安市两小时交通圈边缘；山阳县和商南县虽然距离西安较远，但是 2020 年西十高铁项目获批复，从西安至鄂西乘高铁只需 40 分钟。山阳县设有山阳站，商南县距鄂西站车程在 1 小时左右，也就是说西十高铁通车后，山阳县和商南县也将进入西安市两小时交通圈内，因此三县房价比较接近，处于商洛市房价中间水平。洛南县和丹

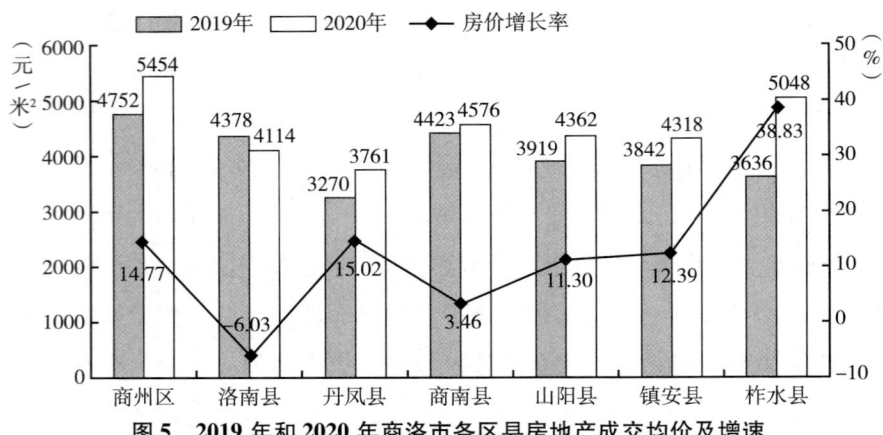

图5　2019年和2020年商洛市各区县房地产成交均价及增速

资料来源：中国房价行情网，http://sl.cityhouse.cn/market/ALL/。

凤县都是既不在西安市两小时交通圈，也不在十堰市两小时交通圈，对外交通条件较差，房价为商洛市房价的低位水平。洛南县房价高于丹凤县，也反映了两县与西安的距离远近关系（见图6）。

图6　2020年商洛市各区县房价与交通区位相关度分析

图片来源：作者自绘。

三 房地产发展存在的问题

(一)房地产业规模偏小，抗风险能力弱

商洛市房地产业规模小，抗风险能力弱，主要体现在以下两个方面。首先，房地产企业数量少，资质低，且分布不平衡。受地理环境和经济发展所限，商洛市房地产企业和项目数量一直偏少。截至2020年12月底，全市纳统房地产企业有52家，纳统项目有48个。其中，商州区纳统企业16家，纳统项目18个，居全市首位；商南县2019年才纳统一家房地产企业，实现房地产统计零突破；其余县纳统企业大多为五六家，且分布不平衡。虽然近年来商洛市房地产业规模越来越大，但与外地房地产企业相比，商洛市房地产企业实力还是较弱，企业等级资质偏低，均在二级以下。其次，近两年商洛的房地产投资增速较高，但是总量不大。2020年房地产企业完成投资同比增长34.2%，但是总量才36.75亿元，占固定资产投资的比重很小，对地区生产总值影响有限，且2020年商洛市房地产投资同比增长率受疫情影响波动巨大，远高于全省水平，表明商洛市房地产业抗风险能力不足。

(二)房地产供需结构不合理

调研发现，商洛市开发企业普遍认为市场供求平衡，而消费者和中介机构几乎全部认为供大于求，其主要原因就是供给需求层次错位导致房屋供需结构不合理。从房地产的供给来看，低投入、低价位的中小户供应总量不足，而高价位大面积住房占比过高，如2020年商洛市90（含）平方米以下普通住宅销售面积只占总销售面积的14.6%，144平方米以上住宅销售面积占总销售面积的30%，齐占了有限的土地资源，在一定程度上加剧了土地市场的竞争和房地产价格上涨。从居民收入看，商洛市中低收入家庭占多数，但房屋供给结构中，中低价位住宅供应比例偏低且中小户型比例偏低，致使中低收入家庭购房难度较大。

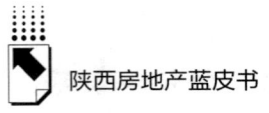

（三）房地产投资在各县区有明显的差异

受交通区位、投资环境、生态环境、教育医疗资源等因素影响，商洛市各县区对房地产投资和项目的吸引力有较大差异，因此各区县房地产业的发展情况也有所不同。2020年，商洛市房地产开发投资主要集中在商州区、山阳县和洛南县，商南县投资较少。房地产的开发面积、销售面积和销售额的数据显示，各区县的差异十分明显，如山阳县商品房销售面积较大，占全市总销售面积的34.2%，而商南县仅占3.59%。区域经济发展特征以及房地产市场的作用形成了房地产市场的区域差异，因此商洛市房地产市场要健康发展，需要重点考虑各区县房地产发展水平差异特征。

（四）物业管理制度不健全

中国物业管理的法规与行业发展的协调性差，目前尚未建立一套健全的物业管理法律法规。制度的不健全使物业管理工作中遇到的一些问题无法得到科学高效的解决。截至2019年底，商洛市有物业管理企业14家，主要承担高档小区和成熟小区的物业管理，部分管理企业对从业人员进行了相应的业务培训。从现场调研结果可知，商洛市房地产企业开发的住宅小区，其物业管理较大多数由开发商承担，开发商与业主之间矛盾突出，造成物业管理混乱。此外，很多住宅的产权划分不够清楚，物业管理单位自身的权责也不够清晰，物业管理收费也没有统一的标准，这大大增加了物业管理工作的难度。还有，各区县老城区的部分小区因前期规划落后、自然社会经济条件有限，造成建筑零星插建，难以达到专业物业管理承接的管理区域规模。物业管理市场还存在个别业主享受公共服务却不履行个体义务的情况，业主日益增长的需求与有限服务相矛盾这一问题也逐渐突出。以上问题都导致商洛市全市住房物业管理滞后，短期内难以规模化运作。

四 2021年房地产发展趋势预测

2020年是"十三五"收官之年,受新冠肺炎疫情影响,商洛市内部经济承压,外部环境不确定性增加,经济面临巨大下行压力。但商洛市房地产业持续发展,房地产投资火热,实现高速增长;开发资金总体放松,资金增速有所提升;商品房销售面积缩减,房价仍持续增长。2020年商洛市全年生产总值居全省第九位,房价却高居第五位,比宝鸡市房价还要高,究其原因有两方面。一方面商洛市土地供应量较小导致地价偏高,且山区建筑工程造价要高于平原城市;另一方面各大知名品牌营销方式、产品属性多样化,如东方威尼斯水城9号公馆的江景高层等,为房地产市场增添了不少活力。

2020年11月发布的《中共中央关于制定国民经济和社会发展第十四个五年规划和二〇三五年远景目标的建议》对房地产调控政策的表述为"坚持'房子是用来住的,不是用来炒的'定位,租购并举、因城施策,促进房地产市场平稳健康发展。有效增加保障性住房供给,完善土地出让收入分配机制,探索支持利用集体建设用地按照规划建设租赁住房,完善长租房政策,扩大保障性租赁住房供给"。受国家调控策略的影响,商洛市住房逐步回归居住属性,同时由于自2015年起商洛市的购房需求就未得到有效释放,2019~2020年商洛市商品房待售面积也持续下降,预计2021年商洛市房地产市场总体供需平衡,仍保有较大的购房需求潜力,房价也将保持稳中有升的态势。

自2019年起碧桂园等知名品牌在商洛开发的高价楼盘频现一房难求现象,商洛市房地产市场的改善性住房需求日益增强,预计2021年商洛市高品质、改善型住房的开发市场前景光明,将充分带动商洛楼市的活跃度攀升,使增值空间日益凸显。

此外,商洛市住房供给集中度高的情况将有所改变。2020年商洛市房地产投资加大对商州区以外区县的投入,其中山阳县和洛南县成为商洛的

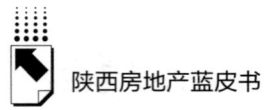

热门投资区域，预测2021年后这两个县的房屋供给量将大幅上升，丹凤县、柞水县、镇安县和商南县的房屋供给量也将随着投资增加而有所增长。

五 房地产发展对策

本文结合商洛市房地产业的现有问题和发展趋势，以"坚持'房住不炒'定位，促进房地产市场平稳健康发展"为目标，从提升企业运营能力、调整住房供应结构、改善市场交易环境和加强住宅物业管理四个方面为商洛市未来房地产发展提出以下对策。

（一）提升房企运营能力，走长期化发展道路

由于商洛市房地产企业数量少、资质低，且抗风险能力弱，目前商洛房地产市场形势依然严峻。随着"三道红线"和贷款集中度管理等供给端调控措施的进一步升级，房地产行业发展由杠杆驱动转为运营驱动，因此，商洛市房地产企业应当将工作重点由土地和杠杆等外部因素转向运营等内在实力，通过职能部门优化、部门间协同运作、大运营管理等多种举措，辅以激励机制和组织架构改革，推动产品力加强、服务品质提升、成本有效控制、周转效率加快，确保房企获得长远、稳定发展的必要条件。此外，碧桂园等资本雄厚的房地产企业抗风险能力比较强，可以强力引导一些资金、人员、库存消化困难的当地小企业积极和品牌大企业联合重组，盘活一些房地产项目，这将对房地产市场产生积极的影响。

商洛市政府也应当积极与企业沟通，进一步加大现场检查力度，及时解决企业提出的问题。严格执行商品房销售管理办法和经济适用住房价格管理办法，禁止期房转让行为。推行实名制购房和销售合同网络备案制。进一步强化房地产开发经营行业管理，及时受理查处群众举报反映的违规开发经营行为，对涉及企业不良信誉的问题及时给予记录、曝光。

（二）加强宏观规划调控，调整住房供应结构

在国土空间规划的指导下，商洛市自然资源局应逐步调整城市建设用地布局、规模和比例，提高房地产开发用地比例，特别是逐步扩大经济适用住房建设用地规模；结合目前商洛城市住房建设总量、开工面积、竣工面积以及完成投资等目标任务，优化配置各年度的商品住房和经济适用住房占住房建设总量的比重，并明确经济适用住房建设标准、供应对象、资格审定、房屋售价测算、各职级干部享受的面积标准等相关规定。同时，常态化调整中低收入家庭的界定标准，常态化调查统计最低收入家庭状况，合理分配移民安置房、商品房、限价房和公租房。

积极应对居民对改善型住房需求的大幅上升态势。一代户和二代户是商洛市家庭的主要居住形态，且大多购房者选择二居室和三居室住房。随着"三孩政策"的实施，家庭人口的增加，改善型住房需求将会增加，可在加快建设普通商品房和保障性住房的同时，为消费者提供多样化产品，如"四室两厅"等户型。同时完善小区周边购物、学校以及医院等配套设施，满足生活需要。

由于商洛市城市可建设用地规模有限，以及房地产开发受秦岭山地生态保护的制约，建议对商洛市内的老旧小区进行改造提升，以盘活存量、节约土地，而新房设计考虑刚需、改善型等需求结构。

（三）拓宽企业融资渠道，完善市场交易制度

2020年商洛市房地产实际到位资金为35.02亿元，同比增长22.4%。商洛市房地产企业投资主要来自企业自筹、购房者的定金及预付款、个人按揭贷款、银行贷款等渠道。由于企业向银行部门贷款申请门槛过高、放贷速度慢、贷款额度低等，银行贷款筹资模式无法满足企业的需求，企业更倾向于选择自筹资金及利用购房者的定金及预付款方式进行融资。融资渠道狭窄，抑制了房地产企业的进一步发展。政府和企业可以增加和扩大发债、私募、信托等多种融资渠道，努力提高房地产企业自有资金的生成能力。同时

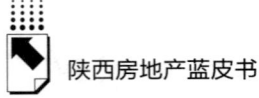

房地产企业应多与融资机构建立良好合作关系,从而优化房地产投资的融资渠道,促进房地产投资朝稳定有序的方向发展。建立健全房地产评估、房产保险等有效中介机构,促进市场交易环境不断优化,从而保证房地产业持续稳定健康发展。

(四)注重物业人员培训,加强住宅物业管理

2017年《商洛市住宅物业管理条例》的实施,对规范商洛物业服务经营活动起到了一定的监督管理作用,但仍未能从根本上解决当前物业管理中存在的突出问题。要妥善处理物业管理问题,可以从以下三个方面入手。第一,企业要重视物业管理方面法律法规的制定,探索物业企业管理办法,鼓励物业企业着眼长远,防止出现"竭泽而渔"现象,以保证企业的良性发展;在确定物业管理费标准时,必须按照相关法律规定科学地确定,将业主拒交物业管理费现象发生的可能性降到最低。第二,定期组织对物业管理人员的培训,使其能掌握最先进的物业管理理念,提高物业管理人员的专业能力。第三,在物业管理工作中要善于引入先进科技,通过现代高科技管理方式为业主提供更好的服务,促进物业管理工作的规范化,实现简捷、高效的物业管理目标。

参考文献

商洛市统计局:《商洛统计年鉴2019》,中国统计出版社,2020。
商洛市统计局:《2019年商洛市国民经济和社会发展统计公报》,http://www.shangluo.gov.cn/info/egovinfo/zwgk/zwgk-nry/01606072-9-03_F/2020-0616002.htm。
陕西省人民政府:《2020年全省国民经济运行情况》,http://www.shaanxi.gov.cn/zfxxgk/fdzdgknr/tjxx/tjgb_240/xygb/202101/t20210120_2149875.html。
陕西省统计局:《1~10月全省房地产开发速度略有放缓》,http://tjj.shaanxi.gov.cn/tjsj/tjxx/qs/202012/t20201208_2135302.html。
商洛市人民政府:《2020年商洛市自然资源工作十大亮点盘点》,http://www.shangluo.gov.cn/info/1056/93923.htm。

商洛市统计局:《2020年商洛经济运行情况分析和2021年预判》,http://tjj.shangluo.gov.cn/index/ShowArticle.asp?ArticleID=4111。

商洛市统计局:《2020年1~12月商洛房地产简析》,http://tjj.shangluo.gov.cn/index/ShowArticle.asp?ArticleID=4103。

商洛市统计局:《2019年我市房地产运行情况良好》,http://tjj.shangluo.gov.cn/index/ShowArticle.asp?ArticleID=3711。

商洛市统计局:《统计月报》,2019年10月~2020年12月。

B.23
2019~2020年延安市房地产业发展报告

李云璋 周旭 赵建军*

摘　要： 本文对2019~2020年延安房地产业发展现状进行了分析，从房地产企业状况、房地产从业人员状况、房地产开发与投资情况、房地产销售状况、房地产开发用地情况等五个方面，对2020年延安房地产市场及其特征做了总结，介绍了延安市保障房建设和老旧小区改造情况，探讨了目前延安市房地产市场存在的问题，并提出了相应的对策。最后对2021年延安市房地产市场供求关系与价格趋势进行了预测。

关键词： 延安市　房地产业　商品房

一　延安市房地产业发展现状

2020年初受新冠肺炎疫情影响，延安市房地产市场投资呈现断崖式下跌，之后逐月稳步回升。主要是延安万达文化旅游小镇、治平锦阳小区和安塞区郝家园一期等一批大项目的强力推进，带动了全市房地产开发投资降幅持续收窄。

---

* 李云璋，西安财经大学管理学院讲师，主要研究方向为工程项目管理；周旭，西安财经大学管理学院副教授、陕西房地产研究会副会长，主要研究方向为房地产经济学、工程项目管理；赵建军，延安市南泥湾开发区管理委员会工程师，主要研究方向为宏观经济。

（一）房地产企业状况

2019年，延安市有房地产开发企业139家，比2018年多10家。截至2020年11月，延安市共有房地产开发企业135家，占全省的5.11%，较2019年减少4家。延安房地产开发企业整体竞争力比2019年有所下降。

（二）房地产业从业人员状况

据延安市统计局数据，2019年延安市房地产业（房地产开发、物业管理、房地产中介服务等行业）年末从业人员有7718人，同比增长38.6%；从业人员工资总额为4.15亿元，同比增长83.6%。其中，房地产开发企业年末从业人员为3569人，比2018年减少3.54%；从业人员工资总额为2.38亿元，同比增长37.6%。

（三）房地产开发与投资情况

1. 固定资产投资与房地产开发投资

近几年延安房地产开发投资一直处于比较稳定的增长态势。2019年延安市全年累计完成全社会固定资产投资1106.35亿元，同比增加1.1%，其中，房地产开发投资为156.26亿元，同比增加19.13%，占固定资产投资的14.12%。

根据表1数据，2015～2019年延安市房地产开发投资共480.19亿元，年均投资96.04亿元，极大地推动了延安城市化进程，有力拉动了投资和消费，成为延安经济发展的重要力量。2018年、2019年为延安房地产开发黄金期，年度投资规模保持在100亿元以上，但2019年投资增速有所下降。

表1 2015～2019年延安市固定资产投资与房地产开发投资

单位：亿元，%

年份	固定资产投资	同比增长	房地产开发投资	同比增长	房地产投资比重
2015	1637.17	6.2	50.98	91.22	3.11
2016	1359.23	-16.97	77.84	52.69	5.73
2017	1283.65	-5.57	63.94	-17.86	4.98

续表

年份	固定资产投资	同比增长	房地产开发投资	同比增长	房地产投资比重
2018	1094.31	-14.75	131.17	105.15	11.99
2019	1106.35	1.1	156.26	19.13	14.12

资料来源：《延安统计年鉴2019》。

2020年1~11月延安市房地产开发投资较2019年总体有所回落。截至2020年10月，延安房地产开发投资累计完成129.75亿元，同比下降6.5%，占全省比重为3.7%，位列全省第七。从图1可以看出，2020年延安市房地产开发投资降幅较大，2月降幅全年最大，为83.8%，3月短暂增长至24.1%后又开始回落，6月降幅为44.4%，之后降幅持续收窄，但仍远低于全省平均水平。

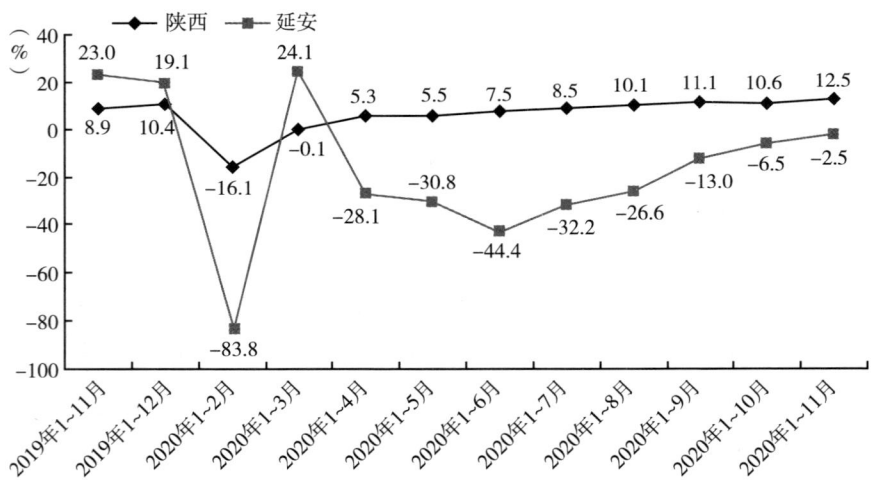

图1　2019年11月~2020年11月延安及陕西省
房地产开发投资同比增长率走势

资料来源：陕西省统计局。

2. 施工面积

统计数据显示，2020年延安市房地产开发施工面积总体呈回落趋势。

截至2020年11月延安房屋施工面积达到1009.11万平方米,同比减少20.4%,其中住宅面积达到606.65万平方米,同比减少22.4%。具体数据如表2所示。

2019年11~12月,房地产开发施工面积呈增长态势,截至2019年12月,房屋施工面积达1270.75万平方米,同比增长22.5%,其中住宅面积也增长到最大值,达784.69万平方米,同比增长23.5%。之后受新冠肺炎疫情影响,两者都开始下降,到2020年7月房屋施工面积同比降幅达到28.1%,住宅面积同比降幅达到30.7%,之后房屋施工面积、住宅面积同比降幅呈收窄趋势。

表2 2019年11月~2020年11月延安市房地产开发施工面积

指标	2019年1~11月	2019年1~12月	2020年1~2月	2020年1~3月	2020年1~4月	2020年1~5月
房屋施工面积(万平方米)	1267.22	1270.75	797.41	820.73	856.03	880.54
房屋施工面积同比增长(%)	21.3	22.5	-16.7	-19.1	-24.6	-24.3
住宅施工面积(万平方米)	781.96	784.69	468.97	484.10	502.78	526.41
住宅施工面积同比增长(%)	21.6	23.5	-20.7	-24.7	-28.7	-26.2
指标	2020年1~6月	2020年1~7月	2020年1~8月	2020年1~9月	2020年1~10月	2020年1~11月
房屋施工面积(万平方米)	888.14	897.62	938.88	929.70	939.11	1009.11
房屋施工面积同比增长(%)	-26.1	-28.1	-25.0	-26.2	-25.7	-20.4
住宅施工面积(万平方米)	529.72	532.57	564.54	556.04	564.74	606.65
住宅施工面积同比增长(%)	-28.4	-30.7	-26.7	-28.5	-27.6	-22.4

资料来源:根据延安市统计局2019年11月~2020年11月固定资产投资月度数据整理。

3. 竣工面积

统计数据显示,受疫情影响,2020年1~3月延安房地产开发房屋竣工面积和住宅竣工面积均大幅回落,其余月份呈现稳定的上升趋势,其中,房屋竣工面积较住宅竣工面积增长的幅度更大些,随着竣工面积的增加,期房的销售比重下降,现房销售比重上升,具体数据如表3所示。

表3 2019年11月~2020年11月延安市房地产开发房屋和住宅竣工面积

指　标	2019年1~11月	2019年1~12月	2020年1~2月	2020年1~3月	2020年1~4月	2020年1~5月
房屋竣工面积(万平方米)	78.89	78.89	—	16.92	43.45	73.66
同比增长(%)	242.8	242.8	-100	-20.4	30.0	120.4
住宅竣工面积(万平方米)	47.98	47.98	—	—	21.21	34.91
同比增长(%)	438.2	438.2	-100	-100	-19.4	32.6
指　标	2020年1~6月	2020年1~7月	2020年1~8月	2020年1~9月	2020年1~10月	2020年1~11月
房屋竣工面积(万平方米)	79.54	82.18	91.18	93.76	113.59	156.33
同比增长(%)	42.2	28.7	25.6	29.2	44.0	98.2
住宅竣工面积(万平方米)	40.79	43.02	48.06	48.34	61.34	95.14
同比增长(%)	6.4	-1.9	9.6	10.2	27.9	98.3

资料来源：根据延安市统计局2019年11月~2020年11月固定资产投资月度数据整理。

（四）房地产销售状况

延安商品房销售在2017年实现了规模、总量大幅提升之后，2018年总体有较大幅度的回落，2019年又稳步回升。统计数据显示（见表4），在商品房的开发投资额和销售额中住宅占有绝对大的比重，商业、办公等其他房地产开发量较低，房地产开发种类逐渐呈现单一模式，房地产市场结构的合理性亟待加强。

1. 销售额

2017~2019年，商品房销售额总体持续增长。从表4可以看出，2017年同比增长127.81%，增速显著；2018年同比增长4.84%，增速明显放缓；2019年较2018年增长37.79亿元，同比增长70.41%，增速扩大显著。

表4 2017~2019年延安市房地产销售情况

指标	2017年		2018年		2019年	
	绝对量	同比增长（%）	绝对量	同比增长（%）	绝对量	同比增长（%）
商品房销售额（亿元）	51.15	127.81	53.67	4.84	91.46	70.41
住宅销售额（亿元）	42.71	106.03	50.44	18.10	79.06	56.74

资料来源：根据《延安统计年鉴2019》数据整理。

2. 销售面积

截至2020年11月，延安市商品房销售面积累计达133.35万平方米，同比增长9.7%，较2019年同期的121.55万平方米增加了11.8万平方米，其中住宅销售面积124.98万平方米，较2019年同期的113.97万平方米增加了11.01万平方米，同比增长了9.7%。从各月累计数据中还可以看出住宅销售面积占同期房屋销售面积的92%以上，如图2所示。

2019年，延安市商品房销售总体呈现较稳定的增长趋势，2020年受新冠肺炎疫情的影响，加上房地产开发投资规模持续缩小，商品房销售面积下滑较大，房屋和住宅销售面积同比增长情况如表5所示。房屋销售面积在2020年1月同比增速为-71.2%，随后降幅收窄，在2020年8月同比增长扭负为正，房屋销售面积和住宅销售面积两者同比增速分别为0.8%和1.9%，之后在9月~10月同比增速回落，但环比增速呈现逐月回升的趋势，在11月房屋销售面积和住宅销售面积两者同比增长均达到9.7%，达到全年峰值。

3. 销售价格

从延安市来看，2019~2020年延安商品房的销售价格一直呈波浪式上升趋势（见图3），均价从2019年11月的6375元/米^2，回落到2019年12月的低谷5900元/米^2，从2020年1月起又一路稳步回升，到6月增到峰值8029元/米^2，是年初的1.27倍，7月有些波动，8~11月又开始增长，11月均价为7632元/米^2。

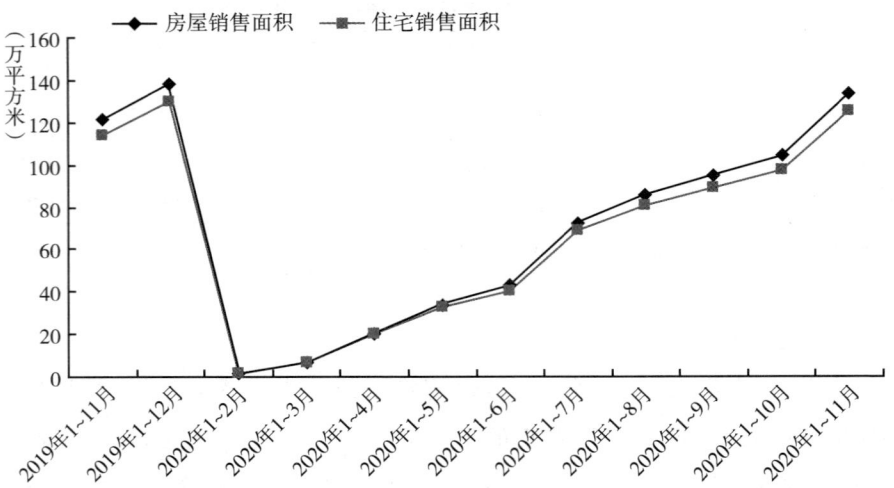

图 2　2019 年 11 月~2020 年 11 月延安市房地产开发房屋和住宅销售面积情况

资料来源：陕西省统计局、延安市统计局统计快报数据。

表 5　延安市 2019 年~2020 年房屋和住宅销售面积同比增长情况

指标	2019 年		2020 年									
	1~11月	1~12月	1~2月	1~3月	1~4月	1~5月	1~6月	1~7月	1~8月	1~9月	1~10月	1~11月
房屋销售面积同比增长（%）	38.0	49.0	-71.2	-55.0	-32.5	-31.6	-28.5	-1.4	0.8	-4.8	-7.3	9.7
住宅销售面积同比增长（%）	35.9	46.9	-70.1	-56.9	-29.0	-27.4	-27.2	0.3	1.9	-4.3	-7.2	9.7

资料来源：根据延安市统计局 2019 年 11 月~2020 年 11 月固定资产投资月度数据整理。

（五）房地产开发用地情况

根据延安市自然资源局国有建设用地使用权出让结果公示数据，2019 年 11 月~2020 年 11 月延安市共出让土地 45 宗，合计 2591.23 亩，按出让地位置来分，其分布如表 6 所示。从表 6 中可以看出在延安新区出让土地的

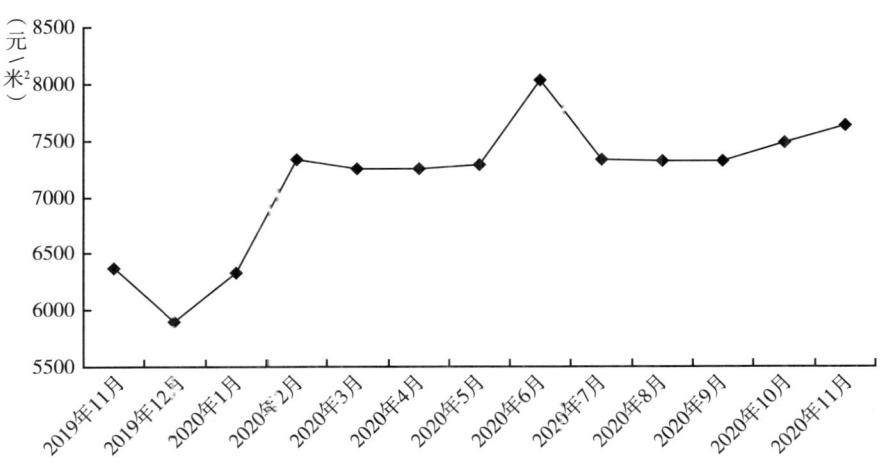

图3 2019年11月~2020年11月延安市新建商品房销售均价走势

资料来源：根据安居客网站（www.anjuke.com/xinfang/fj-yanan）的数据整理。

宗数最多，达22宗，占出让总数的48.9%；其次是高新区18宗，占40.0%。

表6 2019年11月~2020年11月延安市土地出让情况

序号	宗地位置	宗数（宗）	面积（亩）	所占比例（%）
1	宝塔区	5	147.82	5.70
2	延安新区	22	1354.33	52.27
3	高新区	18	1089.08	42.03

资料业源：延安市统计局。

但从出让的面积来看，延安新区的出让面积最大，达1354.33亩，占总出让面积的52.27%；其次是高新区，出让面积1089.08亩，占总出让面积的42.03%。按出让的用途来看，情况如表7所示，从中可以看出，商业和住宅的宗数最多，达38宗，面积共2075.21亩，占总出让面积的80.08%；第二是工业，有5宗，面积352.37亩，占总出让面积的13.60%；第三是医疗卫生用地，有1宗；第四是科研用地1宗。

表7 2019~2020延安市土地出让用途

序号	宗地用途	宗数	面积(亩)	所占比例(%)
1	商业和住宅	38	2075.21	80.08
2	工业	5	352.37	13.60
3	医疗卫生	1	19.00	0.73
4	科研	1	144.65	5.58

资料来源：根据延安市自然资源局《国有建设用地使用权挂牌出让公告》（2019.11~2020.11）数据整理。

38宗商业和住宅用地中，延安新区有19宗，高新区方塔湖片区有16宗，宝塔区河庄坪镇井家湾村有2宗，宝塔区尹家沟长青路有1宗，可见商业和住宅开发用重点还是在延安新区、高新区，总出让土地共35宗，占总宗数的92.11%，总出让面积达1938.57亩，占商业和住宅用地总面积的93.42%。

（六）2020年延安市房地产市场特征

2020年全市房地产开发投资增速减缓，商品住宅投资速度回落，施工和新开工速度减缓，竣工面积增长显著，房地产开发增速放缓；随着延安万达文化旅游项目、治平锦阳小区和安塞区郝家园一期等一批大项目的强力推进，房地产开发投资和销售保持正增长，总体运行良好。2020年的延安房地产市场有以下五个特点。

1. 房地产开发投资增速减缓

2020年延安市房地产开发企业完成投资156.83亿元，仅比上年增长0.4%，但增速较上半年提高44.8个百分点。其中，商品住宅完成投资103.25亿元，同比下降5%，占全市房地产开发投资的65.8%；办公楼完成投资3.32亿元，同比下降33.7%；商业营业用房完成投资37.61亿元，同比增长59.7%。

2. 房屋施工和新开工速度减缓

随着投资速度减缓，全市施工和新开工速度均放缓。2020年延安市全年完成房屋施工面积1010.05万平方米,同比下降20.5%,其中住宅施工面积607.58万平方米,同比下降22.6%;新开工项目数同比下降12.4%。

3. 房屋竣工面积增长显著

2020年延安市房地产竣工面积数量同比大幅上涨,2020年1~12月,延安房屋竣工面积156.58万平方米,同比增长达98.5%,其中住宅竣工面积95.39万平方米,增长98.8%,房地产市场有效供给得到增加。

4. 新建商品房销售情况较好

2020年延安市商品房销售面积141.78万平方米,比上年增长2.6%,增速较上半年提高31.1个百分点;全市商品房销售额为94.65亿元,比上年增长3.5%,增速较上半年提高41.9个百分点。

5. 商品住房销售价格稳中有升

2019~2020年,延安房价受新区房价的拉动整体有所提升,2020年11月延安市新建商品住房销售均价为7632元/米^2,同比增长19.72%。

二 延安市保障性安居工程建设状况

保障性安居工程包括保障性住房建设、棚户区改造、农村危房改造和城镇老旧小区改造工程。2020年,延安市进一步扩大住房保障覆盖面,采取租售并举,实物和货币并行方式保障;加快推进棚改安置房建设和货币化兑付进度;进一步改善老旧住宅居住环境,有效解决了中低收入群众住房困难,推动了房地产市场健康发展。

(一)保障性住房建设状况

1. 扩大住房保障覆盖面

保障性住房包括经济适用住房、廉租住房、公共租赁住房,2011年后我国明确重点发展公共租赁住房,2014年后廉租住房和公共租赁住房并轨运行,统称为公共租赁住房。2016年后,除71个大城市外,中、小城市不再新增公租房建设计划,延安市在中、低收入住房困难群众基本保障的基础上,将符合住房保障条件的外来务工人员、青年教师、环卫、公交司机等纳入保障范围,对保障对象收入、住房等标准进行放宽,扩大了住房保障覆盖面。如市本级裴庄小区,共有0.17万套保障房,家庭人均可支配收入标准界定为低于3.6万元,住房标准界定为无住房或人均住房建筑面积低于15平方米。

2. 规范公租房后期管理

延安市共建设公租房10.15万套,分配9.28万套,分配率为91.4%。全市2020年全年累计分配0.5万套公租房,解决中低收入群众住房困难;全市全年累计安排2248套租赁型住房,发放租赁补贴0.68万户,约1000万元,满足了不同层次保障对象的需求。同时健全完善公共租赁住房后期管理制度办法,加强租赁型保障房入住后检查,依法严肃查处出租、出借、闲置等违法违规行为;不定期对租赁住房入住情况进行审查,不符合条件或自愿退出的给予退出,将轮候对象纳入保障;建设了"省、市、县、街道、社区"五级保障性住房信息平台,提高了信息化管理水平。

(二)棚户区改造状况

"十三五"期间,延安市共实施棚户区改造12.98万套,完成投资341.7亿元,实现了20多万山体居民下山,有效改善了人居环境。因延安棚户区改造规模和成效在全国地级市棚改中位居前列,2019年延安棚户区改造工作受到国务院表彰。2020年,延安市顺应国家棚改政策调整和治理隐性债券需要,不再新增建设计划,工作重心转为抓好续建项目实施;通过争取中央财政配套资金、衔接金融机构贷款、专项债券等渠道筹集建设资金,加快推进棚改续建项目建设进度;对以前年度能够实施的项目,货币化安置督促尽快完成兑付,截至目前市本级已兑付12.6亿元资金;实物安置项目推进安置房尽快形成有效供给,重点督促了2013~2016年安置房建设进度,取得了较好的工作成效。

(三)老旧小区改造状况

在2017年延安市就率先启动老旧小区改造试点,2019年全面启动老旧小区改造，变大拆大建为微改造、微更新，变集中建设为资源整合，2020年延安全面推进老旧小区改造工作，成绩显著。延安经验受到了国家发改委、省住建厅的肯定。

1. 从制度上大力推进老旧小区改造

2019年，住建部将城镇老旧小区改造纳入保障性安居工程序列，延安市政府把老旧小区改造作为全力办好的民生重点工程，专门成立了老旧小区改造领导小组，将城市老旧小区改造纳入城市"双修双改"工作中。延安市住建局等部门先后出台了《延安市推进城镇老旧小区改造实施方案》《延安市推进城镇老旧小区改造十条措施》《延安市老旧小区改造工作评价考核暂行办法》，编制了《延安市城镇老旧小区改造规划设计导则》等文件，确定了老旧小区改造的范围、内容、实施办法、资金来源，为老旧小区改造的顺利推行提供了制度保障。

2. 老旧小区改造成绩显著

2019年以来，延安市列入改造计划的小区共有488个，截至2020年11月底，488个小区全部开工改造，改造面积395万平方米，涉及住户3.67万户，按照小区计算，开工率达100%；竣工155个小区，建筑面积108.11万平方米，涉及住户1.2万户；完成投资12.03亿元，其中争取中省补助资金10.49亿元，位列全省地级市第一。改造后的老旧小区实现了水、电、气、热、信畅通，增设了停车位，配备了健身休闲、绿化和安防设施，部分小区还加装了电梯，居住环境和质量得到明显改善，实现了保值和增值，成为延安房地产市场健康稳定发展的重要支撑点。

三 延安市房地产市场存在的问题及对策

（一）存在问题

1. 商品房库存增加，消化周期较大

从图4可以看出，近两年来延安市商品房待售面积呈直线上升态势。

2018年延安市商品房待售面积为54.94万平方米，比上年同期下降1.01%；2019年待售面积为57.93万平方米，比上年同期增长5.46%；2020年1~11月待售面积为68.14万平方米，比上年同期增长13.1%；2020年底商品房待售面积为64.76万平方米，环比下降4.96%，但仍同比增长11.79%。在待售面积中住宅占到52.0%，比上年增长3.0%。从待售年限来看，2020年商品房库存面积在一年以上者占76.9%，预计至少需要10个月进行消化，去库存压力增大。

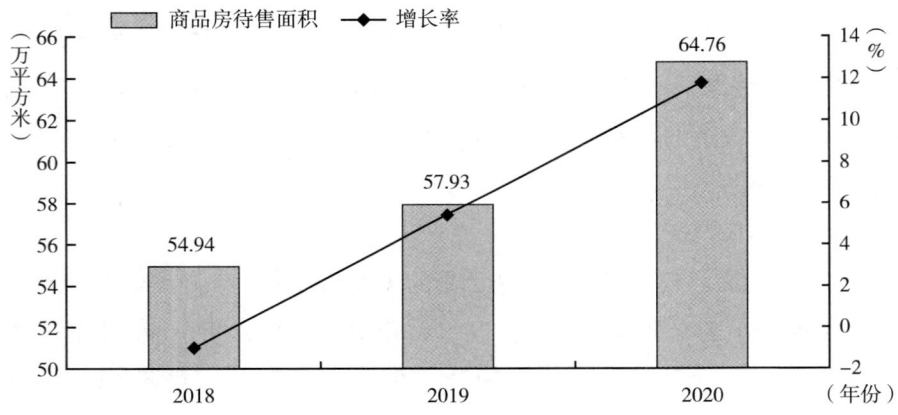

图4　2018~2020年延安市商品房待售面积及同比增速

2. 房地产开发企业综合实力不强

2020年延安市在库房地产开发企业为134家，比上年减少5家，下降3.6%；开发项目97个，同比减少23个，下降19.2%。延安房地产高资质企业数量较少，具有房地产开发一级资质的企业仅为2家，占全部房地产开发企业的1.5%；具有二级资质的企业为33家，占比为24.6%；三级及以下资质的企业占70%以上。延安本地房地产开发企业市场规模小、资金不足、开发能力相对较弱，房地产业发展整体竞争力不强。

3. 房地产信息系统不健全

2019年3月，延安市政府进行机构改革，撤销了原延安市房产管理办公室，相应网站永久下线，房产管理职能划入延安市住房和城乡建设局。目前延安住建局下设的房产管理机构有住房改革与保障科和房地产市场监管科两个科室，在住建局网站只设了房地产业务查询一个板块，这一个板块还处在调试升级之中。延安房地产信息系统不健全，不能及时、准确向公众和企业提供商品房位置、面积、销售价格等房地产信息，市场功能难以发挥，影响了延安市房地产业持续健康发展。

（二）对策建议

1. 租售并举，有效解决库存

延安市商品房待售面积近80%为一年以上者，建议延安房地产市场管理部门对全市范围内现有库存房屋进行全面摸底，探索发展一级租赁市场，在金融、税收和经营管理等方面给予政策支持——鼓励房地产开发企业改变经营方式，从单一的开发销售向租售并举模式转变；鼓励市民以长期租赁方式来解决住房问题；打通保障性住房与存量商品房转换通道，把适合或经改造符合公共租赁住房条件的存量商品房转为公共租赁住房房源，通过租金补贴方式鼓励低收入家庭租赁存量房，从而满足不同层次人群的住房需求，有效解决库存问题。

2. 提高企业竞争力，推动行业高质量发展

延安中小房地产企业数量较多，发展形势严峻。中小房地产企业的发展好坏直接关系着延安房地产业能否健康稳步发展。延安市住建局相关部门要充分利用行业大数据，明确本地中小房地产开发企业的需求和困难，有针对性地帮助企业解决难题，鼓励企业更多开发符合市场需求的保障性住房，实现有效供给。房地产开发企业应该准确把握政策导向和市场需求，细化和创新现有的管理方式，不断提高企业管理水平，提升项目建设效率与产品品质，提升企业的市场竞争力，从而形成全行业的良性健康竞争，促进延安房地产业高质量发展。

3. 健全房地产信息系统，减少信息不对称

延安市政府相关部门应重视健全完善房地产信息系统，协调自然资源局、住建局、统计局等相关部门，按期发布土地价格、商品房竣工量、销售

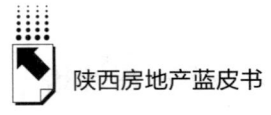

价格和销售量等信息,对新建商品房进行房源和价格公示,逐步建立房地产市场信息共享与监测平台。通过完善的房地产信息系统,加强对房地产市场的监控,科学预测商品房市场走势,使开发商和消费者能够及时获取相关市场信息,引导房地产开发和公众消费行为,促进房地产市场的健康发展。

四 2021年延安市房地产业发展趋势预测

(一)房地产供给趋势分析

2019年延安房地产投资增速大幅回落,较2018年下降86个百分点,2020年全市房地产企业完成投资156.83亿元,与上年基本持平,增速较2019年回落18.7个百分点,其中商品住宅完成投资同比下降5%。2020年延安市房地产企业新开工面积下滑幅度较大,全年房屋施工面积为1010.05万平方米,比2019年下降20.5%,其中住宅面积607.58万平方米,同比下降22.6%,意味着未来2~3年延安房地产竣工面积将出现下滑态势。

2020年延安房屋竣工面积为156.58万平方米,同比增长98.5%,其中住宅竣工面积95.39万平方米,增长98.8%,当年房地产市场有效供给得到增加。与此同时,商品房销售情况较好,商品房销售面积为141.78万平方米,接近房屋竣工面积,而住宅销售面积为130.63万平方米,超过了当年住宅的竣工面积,说明延安的商品住宅剩余供给量已较少。综上分析,再考虑到延安土地供应不足、房地产企业整体实力不强,预计2021年延安房地产市场供给会有所回落。

(二)房地产需求趋势分析

1. 人口变化对房地产需求的影响

人口的变化直接关系到房地产需求的规模和速度。延安市从2016年以来一直处于人口净流出状态,人口规模不断缩小。从常住人口来看,2018

年、2019年全市常住人口分别为225.94万人和225.57万人，均较上年减少0.37万人，降幅同为0.16%；从户籍人口来看，2018年、2019年分别较上年减少3.51万人和0.44万人。2018~2019年延安常住人口和户籍人口连续两年呈下降态势，人口的减少将直接影响房地产市场的有效需求。

2. 城镇化对房地产需求的影响

近年来延安第二、第三产业比重大幅提升，促进了人口向城镇的快速转移。2019年，延安城镇人口增加到144.52万人，城镇化率提升到64.07%，位居全省第四。但受自然增长人口下降、人口净流出、劳动力向市外转移等因素影响，今后延安市城镇化率预期提升的空间将呈缩小趋势。城镇化提升速度的下降，必将导致房地产市场需求放缓。

根据以上分析，预测2021年延安房地产刚性需求将呈下降趋势，但随着居民对居住环境要求的提高，改善性需求仍将有所增加。

（三）房地产价格趋势分析

2020年在遭遇严峻复杂的国际国内形势和突如其来的新冠肺炎疫情的情况下，延安主要经济指标在经历短暂下滑后加速回升，运行态势好于预期。从收入情况看，全年居民人均可支配收入为25954元，增长6.2%，其中城镇居民人均可支配收入36577元，增长4.8%。居民收入水平是影响住房需求的主要因素，居民可支配收入水平的提高将会刺激改善性需求的增加，从而进一步影响住房供给结构，拉升高端商品房价格，房地产市场的平均价格也会有所上升。预计2021年延安商品房价格仍将延续小幅上升态势。

参考文献

延安市统计局、国家统计局延安调查队：《延安统计年鉴2019》，中国统计出版社，2020。

延安市统计局：《固定资产投资增长态势进一步稳固》，2020年12月25日。
延安市统计局：《延安市房地产开发业情况简析》，2021年2月5日。
延安市住房和城乡建设局：《落实深改任务住房保障工作材料》，2020年12月。
王圣学主编《陕西房地产业发展报告（2020）》，社会科学文献出版社，2020。

B.24
2019～2020年榆林市房地产业发展报告

鱼晓惠　李妍　唐惜之　叶娇　马治宁*

摘　要： 本报告结合中央和陕西省房地产调控政策与榆林市经济社会发展状况，主要从土地供应、房地产开发与投资、商品房销售、二手房市场等方面分析了榆林市2019年到2020年前三季度房地产业发展的情况、特点、存在问题及其原因，并提出了应对策略。在此基础上，预测了榆林市2021年房地产业发展的趋势。预计2021年榆林房地产业在供给端不会有明显的增速，在需求端将有一定的增长趋势，从而在全年呈现良好的发展态势。

关键词： 榆林市　房地产业　二手房

一　榆林市经济发展概况

（一）房地产相关政策

2020年9月，榆林市研究出台《榆林市人民政府办公室关于进一步加强房地产经纪机构管理的意见》，强调以下六点措施：①严格备案审查，实

---

* 鱼晓惠，硕士生导师，长安大学建筑学院副教授，主要研究方向为城乡规划理论与方法；李妍，长安大学城乡规划专业硕士研究生；唐惜之，长安大学城乡规划专业硕士研究生；叶娇，长安大学城乡规划专业硕士研究生；马治宁，长安大学城乡规划专业硕士研究生。

行动态管理；②及时更新机构信息，加强信用档案管理；③推行经纪服务合同示范文本，落实存量房交易资金监管政策；④全面落实信息公示制度，畅通投诉举报渠道；⑤规范经纪行为，加强监管检查；⑥加大宣传力度，有效防范风险。这些政策对于榆林市提升房地产经纪机构服务质量，维护当地房地产的市场秩序以及促进当地房地产经纪机构持续健康发展有着重要的作用。

2018年5月，住建部与财政部、人民银行、公安部四部门联合发布《关于开展治理违规提取住房公积金工作的通知》，要求优先支持提取住房公积金支付房租，提取额度要根据当地租金水平合理确定并及时调整，主要内容涉及三个方面。①重点支持公积金购房。重点支持提取住房公积金在缴存地或户籍地购买首套普通住房和第二套改善型住房，防止提取住房公积金用于炒房投机。②严格审核证明材料。对同一人多次变更婚姻关系购房、多人频繁买卖同一套住房、异地购房尤其是非户籍地非缴存地购房、非配偶或非直系亲属共同购房等而申请提取住房公积金的，要严格审核住房消费行为和证明材料的真实性。③健全廉政风险防控制度。对相关管理人员玩忽职守、失职渎职的，给予党纪政纪处分，对为违规提取住房公积金提供便利，涉及职务犯罪的，移交司法机关处理。住房公积金贷款解决了职工购房难的问题，在民生方面起到积极作用，同时，也进一步推动了榆林市房地产市场健康发展。

（二）榆林市经济发展情况

2020年以来，面对新冠肺炎疫情造成的不利局面，榆林市积极融入以国内大循环为主体、国内国际双循环相互促进的新发展格局，狠抓各类支持政策的落实，政策效应持续显现，疫情防控和经济社会发展取得阶段性"双胜利"。2020年1~9月，全市经济发展活力动力不断增强，主要经济指标持续向好，经济运行平稳，社会大局稳定。

根据地区生产总值（GDP）统一核算结果，2020年前三季度榆林市实现GDP 2838.08亿元，同比增长5.2%，增速连续三个季度位居陕西省第一，分别高于全国、全省平均水平的4.5个、4.0个百分点。

榆林市作为资源型城市，产业结构比值差异明显，能源产业一直居于国民经济主导地位。三次产业结构分析表明，第一产业占比小且相对稳定，第二产业占比较大，第三产业占比呈上升趋势，但建筑业发展相对不稳定，2014~2015年受民间借贷、金融环境和企业经营状况等因素影响，建筑业发展起落明显（见图1）。2020年前三季度榆林市服务业稳步复苏，服务业实现增加值875.22亿元，同比下降0.3%，但第三季度服务业增加值同比增长5.2%，较上半年加快1.6个百分点。其中，房地产业同比增长5.7%。

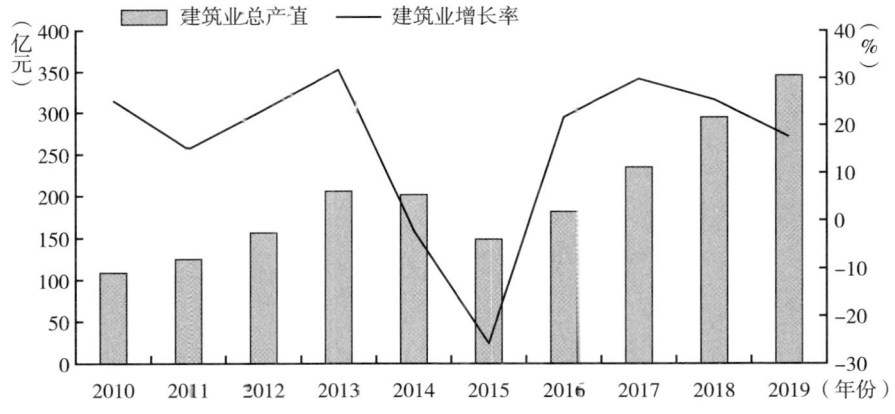

图1　2010~2019年榆林市建筑业总产值增长趋势

资料来源：榆林市统计局。

2020年前三季度榆林市三次产业与上年同期相比，第一产业比重提高3.1个百分点，投资同比增长103.9%；第二产业比重下降1.6个百分点，投资同比增长5.7%；第三产业比重下降1.5个百分点，投资同比增长4.6%。从重点领域看，2020年前三季度，房地产开发投资增势较好，同比增长22.5%，增速较上半年提升10.4个百分点。全市商品房销售面积142.46万平方米，同比增长13.7%；商品房销售额97.14亿元，同比增长18.5%。

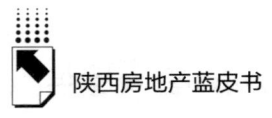

二 榆林市房地产业发展现状

（一）房地产开发企业

2020年，榆林市房地产开发企业数量和建筑企业数量有所增加，但增速减缓。2020年榆林市住房和城乡建设局审核通过了21家房地产开发企业资质，同比减少34.38%，其中8家为新办企业资质。此外，审核通过了700家建筑企业资质，比上年同期增加42.86%。截至2020年12月，全市房地产开发企业共有223家。

（二）土地供应状况

1. 土地供应

2020年，在"鼓励利用存量，严格控制增量，促进节约集约利用土地"的宏观政策指导下，榆林市调整土地市场供应关系，减少国有土地计划供应量。2017～2020年，榆林市国有建设用地供应总量由1306.12公顷减少到903.46公顷。其中，住宅用地与商服用地供应量减少。2020年住宅用地供应量为73公顷，商服用地供应量为33公顷。而工矿仓储用地供应量近几年增加明显，2020年占土地供应总量的67.30%（见表1）。

表1 2017～2020年榆林市计划土地供应量

年份	计划供应量（公顷）	用途分类			
		商服用地（公顷）	工矿仓储用地（公顷）	住宅用地（公顷）	其他用地（公顷）
2017	1306.12	100.93	157.44	122.83	924.92
2018	606.89	76.05	216.79	120.52	193.54
2019	—	—	—	—	—
2020	903.46	33.00	608.00	73.00	189.46

注：2019年资料暂缺。
资料来源：榆林市自然资源局。

2. 土地成交

2020年榆林市土地招拍挂成交量与成交金额均出现大幅下滑。全年土地招拍挂总计成交36宗，出让土地面积共计276.67公顷，总成交金额99452万元。其中，住宅用地成交5宗，成交面积为23.68公顷，占全年成交土地面积的8.56%，比2019年减少35.53公顷，降幅为60.01%；商服用地成交10宗，成交面积7.47公顷，占全年成交土地面积的2.70%，比2019年减少0.13公顷。

土地成交相关数据显示，全年土地出让金收入为9.95亿元，住宅类用地成交金额5.77亿元，占土地出让总收入的57.99%，成交单价为2436.66万元/公顷，比2019年下降35.46%；商服用地成交金额为0.85亿元，成交单价为1137.88万元/公顷，比2019年下降54.40%（见表2）。

表2 2019年与2020年榆林市住宅用地和商服用地成交量

单位：公顷，元/公顷

	住宅用地		商服用地	
	成交面积	成交单价	成交面积	成交单价
2019	59.21	3775.11	7.60	2495.53
2020	23.68	2436.66	7.47	1137.88
增加量	-35.53	-1338.45	-0.13	-1357.65

资料来源：《榆林市自然资源局2020年1~12月土地招拍挂成交信息》，https://www.bidcenter.com.cn/news-111133433-9.html。

（三）房地产开发及投资状况

1. 固定资产投资与房地产开发投资

2015~2019年，榆林市全社会固定资产投资保持连续增长，增长了72.3%；房地产开发投资总额364.47亿元，年均投资72.89亿元，是榆林市经济发展的重要力量，推动了榆林城市化进程（见表3）。截至2020年11月，榆林市固定资产投资同比增长7.7%，房地产开发投资同比增长13.7%。

表3 2015～2019年榆林市固定资产投资与房地产开发投资情况

年份	固定资产投资（亿元）	同比增长（%）	房地产开发投资（亿元）	同比增长（%）	房地产投资比重（%）
2015	1133.67	-31.2	47.00	-36.4	4.15
2016	1467.46	29.4	40.55	-13.7	2.76
2017	1577.10	7.5	63.25	56.0	4.01
2018	1710.39	8.5	92.62	46.4	5.42
2019	1953.27	14.2	121.05	30.7	6.20

资料来源：榆林市统计局，http://tjj.yl.gov.cn/。

2. 房屋施工面积

2019年榆林市房地产施工面积为1285.78万平方米，较2018年增长19.8%。2020年榆林市房地产施工面积总体呈上升趋势，增长率有较大起伏（见图2）。

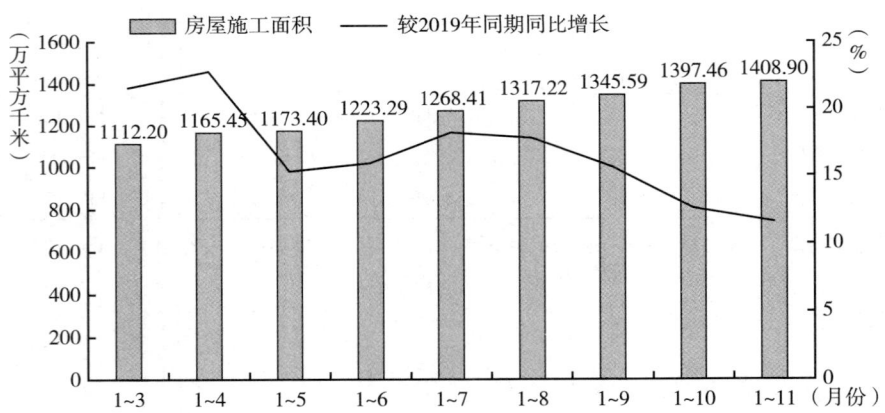

图2 2020年1～11月榆林市房地产开发房屋施工面积增长趋势

说明：未公布1～2月数据。
资料来源：榆林市统计局，http://tjj.yl.gov.cn/。

2020年第一季度，榆林市房地产开发施工面积为1112.2万平方米，同比增长21.6%，至2020年11月，房地产开发施工面积达1408.90万平方米，同比增长11.6%。

3. 房屋竣工面积

2020年榆林市房地产开发房屋竣工面积总体呈现稳定增长态势。2020年1~8月房屋竣工面积为86.63万平方米,较2019年同期同比增长率为92.9%;1~9月房屋竣工面积不变,维持在86.63万平方米;2020年1~10月,榆林市房地产开发竣工面积增长迅速,达到高峰期;1~11月房屋竣工面积不变,维持在107.96万平方米,较2020年初增长39.69万平方米,增长率为58.14%,较2019年同期增长57.7%(见图3)。

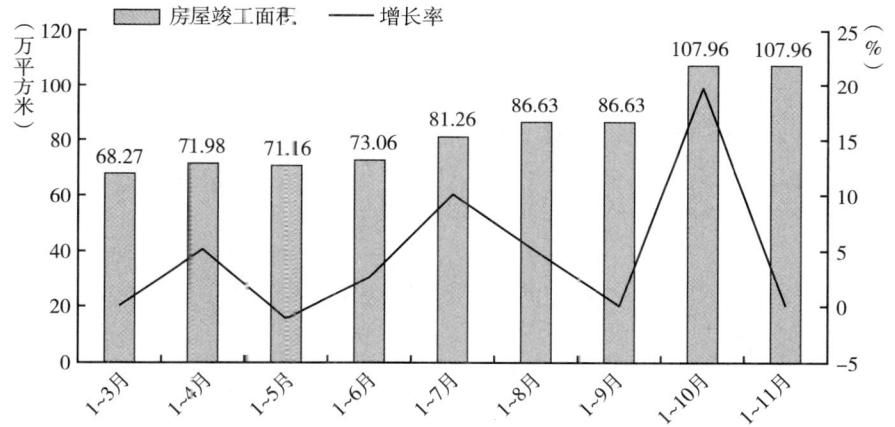

图3 2020年1~11月榆林市房地产开发房屋竣工面积增长趋势

说明:未公布1~2月数据。
资料来源:榆林市统计局,http://tjj.yl.gov.cn/。

4. 房屋新开工面积

2020年3~4月,新开工房屋面积增长最迅速,随后增长率总体上呈下降趋势,房屋面积呈稳步增长趋势。至11月新开工房屋面积达272.34万平方米,较年初增长257.41万平方米(见图4)。

(四)商品房销售状况

1. 商品房销售额

2019~2020年,榆林市商品房销售额持续增长,2020年1~11月商

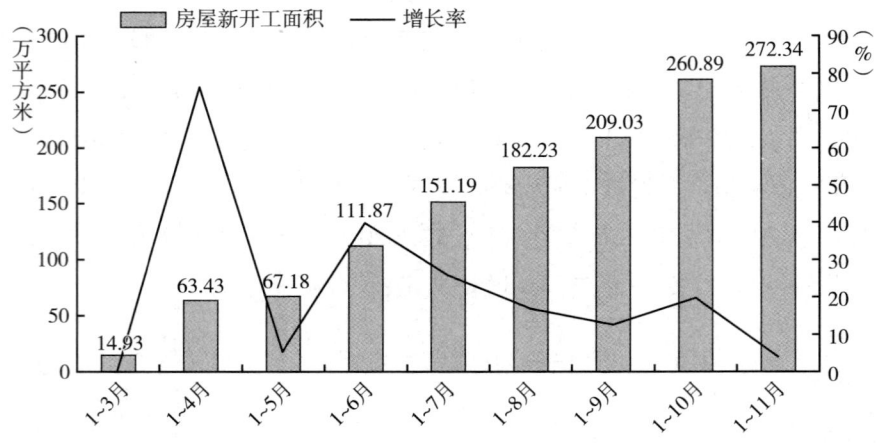

图 4 2020 年 1~11 月榆林市房地产房屋新开工面积趋势

说明：未公布 1~2 月数据。
资料来源：榆林市统计局，http://tjj.yl.gov.cn/。

品房销售额达 151.58 亿元，同比增长 42.0%。

2. 销售面积

截至 2020 年 11 月，榆林市商品房销售面积累计达 211.97 万平方米，较 2019 年同期的 163.10 万平方米增加了 48.87 万平方米，同比增长 30.0%，商品房销售面积总体呈上升趋势。

就 2020 年商品房销售面积同比增速而言，1~9 月增势波动较为明显，9~10 月为快速增长阶段。2020 年榆林市商品房销售面积虽有增长，但其增幅程度较小，增幅约为 20%。

3. 商品房销售价格

2019~2020 年榆林市商品房销售均价在小幅波动中稳定增长。榆林市商品房销售均价从 2019 年 1 月的 6296 元/米^2 增长到 2020 年 12 月的 7943 元/米^2。其中最高价为 2020 年 10 月的 8014 元/米^2，最低价为 2019 年 1 月的 6296 元/米^2。2020 年榆林市商品房最低价为 2 月的 6393 元/米^2（见表 4）。

表4　2019~2020年榆林市商品房月度销售均价

单位：元/米²

	1月	2月	3月	4月	5月	6月	7月	8月	9月	10月	11月	12月
2019年	6296	6683	6779	6660	6819	6586	6475	6731	6669	6902	7040	6993
2020年	6696	6393	7160	7332	7318	7467	7464	7405	7746	8014	7674	7943

资料来源：中国房价行情网，https：//www.creprice.cn/urban/yl.html。

2019年12月至2020年4月，榆林市商品房待售面积为负增长，2020年5月起，待售面积持续正增长，5~8月略有波动。全年待售面积维持在96万平方米以上，6月待售面积最高，达98.99万平方米，截至2020年11月，榆林市商品房待售面积为97.06万平方米。

（五）保障性住房建设状况

1. 棚户区改造项目

为改善城市人居环境、提升城市品位、推动区域经济发展，2020年4月榆林市城镇建设服务中心、中心城区房屋征收服务中心颁布2015~2019年的18项棚户区改造项目。其中，2015年改造项目共计3项，包括滨水西岸棚户区改造、崇文雅苑棚户区改造和驼城家园棚户区改造项目；2016年改造项目共计4项，包括东城墙内和梅花楼（普惠泉）棚户区改造、东城墙外棚户区改造、榆阳河棚户区改造和肤施南路南延两侧棚户区改造项目；2017年改造项目共计8项，包括榆溪河两岸棚户区改造项目V1地块（八队小康村）、西南新区棚户区改造项目（一期）、文化路西棚改项目N2地块（航宇路棚户区改造）、文化北路两侧棚户区改造项目、榆溪河两岸棚户区改造项目V4地块（北城墙段）、榆溪河两岸棚户区改造项目V5地块（西城墙内外）、榆溪河两岸棚户区改造项目V6地块（南城墙段）、凌霄塔周边棚户区改造项目；2019年改造项目共计3项，包括东海则棚户区改造、草海则棚户区改造和苏庄则棚户区改造项目。2018年没有改造项目。

2020年3月初，榆林市政府向各县市区下达了目标任务，要求新开工棚户区改造7383套、基本建成309套。截至2020年9月中旬，棚户区改造新开工64套，占目标任务的0.87%，基本建成309套，占目标任务的100%。

2. 申请廉租房及公租房户数

据2020年11月榆林市住房和城乡建设局公布的《全市保障性安居工程进展情况》，榆林市政府下达公租房目标任务，要求分配公租房6403套，公租房确权登记98个，创建"和谐社区 幸福家园"9个。截至2020年9月中旬，完成公租房确权登记32个，占目标任务的32.65%，"和谐社区 幸福家园"创建方面，目前均已基本达标。

3. 老旧小区改造

榆林市在2019年政府工作报告中，将老旧小区改造列为"民生十件实事"之一试点实施。据2019年11月统计，榆林市仅中心城区2000年前建成交付的老旧小区有176个（榆阳区162个、高新区14个），7层以下（6层、5层居多）无电梯住宅楼有868栋，总建筑面积达132.61万平方米，涉及群众约1.1万户4万多人。全市496个老旧小区中无物业管理或物业管理不健全的小区有434个，占87.5%。2019年国家向陕西省下达老旧小区补助资金13.4亿元，其中下达榆林市3267万元，占全省的2.4%。榆林市发改委在全市范围内遴选了33个（其中中心城区15个）住宅小区，编制上报了《榆林市2019年老旧小区改造配套基础设施建设中央预算内投资建设计划》，9月初陕西省发改委已下达榆林市15个小区的改造资金。

榆阳区房屋征收与补偿事务中心资料显示，共37个老旧小区被列入2019～2020年改造计划。榆阳区"十四五"期间计划实施改造老旧小区195个，总建筑面积126.6万平方米，房屋451栋，涉及居民1万多户。

2020年8月，榆林市已有87个项目列入中省计划，共取得各类中省补助资金1.6亿多元，已有25个老旧小区开始实施改造，其中榆阳区13个、神木市3个、靖边县1个、子洲县2个、佳县6个。

三 二手房市场及交易现状

(一)二手住宅供需情况

根据中国房价行情网资料,2020年榆林市二手住宅销售价格平缓增长。2019年二手住宅销售均价为6551元/米^2,2020年二手住宅销售均价为7479元/米^2,增长14.17%。从2019年1月到2021年1月,二手住宅的销售价格涨幅达33.69%,2020年4月达到峰值(见图5)。

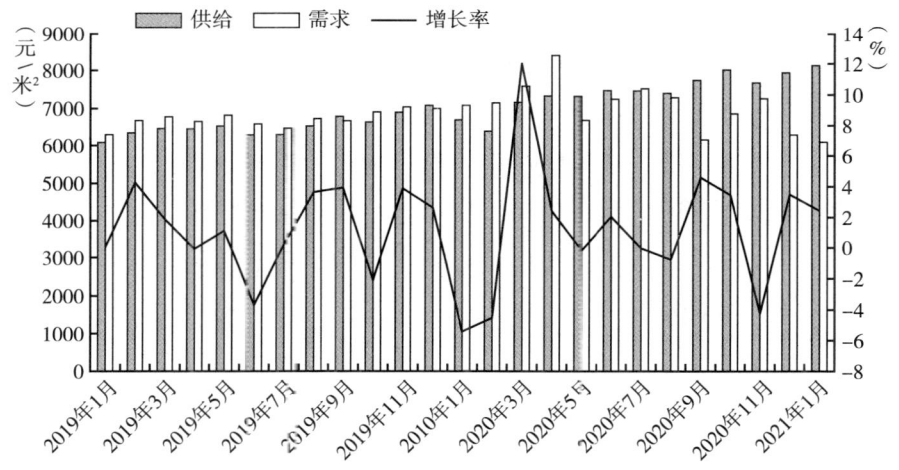

图5 2019~2020年榆林市二手住宅销售均价供求趋势

资料来源:中国房价行情网,https://www.creprice.cn/urban/yl.html。

榆林市二手住宅的销售价格平稳增长,但不同单价市场差异明显。市场供给的二手住宅销售价格集中在5000~10500(含)元/米^2,占二手住宅供应总量的81.74%。其中,销售价格为6000~6500(含)元/米^{2}的供给量最高,占比12.34%,销售价格为5500~6000(含)元/米^{2}的供给量占比11.39%。从供给需求比分析,销售价格6000(含)元/米^{2}以下的二手住宅需求远高于供给,6000~10500(含)元/米^{2}供给高于需求,这表明榆林市居民对于中端二手住宅的需求较大,市场供给不足(见图6)。

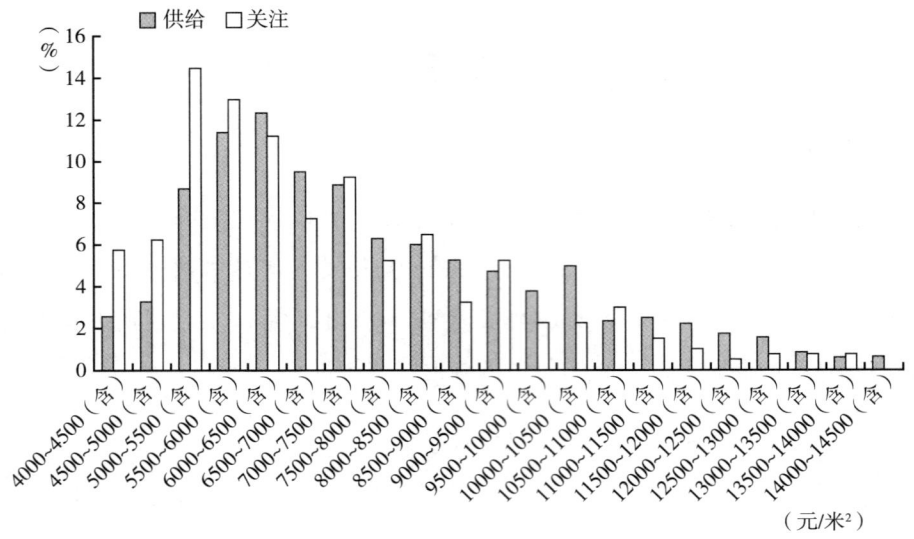

图6 2019~2020年榆林市二手住宅销售平均价格供需结构

资料来源：中国房价行情网，https：//www.creprice.cn/urban/yl.html。

（二）二手住房售租比

售租比是指每平方米建筑面积的房价与每平方米建筑面积的月租金之间的比值，国际标准通常为200到300。售租比低于200，表明这一区域房产投资潜力相对较大，租金回报率较高，后市看好，而高于300，则意味着房产投资价值相对变小。

榆林市2020年二手住宅售租比增长迅速，投资价值持续下降。2020年12月，二手住宅售租比上升为350.5∶1（见图7）。

四 榆林市房地产业的主要特征

（一）土地市场降温回调，房地产市场紧随下跌

2020年，受国际能源价格下降和国家宏观调控政策的影响，榆林市住

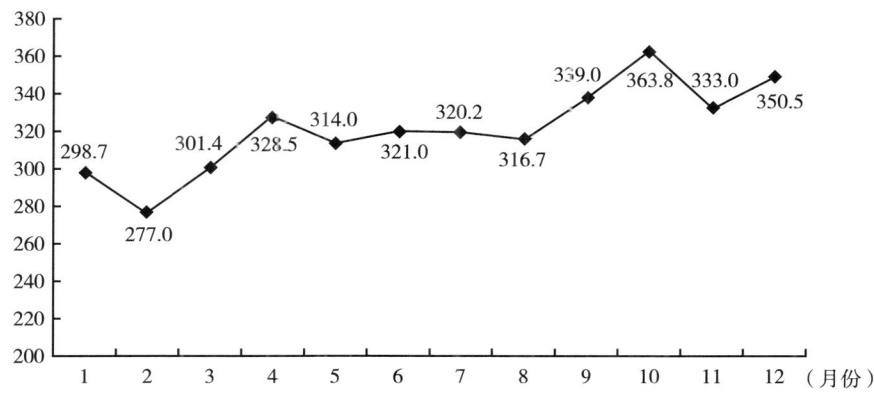

图 7　2020 年榆林市二手住宅售租比

资料来源：中国房价行情网，https://www.creprice.cn/。

宅用地供应量较 2017 年减少了 49.83 公顷。值得注意的是，相比住宅用地供应量减少 13.52%，成交量减少了 60.00%，显然，减少的土地供应量仍然超过了市场所需的成交量。因此，房地产市场紧随下跌。商住用地的成交量为 23.68 公顷，平均成交地价为 162.43 万元/亩，每亩比上年减少 89.24 万元；商服用地成交地价从 2019 年的 166.61 万元/亩降到 2020 年的 76.10 万元/亩。

（二）2020 年初房地产投资骤降，施工速度有所减缓

2020 年第一季度房地产开发投资较少，1~3 月投资总量为 7.87 亿元，此后每个月份的投资量都有所增长，10 月份的投资量达到了 21.37 亿元（见图 8）。受房地产开发投资影响，房屋施工速度有所减缓，一季度房屋施工面积由 2019 年 12 月的 1285.78 万平方米下降至 2020 年 3 月的 1112.20 万平方米，随后稳步回升；至 2020 年 11 月，房地产开发施工面积达 1408.90 万平方米，同比增长 11.6%。1~3 月房屋竣工面积 68.27 万平方米，为全年最低，2020 年 11 月竣工面积 107.96 万平方米，同比增长 57.7%。同时，1~3 月房屋新开工面积 14.93 万平方米，同比增速 -37%，此后新开工面积保持增长趋势，1~4 月新开工面积 63.43 万平方米，同比增长 47.6%。

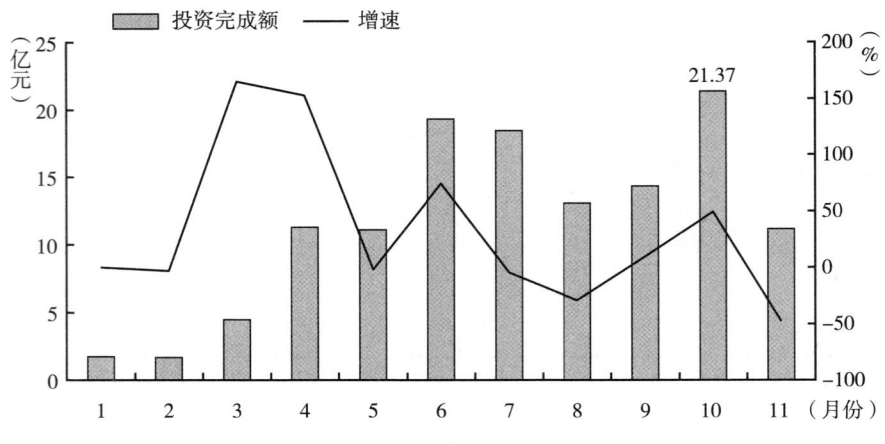

图 8　2020 年榆林市房地产开发投资

资料来源：陕西省统计局，http://tjj.shaanxi.gov.cn/tjsj/tjxx/qs/202012/t20201224_2146755.html。

（三）住宅价格波动较大，下半年出现回温现象

2020 年，榆林市商品房和二手住房价格波动皆较大，前两个月价格停滞不前；3 月由于疫情缓解，积攒了两个月的购房热情开始暴发，商品房和二手住宅价格分别以 0.4% 和 12% 的速度增长；5 月又出现价格降低现象，尤其是商品房以 6.17% 的速度降低；5 月之后价格增速波动较大（见图 9）。从销售面积分析，5 月份之后销售面积增速均维持在 20% 以上，特别是 11 月份销售面积增速达 30%，比 3 月份提高 18.2%，这表明下半年市场购房热情开始显现，住宅市场都出现回温现象。

五　榆林市房地产业存在的问题及对策建议

（一）存在问题

1. 去库存压力大，短期内难以消化

榆林市房地产市场库存积压一直以来较为严重。2016 年以来，榆林市

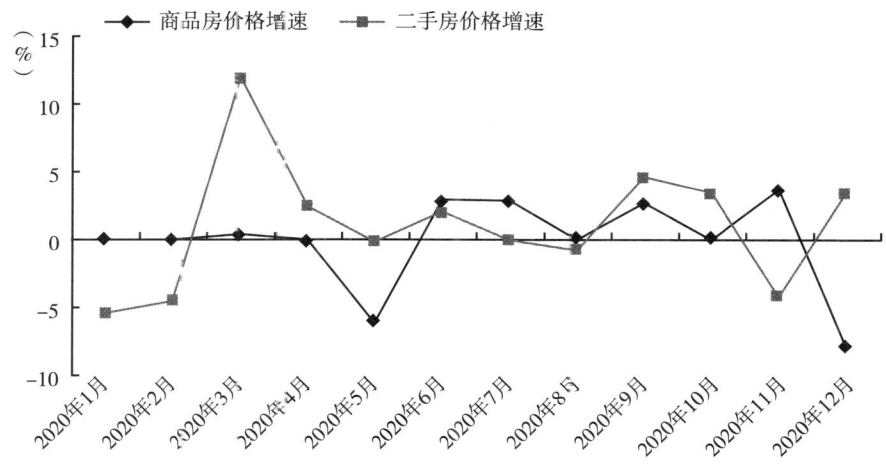

图9　2020年榆林市住房价格变动趋势

资料来源：中国房价行情网，https://www.creprice.cn/urban/yl.html。

出台了一系列去库存政策，如提高棚户区改造货币化安置率、发展住房租赁市场等，以期促进全市房地产健康发展。然而，随着棚户区改造的推进和二手房租售市场的发展，棚户区改造带来的销售福利逐渐减弱，二手房投资价值也持续减小。2020年5月起，商品房待售面积持续增长，截至2020年11月，榆林市商品房待售面积总量为97.06万平方米，同比增速为4.5%，商品房待售面积占年竣工面积的比重达到89.90%。可见榆林市商品房库存规模仍然较大，在短期内难以消化。

2. 单一产业结构对房地产行业带来负面影响

榆林市为典型的西部资源型城市，城市发展高度依赖资源产业，城市产业结构单一，三产比值差异明显，出现资源产业独大的现象，这给当地的经济环境带来很大的不稳定性。在支柱产业面临技术转型的背景下，抵抗风险的能力较弱，同时也加大了房地产市场的脆弱性。支柱产业竞争力下降，居民可支配收入减少，政府财政托底能力减弱，最终波及楼市，导致房价涨跌受资源发展形势影响过大。2017~2019年产业结构中，受民间借贷、金融环境等多种因素影响，房地产业占比呈下滑趋势，由29.8%下降至17.5%。

3.保障性住房发展滞后，缺乏科学规划管理

近年来，保障性住房小区建设发展成为榆林市房地产业的重要组成部分。然而，截至2020年第三季度，棚户区改造新开工仅有64套，占目标任务的0.87%，与预期情况落差较大。并且，少数保障性住房项目选在离城市中心较远的地方，配套设施没能同步建设，建成后迟迟不能入住，或是入住了但生活不方便；部分保障性住房内部空间结构不合理，影响了使用功能；大部分保障性住房后期由于监管不严，缺乏统筹管理维护。

（二）对策建议

1.保障性住房发展与商品房对接，缓解高库存压力

《中共中央关于制定国民经济和社会发展第十四个五年规划和二〇三五年远景目标的建议》提到，要坚持"房子是用来住的、不是用来炒的"定位，租购并举、因城施策，促进房地产市场平稳健康发展。有效增加保障性住房供给，完善土地出让收入分配机制，探索支持利用集体建设用地按照规划建设租赁住房，完善长租房政策，扩大保障性租赁住房供给。

根据"十四五"规划对保障性住房的要求，榆林市可以统筹商品房去库存与保障性住房建设，将两者结合起来，既能实现基本民生住房保障，又能缓解榆林市商品房存在的高库存压力，这是一项双赢的举措。保障性住房与存量商品房的对接主要包括以下三种思路：①由榆林市地方政府回购商品房，作为保障性住房房源并进行重新配置；②通过货币方式代替实物鼓励住房保障对象购买；③在棚户区改造过程中，通过政府组织将安置居民与合适的商品房项目对接，居民持安置补贴或购房券，以团购或定向换购方式完成住房安置。

2.优化产业结构和住房品质，增强居民购房能力

榆林市农业生产具有先天性优势，具有较大的发展空间。榆林市其地处五省交界地带，具有较好的地缘优势，拥有大漠风光、历史古迹、文化遗迹和革命旧址等丰富的旅游资源。榆林市应持续推进其能源产业发展，同时大力发展与能源化工配套的装备制造业和物流业，积极培育现代化农业、文化

旅游、精细加工、新能源等产业，实现产业结构多元化。提升第三产业比重。产业结构的调整可直接影响居民的收入分配，进而增强未购房者的购房意愿以及能力。

3. 整合调控政策，引导房地产业健康发展

榆林市政府部门应引导房地产开发商科学投资，引导中低收入人群租住政府的保障性住房。充分贯彻落实国家政策，确保楼市调整政策大方向不动摇，保持政策的稳定性以及联系性。完善房地产市场的监管机制，堵塞监管漏洞，加强对房地产相关企业和机构的资质审核，净化榆林市房地产市场。可以通过以下措施进行完善：①地方政府出台相关房地产政策，合理调整城市各类住房比例，通过加快建设相关廉租房、公租房等措施解决城市低收入家庭住房难问题。②鼓励房地产开发商等积极参与经济适用房建设，并且给予一定的政策优惠和支持；③落实信息公示制度，畅通投诉举报渠道，对扰乱房地产市场管理秩序的个人和机构，追究相应的责任。

六 榆林市房地产市场展望及趋势预测

2020年以来，以习近平新时代中国特色社会主义思想和习近平来陕西考察重要讲话精神为指导，全面贯彻落实党的十九届五中全会精神，深入推进统筹疫情防控和经济社会发展工作，榆林市经济呈现平稳运行态势，积极变化累积效应持续叠加。但面对疫情带来的诸多不确定性因素，榆林市经济平稳增长的压力和风险仍然存在。

（一）榆林市房地产市场展望

1. 房价趋于稳定，逐渐去投机化，房价走势将回归居住属性

党的十九大明确指出，我国经济已由高速增长阶段转向高质量发展阶段，榆林市必须由投资主导经济增长方式逐渐转变为消费主导经济增长方式。2020年榆林市住宅价值稳定在8000元/米^{2}左右（见图10），没有较大的波动。因此房价大涨大落不会重演。

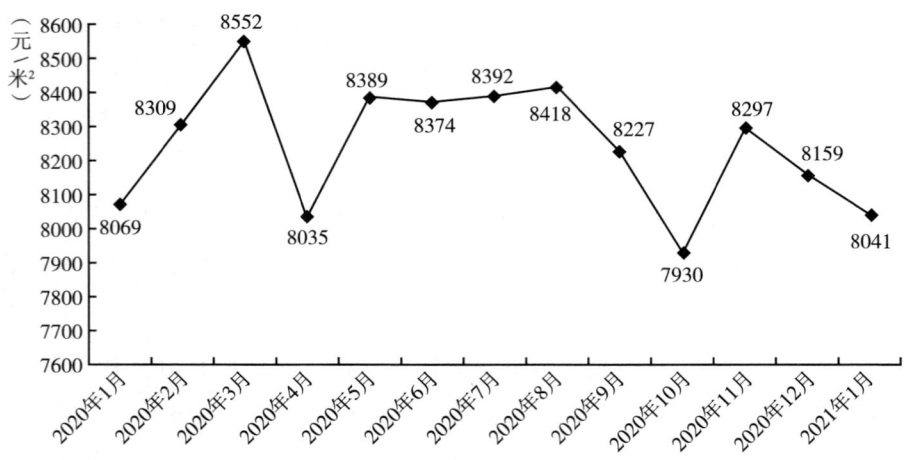

图 10　2020 年榆林市住宅价值趋势

资料来源：中国房价行情网。

2016 年中央经济工作会议提出"房子是用来住的、不是用来炒的"，体现了居住是住宅的根本属性，楼市的发展应该建立在对房地产投资属性的抑制和去化上。逐步去除投机化后，投机炒房者逐步离开市场，刚需性购房者重新成为市场的主力，房价将会落回到刚需性购房者能够承受的区间。由于刚需性购房者基数较大，具有购房能力者增多，房地产市场可持续平稳发展。

2. 保持房地产调控，长效机制逐步建立健全

2020 年 10 月，榆林市人民政府《对市政协四届五次会议第 061 号提案的复函》提出，加快棚改收尾和老旧小区改造，保持房地产市场调控政策连续性和稳定性；大力发展住房租赁市场，健全住房供应和保障体系；完善住房体系的规划目标，以实物安置为主，完成列入计划未开工的 7 个棚户区改造；按基础类、完善类、提升类，完成 192 个老旧小区改造；全市新建商品住房 4.5 万套。

刚性需求被房地产长效机制分流，单一的租房模式已经发展为长租公寓、租赁住宅等形式，提升了自主化水平，租房贷款也为租赁者提供了资金

支持，居民可以购置和租赁等多种方式来解决居住问题，商品房购买需求会被进一步分流。分流主体将定位于居民，按照不同住房人群的需求将他们引流到适宜的住房方式上，以满足居民的住房需要来达到建立长效机制的目的。

3. 房地产开发与投资将进一步扩大

据榆林市榆阳区统计局统计，2020年榆阳区房地产开发完成投资同比增长22.3%，其中住宅同比增长28.4%，占总投资的77%；新入库项目24个，完成投资49亿元，占全部项目完成投资的比重为46.9%；续建项目60个，占全部项目完成投资的比重为53%；完成投资额上亿元的项目36个，完成投资占全年完成投资的83.7%。房地产销售总面积197.93万平方米，增长28.6%；住宅销售面积182.79万平方米，同比增长28.4%。因此，新开工项目是拉动房地产投资增长较快的主要因素，榆林市房地产开发与投资在各种因素的推动下将会进一步扩大，局部地区可能会保持基本稳定。

（二）2021年榆林市房地产趋势预测

2021年榆林房地产市场的供需都有一定的增长趋势，房地产市场将会呈现良好的态势。

1. 供给趋势

榆林市老城区、高新北区土地基本开发完成，供应量主要集中在科创新城与高新南区。然而科创新城因规划原因没有明确"开放"时间，高新南区面临土地整合盘活。从在建或已公示的楼盘来看，2021年上半年入市房源并不多。据中国房价行情网资料，2020年上半年榆林市住宅供给量波动较大，1~2月受疫情影响下降趋势明显，随着疫情好转3月起供给量大大增加。下半年随着购房热潮结束，榆林市住宅供给量趋于平缓（见图11）。因此，2021年房地产市场供给不会有明显的增加。

2. 需求趋势

近年来榆林市城镇化进程较快，中心城区的基础设施、居住环境等不断优化，宜居水平不断提高，周边县市人口不断向中心城区集中。高端能化基

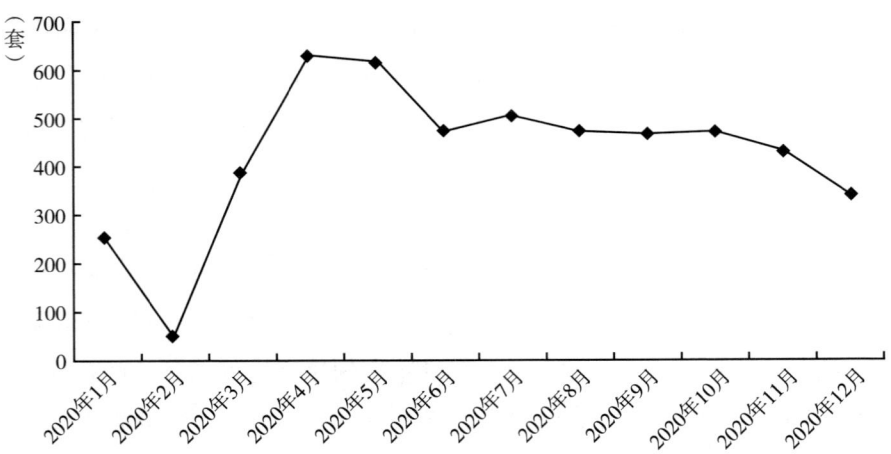

图 11　2020 年榆林市住宅供给量变动趋势

资料来源：中国房价行情网，https：//www.creprice.cn/urban-analysis/yl.html。

地建设加快，大批项目吸引了一部分就业人群，这部分群体加大了榆林市的购房需求。除此之外，还有榆林市民的改善型需求以及城镇化背景下农村人口转化为新市民的置业需求。因此，2021 年房地产市场的需求量将会增大。

总之，榆林市作为资源型城市，面对资源逐渐枯竭带来的困境，应该加强对房地产市场的宏观调控，拓宽房地产企业融资渠道，准确分流销售商品房。榆林市应完善住房体系，按照"收缩战线、突出重点、守好底线"原则，确保房地产市场的稳定发展。

参考文献

榆林市统计局：《2019 年榆林市国民经济和社会发展统计公报》，http：//tjj.yl.gov.cn/article/7e0b8213990ad0b603eb4f878ea791d7。

榆林市统计局：《榆林市前三季度经济运行呈增长平稳的良好态势》，http：//tjj.yl.gov.cn/article/1201021151849。

榆林市政策研究督查办公室：《榆林市老旧小区改造调研报告》，http：//prs.yl.gov.cn/show-47-3769-1.html。

榆林市人民政府：《榆林中心城区 37 个老旧小区要开工改造了》，http：//www.yl.gov.cn/xwzx/tpxw/64051.htm。

共青团榆林市委：《旧貌换新颜！榆林老旧小区改造项目已开工 25 个》，https：//www.sohu.com/a/414298292_120207461。

榆林市住房和城乡建设局：《全市保障性安居工程进展情况》，http：//zjj.yl.gov.cn/show-130-954-1.html。

李冬梅：《资源型城市房地产价格影响因素研究——以榆林市为例》，《现代物业》（中旬刊）2019 年第 4 期。

榆林市人民政府网：《对市政协四届五次会议第 061 号提案的复函》，http：//www.yl.gov.cn/gk/lbcabl/zxwycahb/67083.htm。

房天下：《2019 年榆林住宅、商服用地成交明细》，https：//m.fang.com/news/sxyulin/0_34320655.html。

Abstract

"Shaanxi real estate development report (2021)" reflects the basic situation of Shaanxi real estate development in 2020.

The whole book is divided into three parts. The first part is the general report, which comprehensively discusses all aspects of the real estate industry in the province in 2020, especially makes a detailed analysis of the commercial housing market and the security housing market, and puts forward suggestions for the real estate development of the province in 2021.

The second part is a special topic. It studies the real estate industry of the whole province from 10 aspects, such as land policy, finance and taxation policy, financial policy and affordable housing construction, and puts forward suggestions for the future development.

The third part is the regional part, which makes a comprehensive research and Analysis on the development of real estate industry in 10 provincial cities including Xi'an and one Yangling agricultural high-tech demonstration zone jointly built by the province and ministry.

Contents

I Greneral Report

B.1 Report on the Development of Real Estate in Shaanxi
Province from 2019 to 2020
Wang Wai Ran, Ma Yuting and Su Min / 001

Abstract: At the beginning of 2020, due to the sudden outbreak of the new crown, China's macro economy suffered a serious impact. As a pillar industry of the national economy, the real estate industry has also suffered a greater impact. After resuming production in March, the real estate sector gradually recovered. At the same time, Shaanxi Province adheres to the principle of "main line of regulation" and "no speculation on housing and housing", taking measures according to the city, and striving to foster a healthy and efficient industrial environment. The growth rate of real estate investment, land purchase area and real estate price gradually slowed down, and the scale of real estate development enterprises, completed investment, total development volume and sales area steadily increased. Although the growth rate of most cities (districts) in the province declined compared with that in 2019, the overall real estate industry in the province still achieved stable and healthy development. The market differences among different regions in the province are further differentiated. The rapid recovery of real estate investment in Xi'an after the epidemic has provided confidence for the market of the whole province. The regional advantages of the

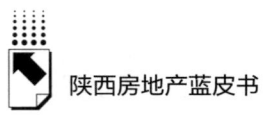

national central city Xi'an are constantly highlighted, the fifth navigation right is implemented in Xi'an, the population siphon effect continues to play a role, and people's living standards and population quality improve, all these factors to a certain extent escort the real estate market. It is suggested to accelerate the improvement of the long-term mechanism, strengthen the supply-side reform of the real estate market, improve the linkage mechanism of land supply, improve the quality of housing supply, and meet the market demand.

Keywords: Shaanxi; Real Estate; Land Policy

Ⅱ Special Topic

B.2 The Influence of National Land Policy on Shaanxi Real Estate Industry in 2019 –2020
Song Jiemin, Xiang Yali and Meng Fanqi / 020

Abstract: From 2019 to 2020, China's land policy will continue to follow the main line of cultivated land protection, resolutely curb the "non-agricultural" of cultivated land and prevent the "non-grain" of cultivated land, emphasize the economical and intensive use of land, continue to participate in the regulation of the real estate market, and curb the housing price. But from the actual effect, the containment effect on the housing price is not obvious. It is suggested to control the land supply reasonably, adjust the land supply structure, strengthen the monitoring function of land management, strengthen the implementation of policies, and reduce the land price and housing price.

Keywords: Land Policy; Real Estate Market; Macro-control; Shanxi Province

B.3 The Impact of 2019 –2020 Real Estate and Financial Policy on Real Estate in Shaanxi Province *Bi Chao, Jin ShuJuan* / 035

Abstract: Despite the impact of the Covid –19 epidemic, the overall real estate financial policies in Shaanxi in 2020 still adhered to the policy tone of "residence but speculation". The situation in the first half of the year was stable, while the second half turned to be tight. In this policy situation, Shaanxi real estate development and investment has been sustained and rapid recovery, the whole year commercial housing transactions and land transactions show the characteristics of "steady quantity and rising price". Generally speaking, Shaanxi real estate financial policy is still facing three major problems. First, the long-term mechanism of the prudential regulation institution needs to be improved; second, the continuity, consistency and stability of policies need to be strengthened; third, the financial support policy system of the rental housing market needs to be improved. Therefore, it is suggested that Shaanxi Province should explore the establishment of the supporting policy system of prudential regulation institution in real estate financial sector, to ensure the continuity, consistency and stability of local real estate financial policies, and actively explore the establishment and improvement of financial support policy system of Shaanxi rental housing market.

Keywords: Real Estate; Financial Policy; Prudential Regulation Institution; Housing Rental Markets

B.4 The Impact of 2019 -2020 Fiscal and Tax Policies on
Real Estate in Shaanxi Province *Jia Yanling, Lou Aihua* / 052

Abstract: The outbreak of the COVID - 19 in 2020 has caused severe impacts on the economy of Shaanxi Province. The growth rates of economy and fiscal and tax revenue have declined, the growth rate of housing construction area and commercial housing sales area has also declined, and the trend of housing price growth has slowed down. In order to promote the stable development of the real estate market in Shaanxi, the government should optimize the real estate tax system, advance the legislative work of the property tax steadily, increase the expenditure for housing security, establish the multi-level housing supply system, and promote the development of the digital economy to realize the effective

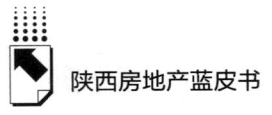

integration of the digital economy and the real estate industry.

Keywords: COVID-19 Epidemic; Real Estate; Tax Policy; Fiscal Policy

B.5 Analysis of the Construction Status of Indemnificatory Housing in Shaanxi Province from 2019 to 2020

Wang Wanling, Tang Xia / 068

Abstract: The construction of indemnificatory housing projects is both a major livelihood project and a major development project. From 2019 to 2020, Shaanxi Province focused on public rental housing, policy-based rental housing and shared-ownership housing, combined with the promotion of urban shanty areas reconstruction and old residential areas reconstruction, and effectively solved the problem of expensive and difficult housing for low-and middle-income families and new citizens. Squatter settlement, lease subsides, government subsidies for old house renovations, and investment in indemnificatory housing projects have all exceeded the annual construction targets and tasks. However, there are still many problems and challenges in the field of housing security, it is urgent to promote housing security legislation, improve the housing security policy system, and strengthen and standardize the follow-up management of indemnificatory housing.

Keywords: Public Rental Housing; Shared-ownership Housing; Squatter Settlement; Old Residential Areas Reconstruction

B.6 Report on the Development of Housing Renta Market in Shaanxi Province from 2019 to 2020

Xiao Qing, Zhao Huiying / 080

Abstract: On the basis of analyzing the regulation of housing rental market, this report finds that the rent return rate of major cities in China is declining, but the rent income ratio is still high. The development of housing rental market in major cities of Shaanxi Province is quite different. The high rental price and low rental yield in Xi'an will have a negative impact on the supply and demand of the rental market. It is necessary to plan the urban development strategy, strengthen the supervision of the rental market, and do a good job in the construction of policy rental housing in order to create a good market environment.

Keywords: Xi'an City; Policy-oriented Rental Housing; Rent yield; Rent Income Ratio

B.7 A Study on the Price of Commercial Housing in Shaanxi Province in 2019 −2020

Tang Xia, Wang Wanling and Qi Bin / 093

Abstract: From 2019 to 2020, the overall change trend of commercial housing prices in Shaanxi Province shows a trend of steady and rising. The main reasons include macroeconomic policy regulation, economic growth, population growth, the improvement of residents' disposable income and urbanization rate. In order to make the real estate market in Shaanxi Province develop healthily, it is suggested to establish the monitoring and early warning and evaluation mechanism, improve the public opinion monitoring and guidance mechanism, and improve the market supervision mechanism.

Keywords: Commodity Housing Price; Real Estate Policy; Market Supervision

B.8 Development Status, Existing Problems and Countermeasure of Estate Management in Shaanxi Province

Ren Qian, Yu Jin / 103

Abstract: Relevant laws and regulations of Shaanxi property management industry have been further improved and improved in 2019 −2020. However, the quality level of property management is uneven, the market order to be standardized and other problems still exist. In this report, the above status quo and problems are deeply analyzed, and the countermeasures to promote the healthy development of the property management industry are discussed. The following conclusions are drawn: the property management industry in Shaanxi Province should strengthen supervision; To improve the property service level and service quality; Seek new growth points of the industry, promote the development of digital property services. In the future, the stock and new market of property in Shaanxi Province will continue to increase, and the potential of non-residential property is great, and the property management will be transformed from traditional property management to intelligent property management.

Keywords: The Property Management; Diversified Development; Intelligence Service

B.9 Research on the Development Status and Trend of Shaanxi Real Estate Enterprises from 2019 to 2020

Zhang Qian, Shang Yumen / 116

Abstract: From 2019 to 2020, the number of real estate development enterprises in Shaanxi province continues to increase, the total assets of enterprises continue to grow, but the asset liability ratio is relatively high; the investment and sales of real estate development enterprises continue to grow, the proportion of residential investment decreases, the main business income and operating profit are somewhat lower than that of the previous year, and Xi'an, Yulin, Weinan and Baoji show outstanding performance, with obvious regional differentiation. The local real estate enterprises represented by Tiandiyuan, Ziwei and Shanjian real estate rebounded against the trend and occupied a place in the real estate market of Shaanxi. However, the background of "three red lines" and "real estate loan concentration management" increased the financing risk of Shaanxi real estate enterprises and made it more difficult to purchase land, which brought challenges to the subsequent development of real estate enterprises.

Keywords: Real Estate Development Enterprise; Investment Scale; Regional Differentiation; Financing

B.10 Analysis on the Uncertainty of Real Estate Market in Shaanxi Province *Dang Hongmin, Ren Honghao and Yu Jin* / 131

Abstract: The real estate industry plays an important role in the economic development, but the uncertainty of the market caused by various factors plagues investors and consumers. Therefore, this report analyzes the uncertainty of real estate in Shaanxi Province based on the data of the statistical yearbook during 2009 to 2019 of Shaanxi Province and cities in Shaanxi Province. The results show that there are low uncertainty of the real estate market in both Shaanxi Province and Xi'an city from 2013 to 2019, which indicates that the real estate regulation policy achieved initial results. However, the uncertainty of the real estate market varies greatly among different palces, years and types, and the real estate operation still faces some risks.

Two policy suggestions are given: ① The investment expectation of real estate enterprises should be guided by the real estate policy of promoting the balance of supply and demand; ② In view of the regional differences of the real estate market, this paper explores the realization way of "one city, one policy".

Keywords: Real Estate Market; Uncertainty Analysis; Volatility Dispersion

B.11 The Development of Green Building and Its Evaluation and Identification in Shaanxi Province *Ren Juan, Liu Qibo* / 152

Abstract: With the vigorous promotion and development of green buildings in recent years, China has ushered in the stage of comprehensive promotion and development of green buildings. The development goals of the new era define the new connotation and requirements of green building. As an important extension of the development of green buildings, ultra low energy buildings and healthy buildings are getting widespread attention and promotion, which also brings broader prospects and challenges for the implementation and promotion of green buildings. Starting from the concept and development of green building, ultra-low energy building and healthy building, this report introduces the practice and application of relevant policies and technologies in the real estate development of Shaanxi Province, and analyzes and prospects the development and challenges of green building in the real estate market of Shaanxi Province in the future.

Keywords: Green Building; Ultra-low Energy Building; Healthy Building; Building Technology

B.12 Research on the Influence of the Transformation of Old Residential Quarters on the Development of Regional Economy in Shaanxi Province

Wang Weiran, Chen Dexin, Guo Hui and Liang Mingqiao / 165

Abstract: in May 2020, Premier Li Keqiang mentioned in the government work report that this year, 39000 old urban residential areas will be rebuilt. Speeding up the transformation of old residential areas in cities and towns is an important way to firmly implement the strategy of expanding domestic demand and build a new development pattern. It is to meet the people's needs for a better life, promote the people's livelihood, expand domestic demand, promote urban renewal and transformation of development and construction mode, and promote high-quality economic development. Over the years, Shaanxi Province has been carrying out the renovation project of old residential areas. This time, in response to the government work report, the task of renovation of old residential areas in cities and towns has been clarified, with the focus on the renovation of old residential areas completed before the end of 2000. Based on the panel data of 11 urban areas in Shaanxi Province, this paper constructs the did model to investigate the economic growth effect of the old community transformation policy on Shaanxi Province, and tests the effect of policy implementation by controlling the variables such as per capita fixed assets, infrastructure level, government general budget expenditure and industrial structure. Through the research, it is found that the old community transformation policy can improve the regional economic level.

Keywords: Old Residential District; DID Model; Regional Economy

B.13 Research on Industrial Development of Shaanxi Province Based on Building Economy Perspective

Wang Weiran, Li Siyang and Niu Yanjun / 175

Abstract: This report analyzes the current situation of China's building economy development and related industries of building economy. Under the influence of related industries of national strategy on the development of building economy, new infrastructure, finance and other industries can be obtained in the building economy. Based on the model of Chongqing and Hefei, the influencing factors of investment attraction operation of numerous building related industries were analyzed. Based on the VAR model, the data of various influencing factors in Shaanxi Province from 2000 to 2020 were studied and the conclusions were drawn, and countermeasures and suggestions were put forward accordingly.

Keywords: Building Economy; Industrial Development; New Infrastructure Impact Factors VAR Model.

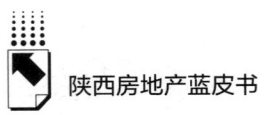
陕西房地产蓝皮书

Ⅲ Region Topic

B.14 Report on the Development of Xi'an's Real Estate from 2019 to 2020

Chen Ying , Zhang Chi / 188

Abstract: This paper analyzes the real estate development situation of Xi'an in 2020 based on the data of real estate climate index, entrepreneur confidence index, total investment and commercial housing sales area. Through the horizontal comparison of investment and commercial housing sales, this paper lists the changes of Xi'an in the rank and proportion of vice provincial cities and other cities in Shaanxi Province, and compares the changes of real estate development scale, investment and commercial housing sales in administrative areas and development zones within the region. Also lists real estate development problems and put forward countermeasures and suggestions.

Keywords: Xi'an City; Real Estate; Commercial Housing

B.15 Report on the Development of Xianyang's Real Estate from 2019 to 2020

Zhou Hua , Fu Zhiyuan and Pan Yujin / 206

Abstract: From 2019 to 2020, the real estate market of Xianyang city maintained a steady rise. After analyzing the basic operation and main characteristics of the real estate market, the report made an analysis of the influencing factors of the real estate market in Xianyang, Weinan and Baoji in Xi'an metropolitan area, compared the differences of the real estate market in three cities, and finally made a prospect for Xianyang real estate market.

Keywords: Xianyang City; Real Estate; Xi'an Metropolitan Area

Contents

B.16 Report on the Development of Weinan's Real Estate from
2019 to 2020

Gao Minfang, Zhang Ping and Zhao Wei / 223

Abstract: This report systematically analyzes the status of Weinan's real estate enterprises, the real estate development market, the sales of commercial housing, and the construction of affordable housing from 2019 to 2020. It summarizes the characteristics of the real estate industry in Weinan in 2020. Finally, this report proposes corresponding countermeasures and suggestions for the development of Weinan's real estate industry in terms of funding sources, housing construction quality, and construction of affordable housing, and forecasts the future development trend of Weinan's real estate industry.

Keywords: Real Estate Industry; Development Status; Construction of Affordable Housing; Future Outlook.

B.17 A Report on the 2020's Development of Tongchuan's
Real Estate Industry

Wang Zhaomin / 242

Abstract: The present report reveals the status quo of the growth of Tongchuan's real estate industry between the 2019 last and 2020 first three quarters, including real estate enterprises, land supply, scale and construction of real estate investment, housing distribution, guarantee housing construction, intermediate market of real estate and property management. The report also makes a comprehensive and objective analysis of the relationship between real estate and economic society, and points out the existing problems and causes resulting in them. Finally, it offers a calculation of the prospect of development of the city's real estate industry in 2020.

Keywords: Tongchuan; Real Estate Industry; The Status of Development

B.18 Report on the Development of Baoji's Real Eastate from 2019 to 2020 *Ren Weizhe, Sun Tian and Zhang Lin* / 261

Abstract: This report analyzes the real estate development status of Baoji City from 2019 to 2020. The real estate market analyzes the six aspects of real estate development enterprises, investment, commercial housing sales, construction and completion, price trends, and construction of affordable housing projects; The land market is analyzed from the transaction structure, Analyze the four aspects of supply structure, supply and demand analysis, and land transfer fees; Using an econometric model to analyze the correlation between real estate development investment and economic growth in Baoji City; And author analyzed the impact of the COVID - 19 in 2020 on the real estate development; Finally based on the above analysis, the paper makes a prospect for the real estate development next in 2021.

Keywords: Baoji City; Real Estate Market; Real Estate Investment

B.19 Report on the Development of Yangling's Real Estate from 2019 to 2020 *Dang Hongmin, Wu Xiaoyu, Lei Jinyu and Yu Jin* / 274

Abstract: This paper analyzes the development of real estate market in Yangling from 2019 to 2020. In terms of the overall operation of real estate, this paper analyzes the investment, market, inventory, sale to rent ratio, real estate enterprises and other aspects, and summarizes the policy, economic and demographic factors that affect its changes. In addition, it analyzes the policy changes and implementation of affordable housing and housing provident fund. Finally, based on the real estate development situation of Yangling from 2019 to 2020, the real estate industry in 2020 -2021 is prospected.

Keywords: Yangling Demonstration Zone; Real Estate Industry; Indemnificatory Housing

Contents

B.20 Report on the Development of Hanzhong's Real Estate from 2019 to 2020 　　　　　　　　　　　　　　　*Li Jun* / 288

Abstract: This report mainly starts from the current situation of Hanzhong real estate development, according to the economic characteristics of Hanzhong such as economic development trend, industrial structure, population scale and consumption level, analyzes the current situation and trend of Hanzhong real estate development from 2019 to 2020 from the aspects of land market, investment situation and house price fluctuation, and puts forward some suggestions for the development of real estate.

Keywords: Real Estate; Industrial Structure; House Prices Fluctuate

B.21 Report on the Development of Ankang's Real Estate from 2019 to 2020　　*Zou Yifan, Wang Xiaohan and Guo Yating* / 300

Abstract: This report analyzes the development of real estate development in Ankang City from 2019 to 2020, including land supply and demand, real estate development enterprises, real estate development and investment, real estate sales and second-hand housing market, summarizes the real estate market in Ankang City from 2019 to 2020, and introduces the construction of affordable housing and the transformation of old residential areas in Ankang City. At last, the paper forecasts the future development trend of Ankang real estate in 2021.

Keywords: Ankang City; Real Estate Industry

B.22 Report on the Development of Shangluo's Real Estate from 2019 to 2020　　　　　　　　　　　　*Tan Jingbin* / 321

Abstract: This article first systematically analyzes the development situation, investment situation, and sales situation of the real estate industry in Shangluo city from 2019 to 2020, and the impact of the real estate industry on the economic development of Shangluo city. Using supply and demand theory to analyze the development trend of the real estate industry in Shangluo city, the article analysis the major problems existed in the real estate industry in the aspects of industrial scale, supply and demand structure, and regional differences. Finally, it proposes corresponding countermeasures and forecasts the development trend of the real estate industry in Shangluo City.

Keywords: Shangluo City; Real Estate Industry; Development Status; Supply and Demand Structure

B.23 Report on the Development of Yan'an's Real Estate from 2019 to 2020   *Li Yunzhang, Zhou Xu and Zhao JianJun* / 342

Abstract: This report analyzes the development of real estate industry in Yan'an city from 2019 to 2020, including five aspects: the status of real estate enterprises, the status of real estate employees, the status of real estate development and investment, the status of real estate sales, and the status of land for real estate development. The characteristics of the real estate market in 2020 are summarized in Yan'an, The construction of affordable housing and the renovation of old communities in Yan'an city; the construction of affordable housing and the renovation of old communities in Yan'an city is introduced; The current problems in the real estate market in Yan'an city are discussed, and corresponding countermeasures are proposed; Finally, the supply and demand and price trends of the real estate market in Yan'an city in 2021 were predicted.

Keywords: Yan'an City; Real Estate Industry; Commercial Housing

B.24 Report on the Development of Yulin's Real Estate from 2019 to 2020

Yu Xiaohui, Li Yan, Tang Xizhi, Ye Jiao and Ma Zhining / 359

Abstract: This report combines the central and provincial real estate control policies and the economic and social development of Yulin City. It mainly analyzes the current characteristics, problems and reasons of the development of the real estate industry, and proposed countermeasures of the first three quarters of Yulin City from 2019 to 2020 from the aspects of land supply, real estate development and investment, commercial housing sales, and second-hand housing market. Forecasting the development trend of real estate industry in Yulin City in 2021. From 2019 to 2020, due to the impact of the Covid -19, the real estate market in Yulin City has cooled down and the land market has corrected, Real estate investment has plummeted in early 2020, construction speed has slowed down, residential prices have fluctuated greatly, and the real estate market has recovered in the second half of 2020 Phenomenon; At the end of 2020, various indicators have increased, Under the influence of the economic environment and the real estate market inside and outside the province, it is predicted that the market will tend to stabilize and gradually de-speculate.

Keywords: Yulin City; Real Estate; Countermeasures; Development Trends

社会科学文献出版社

皮 书

智库报告的主要形式
同一主题智库报告的聚合

❖ 皮书定义 ❖

皮书是对中国与世界发展状况和热点问题进行年度监测，以专业的角度、专家的视野和实证研究方法，针对某一领域或区域现状与发展态势展开分析和预测，具备前沿性、原创性、实证性、连续性、时效性等特点的公开出版物，由一系列权威研究报告组成。

❖ 皮书作者 ❖

皮书系列报告作者以国内外一流研究机构、知名高校等重点智库的研究人员为主，多为相关领域一流专家学者，他们的观点代表了当下学界对中国与世界的现实和未来最高水平的解读与分析。截至2021年，皮书研创机构有近千家，报告作者累计超过7万人。

❖ 皮书荣誉 ❖

皮书系列已成为社会科学文献出版社的著名图书品牌和中国社会科学院的知名学术品牌。2016年皮书系列正式列入"十三五"国家重点出版规划项目；2013~2021年，重点皮书列入中国社会科学院承担的国家哲学社会科学创新工程项目。

权威报告·一手数据·特色资源

皮书数据库
ANNUAL REPORT(YEARBOOK) DATABASE

分析解读当下中国发展变迁的高端智库平台

所获荣誉

- 2019年，入围国家新闻出版署数字出版精品遴选推荐计划项目
- 2016年，入选"'十三五'国家重点电子出版物出版规划骨干工程"
- 2015年，荣获"搜索中国正能量 点赞2015""创新中国科技创新奖"
- 2013年，荣获"中国出版政府奖·网络出版物奖"提名奖
- 连续多年荣获中国数字出版博览会"数字出版·优秀品牌"奖

成为会员

通过网址www.pishu.com.cn访问皮书数据库网站或下载皮书数据库APP，进行手机号码验证或邮箱验证即可成为皮书数据库会员。

会员福利

- 已注册用户购书后可免费获赠100元皮书数据库充值卡。刮开充值卡涂层获取充值密码，登录并进入"会员中心"—"在线充值"—"充值卡充值"，充值成功即可购买和查看数据库内容。
- 会员福利最终解释权归社会科学文献出版社所有。

数据库服务热线：400-008-6695
数据库服务QQ：2475522410
数据库服务邮箱：database@ssap.cn
图书销售热线：010-59367070/7028
图书服务QQ：1265056568
图书服务邮箱：duzhe@ssap.cn

社会科学文献出版社 皮书系列
卡号：783581558451
密码：

中国社会发展数据库（下设12个子库）

整合国内外中国社会发展研究成果，汇聚独家统计数据、深度分析报告，涉及社会、人口、政治、教育、法律等12个领域，为了解中国社会发展动态、跟踪社会核心热点、分析社会发展趋势提供一站式资源搜索和数据服务。

中国经济发展数据库（下设12个子库）

围绕国内外中国经济发展主题研究报告、学术资讯、基础数据等资料构建，内容涵盖宏观经济、农业经济、工业经济、产业经济等12个重点经济领域，为实时掌控经济运行态势、把握经济发展规律、洞察经济形势、进行经济决策提供参考和依据。

中国行业发展数据库（下设17个子库）

以中国国民经济行业分类为依据，覆盖金融业、旅游、医疗卫生、交通运输、能源矿产等100多个行业，跟踪分析国民经济相关行业市场运行状况和政策导向，汇集行业发展前沿资讯，为投资、从业及各种经济决策提供理论基础和实践指导。

中国区域发展数据库（下设6个子库）

对中国特定区域内的经济、社会、文化等领域现状与发展情况进行深度分析和预测，研究层级至县及县以下行政区，涉及省份、区域经济体、城市、农村等不同维度，为地方经济社会宏观态势研究、发展经验研究、案例分析提供数据服务。

中国文化传媒数据库（下设18个子库）

汇聚文化传媒领域专家观点、热点资讯，梳理国内外中国文化发展相关学术研究成果、一手统计数据，涵盖文化产业、新闻传播、电影娱乐、文学艺术、群众文化等18个重点研究领域。为文化传媒研究提供相关数据、研究报告和综合分析服务。

世界经济与国际关系数据库（下设6个子库）

立足"皮书系列"世界经济、国际关系相关学术资源，整合世界经济、国际政治、世界文化与科技、全球性问题、国际组织与国际法、区域研究6大领域研究成果，为世界经济与国际关系研究提供全方位数据分析，为决策和形势研判提供参考。

法律声明

"皮书系列"(含蓝皮书、绿皮书、黄皮书)之品牌由社会科学文献出版社最早使用并持续至今,现已被中国图书市场所熟知。"皮书系列"的相关商标已在中华人民共和国国家工商行政管理总局商标局注册,如LOGO( )、皮书、Pishu、经济蓝皮书、社会蓝皮书等。"皮书系列"图书的注册商标专用权及封面设计、版式设计的著作权均为社会科学文献出版社所有。未经社会科学文献出版社书面授权许可,任何使用与"皮书系列"图书注册商标、封面设计、版式设计相同或者近似的文字、图形或其组合的行为均系侵权行为。

经作者授权,本书的专有出版权及信息网络传播权等为社会科学文献出版社享有。未经社会科学文献出版社书面授权许可,任何就本书内容的复制、发行或以数字形式进行网络传播的行为均系侵权行为。

社会科学文献出版社将通过法律途径追究上述侵权行为的法律责任,维护自身合法权益。

欢迎社会各界人士对侵犯社会科学文献出版社上述权利的侵权行为进行举报。电话:010-59367121,电子邮箱:fawubu@ssap.cn。

社会科学文献出版社